벌거벗은 세계사

벗겼다, 끝나지 않는 전쟁

벌거벗은 세계사

전쟁편

tvN 〈벌거벗은 세계사〉 제작팀 지음

교보문고

목차 ─────────────────────────

벌거벗은 백년전쟁

성녀에서 마녀로, 잔 다르크의 진실

임승휘

● 여기 세계사에 상당한 논란을 남긴 인물이 있습니다. 이 인물을 두고 한쪽에서는 성녀라고 추앙하고, 다른 한쪽에서는 마녀라고 몰아붙였습니다. 극과 극으로 평가가 나뉘는 이 사람은 누구일까요? 먼저 프랑스 동레미 라 퓌셀 지역의 대성당에 남아 있는 그 인물의 모습을 살펴보겠습니다.

그림 속 솟아오른 불길 위에 홀로 서 있는 소녀는 15세기에 프랑스에서 화형당한 잔 다르크 Jeanne d'Arc입니다. 그녀에 관해 널리 알려진 이야기는 '읽고 쓸 줄도 모르는 시골의 양치기 소녀가 어느 날 갑자기 전쟁터에 나가서 위기에 빠진 나라를 구하고 영웅이 됐다'라는 것입니다. 잔 다르크가 활동한 무대는 프랑스와 영국(잉글랜드) 사이에서 무려 100년이 넘도록 이어진 '백년전쟁'이었습니다. 중세 유럽의 역사를 바꾼 장대한 전쟁이었죠.

그런데 칼 한번 들어보지 못했을 양치기 소녀가 어떻게 피비린내 나는 전쟁에 나서서 영웅이 될 수 있었을까요? 게다가 대체 무슨 일이 있었기에

화형당하는 잔 다르크 [1]

많은 사람 앞에서 산 채로 불태워져야 했던 걸까요? 지금부터 성녀라 불렸고, 마녀로도 불렸던 잔 다르크의 진짜 모습과 백년전쟁에 대한 진실을 벌거벗겨 보려 합니다.

백년전쟁은 왜 일어났나?
왕위 계승권 다툼

백년전쟁은 프랑스와 영국이 1337년부터 116년이라는 긴 시간 동안 벌인 전쟁입니다. 두 나라가 이렇게 오랫동안 싸운 이유는 무엇일까요?

백년전쟁의 불씨가 타오르기 시작한 곳은 1328년의 프랑스 파리입니다. 당시 프랑스 카페 왕조의 마지막 왕 샤를 4세Charles IV가 33세의 나이로 사망하면서 왕위 계승권 다툼이 벌어졌습니다. 샤를 4세는 왕자가 아닌 공주만 남긴 채 죽었습니다. 왕위를 이을 후계자가 없으니 새로운 왕을 찾아야만 했는데, 이때 두 명의 후보가 거론됐습니다. 잉글랜드의 왕 에드워드 3세Edward III와 프랑스 발루아 백작인 필리프 6세Philippe VI입니다.

에드워드 3세는 프랑스어, 영어, 라틴어, 독일어까지 구사하는 영민한 인물이었습니다. 필리프 6세는 샤를 4세의 사촌인 젊은 백작이었죠. 프랑스 왕위를 두고 두 사람 사이에 중세 버전 '왕좌의 게임'이 벌어졌습니다. 만일 에드워드 3세가 왕으로 지목되면 잉글랜드의 왕이 프랑스에서도 왕이 되는 초유의 사태가 일어나는 것이죠. 그런데 어떻게 잉글랜드 왕이 프랑스 왕위 후보에 오른 걸까요? 그 이유를 알기 위해서는 당시 잉글랜드와 프랑스 왕조의 가계도를 살펴봐야 합니다.

프랑스 왕 샤를 4세에게는 후계자가 없었지만 이사벨Isabelle이라는 여동생이 있었습니다. 프랑스 공주인 그녀는 잉글랜드 왕 에드워드 2세Edward II와 결혼해 에드워드 3세를 낳았습니다. 즉 샤를 4세와 에드워드 3세는 외삼촌과 조카 사이였죠. 또 다른 왕위 후보인 필리프 6세는 샤를 4세의 작은아버지인 발루아 백작의 아들로, 두 사람은 사촌지간입니다.

과연 왕의 조카와 사촌 중 누가 왕위를 계승했을까요? 샤를 4세의 뒤를 이어 프랑스 왕위에 오른 사람은 사촌인 필리프 6세였습니다. 프랑스 귀족들이 에드워드 3세를 반대한 것입니다. 아무리 그가 왕의 핏줄이자 사촌보다 더 가까운 조카 사이라고 해도 바다 건너 잉글랜드 왕이 프랑스 왕을 겸하는 상황을 받아들일 수 없었던 것이죠. 왕위 다툼에서 밀려나 두 나라

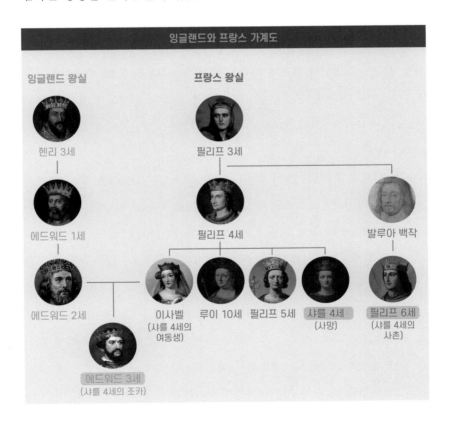

잉글랜드와 프랑스 가계도

잉글랜드 왕실

헨리 3세

에드워드 1세

에드워드 2세

에드워드 3세
(샤를 4세의 조카)

프랑스 왕실

필리프 3세

필리프 4세

발루아 백작

이사벨
(샤를 4세의 여동생)

루이 10세

필리프 5세

샤를 4세
(사망)

필리프 6세
(샤를 4세의 사촌)

의 공동왕이 될 기회를 놓친 에드워드 3세는 화가 났지만 참을 수밖에 없었습니다. 당시 프랑스와 잉글랜드의 왕은 동등한 위치가 아니었기 때문입니다. 에드워드 3세는 잉글랜드에서는 왕이지만 프랑스에서는 공작이기도 했습니다. 한마디로 프랑스 왕의 신하였던 것이죠.

그런데 한 나라의 왕이 다른 나라의 신하가 되는 것이 가능한 걸까요? 지금은 이해할 수 없는 일이지만 중세 유럽은 국가라는 개념이 지금과 많이 달랐습니다. 중세를 '봉건제 사회'라고 하는데 이는 '주군과 가신' 사이의 주종 관계를 기반으로 이루어져 있습니다. 가령 왕과 기사가 서로 계약을 통해 주종 관계를 맺습니다. 이때 기사는 왕에게 충성을 약속합니다. 왕은 그에 대한 보상으로 봉토라 불리는 땅을 하사합니다. 충성과 봉토를 주고받은 왕과 기사 사이에는 쌍무적 계약 관계가 성립합니다. 이런 주종 관계가 사회 전체로 확대되어 봉건제 사회를 만들었습니다. 땅을 하사받은 기사와 또 다른 기사가 주종 관계를 맺으면 한쪽은 충성을 맹세하고 다른 한쪽은 봉토를 내리는 방식으로 말이죠. 그리고 이 땅은 자손들에게 대대로 상속되었습니다.

이런 상황에서 백년전쟁이 일어나기 약 300년 전에 프랑스 왕에게 충성을 맹세한 가신이었던 노르망디 공작이 군대를 이끌고 잉글랜드로 쳐들어가서 헤럴드 2세Harold II 왕을 몰아내는 사건이 일어납니다. 그리고 노르만 왕조를 창건해 윌리엄 1세William I 왕이 됩니다. 이를 '노르만 정복'이라고 합니다. 잉글랜드 왕실은 노르망디 공작의 후손이므로 이때부터 바다 건너 잉글랜드에서는 왕으로, 프랑스에서는 프랑스 왕의 신하라는 두 개의 신분을 갖게 되었습니다. 이후로 잉글랜드 왕들은 주로 프랑스 귀족과의 혼인을 통해 프랑스 내 영토를 계속해서 확보해 나갔습니다. 반대로 프랑스 왕들은 그 영토를 다시 몰수하는 과정이 300년 동안 반복됐죠. 시간이 지나

에드워드 3세와 필리프 6세의 왕위 계승권 다툼이 일어날 즈음에 잉글랜드 왕은 프랑스 남서부의 기옌 지방만 가지고 있었습니다. 즉 기옌 지방의 공작이자 프랑스 왕의 가신이었던 것입니다. 이렇듯 14세기 잉글랜드와 프랑스의 상황은 매우 복잡했습니다.

프랑스 왕위 계승권 다툼이 끝난 뒤, 잉글랜드 왕 에드워드 3세는 프랑스 파리로 가서 새로운 왕이 된 필리프 6세에게 무릎을 꿇고 신하로서 충성하기로 서약합니다. 굴욕적이었지만 프랑스의 기옌을 영지로 유지하려면 참을 수밖에 없었죠.

백년전쟁은 왜 일어났나?
경제적 원인

한 국가의 왕이지만 결코 대등할 수 없었던 에드워드 3세와 필리프 6세의 관계는 이후에 어떻게 전개되었을까요? 필리프 6세가 프랑스 왕위에 오른 직후부터 두 사람의 본격적인 대립이 시작됐습니다. 사사건건 부딪힌 두 왕이 가장 먼저 충돌한 곳은 프랑스 북부의 플랑드르 지역(현재의 벨기에)입니다. 플랑드르는 유럽 최대의 모직물 생산지로, 프랑스가 막대한 수입을 올리는 경제적 요충지 중 한 곳이었죠. 동시에 잉글랜드에도 매우 중요한 도시였습니다. 모직물을 만드는 주원료인 양모를 대부분 잉글랜드에서 수입했기 때문에 이곳에서 커다란 경제적 이득을 얻고 있었던 것이죠. 잉글랜드와 플랑드르는 오랫동안 상부상조하면서 친밀한 관계를 맺어 왔습니다.

하지만 잉글랜드와 프랑스와의 관계를 생각하면 플랑드르 입장에선 프랑스의 눈치가 많이 보였을 거라 생각됩니다. 당시 플랑드르는 프랑스에 속했지만 프랑스 왕가와의 사이는 매우 나빴습니다. 예전부터 프랑스 왕가가 플랑드르의 막대한 경제적 이익을 탐내고 빼앗으려 했기 때문이죠. 그래서 플랑드르는 프랑스 왕권에 대한 반감을 표출하곤 했습니다. 필리프 6세가 왕위에 오른 직후에도 봉기를 일으켰습니다. 이 일을 빌미로 필리프 6세는 직접 군대를 이끌고 플랑드르로 가서 봉기를 진압하고 간섭을 강화하기 시작했습니다.

그러던 중 플랑드르에서 활동하던 잉글랜드 상인들이 체포되는 사건이 벌어집니다.[2] 이 소식을 들은 잉글랜드 왕 에드워드 3세는 플랑드르에 대한 양모 수출을 전면 중단했습니다. 프랑스의 실력 행사에 대한 대응으로 플랑드르의 모직물 산업에 타격을 주는 방법을 선택한 것입니다. 플랑드르는 프랑스 왕의 편을 들면 당장 경제가 망할 처지에 놓이고 말았습니다.

잉글랜드의 보복에 프랑스도 가만히 있지 않았습니다. 필리프 6세는 "신하인 에드워드 3세가 프랑스 왕에게 불충한다"라면서 반역죄를 들어 잉글랜드 왕의 영지인 기옌 땅을 몰수하겠다고 선언했습니다. 두 나라가 아슬아슬하게 유지하고 있던 관계에 제대로 불이 붙었습니다.

기옌은 잉글랜드 왕이 프랑스 공작으로서 대대로 물려받은 땅으로, 그곳의 중심지는 유럽 최대의 와인 산지인 보르도입니다. 지금 보르도에는 수천 개가 넘는 와이너리가 있고, 와인을 마시는 문화도 프랑스에서 잉글랜드로 넘어갔을 만큼 보르도의 와인은 명성이 높습니다. 당시에도 보르도는 유럽 전역에 매년 1억 병 이상의 와인을 수출했습니다. 막대한 돈을 벌어들인 보르도가 내는 세금이 잉글랜드 땅 전체에서 걷는 세금보다 많을 정도였습니다. 그만큼 보르도는 잉글랜드 경제에서 매우 중요한 땅이었습니다. 에드워드 3세는 '황금알을 낳는 거위'인 보르도를 포함한 기옌 지역을 절대로 빼앗길 수 없었죠.

기엔을 몰수하겠다는 소식에 에드워드 3세는 불같이 화를 냈습니다. 그는 이제껏 쌓인 두 나라 간의 신경전에 종지부를 찍기로 결심합니다. 그리고 '프랑스의 진정한 왕위계승자는 바로 나'라고 주장하면서 필리프 6세에게 전쟁을 선포합니다. 1337년, 잉글랜드와 프랑스는 자존심을 건 일생일대의 전쟁에 돌입했습니다. 백년전쟁이 시작된 것이죠. 이처럼 백년전쟁은

백년전쟁 직전 잉글랜드와 프랑스 영토

'왕위 계승권'과 '영토 문제'로 일어났습니다.

크레시 전투,
유럽의 강대국 프랑스 vs 섬나라 잉글랜드

잉글랜드는 호기롭게 전쟁을 선포했습니다. 하지만 상황이 유리한 것은 아니었습니다. 잉글랜드와 프랑스의 국력 차이가 너무 컸기 때문이죠. 이 시기 프랑스 인구는 약 1,700만 명으로 450만 명인 잉글랜드 인구의 4배나 됐습니다. 인구가 많다는 것은 더 많은 세금을 거둘 수 있다는 뜻이고, 이 조세 수입은 나라를 강하게 만들어주는 중요한 조건입니다. 또한 프랑스는 봉건제가 발달했기 때문에 군사력이라 할 수 있는 기사의 숫자도 유럽에서 가장 많았습니다. 당시 유럽에서 프랑스 국왕은 '지상의 모든 왕 중의 왕'[3]

이라고 불릴 정도로 막강한 권력을 자랑했습니다. 누가 봐도 잉글랜드에 불리한 게임이었죠.

강대국 프랑스와 작은 섬나라 잉글랜드의 전쟁은 어떻게 흘러갔을까요? 전쟁 선포 후 두 나라는 본격적인 전쟁 준비에 돌입했습니다. 곧이어 바다와 해안 도시 등에서 전투가 이어졌지만 이는 전초전에 불과했습니다. 1339년 10월, 본격적인 백년전쟁의 서막이 올랐습니다. 잉글랜드 왕 에드워드 3세는 약 1만 2천 명의 군대를 이끌고 직접 프랑스를 침공했습니다.

하지만 군대를 이끌고 온 잉글랜드는 프랑스군과 맞붙어 싸우지 않았습니다. 대신 프랑스의 수많은 경작지와 마을, 도시를 약탈하고 불태우며 주민들을 학살했습니다. 전쟁을 선포한 잉글랜드 왕 에드워드 3세는 왜 프랑스군과 전면전을 벌이지 않고 약탈부터 시작했을까요? 프랑스에 비하면 잉글랜드군이 전력 면에서 열세였기 때문입니다. 그래서 전면전 대신 소규모 병력으로 치를 수 있는 약탈전을 펼치기로 했습니다. 섣불리 전면전에 나섰다가 패배하면 왕의 위신이 떨어지고 병력에도 손실이 생겨서 잃을 게 많다고 판단했던 것이죠. 재미있게도 백년전쟁에서 널리 알려진 주요 전투들은 프랑스와 잉글랜드가 서로 결판을 내자며 싸운 게 아니라, 모두 어쩌다 보니 벌어진 전투였습니다.

중세 시대에 약탈은 적국의 세력을 약화하는 중요한 전략이었습니다. 첫째, 왕의 권위에 흠집을 낼 수 있습니다. 잉글랜드의 약탈은 프랑스 왕이 백성을 지킬 능력이 없다는 것을 보여주었습니다. 프랑스는 약탈을 막기 위해 전국 각지에서 군대를 모았지만 재빨리 약탈하고 빠져나가는 잉글랜드군을 상대하기에는 역부족이었습니다. 둘째, 나라를 강하게 만드는 돈과 재산을 빼앗을 수 있습니다. 약탈로 적국의 마을을 불태우면 국토가 황폐해지고 세금을 낼 사람들이 목숨을 잃게 됩니다. 잉글랜드는 약탈전으로 획득한 프랑스의 자금과 전리품으로 전쟁 비용을 충당했습니다.

　이처럼 초기의 백년전쟁은 잉글랜드 사람들에게는 돈이 되는 전쟁이었습니다. 프랑스에서 빼앗고 훔친 물건이 없는 잉글랜드 귀족을 찾기 힘들 정도였죠. 잉글랜드 여성들은 프랑스 부인들에게서 빼앗은 장식품으로 치장하고 다녔고 옷, 모피, 식탁보, 이불 등 갖가지 물건을 전리품으로 가지고 왔습니다. 넘치는 전리품 때문에 자신이 살던 성을 프랑스식으로 리모델링하는 경우도 있었다고 합니다.

　이렇게 10여 년간 잉글랜드군의 약탈에 대응하던 프랑스 왕 필리프 6세는 더 이상 참지 못하고 대규모 병력을 모집해 직접 전투를 이끌기로 결정합니다. 드디어 두 나라의 군대가 제대로 맞붙어서 전쟁을 치르게 된 것이죠. 이때 왕에게 충성을 맹세한 영주들이 데려온 병력은 약 3만 명으로, 프랑스군의 자랑인 기사들이 많았습니다.

　중세 시대의 프랑스 기사들은 20~25kg의 강철 갑옷에 2~4kg의 투구로 전신을 무장하고, 긴 창을 든 채 말에 올라타 적진을 휩쓸었습니다. 프랑스는 영주들을 통해 많은 기사를 키웠는데, 이들은 이미 많은 전투에서 승리를 거두며 전투력을 입증한 바 있습니다. 당시 프랑스 기사들은 일반 민중과 달리 기사들만의 특별한 명예 의식인 '기사도'를 가장 중요한 덕목으로 여겼습니다. 이는 봉건 제도였던 중세의 서유럽에서 이상적인 기사의 삶을 제시하기 위해 세운 규범이자 행동 지침이었습니다. 기사도의 원칙은 '적에

프랑스 장갑 기사의 모습[4]

게 등을 보이지 말아야 한다', '명예를 지켜야 한다', '언제나 진실만을 말해야 한다', '약자를 존중하고 지켜라', '교회를 보호해라' 등입니다. 이를 어기면 기사답지 못하다는 비난이 따라왔습니다. 프랑스는 유럽에서 기사가 처음 생겨난 나라답게 기사도를 매우 중요하게 여겼습니다. 프랑스의 소설가 알렉상드르 뒤마Alexandre Dumas가 쓴 《삼총사》는 기사도 정신으로 세상과 맞서 싸우는 내용입니다. 특히 첫눈에 반한 보나시외 부인을 위해 목숨을 거는 다르타냥의 낭만적인 이야기가 유명한데 이 역시 기사도를 따른 것입니다. 남성이 여성을 대하는 매너도 기사도에서 유래했다고 합니다.

이처럼 기사도로 무장한 강력한 프랑스군에 맞서는 잉글랜드군의 전력은 어땠을까요? 프랑스 왕이 3만여 명의 대군을 이끌고 전쟁터인 크레시로 나선 반면, 잉글랜드는 약 1만 명의 병력밖에 없었습니다. 그중 갑옷으로 무장한 기사는 2천여 명뿐이었죠. 말에 탄 기사들이 많았던 프랑스군은 빠르게 잉글랜드군을 추격했고 그들의 이동 경로를 알아내 동선을 가로막아 버렸습니다. 1346년에 드디어 두 나라가 맞붙게 되며 크레시 전투가 벌어졌습니다.

잉글랜드군에게 남은 선택지는 방어밖에 없었습니다. 그리하여 에드워드 3세는 크레시에 먼저 도착해서 지대가 높은 작은 언덕에 자리 잡았습니다. 이들은 지도 속 모습처럼 방어를 위해 언덕 위에 방어진을 펼쳤습니다. 이때 잉글랜드 왕은 병사들에게 한 가지 명령을 내렸습니다.

"모두 말에서 내려라!"

말을 타면 돌격하며 공격하는 데는 유리할지 몰라도 방어에는 빈틈이 많아 불리하기 때문입니다. 그런데 프랑스 왕 필리프 6세는 이런 상황을 눈치채고 있었습니다. 그가 보낸 척후병(적의 형편이나 지형 따위를 정찰하고 탐색하는 임무를 맡은 병사)이 상황을 정확히 꿰뚫고 이렇게 말한 것입니다.

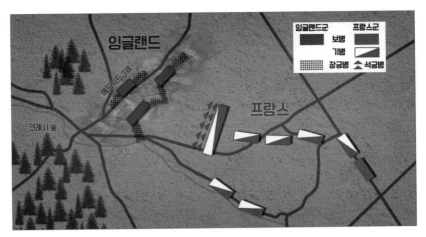

크레시 전투 배치도

"잉글랜드인들이 철저하게 전투 대형을 갖추며 기다리고 있습니다. 오늘 밤은 쉬고 내일 전열을 가다듬어 진군할 것을 간언 드립니다."

이 말을 들은 프랑스 왕은 조언을 받아들여 기사들에게 일단 진격을 멈추고 진을 치라고 명령합니다. 그런데 적과 대치한 절체절명의 순간에 프랑스군에 문제가 생겼습니다. 3만 명이나 되는 대규모 군대가 움직이다 보니 선두에 있던 왕의 명령이 뒤까지 전달되지 못한 것입니다. 앞에서 왕의 명령을 들은 기사들은 멈추려고 했지만 뒤에 있던 기사들은 명령을 전달받지 못해서 계속 진격했습니다. 뒤에서 말을 탄 기사들이 밀고 들어오자 앞에 있던 기사들도 줄줄이 떠밀려서 진군할 수밖에 없었죠.

기사들이 막무가내로 달려간 데는 또 하나의 이유가 있었습니다. 바로 돈 때문입니다. 당시 프랑스는 오랜 기근으로 불황이 심해서[5] 기사들의 수입도 줄었습니다. 부족한 수입을 만회할 수 있는 가장 효과적인 방법은 전쟁터에서 적군을 포로로 잡아 몸값을 받아내는 것이었습니다. 눈앞의 잉글랜드군을 마주친 프랑스군은 너도나도 할 것 없이 포로를 잡는 데만 혈안이 되어 달려들었습니다. 결국 프랑스 군대는 멈추지 못한 채 돌격했고, 줄줄이 떠밀려 가다 보니 잉글랜드 병사들이 보이는 곳까지 도착해 버렸습니다. 그제야 기사들은 뭔가 잘못됐다는 걸 알았지만 전진을 멈추지는 않았습니다. 적 앞에서 등을 보이는 것은 기사의 수치였으니까요.

결국 프랑스 기사들은 잉글랜드군이 있는 언덕을 향해 그대로 돌진했습니다. 아무 전략도 없이 무작정 돌진하는 기사들을 본 프랑스 왕은 당황했습니다. 하지만 이들을 제어할 수 없다는 것을 깨닫고 일단 공격 명령을 내렸습니다. 난감했지만 사실 프랑스 왕에게는 믿는 구석이 있었습니다. 유럽에서 강하기로 소문난 제노바의 용병을 3천 명이나 데려온 것입니다. 제노바 용병의 주요 무기는 석궁으로, 활에 비해 조작법이 어렵고 두 손으로 장전해야 할 만큼 많은 힘이 필요합니다. 그래서 1분에 두 발 정도를 쏠 수 있었죠. 대신 강철 갑옷을 뚫을 만큼 엄청난 위력을 자랑했습니다. 이에 대항해 잉글랜드군이 사용한 무기는 장궁으로 평범해 보이지만 사람의 키만큼 커다란 활입니다. 1분에 무려 10발 이상을 쏠 만큼 빠르고 사거리가 길어서

크기	120cm, 6~8kg
사거리	100m
연사 속도	1분당 2발

제노바 석궁

크기	200cm, 8kg
사거리	230m
연사 속도	1분당 10발

잉글랜드 장궁

멀리 있는 적도 맞출 수 있습니다. 서양에서 명궁의 대명사로 불리는 전설 속 영웅 로빈 후드Robin Hood의 주 무기가 바로 장궁입니다. 잉글랜드군에는 장궁을 쏘는 궁수가 무려 7천여 명이나 있었죠. 프랑스 왕의 명령으로 제노바의 석궁이 선두에 나서면서 장궁과 석궁이 맞붙었습니다. 과연 누가 이겼을까요?

언덕 위에 있던 잉글랜드군은 7천여 명의 궁수를 앞세워 하늘을 어둡게 뒤덮을 정도로 많은 화살을 쏘아댔습니다. 아래에 있던 제노바 용병대가 석궁으로 막아내기에는 역부족이었죠. 석궁은 장궁에 비해 장전 시간이 오래 걸렸기 때문에 비처럼 쏟아지는 화살에 빠르게 대응하지 못했습니다. 게다가 전투 전에 비가 내리는 악재까지 겹쳤습니다.

비는 전투에 어떤 영향을 끼쳤을까요? 우선 제노바 용병대의 석궁이 습기로 인해 제대로 작동하지 않았습니다. 승패보다 목숨이 더 중요했던 제노바 용병들은 전투에서 밀리자 도망치기 시작했습니다. 이를 지켜보던 프랑스 사령관은 어이가 없었죠. 기사도 정신에 따르면 적 앞에서 도망치는 것은 절대로 용납할 수 없는 일이었으니까요. 그리하여 "프랑스의 전진을 가로막는 비겁한 오합지졸들을 짓밟아라"라고 명령합니다. 기사들은 명령에 따라 거침없이 진격하며 후퇴하던 용병들을 말로 밟아서 잔인하게 죽였습니다. 그런데 이때 용병들의 비명이 또 오해를 불렀습니다. 뒤쪽에 있던 프랑스 기사들이 우리 편이 공격당하고 있다고 착각해 멈추지 않고 밀어붙인 것입니다. 이렇게 또 밀고 밀려서 프랑스 기사단은 순식간에 잉글랜드군이 있는 언덕 바로 아래까지 몰려왔습니다.

적의 코앞으로 자진해서 몰려왔으니 빨리 대응해야 하지만 문제가 또 있었죠. 비 때문에 언덕 아래가 발이 푹푹 빠질 만큼 진창이 돼 이동마저 어려웠던 것입니다. 프랑스 기사들은 잉글랜드군을 향해 돌격했지만 잉글랜드 궁수의 화살 세례에 말들이 쓰러졌습니다. 간신히 일어나 무거운 갑옷을 입은 채 진창을 헤쳐 나가던 기사들은 언덕 위에서 기다리던 잉글랜드 보병들의 손쉬운 먹잇감이 되고 말았습니다.

크레시 전투는 수적 열세에도 불구하고 잉글랜드의 압도적인 승리로 끝났습니다. 누구도 예측하지 못한 반전이었죠. 프랑스는 왕의 동생을 비롯해 수많은 귀족 영주 등 4천여 명이 전사했습니다. 동생과 신하들을 잃은 프랑스 왕은 목에 부상을 입은 채 도망쳐야 했습니다. 반면 잉글랜드군은 100여 명의 사상자가 나왔을 뿐이었죠. 두 나라 간 첫 번째 대규모 전쟁에서 승리한 잉글랜드군의 사기는 크게 올랐습니다.

크레시 전투에서 이긴 잉글랜드군의 다음 목적지는 프랑스 북쪽의 항구도시 '칼레'였습니다. 잉글랜드와 프랑스를 잇는 최단 거리의 항구였기에 앞으로 프랑스를 침공할 교두보로 삼으려고 한 것이죠. 칼레의 시민들은 완강하게 항전했지만 승기를 잡은 잉글랜드군은 칼레를 점령했습니다. 에드워드 3세는 수많은 전리품과 함께 칼레 마저 손에 넣고 잉글랜드로 금의환향했습니다. 반면 필리프 6세는 망신살이 뻗쳤죠.

그런데 두 나라는 이때부터 약 7년간 전쟁을 멈췄습니다. 칼레를 점령한 다음 해에 흑사병이 전 유럽을 휩쓸었기 때문입니다. 유럽 인구의 3분의 1이 죽을 만큼 무서운 흑사병이 빠르게 퍼지면서 전쟁을 계속할 수가 없었죠.

푸아티에 전투, 프랑스의 장 2세 vs 잉글랜드 흑태자

하지만 흑사병도 잉글랜드와 프랑스의 전쟁을 끝내지 못했습니다. 흑사병이 잠잠해지던 1355년, 기회를 노리던 잉글랜드군이 다시 프랑스로 쳐들어갔습니다. 이번에는 에드워드 3세가 아니라 '흑태자The Black Prince'라고 불리던 그의 아들 왕세자 에드워드Edward가 군대를 지휘했죠. 용맹하고 강인한 기사였던 그가 흑태자라는 별명으로 불린 데는 두 가지 설이 있습니다. 하나는 검은색 갑옷을 입고 전쟁에 나섰기 때문이고, 다른 하나는 전쟁터에서 악마처럼 잔혹하게 상대를 죽였기 때문이라는 것입니다. 흑태자는 아버지인 에드워드 3세의 신임을 한 몸에 받는 아들로 10대 시절부터 함께 전쟁터를 누비며 전투 경험을 쌓은 노련한 지휘관이었습니다.

그 사이 프랑스는 필리프 6세가 사망하면서 그의 아들 장 2세Jean II가 잉글랜드에 맞섰습니다. 그에게도 별명이 있었는데 '선량왕le Bon'입니다. 그만큼 기사도 정신이 강하고 어진 왕이었다고 합니다. 장 2세는 창술이 뛰어난 용맹한 기사로 크레시 전투에서 패배했던 아버지의 복수를 위해 잉글랜드와의 전투에서 승리하고자 하는 욕망이 컸습니다. 이렇게 시간이 흘러 역사의 라이벌이었던 잉글랜드 왕 에드워드 3세와 프랑스 왕 필리프 6세의 대를 이어서 그들의 장남이 맞붙게 되었습니다. 이때부터 백년전쟁은 새로운 국면을 맞이합니다.

선제공격을 시작한 쪽은

1356년 프랑스 지도 (흑태자의 행군 및 약탈 경로)

잉글랜드의 흑태자였습니다. 필리프 6세가 몰수했던 보르도를 시작으로 프랑스 남부 지역에서 무려 1,000km를 행군하며 크레시 전투 때와 마찬가지로 무수히 많은 마을을 약탈하고, 땅을 넓혀갔습니다. 프랑스 왕 장 2세는 흑태자의 도발에 맞서 대규모 군대를 소집해 잉글랜드군을 추격했습니다. 1356년 9월, 두 군대는 프랑스 중부에 위치한 푸아티에에서 맞붙으며 다시 피할 수 없는 전투를 벌이게 됩니다.

흑태자가 이끄는 잉글랜드군은 약 7천 명 정도였고, 장 2세가 이끄는 프랑스군은 그 두 배가 넘었습니다. 하지만 장 2세의 아버지 필리프 6세도 대규모 군대를 이끌고 갔다가 크레시 전투에서 완패한 경험이 있습니다. 장 2세는 같은 실수를 반복하지 않으려고 기병이 아닌 보병 중심으로 전술을 펼쳤습니다. 말에 탄 일부 기사단을 선발대로 보내서 잉글랜드 궁수들을 공격하고, 나머지 기사들은 모두 말에서 내려서 적진으로 돌진하기로 합니다. 왜 이런 전략을 세웠을까요? 크레시 전투에서 말을 타고 공격한 프랑스군은 참패했고, 말에서 내린 기사와 궁수들, 즉 보병 중심으로 공격한 잉글랜드는 승리했기 때문입니다. 그런데 여기에는 여러 가지 문제가 있었습니다.

먼저 이번에도 잉글랜드군이 언덕 위에 자리를 잡은 것입니다. 게다가 언덕 주변 곳곳에는 발이 푹푹 빠지는 습지까지 있었습니다.[6] 또 잉글랜드군이 궁수 부대 앞에 설치한 뾰족한 방어용 말뚝에 걸려서 말에 탄 선발대는 잉글랜드 궁수 진영을 뚫지도 못했습니다. 그렇다면 말에서 내린 채 돌격하던 프랑스 기사들은 어떻게 됐을까요? 적이 눈앞에 있으면 돌격해야 한다는 기사도 정신과 포로를 잡아 몸값을 받아내겠다는 욕심에 프랑스군은 무작정 진격했습니다. 무거운 갑옷을 입은 채 발이 푹푹 빠지는 언덕을 올라가서 돌격해야 했으니 지쳐서 움직임이 둔해질 수밖에 없었죠. 결국 늪에서 허우적거리느라 지친 프랑스 기사들은 제대로 싸우지도 못한 채 언덕 위에서 날아오는 잉글랜드군의 화살을 맞고 쓰러졌습니다. 크레시 전투의 악몽이 되풀이된 프랑스군의 상황은 아수라장으로 변했습니다. 결국 궁지에 몰린 프랑스 왕 장 2세는 최후의 결단을 내리고 말았습니다.

그림 속 흰 갑옷을 입은 사람이 장 2세입니다. 중세 시대에 전쟁터에서 적군에게 장갑을 건네는 것은 자진해서 포로가 되겠다는 뜻입니다. 당시는 전쟁이 한창 벌어지는 중에도 포

장갑을 건네며 포로가 되는 장 2세

로가 되겠다고 밝히면 목숨을 살려줬습니다. 죽이는 것보다 포로로 잡아서 몸값을 받아내는 게 더 이득이었기 때문이죠. 프랑스 왕의 선택으로 그와 왕자들, 그리고 20여 명의 고위 귀족과 2천여 명의 기사들까지 잉글랜드의 포로가 되었습니다. 프랑스는 또다시 잉글랜드에 참패했습니다.

프랑스의 왕을 포로로 잡은 잉글랜드는 이 기회를 놓치지 않고 1360년 프랑스와 브레티니 조약을 체결합니다. 약속의 주요 내용은 다음과 같습니다.

1. 프랑스 왕에 대한 잉글랜드 왕의 모든 봉건적 의무를 면제한다.
2. 프랑스는 잉글랜드에 아키텐을 넘긴다.
3. 대신 잉글랜드 왕은 프랑스 왕위를 포기한다.

푸아티에 전투 전후 잉글랜드 영토 비교

브레티니 조약으로 잉글랜드 왕은 300년 넘게 이어진 프랑스 왕과의 주종 관계를 끊어버렸습니다. 이제껏 주장해 온 프랑스 왕위 계승권을 포기하는 대신 프랑스 왕에 대한 봉건적 의무에서 벗어난 것입니다. 프랑스 왕의 신하일 수밖에 없는 '공작' 타이틀을 스스로 내던지고 보르도를 포함한 아키텐 지방의 진정한 주인이 되었습니다. 전투에서 지고 왕까지 포로로 잡힌 프랑스는 요구에 따를 수밖에 없었죠. 푸아티에 전투 이후 프랑스 내 잉글랜드 영토는 눈에 띄게 확장되었습니다. 지도에서 보듯이 잉글랜드 영토는 프랑스 영토의 3분의 1이나 차지했습니다.

그렇다면 포로로 잡힌 프랑스 왕 장 2세의 몸값은 어떻게 되었을까요? 당시 왕을 포로로 잡는 것은 특별한 경우였습니다. 잉글랜드가 프랑스 왕실에 요구한 장 2세의 몸값은 당시 화폐로 300만 크라운입니다. 황금으로 치면 약 12톤에 해당하며 지금 시세로 약 7,000억 원에 이르는 천문학적인 금액이었죠. 프랑스 왕실은 나라의 2년 치 예산에 달하는 거액을 한 번에

낼 수 없어서 1360년 10월에 금화 40만 크라운을 먼저 지불했습니다. 그러자 에드워드 3세는 장 2세가 고국으로 돌아가는 것을 허락합니다. 하지만 몸값을 다 받지는 못했으니 그냥 풀어줄 수는 없었습니다. 잉글랜드는 왕을 돌려보내는 대신 프랑스에 있던 장 2세의 두 아들을 런던에 볼모로 잡아두었습니다. 프랑스로 돌아간 장 2세는 돈을 구하기 위해 백방으로 노력했지만 역부족이었습니다.

프랑스에서 몸값을 구하지 못한 장 2세는 스스로 잉글랜드로 돌아가 다시 포로가 되기로 합니다. 그는 바보 같을 만큼 기사도를 철저히 지키는 왕이었습니다. 기사도에 따르면 약속은 반드시 지켜야 하는 것이죠. 장 2세가 선량왕이라는 별명으로 불리는 이유는 바로 이 때문입니다.

이제껏 백년전쟁을 치르면서 프랑스는 계속 당하기만 했습니다. 이대로 프랑스는 영원히 잉글랜드에 밀려나는 걸까요? 시간이 흘러 드디어 프랑스에도 반전의 기회가 찾아왔습니다. 흑태자와 에드워드 3세가 갑작스럽게 연달아 사망하면서 잉글랜드가 혼란에 빠진 것이죠. 이때 프랑스에서는 장 2세의 뒤를 이어 아들인 샤를 5세Charles V가 왕위에 올랐습니다. 이후 14년 동안 그는 전장에 직접 나서지 않고도 작전만으로도 잉글랜드에 빼앗겼던 영토 대부분을 되찾을 만큼 뛰어난 전략가였습니다. 그렇게 프랑스는 차근차근 영토를 회복합니다.

미치광이 왕 샤를 6세 vs 강력한 왕 헨리 5세

하지만 프랑스의 행운은 그리 오래 가지 않았습니다. 병약하던 샤를 5세가 42세의 나이에 죽음을 맞이하고 그의 아들인 샤를 6세Charles VI가 왕위에 올랐습니다. 문제는 그가 미치광이였다는 것입니다. 어린 나이에 왕위에 오른 샤를 6세는 20대에 들어서면서 심각한 정신 착란 증세를 보이기 시작합니다. 자기 이름도 기억하지 못하고, 가족도 알아보지 못했죠. 심지어 자기 몸이 유리로 만들어졌다는 유리 망상증에 빠져 몸에 손도 대지 못하게 했습니다. 목욕도 거부하고 무려 5개월 동안 옷도 갈아입지 않는 등 온갖 기행을 저지르는 통에 나라를 다스릴 수 없는 상황이었죠.

왕이 정신줄을 놓았으니 나라는 또다시 혼란스러워졌습니다. 프랑스가 대내외적으로 어지러운 틈을 타 권력을 잡은 세력이 있었으니, 바로 미치광이 왕의 숙부인 부르고뉴Bourgogne 공작과 그의 측근이었습니다. 부르고뉴 세력은 왕을 대신해 프랑스를 쥐락펴락하면서 한 가지 중대한 결정을 내리는데, 이를 계기로 나라는 더욱 혼돈에 빠집니다. 어떤 결정이었을까요? 놀랍게도 잉글랜드와 손을 잡은 것입니다. 어느 날 정권의 실세였던 부르고뉴 공작이 암살당하자, 그의 측근은 암살의 배후로 프랑스 왕실을 의심했습니다. 그들은 끝내 프랑스를 저버리고 잉글랜드 편에 서기로 합니다. 음모와 배신은 잉글랜드-부르고뉴 동맹의 체결이라는 결과를 가져왔습니다.

여기에 엎친 데 덮친 격으로 이 시기 잉글랜드에 매우 강력한 왕이 등장하면서 내분에 빠진 프랑스를 벼랑 끝까지 내몰았습니다. 바로 '전쟁의 신' 헨리 5세Henry V입니다. 그는 잉글랜드와 프랑스 사이에 남아 있는 장 2세의 몸값을 다 받지 못했다는 구실로 군사를 일으켜 프랑스를 침공했고, 1415년 '아쟁쿠르 전투'에서 압승을 거뒀습니다.

여세를 몰아서 4년 뒤에는 수도인 파리까지 점령하면서 프랑스를 절체절명의 상황으로 몰아가는 데 성공합니다. 이때 헨리 5세는 프랑스와 잉글랜드의 운명을 바꿀 하나의 조약을 맺었습니다. 트루아 조약입니다. 1420년 5월, 헨리 5세가 프랑스의 왕위 상속권을 확보하기 위해 체결한 이 조약의

1429년 프랑스 내의 잉글랜드 영토

내용은 엄청납니다. 프랑스의 미치광이 왕 샤를 6세의 딸과 잉글랜드 왕인 자신이 결혼해서 왕자가 태어나면 그 아이가 잉글랜드와 프랑스의 공동 왕이 된다는 것입니다. 이 조약의 가장 큰 피해자는 당시 프랑스의 왕세자였던 샤를 7세Charles VII입니다.

샤를 7세는 미치광이 왕 샤를 6세의 아들로, 프랑스 왕위를 이을 예정이었습니다. 그런데 트루아 조약 때문에 졸지에 왕위 계승권을 박탈당할 위기에 처한 것입니다. 샤를 7세의 왕위 계승이 위태로워진 상황에서 프랑스 공주와 헨리 5세는 결혼했고, 얼마 지나지 않아 두 사람 사이에 왕자가 태어났습니다. 그리고 다음 해에 잉글랜드 왕 헨리 5세와 프랑스 왕 샤를 6세가 연달아 사망하면서 결국 트루아 조약이 실현되고 말았습니다. 1422년, 생후 9개월의 아기가 프랑스와 잉글랜드의 공동 왕 자격을 얻는 초유의 사태가 벌어졌습니다. 그 왕이 헨리 6세Henry VI입니다. 이후 프랑스에서 헨리 6세와 샤를 7세가 서로 왕이라고 주장하는 상황이 펼쳐집니다.

앞으로 잉글랜드와 프랑스, 두 나라의 운명은 어떻게 흘러갈까요? 그리고 끝이 보이지 않는 이 왕좌의 게임은 과연 누구의 승리로 끝나게 될까요? 이대로 잉글랜드의 헨리 6세가 프랑스의 왕으로 인정되면 프랑스는 잉글랜드의 속국으로 전락해 버리는 일촉즉발의 상황에 놓였습니다. 이때 위기의 프랑스를 구할 영웅이 등장합니다. 이 영웅에 관해 알아보기 전에 프랑스에서 가장 긴 강인 루아르강 일대의 대표 도시인 오를레앙을 살펴봐야 합니다. 잉글랜드와 프랑스가 맞닿아 있는 접경에 자리한 오를레앙은 전략적 요충지로 백년전쟁 당시 프랑스에서 매우 중요한 지역이었습니다. 이 시기 잉글랜드인들은 샤를 7세가 장악한 지역을 '부르주 왕국'이라고 불렀는데, 오를레앙은 부르주 왕국으로 향하는 자물쇠로 여겨졌습니다. 이곳을 열면 남쪽으로 전진할 수 있었기 때문입니다. 그 사실을 잘 알고 있던 잉글랜드가 오를레앙을 공격했고 프랑스는 오를레앙을 지키기 위한 필사적인 항전을 이어 나갔습니다.

벼랑 끝에 몰린 오를레앙을 구할 유일한 인물은 샤를 7세였지만 당시 그는 실의에 빠져있었습니다. 잉글랜드와의 싸움에서 계속 밀렸고 자신이 왕의 아들이 아니라 사생아라는 악의적인 소문이 돌았기 때문입니다. 유약한 성격의 그는 전투에 나서지 않고 시농 성에 머물며 오를레앙에 물자와 군대를 지원하는 데 그쳤습니다. 이제 오를레앙은 반년 넘게 이어진 공성전에 점점 지쳐가고 있었습니다.

미스터리 소녀, 잔 다르크의 등장

이때 절망에 빠진 오를레앙과 샤를 7세를 구해줄 한 영웅이 등장합니다. 홀연히 나타난 17세 소녀 잔 다르크입니다. 그녀는 베일에 싸인 신비한 인물입니다. 소문과 거짓이 쌓이고 쌓이다 아예 역사적 사실로 받아들여지는 경우가 종종 있는데, 잔 다르크가 이에 해당합니다. 하지만 다행히도 그녀에 관한 재판 과정이 방대한 기록으로 남아 있습니다. 지금부터 잔 다르크에 대한 기록과 증언을 통해 그녀에 대한 진실을 풀어보겠습니다.

잔 다르크는 백년전쟁이 한창이던 1412년에 프랑스 동부의 동레미라는 작은 시골 마을에서 태어났습니다. 그녀는 농부인 부모를 도와 양을 치는 평범한 시골 소녀였죠. 따로 교육을 받지 않아서 글을 읽고 쓸 줄도 모르는, 그저 교회에 열심히 다니는 소녀였다는 것 외에는 별다른 특징도 없었습니다. 그런데 1424년 여름 12세의 잔 다르크는 이상한 목소리를 듣기 시작합니다. '위기에 빠진 프랑스의 왕을 구하라'라는 메시지였죠. 몇 년이나 이런 이상한 경험이 계속되자 잔 다르크는 이를 천사의 목소리라고 확신합니다. 그리고 용기를 내서 동레미 인근 보쿨뢰르의 수비대장을 찾아가 자신이 들은 천사의 목소리를 전하기로 합니다. 당시 잔 다르크가 왕세자 샤를 7세에게 전해달라고 한 말은 다음과 같습니다.

"인내심을 가지세요. 적을 공격하지 말고 기다리세요. 주님께서 도움을 줄 것입니다. 그리고 프랑스 왕국은 왕세자에게 속한 것이 아니라 주님께 속한 것이며, 이 나라를 왕에게 맡긴 것에 불과한 것입니다."

이를 들은 수비대장은 어이없다는 표정으로 잔 다르크의 뺨을 때리고 쫓아냈습니다. 딸의 이상한 행동에 걱정된 부모는 잔 다르크를 결혼시키려고 했지만 그녀는 결혼도 거부했습니다.

잔 다르크는 자신이 들은 신의 목소리를 반드시 왕세자에게 전해야 한다고 생각했습니다. 번번이 쫓겨났음에도 포기하지 않고 끈질기게 수비대장을 찾아갔죠. 그러고는 같은 말을 되풀이했습니다. 그녀의 노력에 탄복한 걸까요? 결국 수비대장은 시농 성에 있는 샤를 7세에게 "신의 메시지를 받았다는 소녀가 전하를 알현하고 싶어 합니다"라는 연락을 취했습니다. 그리고 잔 다르크가

남장을 하고 행진하는 잔 다르크

시농 성에 갈 수 있도록 말을 내어줬습니다. 이때부터 그녀는 왕세자를 만나기 위해 머리를 자르고 치마 대신 바지를 입었습니다.

당시 남성들은 바가지를 엎어놓은 것처럼 머리를 잘랐는데 잔 다르크는 남자들과 똑같은 헤어스타일을 했습니다. 여성은 머리를 기르고 치마를 입는 게 당연했던 시대에 파격적인 변신이었죠. 그녀는 남장을 한 상태로 약 500km를 이동해 왕세자 샤를 7세가 있는 시농 성에 도착합니다. 하지만 왕세자는 그녀를 만나주지 않았습니다. 당시에는 잔 다르크처럼 신의 계시를 받았다고 떠들고 다니는 사람들이 종종 있었기에 믿음이 가지 않았던 것입니다.

사흘의 기다림 끝에 잔 다르크는 드디어 샤를 7세와 만났습니다. 여기에는 거의 역사적 사실처럼 받아들여지는 하나의 설이 있습니다. 샤를 7세가 잔 다르크가 진짜인지 가짜인지 확인하기 위한 테스트를 했다는 것입니다. 많은 사람을 불러 모은 커다란 홀에 왕세자처럼 차려입은 입은 한 사람을

세워두고, 샤를 7세는 평민 옷을 입은 채 숨어있었다고 합니다. 진짜 하늘이 보낸 사람이라면 왕세자를 한눈에 알아볼 거라 생각한 것이죠. 그런데 홀에 들어온 잔 다르크는 곧장 숨어있던 샤를 7세를 향해 다가가서 이렇게 말했습니다.

"고귀하신 왕세자여. 처녀 잔이라 합니다. 하늘의 군주께서는 전하가 왕관을 쓰시고 프랑스 왕이 되어 하늘의 군주의 권한을 위임받으리라고 말씀하십니다."

비록 한 번에 자신을 찾아내긴 했지만 샤를 7세는 신이 보내서 왔다는 시골 소녀의 허황된 말을 그대로 믿을 수 없었습니다. 그리하여 잔 다르크를 푸아티에로 보내 다시 검증받게 합니다. 푸아티에는 법원과 대학이 있는 곳으로 사제와 법학자들의 중심지였습니다. 잔 다르크는 이곳에서 두 가지 검사를 받았습니다. 첫 번째는 처녀성 검사입니다. 궁정의 부인들이 잔 다르크가 처녀인지 아닌지를 확인했습니다. 검사 결과 잔 다르크는 처녀로 밝혀졌습니다. 당시 처녀성의 유무는 곧 악마와 교접하지 않았음을 확인하는 증거였기 때문에 매우 중요했습니다. 처녀가 아니라면 악마와 교접했을 것이고, 처녀라면 악마와 접한 적이 없다는 것입니다. 두 번째는 고급 사제와 법학자, 왕정 위원회 사람들의 청문회입니다. 그런데 아무리 대화를 해도 잔 다르크에게서 사악하다거나 거짓된 모습을 찾아볼 수 없었다고 합니다. 선량하고 순수하고 정직한 모습만 확인했을 뿐이죠. 결국 성직자들은 그녀가 신학적으로 아무 이상이 없고 이단도 아니며, 샤를 7세가 도움을 받아도 될 것 같다는 결론을 내립니다. 아마도 나라가 절체절명의 위기에 빠진 상황이었기 때문에 설령 잔 다르크가 신의 계시를 받지 않았다 하더라도 왕세자가 손해 볼 일은 없으리라 판단한 것 같습니다.

치열한 전장으로 향한 17세 소녀

마침내 잔 다르크를 받아들인 샤를 7세는 그녀를 가장 치열하고 중요한 전장이었던 오를레앙 전투에 투입하기로 결정합니다. 그녀는 신의 전사로서 갑옷과 휘장을 받고 전투에 나설 준비를 했습니다. 당시 기사가 전투에 나갈 때는 검을 하사받기도 했지만 샤를 7세는 잔 다르크에게 검을 내리지는 않았습니다. 하지만 잔 다르크가 신의 목소리를 듣고 오랫동안 흙에 파묻힌 채 숨겨져 있던 녹슨 보검을 찾았다는 이야기도 전해져 내려옵니다.

그런데 군사 훈련도 받지 못한 평범한 시골 소녀가 과연 전쟁을 치를 수 있었을까요? 당시 오를레앙 성은 잉글랜드군에 포위된 채 200일이 넘도록 결사 항전을 벌이던 중이었습니다. 프랑스군은 오랜 전투에 지칠 대로 지친 데다 여기저기서 들려오는 프랑스군의 패배 소식에 사기도 크게 떨어진 상태였죠. 그런데 잔 다르크가 투입된 지 1주일도 되지 않아 놀라운 일이 일어납니다. 그녀가 참전한 첫 전투에서 프랑스군이 잉글랜드를 공격해 큰 승리를 거둔 것입니다.

그림 속 잔 다르크의 모습이 위풍당당합니다. 그녀는 치열한 전장의 한가운데 서서 깃발을 흔들며 군인들의 사기를 진작시켰습니다. 잉글랜드군은 그 기세에 밀리기 시작했고 마침내 프랑스군은 승리했습니다. 군사 훈련도 받지 않은 18세 소녀가 무거운 갑옷을 입고 불가능해 보인 일을 해낸 것이죠. 게다가 이 승리는 시작에 불과했습니다. 이때부터 잔 다르크가 이끄는 프랑스군은 3일 내내 잉글랜드군과 전투를 벌이며 연전연승했고, 그들이 차지했던 오를레앙 시 외곽의 전투용 요새들을 차례로 탈환합니다. 잔 다르크가 오를레앙에 투입된 지 9일째 되던 날, 반년이 넘도록 오를레앙 성을 포위하고 있던 잉글랜드군이 철수했습니다. 마침내 오를레앙 전투에서

오를레앙 전투를 승리로 이끈 잔 다르크

프랑스가 승리를 거둔 것입니다.

잉글랜드군은 200일이 넘도록 오를레앙을 포위하고 있었습니다. 그런데 잔 다르크가 투입되자마자 거짓말처럼 잉글랜드군이 물러났습니다. 정말 성스러운 힘으로 이긴 것일까요? 사실 잉글랜드의 후퇴가 잔 다르크 덕분이라고 보기는 쉽지 않은 상황입니다. 역사가들이 추측하건대 아마도 가장 큰 문제 중 하나는 보급이었을 것입니다. 잉글랜드군은 주로 약탈을 통해 보급을 해왔는데 공성전이 6개월 이상 계속되면서 약탈할 곳이 남아나지 않아 보급이 어려워진 것이죠. 군대에서 보급이 제대로 이뤄지지 않으면 포위하는 쪽은 공성전을 지속하기 어렵습니다. 이런 상황에 전투에서 연달아 패배하니 버틸 수 없었을 것입니다. 이유야 어찌 됐든 잔 다르크가 등장하고 며칠 만에 잉글랜드군이 오를레앙에서 물러났으니 프랑스로서는 기적과도 같았죠.

오를레앙 전투의 승리는 프랑스에 엄청난 희망의 불씨를 지폈습니다. 프랑스인들은 이제 잔 다르크가 정말로 신의 계시를 받은 존재라고 믿기 시작했죠. 프랑스 군대는 잔 다르크를 살아 있는 성녀로 인정하며 그녀를 '오를레앙의 성녀'라고 불렀습니다. 당대에 이런 기록이 남아 있습니다.

"남녀노소 모두가 깊은 애정을 가지고 그녀를 바라보았고, 놀라울 정도로 많은 사람이 달려와 그녀를 만지거나 심지어 그녀가 타고 있는 말을 만지려 했다."

지칠 대로 지친 프랑스군에 잔 다르크는 한 줄기 강력한 희망이 되었던 것입니다. 오를레앙에서의 승리는 빠르게 전 유럽에 퍼졌고, 이탈리아와 독일에서도 잔 다르크를 둘러싼 온갖 신화가 창조되기 시작합니다. 잔 다르크가 태어날 때 신비한 현상이 나타났다거나, 양치기를 할 때 단 한 번도 양을 잃어버린 적이 없다거나, 무장한 채 1주일을 밤낮으로 버틸 수 있는 무적의 소녀라는 둥 별별 소문이 돌아다녔습니다. 프랑스에서는 갑자기 나타난 이 시골 소녀가 알고 보면 어떤 사정으로 몰래 숨겨왔던 샤를 7세의 배다른 동생이었다는 소문도 돌았습니다. 물론 근거는 전혀 없습니다. 온갖 소문이 무성할 정도로 잔 다르크를 향한 세상의 관심은 컸습니다.

세상 사람들은 잔 다르크를 신기해하고 프랑스는 기적이라고 여겼습니다. 하지만 잉글랜드는 입장이 전혀 달랐습니다. 오를레앙에 군대를 보낼 때까지만 해도 당연히 승리할 거라 생각했는데 갑자기 프랑스 시골 소녀가 나타나서 잉글랜드군을 무찔렀다는 말을 믿을 수 없었죠. 그래서 잉글랜드의 공작은 헨리 6세에게 "악마의 추종자가 나쁜 주술을 부린 것 같습니다"라는 보고를 올리기도 했습니다. 즉 잉글랜드에서는 잔 다르크를 성녀가 아닌 마녀로 간주한 것입니다.

대체 왜 잔 다르크를 두고 마녀와 성녀라는 극단적인 평가가 내려졌을까요? 그리고 성녀와 마녀가 쉽게 언급될 수 있었던 이유는 무엇일까요? 중세는 과학이 발전하기 전으로, 악마나 마녀 같은 초자연적인 존재가 정말로 있다고 강하게 믿던 시대였습니다. 따라서 질병이나 가뭄 같은 불행이 닥치면 악마나 마녀, 마법사의 주술 같은 힘 때문이라고 생각했죠. 이런 세계관을 바탕으로 일어났던 비극이 '마녀사냥'입니다. 마녀로 지목된 여성에게 온갖 잔혹한 고문을 해서 마녀라는 자백을 받아내고 불에 태워 죽이는 것입니다.

초자연적인 힘을 믿는 사람들 앞에서 '신은 프랑스의 편이다'라고 주장하며 승리를 이끄는 소녀가 나타난 것입니다. 만일 잔 다르크의 말이 맞다면 신의 편인 프랑스에 맞서는 잉글랜드는 악마가 됩니다. 그러니 잉글랜드인들은 "잔 다르크가 들은 목소리는 신의 목소리가 아니다. 그것은 자신이 지어낸 환상이거나 사탄의 목소리일 것이다"라고 주장했던 것이죠. 잉글랜드의 대문호 셰익스피어Shakespeare도 《헨리 6세》라는 역사소설에서 잔 다르크를 '잉글랜드군에 저주를 내리는 치명적인 마녀'라고 표현했습니다.

그렇다면 잔 다르크가 가진 승리의 비결은 무엇이었을까요? 현대 역사가들은 그녀가 군의 사기를 크게 높였기 때문이라고 추측합니다. 신의 존재를 절대적으로 믿는 중세의 세계관에서 신이 성녀를 보내 프랑스를 지킨다는 이야기는 오늘날 현대인의 믿음보다 훨씬 강력한 힘을 발휘했을 것입니다. 실제로 잔 다르크는 프랑스군의 사령관을 맡은 것도 아니고, 지휘권을 가지고 있지도 않았습니다. 또 직접 싸우지도 않았죠. 대신 잔 다르크가 전투에 꼭 들고 나간 게 있습니다. 바로 깃발입니다. 그녀는 깃발을 흔들며 전투의 선봉에 서서 병사들의 사기를 북돋웠을 것입니다. 잔 다르크가 정말 기적의 소녀였다면, 그녀가 일으킨 기적은 프랑스인들에게 적에 맞서 승리할 수 있다는 믿음을 심어주었다는 사실일 겁니다.

왕세자의 대관식을 성공시킨 잔 다르크

오를레앙 전투 이후에도 승리를 이끌며 잉글랜드에 빼앗겼던 여러 도시를 탈환하는 데 성공한 잔 다르크. 그녀의 다음 목적지는 오를레앙에서 300km 떨어진 도시 랭스였습니다. 랭스에는 유서 깊은 대성당이 있는데 프랑스 국왕은 이곳에서 대관식을 해야만 백성들에게 프랑스 왕의 정통성과 신의 선택을 받은 왕임을 인정받을 수 있었습니다. 그래서 거의 모든 프랑스의 왕은 랭스 대성당에서 대관식을 치렀습니다. 왕으로서의 정통성과 명분을 얻는 것이죠. 때문에 잔 다르크는 왕세자 샤를 7세가 진정한 왕이 되기 위해서는 랭스에서 대관식을 치러야 한다고 주장했습니다. 하지만 랭스로 향하는 여정은 쉽지 않았습니다.

오를레앙에서 랭스까지의 거리는 약 300km로 이곳으로 가려면 부르고뉴파가 장악한 적진 한가운데를 뚫어야만 했죠. 1429년 6월, 잔 다르크는 마침내 샤를 7세와 함께 군대를 꾸려 랭스로 향했습니다. 그런데 잉글랜드에 넘어갔던 여러 도시가 싸우지도 않았는데 왕세자 샤를 7세 편으로 돌아

선 것입니다. 트루아도 그중 하나
였죠. 이때 잔 다르크는 트루아
성 앞에서 시민들에게 편지를 써
서 보냈습니다.

잔 다르크의 랭스 공략

"충성스러운 프랑스 사람들이
여. 여러분의 생명과 재산을 잃을
까 두려워하지 말라. 모두 샤를
국왕에게 나오라. 그대들 앞에 생
명을 걸고 말하노니, 거룩한 왕국
에 이미 속하거나 앞으로 속하게
될 모든 도시에 우리가 들어가 선
하고 확실한 평화를 이루어낼 것
이다. 누가 막아서더라도 소용없
다. 하느님이 나를 도우시기 때문이다."

편지에서 굉장한 확신이 느껴집니다. 편지를 본 트루아 성 사람들은 결
정을 내리지 못하고 갈팡질팡하다가 샤를 7세의 군대가 공격을 개시하려
하자 성문을 열고 왕세자를 받아들이며 충성을 맹세했습니다.

출발한 지 20여 일 만에 잔 다르크는 마침내 랭스에 도착했습니다. 랭스
주민들의 반응은 어땠을까요? 그들은 문을 활짝 열고 프랑스군을 맞이했습
니다. 샤를 7세는 피 한 방울 흘리지 않고 랭스에 입성했고, 덕분에 무사히
랭스 대성당에서 대관식을 치를 수 있었습니다. 그의 옆에는 잔 다르크가
함께했죠.

대관식 내내 잔 다르크는 깃발을 들고 샤를 7세의 곁을 지켰습니다. 성
녀로서 왕이 정당성을 인정받을 때 증인이자 수호자 역할을 자처한 것입니

1429년 샤를 7세의 즉위식과 잔 다르크

다. 이로써 샤를 7세는 왕세자에서 정식으로 왕이 되었습니다. 대관식을 마친 국왕 샤를 7세는 프랑스의 여러 지역을 돌아다니며 직접 백성들을 만나기로 합니다. 이 기간에 수많은 도시와 마을이 사절을 보내 샤를 7세에게 충성을 맹세했죠. 트루아 조약으로 왕위 계승권을 잃고 위기에 몰렸던 왕세자는 잔 다르크 덕분에 '신의 인정을 받는 왕'으로 세워졌습니다.

이 시기 왕을 인도한 잔 다르크의 명성도 절정에 달했습니다. 적진 한가운데를 뚫고 왕의 대관식을 치른 사연이 또 하나의 기적으로 여겨진 것입니다. 프랑스 전역은 잔 다르크를 성녀로 숭배하며 그녀의 조각상을 만들고, 노래까지 지어 불렀습니다. 잔 다르크를 찾아와 예물을 바치기도 했고 심지어는 죽은 아이를 살려달라고 찾아오기까지 합니다.

잔 다르크를 배신한 샤를 7세

이제 프랑스에는 두 명의 왕이 세워졌습니다. 잔 다르크가 지지하는 프랑스의 샤를 7세와 잉글랜드에서 내세우는 헨리 6세입니다. 이 두 명의 왕과 함께 프랑스도 둘로 분열되었습니다. 그러자 잔 다르크는 샤를 7세의 왕위를 더욱 확고히 하기 위해 잉글랜드가 차지한 프랑스의 수도 파리를 되찾기로 합니다. 하지만 뜻대로 되지 않았습니다. 군대를 이끌고 위풍당당하게 파리로 돌진했지만 다리에 화살을 맞아 부상만 당한 채 퇴각했죠. 잔 다르크의 첫 패배였습니다. 그런데 이때부터 이상한 일이 생깁니다. 잔 다르크가 연달아 패배하는 것입니다. 그 이유는 무엇일까요?

대관식을 치른 프랑스 왕 샤를 7세가 전투를 이어갈 생각이 없었기 때문입니다. 원래 유약하기도 했고 그는 이제 다른 전략을 고민하고 있었습니다. 그래서 계속해서 싸우기를 원하는 잔 다르크에게 소규모 병력만을 지원했죠. 계속되는 패배에도 프랑스 국민들은 여전히 잔 다르크가 성녀라고 믿었습니다. 샤를 7세는 잔 다르크가 그동안 이룬 공적을 치하하는 의미로 평민인 그녀에게 귀족 작위를 내렸습니다. 그러나 잔 다르크의 영예는 길지 않았습니다. 바로 다음 해 봄인 1430년 5월에 그녀에게 비극이 닥칩니다.

사건은 파리 북쪽의 콩피에뉴라는 성에서 일어났습니다. 콩피에뉴가 적들에게 함락될 위기에 처했다는 소식을 들은 잔 다르크는 소규모 군대를 이끌고 콩피에뉴로 출정했습니다. 하지만 전투는 쉽지 않았고 성 밖에서 싸우던 잔 다르크는 적에게 쫓겨 다시 성안으로 후퇴해야 했습니다. 그런데 잔 다르크가 콩피에뉴에 들어서려는 순간 갑자기 콩피에뉴의 지휘관이 그녀가 성에 들어오지 못하도록 성문을 걸어 잠가 버렸습니다. 잔 다르크의 뒤에서는 적들이 쫓아오고 있었죠.

결국 잔 다르크는 적들에게 포로로 잡혔습니다. 이때 잔 다르크를 생포한 것은 잉글랜드와 동맹 관계에 있던 프랑스의 부르고뉴파였습니다. 과거 미치광이 왕 샤를 6세 시절에 권력을 쥔 뒤 프랑스를 배신하고 잉글랜드와 손을 잡은 부르고뉴파는 프랑스의 왕 샤를 7세가 아닌 잉글랜드가 내세우는 헨리 6세를 지지했습니다. 이들에게 잔 다르크는 눈엣가시였죠. 잔 다르크가 적들에게 포로로 잡혔다는 소식을 들은 샤를 7세는 놀랍게도 무관심으로 일관했습니다. 프랑스의 영웅이었던 잔 다르크가 몇 달이나 포로로 잡혀있었지만 샤를 7세는 아무런 노력도 하지 않았습니다. 자신은 그런 사실을 모른다는 듯 방관했을 뿐이었죠.

샤를 7세의 처신에는 여러 가지 이유를 추측할 수 있습니다. 하나는 정치적 입장입니다. 당시 샤를 7세는 잉글랜드와 손잡은 부르고뉴파와 협상을 진행 중이었습니다. 하지만 잔 다르크의 입장에서는 침략자인 잉글랜드나 그들과 손잡은 부르고뉴파 모두 적일 뿐이었습니다. 그들과 적당히 타협할 생각이 없었죠. 이런 강경한 태도 때문에 샤를 7세에게 잔 다르크는 성가신 존재가 돼버렸습니다. 그러니 잔 다르크에게 의존하지 않고 자신의 정치적 계산대로 움직이려 했던 것입니다. 또 하나의 추측은 잔 다르크에 대한 질투입니다. 샤를 7세는 왕세자 때부터 정통성을 의심받던 유약한 왕이었습니다. 그로서는 갑자기 등장해 전 국민적인 인기를 얻고 성녀로 추앙받는 소녀, 즉 왕보다 인기 많은 신하가 그리 달갑지만은 않았을 것입니다.

프랑스 왕이 잔 다르크를 버린 상황에서 이제 그녀를 구해줄 사람은 아무도 없었습니다. 잔 다르크는 스스로 탈출하려고 높은 창문에서 뛰어내려서 심각한 부상을 입기도 합니다. 그렇다면 잔 다르크가 포로로 잡혔다는 소식을 들은 잉글랜드 왕은 자신에게 적극적으로 협력하던 부르고뉴파에 몸값을 지불할 테니 잔 다르크를 넘겨줄 것을 제안합니다. 결국 1430년 11월에 잔 다르크는 잉글랜드에 팔렸습니다. 피에르 코숑Pierre Cauchon이라는 프랑스 사제를 내세워 잉글랜드가 지급한 몸값은 금 56kg에 달하는 1만 리브르였습니다. 현재 시세로 약 50억 원 정도입니다.

엄청난 돈을 주고 잔 다르크의 신병을 산 잉글랜드는 그녀를 악마의 추종자로 몰기 위해 교회에 넘겨서 이단 재판을 받게 했습니다. 신이 프랑스 편이 아니라 잉글랜드 편이라는 걸 입증해야 했던 것이죠. 이때 재판에는 잉글랜드에 협력하는 프랑스 사제 피에르 코숑 외에도 약 200여 명이 참여했습니다. 대부분 잉글랜드나 부르고뉴와 친한 인물들입니다. 즉 잔 다르크의 재판은 잉글랜드의 압력 아래 열린 정치적 종교재판이었던 셈입니다.

마녀인가 성녀인가, 잔 다르크의 이단 재판

이제 잔 다르크는 이단 재판을 받기 위해 노르망디의 루앙 성으로 옮겨집니다. 루앙은 잉글랜드인들이 프랑스에서 주요 거점으로 삼고 있던 도시였습니다. 잔 다르크는 쇠사슬에 묶인 채 루앙 성에 있는 높은 탑에 갇혔습니다. 당시 잔 다르크는 제대로 된 대우도 받지 못했는데. 밥 대신 매일 검은 재를 탄 물 한 바가지를 받았다고 합니다. 이는 죄를 회개하라는 의미입니다.

모든 상황은 잔 다르크에게 불리하게 돌아갔습니다. 심문관들이 잔 다르크를 이단으로 만들 각오를 하고 몰아붙였기 때문입니다. 게다가 당시 교회의 이단 재판은 오늘날의 재판과 완전히 달랐습니다. 이 재판에서는 피고

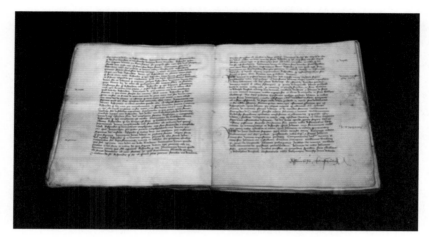
중세 불어로 쓰인 잔 다르크의 재판 기록

스스로 자신이 이단이나 마녀가 아니라는 사실을 입증해야만 합니다. 잔
다르크는 무려 5개월에 걸쳐서 29번의 심문을 받았고, 약 630쪽에 달하는
5개월간의 재판 기록이 필사본으로 남아 있습니다.

심문 과정에서 수십 명의 성직자와 법학자들은 악의적 태도로 온갖 철
학적 논리로 엮은 복잡한 질문들을 던졌습니다. 조금이라도 말실수를 하
면 이를 놓치지 않고 물어뜯을 준비가 되어 있는 사람들 앞에서 문맹에, 교
육을 받은 적도 없는 19세 소녀가 홀로 이단 재판에 맞서야 했던 것입니다.
잔 다르크는 당당한 태도로 싸웠지만 답이 정해져 있는 재판에서 이길 도
리는 없었습니다. 결국 재판관들은 잔 다르크에게 마녀이자 예언가인 죄,
이단인 죄, 마법으로 적을 살해하려 한 죄, 악령의 도움을 받은 죄 등 70여
개의 죄목을 뒤집어씌웠습니다. 최종적으로는 12개의 죄목으로 정리가 되
는데 수많은 죄목 가운데 마녀라는 죄목은 결국 삭제되었습니다. 이미 여
러 차례 처녀로 검증됐기 때문에 악마와 통했다는 죄목은 씌우지 못한 것
입니다. 최종 판결문에는 '남장을 한 죄'도 있습니다. 지금은 이해하기 어렵

지만 당시에는 여자가 남자 옷을 입고 다니는 것도 죄악이었습니다. 남장은 구약성서에 나온 신의 섭리를 위반하는 행위라는 것이죠.

1431년 5월 30일, 잔 다르크는 결국 루앙의 광장에서 화형당했습니다. 광장에는 아침 일찍 화형대가 높이 세워졌습니다. 화형을 지켜보려는 수많은 사람이 몰려든 가운데 잔 다르크가 끌려 나왔습니다.

"그대는 미신의 자식이며 신에 대한 충성을 부정하고 악마를 숭배하는 이단자로 결론을 내렸다."

판결문 낭독 후 잔 다르크는 화형대의 말뚝에 묶였고 화형대에는 불이 붙었습니다. 불길 속에서 잔 다르크는 최후의 순간을 맞이했습니다.

잔 다르크는 일반적인 화형과 달리 무려 세 번이나 집요하게 불태워졌습니다. 프랑스에서 성녀로 추앙받던 잔 다르크의 시체가 조금이라도 남아서 숭배의 대상이 될 가능성 자체를 없애버리려고 했던 것입니다. 잔 다르크는 첫 번째 화형에서 연기에 질식해 죽었습니다. 화형 집행인들은 잔 다르크의 시신을 꺼내서 관중들에게 보여주고 확실히 죽었다는 것을 확인시켰습니다. 그런 다음 다시 불구덩이에 시신을 넣고 두 번째로 불태웠습니다. 여기에 마지막으로 기름과 송진을 부어서 또다시 불을 지폈죠. 불이 꺼지자 작은 뼛조각과 재만 남았고 작은 뼛조각은 센강에 뿌려버렸습니다. 프랑스를 구해낸 영웅 잔 다르크는 제대로 된 묘조차 남기지 못한 채 19년의 짧고 뜨거운 생애를 마쳤습니다.

백년전쟁 후 민족국가로 발전한 잉글랜드와 프랑스

잔 다르크가 죽은 뒤 백년전쟁은 프랑스에 유리하게 전개됐습니다. 프랑스 왕 샤를 7세는 빠르게 자신의 세력을 만들어 나갔습니다. 잉글랜드 편을 들던 부르고뉴 공작과 화해했고, 덕분에 프랑스는 잉글랜드와의 전쟁에 전력을 기울일 수 있게 되었습니다. 반대로 잉글랜드에는 불리하게 돌아갔습니다. 국내 정치 사정이 복잡해지면서 더 이상 프랑스와의 전쟁에 집중할 수 없게 된 것이죠.

1453년에 카스티용 전투에서 프랑스가 승리하면서 잉글랜드와 프랑스 사이에 벌어진 116년간의 기나긴 전쟁이 드디어 끝났습니다. 전쟁의 발단이 됐던 프랑스의 보르도와 아키텐 지방을 비롯해 잉글랜드가 차지했던 영토는 칼레를 제외하고 프랑스로 돌아갔죠. 잔 다르크가 세운 왕 샤를 7세는 백년전쟁을 끝낸 왕으로 역사에 남았습니다.

프랑스가 전쟁에서 승리를 거둔 시점에서 프랑스의 영웅 잔 다르크에 대한 평가는 어떻게 됐을까요? 샤를 7세는 전쟁이 끝나고 3년이 지난 뒤 잔 다르크를 복권해 주었습니다. 교회 법정을 열어 과거에 잉글랜드의 주도로 벌어진 잔 다르크의 이단 재판이 무효라고 공표한 것입니다. 자신의 잘못을 뒤늦게 뉘우친 걸까요? 사실 이는 철저히 샤를 7세 자신을 위한 결정이었습니다. 이단 재판에서 죄를 인정받고 화형당한 잔 다르크를 이단인 상태로 놔두면 자신이 이단에 의해 왕위에 오른 존재가 되기 때문입니다. 샤를 7세는 잔 다르크가 죽은 뒤에도 그녀를 정치적으로 이용했습니다.

그런데 잔 다르크를 이용한 것은 샤를 7세뿐만이 아니었습니다. 잔 다르크는 죽은 뒤에도 수백 년의 시대를 거치며 여러 나라와 수많은 집단의 아이콘이 됐습니다. 그 과정에서 다양한 잔 다르크 활용법이 만들어졌습니다. 제1차 세계대전이 일어났을 때 전쟁 중이던 프랑스에서 갑자기 잔 다르크에 대한 전 국민적인 숭배 열기가 고조되었습니다. 잔 다르크를 그린 엽서가 발행되고 널리 사용되기도 했죠. 엽서에는 "참호 속의 희망! 신의 사

제1차 세계대전 중 프랑스가 만든 잔 다르크 엽서

자, 우리 프랑스의 별. 우리 자매 잔 다르크, 희망의 별, 우리나라를 구하고, 우리의 소원을 들어주고, 우리의 싸움을 이끌고, 우리를 승리로 이끌어주세요!"라는 기도문이 적혀 있습니다.

제1차 세계대전 당시 잔 다르크는 프랑스를 넘어 세계 여러 나라로 건너가 그야말로 글로벌 아이콘이 됩니다. 1915년에는 잔 다르크 탄생 500주년을 기념해 미국 뉴욕에 기마상을 세우기도 했죠. 여기에는 당시 미국 대통령인 우드로 윌슨Woodrow Wilson의 헌사가 새겨져 있습니다.

"애국적인 국민이 영감을 얻는 역사상 가장 이상적인 인물 중 하나."

이때 미국 재무부는 전쟁 자금을 모으는 데 잔 다르크를 이용하기도 합니다. 잔 다르크의 이미지를 넣은 포스터에는 "잔 다르크는 프랑스를 구했습니다. 미국의 부인들이여, 여러분의 나라를 구하십시오"라는 선전 문구를 넣었습니다. 미국 여성들에게 500년 전 다른 나라의 영웅처럼 전쟁에 도움

제1차 세계대전 중 미국이 만든 잔 다르크 포스터

이 될 것을 장려한 것이죠. 제1차 세계대전 직후인 1920년에 잔 다르크의 명성은 절정에 달했습니다. 프랑스는 잔 다르크 축제를 만들어 그녀를 국민 영웅으로 기렸고, 로마의 교회에서는 잔 다르크를 성인으로 선포합니다.

잔 다르크는 대서양과 태평양을 건너 한반도까지 진출했습니다. 1907년, 일본이 조선을 침략하던 시점에 애국지사 장지연이 《애국부인전》이라는 잔 다르크의 전기소설을 번역해 출간한 것입니다. 우리가 잘 아는 유관순 열사가 3·1운동을 했을 당시 18세였는데, 이때 《애국부인전》을 읽고 잔 다르

크에게 크게 감명받았다는 이야기가 전해집니다.[7]

장지연의 《애국부인전》

프랑스의 영웅 잔 다르크가 전 세계적으로 인기를 얻은 이유는 그녀가 애국심의 표상이 되었기 때문입니다. 조국이 침략당했을 때 거침없이 나서서 나라를 구해내고, 국민의 고통과 희망을 대변한 인물로 인식된 것이죠.

프랑스와 잉글랜드 사이에 벌어진 길고 길었던 백년전쟁은 많은 걸 바꿔놓았습니다. 기사와 영주로 대표되는 봉건시대가 저물고 왕권이 강화되면서 중세에서 근대로 넘어가는 계기가 되었습니다. 그리고 프랑스와 잉글랜드라는 국가의 민족의식을 싹틔워 두 나라의 기틀을 마련하는 데 큰 역할을 했죠.

그렇다면 현재를 사는 우리에게 '백년전쟁과 잔 다르크'는 어떤 의미를 지닐까요? 지난 수백 년간 사람들은 잔 다르크라는 한 인물을 두고 때로는 마녀로, 때로는 성녀로, 때로는 구국의 영웅으로, 심지어 일각에서는 시대를 앞선 페미니스트로 부각하며 자신이 필요한 이미지를 씌워왔습니다. 지금도 세상은 우리에게 필요한 위인을 만들어내고 있습니다. 이처럼 누군가가 만들어낸 이미지에 휩쓸리지 않기 위해서는 과거의 진실을 객관적으로 볼 줄 아는 노력이 필요합니다. 그 노력 중 하나가 역사를 바로 아는 것입니다. 그렇게 우리의 지성을 깨우려고 노력해야 우리를 둘러싼 이 세상을 좀 더 밝아진 눈으로 바라볼 수 있습니다. 바로 이것이 우리가 700년이 지난 지금 백년전쟁과 잔 다르크의 역사를 벌거벗겨 보면서 되돌아볼 문제입니다.

벌거벗은 미국 독립전쟁

세계 초강대국의 탄생과 비밀

김봉중

● 우리가 알고 있는 미국 국기인 '성조기'는 빨간색과 흰색이 교차하는 13개의 줄에 왼쪽 위에 50개의 별이 수놓아진 모습입니다. 그런데 성조기가 이 같은 모습이 되기까지 여러 차례 수정되었다는 사실을 알고 있나요?

성조기의 변천사 중에서도 가장 눈에 띄는 것은 왼쪽 위에 영국 국기인 '유니언잭Union Jack'을 그려 넣은 첫 번째 성조기입니다. 영국 국기가 어떻게 지금의 별 모양으로 바뀐 것일까요? 성조기가 이런 큰 변화를 맞이한 이유는 미국이 영국으로부터 독립했기 때문입니다. 모든 성조기의 공통점인 빨간색과 흰색이 교차하는 13개의 줄은 영국이 처음 아메리카 대륙에 세운 13개의 식민지를 상징합니다. 그리고 성조기의 별들은 미국의 각 주를 상징하죠. 즉 처절한 독립전쟁 끝에 영국 국기 대신 별들을 그려 넣게 된 것입니다. 13개의 별로 시작해서 새로운 주가 만들어질 때마다 별의 개수도 늘어났고, 1959년에 하와이가 미국의 50번째 주로 편입되면서 오늘날의 미국 국기가 완성되었습니다. 성조기는 영어로 'The Star-Spangled Banner'라고 하는데 이는 '별이 빛나는 국기'라는 뜻입니다.

현재 미국은 정치, 경제, 문화, 과학, 군사 등 전 세계를 쥐락펴락하는 초

미국 성조기 변천사

강대국입니다. 하지만 그 시작은 매우 불안했습니다. 억압받던 영국인들이 쫓겨나듯 이주한 땅이 신대륙이었고 그곳에서 전염병, 굶주림과 싸우며 힘겹게 정착해야 했죠. 이들은 살아남기 위해 땅을 개척했지만 그조차 쉽지 않았습니다. 원주민인 인디언의 힘은 막강했고, 이미 땅을 차지하고 있던 유럽 강대국의 눈치를 봐야 했으며, 조국인 영국은 정착민에게 별다른 지원을 하지 않았으니까요. 게다가 영국은 정착민을 보호하기는커녕 그들로부터 세금을 걷는 데만 혈안이 되었습니다.

이런 복잡한 상황에서 미국은 어떻게 독립 국가로 첫발을 내디딜 수 있었을까요? 지금부터 전 세계의 이권을 쥐락펴락하는 국가, 미국이 탄생한 비밀을 벌거벗겨 보려 합니다.

영국 최초의 아메리카 식민지, 버지니아

미국의 시작은 영국 런던과 깊은 관계가 있습니다. 런던은 16세기에 접어들면서 상공업이 발달하고 해외 개척이 급물살을 타면서 역동적으로 성장했습니다. 이 시기에 영국인들은 희망을 찾아 자신들이 이주할 수 있는 새로운 땅을 찾았는데 가장 눈에 띈 곳이 바로 아메리카 신대륙이었죠. 런던을 중심으로 신대륙에 정착하려는 사람들이 몰려들면서 미국이 시작되었으니, 런던은 미국과 떼려야 뗄 수 없는 도시입니다.

그런데 왜 영국은 아메리카 대륙에 식민지를 개척하려 했던 걸까요? 그 이유를 알기 위해서는 당시 가장 적극적으로 식민지 개척에 나섰던 스페인의 상황을 봐야 합니다. 1492년 콜럼버스Christopher Columbus의 신대륙 발견 이후 스페인은 카리브해에 식민지를 건설했고, 스페인의 정복자들은 아메리카 대륙에 활발하게 진출했습니다. 남아메리카를 정복한 스페인은 식민지로부터 약탈한 금과 은을 기반으로 큰돈을 벌었습니다. 또한 프랑스는 1534년에 탐험가 카르티에Jacques Cartier가 캐나다 지역을 처음 발견하고 북아메리카에 뉴프랑스를 건설하고 있었습니다. 그 상황을 지켜보던 영국은 고민에 빠졌죠. 스페인처럼 아메리카에 가서 크게 한탕 벌고 싶은데 어디에 식민지를 건설해야 할지 결정하지 못한 것입니다.

고민 끝에 찾은 땅은 스페인의 손길이 많이 닿지 않았던 북아메리카였습니다. 영국은 사전 조사를 통해 몇 차례의 시행착오를 거친 이후에 동부 연안의 비옥한 땅을 발견했습니다. 이곳에 식민지를 건설하면 많은 이득을 볼 수 있을 거라고 판단했죠. 그렇게 영국은 본격적으로 북아메리카 지역에 식민지 건설을 계획했고 1606년 12월 20일, 마침내 런던에서 아메리카로 향하는 배가 출항합니다. 미국의 역사가 시작된 순간입니다.

런던에서 출발한 배에는 104명의 영국인이 타고 있었습니다. 이들은 약 5개월간의 긴 항해 끝에 영국 최초의 식민지에 정착하게 됩니다. 과연 그곳은 어디일까요? 당시 북아메리카는 이미 스페인과 프랑스가 식민지를 개척 중이었습니다. 그래서 영국인들은 이들의 손이 닿지 않은 아메리카 북동부의 연안 지대에 처음 뿌리를 내렸습니다. '여기가 영국 땅이다'라고 지은 이름은 '버지니아'입니다. 버지니아는 '처녀'라는 뜻인 virgin에서 따온 말로, 결혼하지 않은 처녀 여왕인 영국의 엘리자베스 1세를 기린다는 의미를 담았습니다. 그리고 영국인들은 버지니아에서 배가 처음 닿은 곳에 당시 영국 왕 제임스 1세James I의 이름을 따서 '제임스타운'이라는 이름을 짓고 마을을 만들어 정착했습니다. 영국 식민지 개척의 출발점이라고 할 수 있죠.

제임스타운은 희망의 땅이었을까요? 기대와 달리 이곳은 영국인들에게 희망의 땅이 되어주지 못했습니다. 땅이 습해서 농사를 짓기 어려웠고 말라리아 같은 풍토병까지 겹쳐서 정착민들은 질병과 굶주림에 시달리다가 죽어갔죠. 배고픔을 이기지 못한 일부 정착민들은 개나 말, 심지어 쥐까지 먹었다고 합니다. 정착민으로 추정되는 유골에서 절단 자국이 발견되기도 했는데, 이는 생존을 위해 인육까지 먹었다는 뜻입니다. 1609년~1610년의 기록에 따르면 정착민 240명 중 살아남은 사람은 60여 명에 불과하

영국의 첫 번째 식민지 정착지, 버지니아

며 대부분 기아와 질병으로 사망한 것으로 추정됩니다.

문제는 이뿐만이 아니었습니다. 이미 그 지역에 살고 있던 아메리칸 원주민 포우하탄Powhatan족과의 마찰로 정착민과 인디언 사이에 살육전까지 벌어진 것입니다. 이런 참상이 반복되면서 영국인들의 첫 번째 정착지는 황폐해졌고 버지니아의 제임스타운은 한동안 실패한 정착지로 남았습니다.

재앙으로 시작된 미국의 역사

그렇다면 영국은 언제 식민지 정착에 성공했을까요? 그 시작을 알려면 다시 영국으로 가야 합니다. 런던에서 식민지 정착을 위한 첫 번째 배가 출항한 지 약 14년이 지난 1620년 9월, 영국의 플리머스 항구에서 또 다시 배가 출발합니다. 미국 역사상 가장 중요한 배인 '메이플라워호'입니다. 이 배에는 자본가와 상인, 기술자들 그리고 41명의 청교도를 포함한 100여 명이

탔습니다. 이들 대부분은 버지니아의 상황을 통해서 아메리카 대륙에는 먹을 것이 부족하고, 전염병이 돌고 있으며, 원주민인 인디언과의 갈등으로 정착이 쉽지 않다는 사실을 알고 있었죠. 그럼에도 이들은 풍요로운 영국을 떠나 아메리카 대륙으로 향했습니다. 물론 큰돈을 벌기 위해 메이플라워호에 탄 사람도 있었지만, 중요한 것은 이 배에 탄 사람들의 중심이 청교도였다는 사실입니다. 미국의 정신, 사회적 가치의 근간이 이들 청교도로부터 비롯했기 때문입니다.

청교도가 아메리카 대륙을 찾아간 이유는 당시 영국 내 그들의 위치를 통해 확인할 수 있습니다. 청교도는 영국 국교회(성공회)의 제도와 의식의 일체를 배척하며 개혁을 주장한 개신교 개혁파로 '정화한다'라는 뜻인 'purify'에서 유래했기에 '퓨리턴puritan'이라고 불렸습니다. 이들은 자신들의 생활 방식을 엄격하게 제한했습니다. 술에 취하거나 욕하는 것을 엄벌했고, 각종 오락은 물론 화려한 색상의 의상과 액세서리도 모두 금지했습니다. 심지어 크리스마스를 지키는 것마저 불법으로 여겼습니다. 화려하고 흥겨운 파티를 한다는 이유 때문이었죠. 일요일은 성스러운 날이므로 오직 종교적인 활동만 허락했기에 일하거나 놀 수도 없었죠.

이렇게 철저한 금욕주의를 고수해온 청교도에게 뜻밖의 사건이 일어납니다. 1558년에 영국의 황금기를 연 엘리자베스 1세Elizabeth I 여왕이 즉위한 뒤 영국의 국교를 성공회로 통일한 것입니다. 그러자 청교도는 영국 성공회를 강력하게 비판했습니다. 검소하게 예배드리는 개신교를 지향하는 청교도와 달리 성공회는 교회 내부를 화려하게 장식하고 성직자들이 정해진 예복을 입는 등 가톨릭의 잔재가 남아 있었기 때문입니다. 영국 국교를 중심으로 왕권을 강화하려 한 엘리자베스 1세에게 이런 청교도는 눈엣가시였습니다. 결국 여왕은 성공회를 반대하는 청교도를 반역죄로 다스렸습니다.

자신을 비판했던 어느 청교도인의 오른손을 절단시켜 버리기까지 했죠. 엘리자베스 1세가 통치하는 동안 청교도 탄압은 계속됐습니다.

1603년에 여왕이 사망하고 제임스 1세가 왕위에 올랐습니다. 개신교 성향이 강했던 새로운 왕이 즉위하자 청교도의 기대감은 높아졌습니다. 그들은 왕에게 영국 성공회에 남아 있는 로마 가톨릭의 잔재들을 없애고 교회를 개혁해달라는 청원서를 제출합니다. 하지만 제임스 1세 역시 영국의 국교인 성공회를 중심으로 왕권을 강화하려 했습니다. 그러니 성공회를 개혁해야 한다고 주장하는 청교도가 매우 불편했죠. 그는 청교도의 요청을 무시하고 오히려 개종을 강요합니다. 청교도에게 종교를 바꾸라는 것은 사형 선고와 같았기에 그들은 더는 영국에서 살 수 없다고 생각합니다. 이때 청교도가 영국을 떠날 수밖에 없는 결정적인 사건이 발생합니다.

당시 영국 서민들은 일요일 오전에 예배를 드리고 오후에는 맥주를 마시며 축구를 즐겼습니다. 하지만 금욕생활을 강조한 청교도는 주일에 스포츠를 즐기는 것은 타락한 행위라며 엄숙하게 보내야 한다고 주장했습니다. 그들은 성경 공부를 하며 일요일을 보냈죠. 이런 상황에서 제임스 1세가 《스포츠의 서Book of Sports》라는 책을 발행했습니다. 이 책을 통해 일요일 오후에 맥주를 마시고, 춤추며, 축구와 같은 스포츠를 할 수 있도록 허용한 것입니다. 성공회 개종도 받아들일 수 없는데 주일마저 자신들의 뜻대로 지낼 수 없게 된 청교도에게 영국은 핍박의 땅에 불과했습니다.

종교적 박해가 심해지자 청교도는 영국에 남아서 저항할 것인지, 종교의 자유를 찾아 떠날 것인지 결정해야 했습니다. 결국 청교도는 자신들이 꿈꾸는 종교 국가를 이룰 땅을 찾기로 합니다. 이들이 처음 이주한 곳은 영국과 가까운 네덜란드였습니다. 희망을 품고 네덜란드의 레이든으로 삶의 터전을 옮겼지만 낯선 언어와 문화 때문에 정착에 어려움을 겪었습니다. 가

1620년 메이플라워 서약에 서명하는 모습

장 힘든 것은 아이들이 네덜란드의 자유로운 문화에 동화되어 종교적 신념을 잃을지도 모른다는 두려움이었죠. 정착에 실패한 후 영국으로 돌아온 청교도는 다른 땅을 찾았고, 북아메리카에 영국의 식민지 땅이 있다는 사실을 알게 됩니다. 이들은 종교의 자유가 있는 곳에서 그들만의 종교적 지상 낙원을 건설하기 위해 메이플라워호 탑승을 결심합니다.

1620년, 100여 명을 태운 메이플라워호는 북아메리카를 향한 66일의 여정을 시작했습니다. 희망을 안고 메이플라워호에 오른 청교도의 항해는 순탄했을까요? 안타깝게도 바다에서 폭풍우를 만나 표류하고, 음식이 바닥나 말린 고기와 벽돌처럼 딱딱한 비스킷으로 연명해야 했습니다. 여기에 괴혈병까지 퍼지면서 절망의 늪에 빠졌죠. 몇몇 사람들은 다시 영국으로 돌아가자고까지 말했습니다. 시간이 갈수록 갈등이 깊어지자 이대로 가만히 있을 수 없었던 이들은 한 가지 묘안을 떠올립니다.

메이플라워 서약 필사본

정착하는 과정에서 생길 수 있는 갈등을 사전에 방지하기 위해 다수의 뜻을 문서로 만들기로 한 것입니다. 아메리카 대륙으로 향하는 것만으로도 이렇게 의견이 분분한데 이 상태로 정착하면 더 많이 충돌할 것이 분명했기 때문이죠. 55쪽 그림처럼 배에 탄 성인 남성 41명이 모여 '메이플라워 서약'을 했습니다. 다음은 서약서를 요약한 내용입니다.

"영국 왕에 충성을 다하며 아메리카 대륙에 식민지를 건설할 것을 기약하고 자치 사회를 형성하여 질서와 안전을 도모하며 평등한 법률을 만들어 관제를 정한 다음, 여기에 종속할 것을 맹세한다."

간단히 말해 스스로 주인이 되어 결정하고 책임지겠다는 것입니다. 자치적 성격의 메이플라워 서약에 서명한 사람들은 공동체의 이익을 위해 계약을 지킬 것을 맹세했습니다. '누구나 평등하다'라는 가치에 맞는 법률을 만들어서 그것을 자치적으로 운영한다는 메이플라워 서약은 미국 최초의 자치 헌법으로 평가받습니다.

굶주림과 혹독한 추위, 전염병 속에서도 북아메리카 대륙을 향한 항해는 이어졌고, 메이플라워호 사람들은 우여곡절 끝에 신대륙에 발을 내디뎠습니다. 100여 명의 영국인 중 절반인 53명만 살아남은 상태였습니다. 이들

메이플라워호 경로

이 도착한 곳은 지금의 미국 매사추세츠주입니다. 사람들은 이곳에 자신이 출발한 영국의 항구도시 '플리머스'와 같은 이름을 붙였습니다.

청교도의 유토피아, 아메리카 정착기

어렵게 도착한 청교도의 정착이 성공하자 더 많은 청교도가 영국에서 건너왔습니다. 1630년에 아메리카에 도착한 대규모 청교도들은 '언덕 위의 도시city upon a hill'라는 슬로건을 내걸었습니다. 모두가 우러러보는 유토피아를 만들기 위해 하나님의 계시와 선택을 받고 이곳으로 왔다는 의미입니다. 미국의 제44대 대통령 버락 오바마Barack Obama는 2006년 6월 매사추세츠 대학교 졸업식에서 이같이 말했습니다.

"초기 정착민들이 보스턴과 세일럼, 플리머스 해안에 도착했을 때

1621년 첫 번째 추수감사절

그들은 언덕 위의 도시를 건설하는 꿈을 꾸었습니다."

　이처럼 언덕 위의 도시는 현재까지도 미국의 건국 정신으로 알려져 있습니다. 하지만 희망과 달리 식민지의 현실은 참담했습니다. 1620년 플리머스에 도착했던 청교도들은 매사추세츠 지역에 유럽의 정착민이 없었기 때문에 집을 짓는 것부터 음식을 구하는 것 등 모든 것을 스스로 해결해야 했습니다. 게다가 북아메리카의 추위는 혹독했습니다. 건강한 남성조차 일을 할 수 없을 만큼 쇠약해졌고 질병으로 죽는 사람도 갈수록 늘었습니다. 이때 위기에 빠진 청교도를 향해 구원의 손길을 내민 사람들이 있었습니다.

　매사추세츠 지역의 원주민 왐파노아그Wampanoag 부족입니다. 영국 정착민을 경계하던 다른 부족과 달리 이 인디언 부족은 청교도와 동맹을 맺기로 합니다. 인디언들은 사슴과 칠면조 고기를 선물하고 집짓기와 낚시 등 생존에 필요한 노하우를 알려주며 청교도와 우정을 쌓았습니다. 그리고 풍

영국 청교도와 가톨릭교도, 성공회의 정착지

토에 맞지 않는 유럽 작물의 종자 대신 옥수수 씨앗을 주고 재배법도 알려줬죠. 추위와 굶주림에 시달리던 청교도에게 왐파노아그 부족의 도움은 선물과 같았죠. 다음 해 가을에 청교도는 고마움을 전하고자 인디언을 초대해 파티를 열었습니다. 여기서 유래한 것이 미국의 명절인 추수감사절입니다. 약 400여 년 전 북아메리카에 정착한 청교도와 인디언의 파티가 미국의 추수감사절로 이어졌다는 사실은 청교도의 정착이 미국사에서 얼마나 중요한지를 알려줍니다. 이처럼 메이플라워호에 오른 청교도가 성공적으로 신대륙에 정착하자 영국에 남아 있던 청교도도 1630년부터 본격적으로 매사추세츠 지역으로 건너오기 시작했습니다.

이상적인 종교 공동체를 만들기 위해 가장 먼저 교회를 지은 청교도는 그다음에 학교를 세우기로 합니다. 청교도는 자신들이 정한 종교적 원리와 사회적 규율을 일반 신도들도 읽고 이해할 수 있기를 바랐습니다. 영국 출신 청교도 성직자 존 하버드John Harvard는 자신의 책과 재산을 기부해 학교를 설립했습니다. 북아메리카 대륙에 정착한 지 약 16년 만인 1636년에 신학교를 세운 것입니다. 이는 우리가 잘 알고 있는 미국 최고의 명문대인 하버드 대학교의 모태가 되었습니다.

청교도의 영향으로 1836년까지 하버드 대학교의 신조는 '그리스도의 영광을 위하여'였습니다. 미국 아이비리그 중 한 곳인 예일 대학교 역시 1701

년에 10여 명의 청교도 목사들이 종교적 이유로 세운 학교입니다. 청교도는 교회와 학교를 중심으로 아메리카 대륙에 자신들의 공동체를 만들고 점차 땅을 개척하며 확대해 나갔습니다.

메이플라워호가 도착한 청교도의 중심 매사추세츠부터 현재의 로드아일랜드와 코네티컷까지 이르는 뉴잉글랜드 식민지는 영국인 정착민이 늘면서 성공적으로 자리 잡았습니다. 청교도와 대척점에 있던 가톨릭교도는 메릴랜드에, 버지니아 지역에는 주로 성공회 교도들이 정착했습니다. 영국인이 성공적으로 북아메리카 대륙에 정착한 것은 다행이지만 이들이 차지하는 땅이 늘어나자 새로운 문제가 생겼습니다. 청교도 공동체가 발전하면서 기존에 살고 있던 원주민 인디언에 대한 배척이 시작된 것입니다.

인디언에게 정착을 도와줘서 고맙다고 파티까지 열어준 청교도는 왜 갑자기 태도를 바꿨을까요? 첫 번째 이유는 종교입니다. 청교도가 아메리카 대륙으로 건너간 이유는 자신들의 종교적 삶을 지키기 위해서였습니다. 시간이 지나자 이들은 인디언을 개종시키려 노력했습니다. 인디언에게 언어를 가르치고 성경을 읽게 했죠. 하지만 인디언들은 기독교를 받아들이는 것은 조상 대대로 내려온 자신의 정체성과 언어를 포기하는 것이라고 생각해 개종을 거부했습니다. 다양한 시도 끝에 청교도는 개종이 힘들다고 판단했고, 그때부터 인디언을 자신들과 함께할 수 없는 존재이자 걸림돌로 여기기 시작한 것입니다. 토속신앙을 바탕으로 자연신을 섬기는 인디언의 모습은 청교도의 입장에서 그저 야만적인 이교도일 뿐이었습니다.

두 번째 이유는 땅입니다. 청교도를 포함한 유럽의 정착민과 인디언 사이에는 절대 타협할 수 없는 생각의 차이가 있었습니다. 바로 땅에 대한 인식입니다. 정착민에게 땅이란 생존을 위해 꼭 필요한 삶의 터전이었습니다. 기독교 신앙은 하나님이 "생육하고 번성하며 땅에 충만하라. 땅을 정복하라!"라고 말합니다. 이를 위해서는 정착해야 합니다. 유럽인들은 땅에 대해 이 같은 기본적인 개념을 가지고 있습니다. 반면 인디언에게 땅은 개인이 소유할 수 있는 재산이 아니었습니다. 그들은 땅을 필요한 만큼만 자연에서 빌려 사용해야 한다고 생각했습니다. 청교도는 땅을 활용하지 않고 방치하는 인디언을 이해할 수 없었습니다. 어느새 자신들의 종교도 따르지 않고, 땅도 활용하지 않은 채 떠돌아다니는 인디언을 무시하기 시작했습니다.

종교와 땅이라는 첨예한 갈등 속에서 청교도와 인디언은 끝내 피비린내 나는 살육전을 벌이고 말았습니다. 당시 청교도와 충돌한 원주민 인디언은 피쿼트Pequot 부족입니다. 이들은 동부 해안에 있는 코네티컷 지역에서 생활했습니다. 하지만 매사추세츠의 청교도가 바로 아래 지역인 코네티컷으로 세력을 확장하면서 서로 잦은 갈등을 겪었습니다. 그러다 결국 1636년에 전쟁이 벌어졌습니다. 피쿼트 부족은 1년 동안 13명의 영국 정착민을 살해했습니다. 이에 청교도뿐 아니라 매사추세츠 지역의 정착민들까지 분개했고, 인디언을 처벌하기 위해 90여 명의 군대를 조직했습니다.

1637년 5월 26일 새벽, 영국 정착군이 피쿼트 부족의 마을을 급습했습니다. 그리고 무차별한 학살을 자행했죠. 이때 약 500명의 피쿼트 인디언이 목숨을 잃었는데 이들 중 절반은 불에 타 죽었다고 합니다. 끔찍한 살육전은 이후 2년 동안 계속되었고 정착군의 공격으로 피쿼트 부족은 전멸하다시피 했습니다. 그나마 살아남은 3천여 명의 부족민들도 살해되거나 노예로 잡혀갔고 부족은 끝내 말살되고 말았습니다.

피쿼트 부족에게는 말살을 가져온 잔혹한 전쟁이었지만, 청교도에게는 넓은 땅을 얻은 정복의 기회였습니다. 이후로도 청교도는 땅을 넓히기 위해 다른 부족들과 전쟁을 치렀습니다. 전쟁이 얼마나 치열했는지 1660년에 약 12만 5천 명이었던 북동부 지역 인디언은 10년 뒤에 절반도 남지 않았습

1637년 피쿼트 요새를 공격하는 영국 정착민

니다. 모두 자신들의 땅에서 쫓겨나거나 목숨을 잃은 것입니다. 전쟁 이전까지 청교도의 거주지는 매사추세츠 지역에 불과했습니다. 하지만 전쟁이 끝난 뒤에는 아메리카 북동부 대부분의 인디언 지역을 청교도와 영국 정착민이 차지하게 됩니다. 이후 200여 년간 미국에서 900만 명의 인디언이 생명을 잃는 참상이 빚어졌습니다.

청교도의 잔혹함은 여기서 끝나지 않았습니다. 수많은 인디언을 그들의 땅에서 쫓아낸 청교도는 마녀사냥을 벌이며 또다시 미국 역사에 비극을 남겼습니다. 당시 다양한 기독교 종파가 등장하면서 혼란스러웠던 유럽은 이를 잠재우기 위한 마녀사냥을 일삼았습니다. 이 같은 분위기가 아메리카 대륙에까지 이어진 것입니다.

사건이 벌어진 곳은 매사추세츠의 세일럼이라는 작은 마을입니다. 새뮤얼 패리스Samuel Parris라는 청교도 목사가 이곳에 부임합니다. 그에게는 딸

청교도와 인디언의 피의 전쟁의 결과물

과 조카가 있었는데 1692년 어느 날, 아이들이 갑자기 발작 증세를 보이기 시작했습니다. 아무리 치료해도 낫지 않자 패리스는 마을에 "이게 다 마을에 숨어있는 마녀들 때문이다!"라는 소문을 퍼트렸습니다. 이런 황당한 말을 믿을까 싶겠지만 불가사의한 일을 과학적으로 설명할 수 없었던 시기였기에 가짜 뉴스는 금세 퍼져나갔습니다. 마을 사람들은 마녀가 누구인지 추궁하기 시작했고, 발작 증세를 보인 소녀들은 패리스 목사의 하녀인 티투바Tituba를 지목했습니다. 그러자 사람들은 그녀가 아이들에게 주술을 걸었다고 모함하며 마녀로 몰아 감옥에 가뒀습니다.

마녀를 가뒀지만 아이들의 증상이 나아지기는 커녕 오히려 비슷한 증상을 보이는 여자아이들이 늘어났습니다. 마을 사람들은 또다시 마녀사냥을 시작했고 이번에는 한 중년 여성을 마녀로 지목합니다. 얼마 후 그녀가 재판을 받기 위해 법정에 들어서자 이상한 일이 벌어졌습니다. 그녀를 본 소녀들이 바닥에 쓰러져서 몸부림친 것입니다. 결국 그녀는 교수형을 받았고,

1692년 세일럼 마녀재판

그날 이후 마을에서는 약 8개월간 20명 이상이 마녀로 몰려 처형당했습니다. 아무 죄도 없는 주민이 무고하게 목숨을 잃은 것이죠. 더욱 안타까운 것은 대부분의 희생자가 힘없는 여성이었다는 사실입니다.

누구보다 청렴하게 하나님의 뜻을 실현하고자 했던 청교도는 대체 왜 마녀사냥에 빠졌을까요? 사실 세일럼 마녀사냥에는 숨은 이야기가 있습니다. 이 마을의 토박이였던 청교도 집단과 새로 정착한 청교도 사이의 세력 다툼에서 마녀사냥이 시작됐다는 것입니다. 초창기에 정착한 청교도는 매우 보수적이었는데 청교도 사회가 본인들이 원하는 방향으로 가지 않자 불안해했습니다. 시간이 지날수록 물질주의와 개방적 문화가 몰려들자 불만이 쌓였고 이를 새로 이민 온 비교적 진보적인 청교도 정착민에게 표출한 것입니다. 자신들의 종교적 신념에 대한 과도한 집착과 오만이 불러온 비극인 셈이죠. 이것이 세일럼 마을 마녀사냥의 진실입니다.

영국의 13개 식민지 건설 이야기

내외적으로 많은 충돌을 겪었지만, 영국의 청교도는 안정적으로 땅을 넓혀갔습니다. 이들의 영향으로 아메리카에는 큰 변화가 생겼죠. 매사추세츠를 중심으로 미국 동부에 수많은 영국 이주민들이 몰려든 것입니다. 그러면서 최초의 완성형 식민지가 자리 잡게 됩니다.

첫 번째 정착지였던 버지니아를 시작으로 메이플라워호의 청교도들이 자리 잡은 매사추세츠, 코네티컷을 거쳐 1732년 남쪽의 조지아까지 영국은 13개의 식민지를 개척합니다. 각각의 식민지는 그들만의 독특한 사회를 형성했고 정치적·경제적·문화적·종교적 특징에 따라 북부인 뉴잉글랜드와 중부, 남부로 나뉘었습니다.

먼저 매사추세츠 중심의 뉴잉글랜드는 추운 날씨와 거친 토양 때문에 농업이 어려운 곳이었습니다. 대신 풍부한 목재와 해안이라는 지리적 이점을

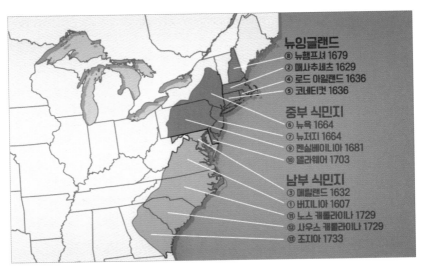

최초의 완성형 식민지 13곳

이용해 어업과 조선업 같은 산업이 발달했습니다. 특히 이곳은 메이플라워 호를 타고 온 청교도가 정착한 곳이므로 종교적으로 보수적 성향이 강했죠. 그리고 뉴욕과 펜실베이니아를 중심으로 하는 중부 식민지는 밀을 중심으로 농산물을 수출했습니다. 종교적으로 관대한 편이었기에 뉴잉글랜드와 달리 퀘이커교, 루터교, 가톨릭 등 다양한 교파의 이주민이 섞여서 살았습니다. 마지막으로 버지니아와 캐롤라이나를 중심으로 하는 남부 식민지는 비옥한 토질을 바탕으로 대규모의 상품작물을 재배했습니다. 종교를 중심으로 모인 북부와 달리 경제적 이유로 온 이주민들이 많았고, 자신이 영국인임을 자랑스럽게 여길 정도로 모국에 대한 자부심이 강했습니다. 따라서 영국 국교인 성공회 교도들이 많았습니다.

그렇다면 영국은 신대륙에 처음 생긴 자신들의 식민지를 어떻게 관리했을까요? 뜻밖에도 그들은 관리에 엄격하지 않았습니다. 각각의 식민지에 왕이 임명한 총독을 두긴 했지만 대부분의 관리는 식민지인들의 투표로 선출했습니다. 또한 각 마을에 자치 기구를 만들어서 치안, 농사, 교육 등 주민의 생활에 관한 문제를 자체적으로 해결했습니다. 이러한 '식민지 직선 의회'는 점차 총독 중심의 체제를 제치고 식민지인 스스로 실질적인 의사를 결정할 수 있는 기구로 자리 잡게 됩니다. 이런 체제는 미국 독립운동의 씨앗이, 직선 의회는 미국 민주주의의 중요한 토대가 되었습니다.

당시 영국 외에도 스페인과 프랑스, 네덜란드 등이 앞다퉈 식민지 개척에 나섰습니다. 해상 교역의 강자 네덜란드는 1620년에 인디언과 모피 교역을 위해 허드슨강 유역에 교역 기지를 건설했습니다. 이곳은 네덜란드 수도 암스테르담의 이름을 따서 뉴암스테르담이라고 불렀습니다. 이후 뉴암스테르담을 중심으로 주변 내륙 항로를 통한 인디언과의 교역으로 많은 수익을 얻었습니다. 이때 뉴암스테르담에 정착한 네덜란드 상인들은 인디언에게 구슬과 단추를 주고 뉴욕 맨해튼을 사들였습니다. 지금의 뉴욕주에서도 가장 중심이 되는 맨해튼을 겨우 구슬과 단추를 주고 샀다니 과연 가능한 일일까요? 당시 네덜란드 상인이 인디언에게 준 구슬과 단추의 값은 지금의 가치로 따지면 약 24달러라고 합니다. 현재 시세로 평당 8천만 원이 넘으며 약 152경 원의 가치가 있는 금싸라기 땅을 단돈 24달러에, 그것도 돈이 아닌 구슬과 단추를 주고서 샀다니 놀라울 따름입니다.

하지만 네덜란드는 금세 이 땅을 빼앗깁니다. 영국이 전쟁을 일으켜서 네덜란드를 제압하고 맨해튼을 포함한 뉴암스테르담을 차지했기 때문이죠. 영국은 이곳을 자기 땅으로 삼은 뒤 네덜란드와의 전쟁에서 영국 왕립해군을 이끌고 승리한 요크 공작의 이름을 따서 '뉴-요크'로 바꿨습니다. 지금의 뉴욕이라는 지명은 이때 생겨난 것입니다.

영국을 비롯한 유럽의 강대국들이 식민지 개척에 열을 올린 결과, 18세기에는 대부분의 북아메리카 대륙이 유럽의 식민지가 되었습니다. 특히 아메리카 대륙의 동쪽 지역은 영국과 프랑스, 그리고 스페인이 차지했습니다. 그러면서 본격적인 식민지 경쟁이 시작됐습니다. 특히 현재의 캐나다 동부 지역(지도 속 보라색 지역)을 두고 영국과 프랑스의 충돌이 끊이지 않았습니다.

두 나라의 식민지 분쟁은 오하이오강 유역을 두고 더욱 첨예한 갈등을 맞이했습니다. 결국 1756년에 전쟁이 벌어지고 말았죠. 사실 이곳은 프랑스가 차지한 땅으로, 그들은 원주민

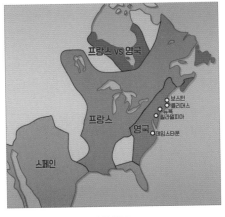

18세기 유럽의 아메리카 진출

7년 전쟁 후 영국 식민지

인 인디언과 공존하며 살고 있었습니다. 그런데 영국이 이 땅을 뺏기 위해 후발 주자로 끼어든 것입니다. 프랑스가 인디언과 공존한 이유는 그들과 물물 교환한 물건을 다시 유럽에 팔아 수익을 올릴 수 있었기 때문입니다. 반면 영국은 정착과 농지 개설이 목적이었습니다. 영국과 프랑스가 신경전을 벌이자 인디언들은 프랑스 편에 서기로 합니다. 자신들을 몰아내지 않고 땅을 개척한 프랑스를 더 신뢰한 것입니다. 이렇게 영국 대 프랑스-인디언의 대립 구도는 7년간의 대규모 전쟁으로 이어졌습니다. 유럽에서는 이를 가리켜 7년 전쟁이라고 합니다.

엎치락뒤치락하는 긴 전쟁 끝에 승전보를 울린 나라는 영국입니다. 영국은 프랑스로부터 승리의 대가로 드넓은 중부 지역을 넘겨받았습니다. 지도 속 초록색이 영국이 전쟁으로 획득한 영토입니다. 이로써 아메리카 대륙의 동부와 내륙 대부분의 땅을 영국이 차지하게 됩니다. 하지만 기쁨의 축배를 드는 시간은 길지 않았습니다. 7년 전쟁은 미국이 영국에게서 독립하는 중요한 전환점이 되었기 때문입니다.

미국 독립전쟁의 원인, 세금 전쟁

7년이라는 긴 전쟁을, 그것도 바다 건너 먼 땅에서 치르려면 전쟁 자금이 필요합니다. 전쟁으로 인해 채무가 급격히 증가한 영국은 돈이 필요했습니다. 하지만 자국민에게 세금을 더 걷는 것은 정치적으로 부담스러운 상황이었습니다. 그래서 눈을 돌린 곳이 아메리카 식민지였습니다.

전쟁 후 탄탄한 관계를 맺을 것이라 기대한 영국과 식민지 사이에 예상치 못한 '세금 전쟁'이 시작된 것입니다. 먼저 영국은 식민지에서 수입하는 설탕과 커피, 포도주 등에 관세를 붙였습니다. 당시 소비량이 많았던 백설탕에는 100파운드(약 45kg)당 한화로 약 20만 원의 관세를 부과했습니다. 정착민들은 평소 즐기던 럼주나 디저트를 먹기 어렵게 되었습니다. 정착민 사이에서 불만이 새어 나왔지만 영국은 여기서 멈추지 않았습니다. 관세만으로는 채무는커녕 아메리카 대륙에 주둔하는 영국군 유지조차 어렵자 더 많은 세금을 걷기로 한 것입니다.

그렇게 1765년에 '인지세법'이 만들어졌습니다. 인지세법은 식민지에서 발행하는 신문과 팸플릿, 벽보, 계약서, 유언장, 대학 졸업장 등 모든 인쇄

 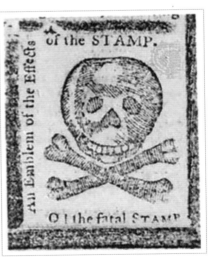

영국의 인지세 도장 vs 식민지의 인지세 해골 도장(1765년)

물에 영국의 인지, 즉 도장을 사서 부착하도록 한 것입니다. 인지세가 제정되면서 카드놀이에 사용하는 카드에도 세금을 내야 했습니다. 인지세 중에서 가장 높은 것은 변호사 자격증에 부과하는 세금으로, 요즘 가치로 따지면 약 400만 원 이상이었다고 합니다. 포도주 판매권에 대한 인지세가 약 50만 원 정도였으니 당시 영국이 식민지를 상대로 얼마나 과한 세금을 매겼는지 짐작해볼 수 있습니다.

이미 과세 때문에 불만이 컸던 식민지인들은 인지세법을 받아들이기 어려웠습니다. 자신들의 의견을 들어보지도 않고 본국이 마음대로 세금을 정한 것도 화가 나는데 치사하게 생활에서 꼭 필요한 것들에만 세금을 매기니 참을 수가 없었죠. 본국의 불합리한 행동을 더는 두고볼 수 없던 식민지인들은 "우리는 인지세를 낼 수 없다!"라고 외치며 투쟁을 시작했습니다. 영국의 인지세 도장을 찍어야 할 문서 모퉁이에 해골과 뼈를 교차한 도장을 찍으며 인지세법을 조롱하기도 했습니다.

이런 저항 운동을 통해 식민지의 엘리트 계급뿐 아니라 농민·기능공·노동자·장사꾼 등 하층민들도 정치에 자연스럽게 참여할 수 있는 분위기가 형성됐습니다. 그동안 식민지 내 불평등과 빈부 격차로 불만이 컸던 하층민이 본격적으로 정치 운동에 참여하게 된 사건은 이들이 영국으로부터 독립하는 데 매우 중요한 디딤돌이 되었습니다.

식민지인들의 적극적인 투쟁은 금세 효과를 보였습니다. 영국이 인지세법을 폐기한 것입니다. 하지만 이대로 가만히 있을 리 없던 영국은 세금을 걷기 위해 또다시 새로운 법을 생각해냈습니다. 이번에는 영국으로부터 수입하는 종이, 유리, 차, 납, 페인트 등의 품목에 수입 관세를 붙이는 '타운센드법'을 제정했습니다. 일상에서 사용하는 생활용품에 세금이 붙자 식민지인들은 또 한 번 분개했습니다. 식민지인들은 스스로 선출한 대표자를 영국 의회에 보내지 못하는 상황에서 자신들의 동의 없이 통과된 법은 불법이며, 영국 국민으로서의 권리를 부정하는 것이라 주장했습니다. 식민지인 사이에서는 영국에 대한 반감이 폭발 직전에 이르렀고 1768년 2월, 런던에서 발행한 잡지에는 다음과 같은 슬로건이 실렸습니다.

"No Taxation without Representation."

'대표 없이는 과세도 없다'라는 뜻입니다. 즉 영국 의회에 아메리카 식민지 대표자가 없는데 과세가 웬 말이냐는 것입니다. 이 슬로건은 식민지인들의 대의를 나타내는 구호로 떠오르며 독립전쟁의 불씨를 당겼습니다. 영국의 세금 정책에 대한 식민지의 반발로 아메리카 대륙에 긴장감이 고조되던 때, 식민지인들을 폭발하게 만든 사건이 터지고 말았습니다. 이는 미국 독립전쟁의 시발점이 된 결정적인 사건입니다.

미국 독립전쟁의 원인, 보스턴 차 사건

타운센드법이 제정된 후 식민지에서는 지나친 과세에 대응해 영국 제품에 대한 불매 운동이 일어났습니다. 격한 반발이 이어지자 영국은 폭동 확산을 막기 위해 어쩔 수 없이 차tea를 제외한 모든 품목의 관세를 없앴습니다. 그런데 예기치 못한 곳에서 문제가 터지고 말았죠.

영국 본토에 있는 동인도 회사가 경영 부실로 파산 위기에 빠지자 정부가 나서서 '차세법'을 통과시킨 것입니다. 이는 과세가 아니라 동인도 회사에 식민지 차 독점 판매권을 준 법률입니다. 차를 싼값에 식민지에 공급하도록 한 것이죠. 값싼 차를 마시면 좋을 것 같은데 왜 문제가 됐을까요? 식민지 내에서 차를 판매해왔던 상인들이 동인도 회사의 저렴한 찻값에 밀려

1773년 보스턴 차 사건

서 파산한 것입니다. 상인들은 크게 반발했고 이를 계기로 '영국 차 불매 운동'이 일어났습니다. 대부분의 항구에서는 동인도 회사의 차를 실은 배의 하선을 거부했죠. 이런 와중에 보스턴을 관리하는 영국의 총독이 강제로 차를 하역했고, 1773년에 발생한 '보스턴 차 사건'이 벌어진 것입니다.

위의 그림을 보면 배 위에서 인디언들이 던진 차 상자가 바다로 떠내려 가고 있습니다. 상인들이 저항했다고 했는데 왜 인디언이 있는 걸까요? 사 실 이들은 인디언으로 분장한 식민지의 급진 독립 세력입니다. 차를 강제로 하역시킨다는 소식을 듣자 정체를 숨기려 인디언 분장을 하고 배에 올라타 차 상자를 바다에 던져 버린 것이죠. 이때 저항 세력은 배에 실린 약 340개 의 차 상자를 전부 바다에 던졌다고 합니다. 당시 파악한 동인도 회사의 손 실은 약 9,700파운드로 현재 가치로 약 20억 원 정도입니다. 식민지인들의 도발에 분노한 영국은 제대로 응징하기 위해 초강수를 두었습니다. 식민지 탄압법인 '강제법'을 만든 것입니다. 법률의 내용은 다음과 같습니다.

> "손실된 차의 값을 배상할 때까지 보스턴 항구를 봉쇄한다. 식민
> 지 의회의 상원 의원과 보안관을 영국 국왕이 직접 임명하고, 보안
> 관이 배심원을 임명할 수 있게 한다. 유죄 혐의를 받은 영국 관리
> 나 병사는 식민지 법정이 아니라 영국 본토에 와서 재판을 받도록
> 한다. 필요한 경우에 식민지가 영국의 군대에 민박을 제공한다."

영국 의회가 법적인 제재로 보스턴을 다른 식민지로부터 고립시켜버린
것입니다. 하지만 영국의 의도와 달리 강제법은 오히려 역효과를 불러왔습
니다. 강제법은 상인의 주 활동지인 매사추세츠에만 적용되었는데, 지금 투
쟁하지 않으면 자신들도 똑같은 압박을 받을지도 모른다는 두려움을 느낀
다른 지역의 식민지인들이 반기를 든 것입니다. 자신들의 자유를 박탈당할
위기라고 판단한 식민지인들은 강제법을 '참을 수 없는 법'이라 부르며 영국
의 탄압에 즉각 대응하기로 합니다.

1774년 9월, 식민지협의회를 통해 자체적으로 선출한 13개 식민지 대표
55명을 소집해 제1차 대륙회의를 열었습니다. 여기에 모인 대표 중에는 훗
날 미국의 초대 대통령이 되는 조지 워싱턴George Washington, 제2대 대통
령인 존 애덤스John Adams, 매사추세츠주의 주지사 새뮤얼 애덤스Samuel
Adams 등 훗날 '건국의 아버지'라 불리는 사람들이 있었습니다. 이렇게 식민
지인의 의사를 대변하는 기구가 처음으로 등장한 것입니다. 이 회의는 영국
에 대한 항의안을 채택하고 식민지의 내정 문제는 간섭할 수 없다고 선언합
니다. 그리고 영국 왕에게는 '강제법'을 철회해달라는 청원서를 보냈습니다.

식민지의 돌발 행동에 영국은 더욱 강하게 대응했습니다. 보스턴을 포함

한 매사추세츠 전체를 반란 상태로 선포하고 다른 나라와의 무역을 전면 금지합니다. 그리고 이들의 주업인 북대서양 어업권까지 빼앗아버렸죠. 이 같은 상황을 버티다 못한 식민지민이 선택한 것이 바로 독립전쟁입니다. 보스턴 차 사건이 독립전쟁을 향한 결정적인 방아쇠가 된 것이라 할 수 있죠.

독립전쟁의 서막, 렉싱턴-콩코드 전투

식민지를 제압하려는 영국과 독립을 원하는 13개 식민지의 대결은 어떻게 흘러갔을까요? 1774년 10월, 식민지인들은 전쟁을 시작하기 위해 콩코드에서 '매사추세츠 식민지협의회'를 열었습니다. 여기서 보스턴 차 사건을 이끌었던 급진 독립파는 자신의 생명과 재산, 그리고 자유를 지키기 위해 각자 무장을 약속합니다. 그렇게 탄생한 것이 명령만 떨어지면 1분 안에 출동 가능한 민병대인 '미니트맨minutemen'입니다. 미니트맨은 말 그대로 '1분 대기조'라는 뜻입니다. 무려 1만 8천 명이나 모였지만 미니트맨은 전투 경험이 부족한 민간인에 불과했습니다. 훈련받은 군인의 수나 무기 수준으로 볼 때 영국의 정규군이 훨씬 우세했죠. 영국군은 정보력을 앞세워 민병대가 콩코드에 화약 창고를 만들고 전투 준비 중이라는 소식을 확보합니다. 그 즉시 민병대의 행동을 반란으로 규정하고 약 700명의 영국군이 콩코드로 진격했습니다. 미국 독립전쟁의 서막을 여는 '렉싱턴-콩코드 전투'가 시작된 것입니다.

먼저 공격한 것은 영국군입니다. 1775년 4월 18일, 보스턴에 주둔해 있던 700여 명의 영국군은 민병대의 화약 창고를 기습하기 위해 약 40km 떨어진 콩코드로 출발했습니다. 그런데 진군하던 중 렉싱턴에서 식민지의 민병대원

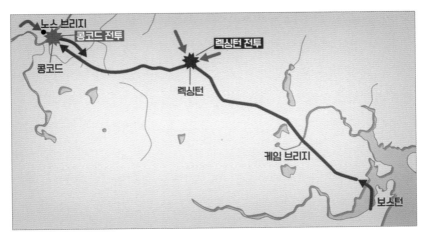

렉싱턴-콩코드 전투

77명과 우연히 마주치고 말았습니다. 절체절명의 순간에 민병대는 도망가려 했는데, 후퇴하는 도중에 누가 쏘았는지 모를 총탄이 발사됐습니다. 독립전쟁의 포문을 여는 첫 총성이 울리는 순간 양쪽 진영에서 총격전이 벌어졌습니다. 전투 끝에 민병대원 8명이 사망하고 영국군이 승리합니다.

영국군은 이 기세를 몰아 콩코드로 진격했습니다. 의기양양하게 콩코드에 도착한 영국군은 곧바로 민병대와 전투를 시작했죠. 이때 양쪽의 전투방식은 확연한 차이를 보였습니다. 영국군은 기선 제압을 위해 일렬로 서서 총을 쏜 뒤 상대방 대열이 흩어지면 돌격하는 방식으로 싸웠습니다. 반면 훈련 경험이 없는 민병대는 게릴라 전투로 대응했습니다. 외양간이나 가정집, 나무 뒤 등 몸을 은폐할 수 있는 모든 곳에 숨어서 영국군을 기습했죠. 자신들이 사는 땅의 지형지물에 밝다는 이점을 활용한 것입니다.

게다가 민병대는 영국군의 기습을 예상하고 이미 탄약과 무기를 다른 곳으로 옮겨두었습니다. 전투를 이어갈 명분이 없어진 영국군은 하는 수 없이 본거지인 보스턴으로 철수했습니다. 이 과정에서도 민병대는 끈질기게 영국군을 공격했고 영국은 처절한 패배를 맛봐야 했습니다. 전투 결과 민병대는 49명의 사망자와 39명의 부상자가 발생했는데, 영국군은 73명이 사망하고 174명이 부상을 입었습니다. 막강한 군사력을 가진 영국이 제대로 된 훈련도 받지 못한 식민지의 민병대에 완패한 것입니다.

'렉싱턴-콩코드 전투' 이후 식민지인들의 독립 의지는 더욱 타올랐습니다. 동시에 앞으로 영국과의 충돌을 피할 수 없다는 것을 깨닫고 제2차 대륙회의를 열어서 전쟁에 대비했습니다. 1775년 5월에 필라델피아에서 열린 회의의 핵심은 '민병대보다 체계적인 독립군 창설과 군대를 지휘할 총사령관 선발'이었습니다. 이때 선출된 총사령관이 미국의 독립 영웅이자 제1대 대통령 조지 워싱턴입니다. 사실 조지 워싱턴은 10여 년 전에 영국과 프랑스-인디언 간에 벌어진 7년 전쟁에 영국군으로 참전했었습니다. 아이러니하게도 이 경력이 오히려 득이 돼서 총사령관에 뽑혔습니다. 이후 그는 8년간 벌어진 독립전쟁에서 활약하며 미국의 독립을 이끈 영웅이 되었습니다.

미국 지폐에는 독립전쟁에서 활약한 사람들이 새겨져 있습니다. 최초의 지폐인 1달러에 새긴 조지 워싱턴, 2달러의 토머스 제퍼슨Thomas Jefferson, 10달러의 알렉산더 해밀턴 Alexander Hamilton 그리고 100달러의 벤자민 프랭클린Benjamin Franklin입니다. 이들은 식민지인들의 대표로 회의에 참석해 미국의 독립에 관한 중요한 사안들을 협의하고 결정했습니다. 미국인들은 지금도 이들을 '건국의 아버지들'로 떠받들고 있습니다.

조지 워싱턴

세상의 중심에서 독립선언을 외치다!

　　제2차 대륙회의가 열리자 드디어 영국의 왕 조지 3세George III가 식민지 대표들이 보낸 '강제법 철회 청원서'에 대한 답을 보냈습니다. 그 내용은 너무도 충격적이었죠. 영국은 식민지와의 교역을 단절할 것이며, 식민지가 용서를 구하지 않으면 영국 정규군을 파견해 반역자들을 처단할 것이라고 엄포한 것입니다. 영국 왕이 식민지인들의 청원을 반대했다는 것은 영국과 식민지의 갈등이 끝장을 볼 수밖에 없다는 암시와 같았습니다.

　　식민지인들은 더욱 똘똘 뭉쳐 독립전쟁을 치를 준비를 해야 했죠. 하지만 이들 사이에는 한 가지 문제가 있었습니다. 식민지인 모두가 영국으로부터의 독립을 원하는 것은 아니라는 사실입니다. 당시 영국은 세계 질서를 제패하는 나라였습니다. 이런 모국에서 독립한다는 것은 위험천만한 도전이었습니다. 영국 해군의 보호 없이 대서양 무역을 할 수 있는지, 식민지인들만으로 프랑스와 스페인, 그리고 인디언을 견뎌낼 수 있는지 확신할 수 없었죠. 그래서 영국이 정신 차리고 식민지의 자치만 보장한다면 독립보다는 영국의 식민지로 남기를 원하는 사람도 많았습니다. 상황이 이렇다 보니 완전한 독립을 주장하는 입장에서는 독립전쟁을 해야 할 뚜렷한 명분이 필요했습니다. 그때 결정적인 인물이 등장합니다.

　　영국에서 미국으로 건너온 사상가 토머스 페인Thomas Paine입니다. 그는 영국의 식민지로 남고 싶어 하는 사람들의 생각을 단 한 권의 책으로 뒤집어놓았습니다. 그가 발간한 책《상식》은 몇 달 만에 50만 부가 팔려나갔습니다. 당시 식민지 인구가 300만 명 정도였으니 엄청난 판매량입니다. 건국의 아버지라고 불리는 조지 워싱턴, 토머스 제퍼슨, 존 애덤스, 패트릭 헨리는 이 책을 읽고 반해버렸죠. 다음은 책의 일부 내용입니다.

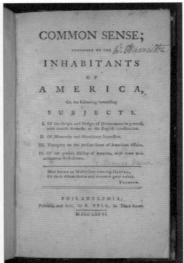

토머스 페인과 《상식》 소책자

　　"지난 수 세기 동안 영국은 군주에게는 잘못이 없다는 거짓말을
했다. 정부가 국민을 억압할 때는 왕의 가까운 고문들이 비난받았
다. 그동안 왕은 비난으로부터 벗어난 정당함의 대명사로 여겨졌
다. 이것이야말로 참으로 말도 안 되는 소리다. 왕은 폭력으로 지
배해왔다. 조지 3세 역시 자기 마음대로 식민지인들의 복종을 강
요하는 단순히 잔인한 짐승에 불과하다."

　　왕을 짐승으로 표현한 도발적인 책 《상식》이 전달하고자 하는 메시지는
'미국은 다르다'입니다. 자신이 영국을 떠나 미국에 있어 보니 미국이야말로
계몽주의 사상에 입각한 자유와 평등을 실현할 수 있는 세계 유일의 희망
이라는 것입니다. 아메리카에 정착한 청교도가 강조한 모두가 우러러보는
도시, 즉 '언덕 위의 도시'를 만들 수 있는 특별한 나라가 미국이며 이러한

미국의 독립선언문

시대에 부응해서 완전한 미국 독립으로 가는 것이 상식이라고 강조한 것이죠. 페인의 주장은 독립을 망설이던 미국인들에게 '우리는 특별하다'라는 확신을 주었고 이는 현재까지도 큰 영향을 미치고 있습니다.

《상식》이 발간된 지 6개월이 지난 1776년 7월 4일, 미국에서 가장 역사적인 사건이 발생합니다. 이 날짜는 미국인이 가장 의미 있는 날로 여기는 독립기념일입니다. 이날 13개의 식민지 대표들이 필라델피아에 모여서 공식적으로 미국의 독립선언문을 발표했습니다.

> "모든 사람은 평등하게 태어났으며, 조물주로부터 몇 개의 양도할 수 없는 권리를 부여받았다. 생명과 자유와 행복의 추구, 이 권리를 확보하기 위하여 인류는 정부를 조직했다. 정당한 권력은 인민의 동의로부터 유래하는 것이다. 어떠한 형태의 정부이든 이러한 목적을 파괴할 때에는 새로운 정부를 조직하는 것은 인민의 권리이다."

생명과 자유, 그리고 행복을 추구해야 한다는 이야기로, 여기서 핵심은

'자유'입니다. 독립선언문이 중요한 이유는 그 전까지 13개 식민지에 살던 사람들은 각자의 식민지가 각각의 나라라고 생각했습니다. 그런데 독립전쟁이 시작되면서 식민지가 함께 전쟁에 나서고, 전쟁에서 이기고 나면 같이 나라를 이룰 것인지를 토론해 왔습니다. 그 결과 13개 식민지가 통합한 최초의 연방 자치국가를 만들었습니다. 그런 의미에서 독립선언문은 세계 최초로 새로운 연방 국가의 형태를 만들어준 문서라 할 수 있습니다.

이처럼 독립선언문은 미국의 뿌리와 정신을 이해할 수 있는 미국 역사상 가장 중요한 문서입니다. 그런데 여기에는 잘 알려지지 않은 비밀이 한 가지 있습니다. 토머스 제퍼슨이 작성한 독립선언문의 핵심인 생명, 자유, 행복의 추구 중 '행복의 추구'가 마지막 순간에 수정된 단어라는 사실입니다. 원래는 '행복의 추구'가 아닌 '자산'이었습니다. 개인이 소유할 수 있는 재산을 의미합니다. 그런데 자산이 없는 하층민의 반발을 우려해 포괄적 의미인 '행복'으로 수정했습니다.

여기서 한 가지 짚고 넘어가야 할 부분이 있습니다. 미국 독립전쟁을 이야기할 때 빠지지 않는 주제가 바로 전쟁의 원인입니다. 독립전쟁이 경제적인 이유로 일어났다는 것과 자유를 추구하는 이념적 원인으로 일어났다는 의견이 대립하는 것이죠. 이에 대해서는 학자마다 의견이 다양합니다. 앞에서 설탕법, 인지세법 등 영국의 과세 정책에 대한 투쟁이 미국 독립의 계기가 됐다고 말했습니다. 그렇다면 미국이 독립전쟁을 시작한 이유는 경제적인 문제였을까요? 토머스 제퍼슨이 독립선언문을 작성할 때 행복 대신 자산이라고 쓴 것을 보면 독립전쟁의 진짜 원인이 자신의 자산을 지키려는 경제적인 욕망 때문이라고 생각할 수도 있습니다. 게다가 우리는 자유를 순수한 이념적 개념으로 생각합니다. 하지만 당시 식민지 대표들은 자신의 자산을 타인이나 정부로부터 빼앗기지 않고 지키는 것을 실질적인 자유라고 생각했습니다. 즉 이들이 생각한 자유는 경제와 이념을 모두 포괄하는 개념이 아니었을까요? 이 같은 내용을 담은 독립선언문을 1776년 7월 4일에 발표한 것입니다.

식민지는 어떻게 독립전쟁에서 승리했을까?

"식민지가 용서를 구하지 않으면 영국 정규군을 파견해 반역자들을 처단할 것"이라는 영국 왕의 엄포를 전해 들은 식민지 독립군의 총사령관 조지 워싱턴은 영국과의 전쟁에 대비해 무엇보다 군대를 조직하는 것이 시급하다고 판단했죠. 먼저 단순한 민병대였던 부대를 3개 여단 독립군으로 조직화하고 독립군 지원 모집을 확대했습니다. 이런 상황에서 영국은 식민지에 군대를 파견했습니다. 본격적으로 시작된 영국군과 독립군의 전투는 엎치락뒤치락하면서 팽팽한 대치 상태를 유지했습니다. 그러던 중 영국은 큰 결단을 내렸습니다. 1776년 8월에 역사상 가장 강력한 함대를 이끌고 뉴욕으로 쳐들어온 것입니다.

뉴욕은 항구 도시로 세계 최강의 해군력을 자랑하는 영국이 작전을 펼치기 좋은 장소였습니다. 또한 남부와 북부 식민지의 허리를 자를 수 있는 중요한 요충지기도 했죠. 그래서 영국은 군함 52척, 수송선 427척에 용병 7천여 명을 포함한 정예군 3만 3천여 명을 투입해 뉴욕을 공격했습니다. 그에 반해 당시 독립군의 총 병력은 1만 9천여 명밖에 되지 않았으며 그중 4천 명이 부상병이었습니다. 영국의 해군을 상대하기 어려웠던 독립군은 결국 뉴욕을 포기하고 후퇴했습니다.

이후에도 식민지 독립군은 막강한 군사력을 가진 영국군을 대적하면서 자주 패배했습니다. 하지만 영국군도 상황이 곤란하기는 마찬가지였습니다. 지리적으로 유리한 독립군을 상대하면서 계속해서 소모전만 이어나갔기 때문이죠. 이런 식으로 전쟁이 길어진다면 불리한 쪽은 영국이었습니다. 군대를 유지하기 위한 전쟁 비용은 하루하루 늘었고, 만약 전투에서 밀리면 본국에서 군대를 급파해야 하는데 바다를 건너오는 동안 패배할 수도 있습니다. 독립전쟁 중 영국군과 독립군 사이에 벌어진 크고 작은 전투는 무려 230번에 달했습니다. 모두가 지지부진한 소모전에 지쳐갈 즈음 드디어 독립전쟁 역사상 가장 중요한 전투가 펼쳐졌습니다.

길어지는 전투에서 승리를 굳히고 싶었던 영국군은 전쟁을 끝낼 만한 결정적인 한 방을 계획했습니다. 북쪽의 퀘벡과 뉴욕, 몬트리올에 주둔해 있는 군대를 매사추세츠로 보내 독립군을 고립시키는 대규모 포위전을 준비한 것입니다. 하지만 이 작전은 꼬여버렸습니다. 뉴욕 부대 지휘관 윌리엄 하우가 필라델피아로 군대를 돌려서 그곳을 함락한 것입니다. 이때 몬트리올에 있던 영국군의 합류가 좌절됐습니다. 결국 퀘벡에서 내려오던 영국군만 새러토가에 진지를 구축합니다. 그러자 영국군의 병력에 밀리기만 했던 독립군의 총지휘관 조지 워싱턴은 전세를 역전시키기 위해 승부수를 띄웠습니다. 재빨리 인근 독립군을 새러토가로 보낸 것입니다. 그러고는 전면전에 나서는 대신 그곳의 지리를 활용한 전투를 벌였습니다. 숲 지대인 새러토가의 지형을 활용해 나무 뒤에 숨어서 영국군에게 공격을 감행한 것이죠.

새러토가 전투에서 이기려면 무엇보다 먼 거리에서 저격할 수 있는 사격 실력이 중요했습니다. 여기서 독립군은 묘수를 썼습니다. 명사수라 불리는 소총부대를 투입한 것입니다. 이들은 매우 멀리 떨어진 장거리에서 저격해도 명중할 만큼 실력이 뛰어났다고 합니다. 전투에 투입된 명사수들은 영국

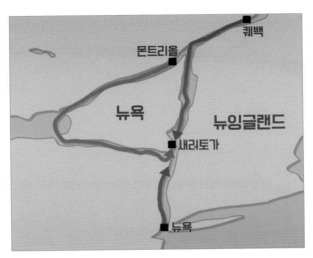

새러토가 전투 전략 경로

1777년 새러토가 전투

군 지휘관들을 하나둘씩 쓰러뜨렸습니다. 그렇게 영국군의 지휘 체계는 단숨에 무너져버렸습니다. 당시 영국군과 독립군은 서로 다른 소총을 사용했

영국군의 브라운 베스

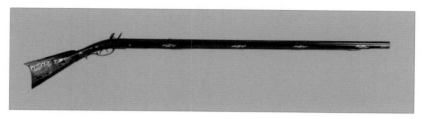
독립군의 켄터키 롱 라이플

습니다. 영국군의 총은 '브라운 베스'였고 독립군의 총은 '켄터키 롱 라이플'이었습니다. 분당 발사되는 연사 속도는 영국군의 총이 빨랐지만, 두 총은 무엇보다 유효 거리에서 큰 차이를 보였습니다. 독립군이 사용한 총은 유효 거리가 두 배나 되었습니다. 영국군의 총이 90m까지 발사됐다면 독립군의 총은 180m까지 나갔습니다. 결국 속도와 정확도의 대결이었던 셈입니다.

영국군은 그동안 병사들을 일렬로 정렬한 후 단거리에서 발포하는 대열 중심의 전투를 벌여 왔습니다. 이때는 상대보다 빠르게 총을 발사하는 연사 속도가 중요합니다. 그에 반해 독립군은 이제껏 원주민인 인디언과 싸워 왔습니다. 인디언과의 전투는 대부분 넓은 땅에서 벌어졌기에 멀리까지 발사되는 정확도 높은 총을 사용해야 했죠. 드넓은 아메리카 대륙에서 게릴라전을 펼칠 때는 사정거리가 멀고 정확도가 높은 총을 가진 독립군이 유리했습니다. 결국 명사수의 활약과 전투 환경에 맞는 총을 선택한 경험의 차이로 독립군은 새러토가 전투에서 승리했습니다. 이 전투에서 독립군은

300여 명의 사상자가, 영국군은 세 배가 넘는 1천 명 이상의 사상자가 나왔습니다. 이 전투를 계기로 독립전쟁의 흐름은 완전히 바뀌게 됩니다.

여기에 독립전쟁에서 영국의 자존심이 무너지기를 간절히 바라는 한 나라의 도움 덕분에 전세는 완전히 역전되었습니다. 새러토가 전투에서 독립군이 승리한 것을 본 프랑스는 독립군을 지원하면 영국이 패배할 것이라 판단했습니다. 그래서 1778년에 영국에 선전포고한 뒤 독립군에게 군대와 전쟁 자금, 무기를 지원했습니다. 독립군의 가장 중요한 우군이 된 것이죠. 이때 들어간 프랑스 자금은 약 13억 리브르로 현재 시세로 환산하면 약 7조 6,300억 원이라는 어마어마한 금액입니다. 자금력이 약했던 독립군으로서는 정말 고마운 일이었지만 프랑스는 이 엄청난 전쟁 비용 때문에 훗날 재정적 위기를 맞게 됩니다. 이 문제를 해결하기 위해 프랑스 국민에게서 과도한 세금을 걷었고, 이는 프랑스 혁명의 단초가 되었죠.

문제는 또 있었습니다. 식민지에 파병된 프랑스 군인들이 미국의 자유와 해방 정신을 배워 와서 프랑스 혁명에 기여한 것입니다. 결국 이 일을 계기로 루이 16세Louis XVI와 마리 앙투아네트Marie Antoinette는 프랑스 시민들에 의해 처형당했습니다. 아마도 프랑스 왕정은 미국의 독립전쟁이 프랑스 혁명에까지 영향을 미칠 것이라고 예상하지 못했던 것 같습니다.

새러토가 전투 이후 프랑스의 개입은 영국과 경쟁 관계에 있던 스페인과 네덜란드의 지원으로 연결됐습니다. 미국이 독립하면 이득을 볼 것이라 예상한 이들 나라가 프랑스를 따라 독립군에게 지원을 약속한 것입니다. 강해진 연합군 세력에 사면초가에 놓인 영국은 결단을 내려야 했습니다. 고민 끝에 마지막 승부수를 띄워 전쟁을 끝내기로 합니다.

영국군은 돌파구를 찾기 위해 뉴욕에서 남쪽으로 눈을 돌렸습니다. 독립군이 북부 방어에 치중하고 있으니 남부를 공격한 다음 다시 북진할 계

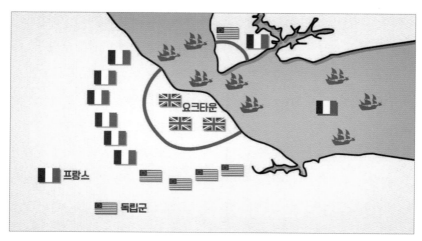
요크타운 전술

획이었죠. 특히 남부에서 영국군에게 가장 적대적이었던 버지니아를 점령하면 전쟁의 흐름을 바꿀 수 있을 거라 판단했습니다. 그리고 버지니아에 있는 요크타운을 점령해 영국 해군이 마음대로 드나들 수 있게 한다는 계획도 세웠습니다. 이 작전은 성공했고, 영국군은 버지니아의 요크타운을 점령합니다.

영국군이 승리하면서 전쟁은 다시 한 치 앞을 알 수 없게 됐습니다. 프랑스는 당장 요크타운에 있는 영국군을 공격해야 한다고 강력히 주장했습니다. 독립군에게 전세를 뒤집을 필사의 전략이 필요한 이때 총사령관인 조지 워싱턴은 비밀리에 독립군과 프랑스군을 요크타운으로 보내 그곳을 둘러싸고 진지를 구축했습니다. 이때 프랑스 해군은 영국이 바다로 도망갈 수 없게 퇴로를 막았죠. 뒤이어 도착한 독립군과 프랑스군은 신속하게 요크타운을 포위했습니다. 어느새 영국군은 요크타운에 갇혀버렸습니다.

이때 모인 독립군과 프랑스군의 총병력은 1만 5천여 명이었는데, 영국군은 그 절반밖에 되지 않았습니다. 요크타운을 점령한 후 방심하고 있었던 소수 병력의 영국군은 바다와 육지 양쪽에서 쏟아지는 포탄 세례를 받았습니다. 포위망에 갇힌 영국군은 보급 지원도 제대로 받지 못한 채 쉴 틈 없이 몰아치는 연합국의 공격을 견뎌내야 했죠. 결국 영국은 한 달도 채 버티지 못하고 1781년 10월에 항복했습니다. 그리고 더는 전쟁에서 이길 수 없다고 판단해 평화협상을 타진합니다.

이렇게 8년간의 독립전쟁이 막을 내렸습니다. 1783년 9월 3일, 프랑스 파리에서는 드디어 미국의 독립을 인정하는 '강화조약'이 체결됐습니다. 참전국 대표들이 모인 가운데 강화회의가 개최됐고, 대서양에서 미시시피강에 이르는 광대한 지역을 보장받은 미국은 독립국으로 인정받았습니다. 전 세계에 미국의 탄생을 알리는 순간이 온 것입니다.

미국의 독립에 절대적인 역할을 한 프랑스는 이후에도 미국에 대한 우호적인 감정을 감추지 않았습니다. 그리고 미국의 독립 100주년을 기념하는 특별한 선물을 보냈는데, 미국 뉴욕항의 상징인 '자유의 여신상'입니다. 프랑스 조각가의 작품인 자유의 여신상은 로마 신화 속 자유의 여신 '리베르타스Libertas'를 모델로 한 것으로 알려져 있습니다. 1875년부터 1884년까지 총 9년에 걸쳐서 제작돼 프랑스 파리에 있다가 1년 후인 1885년에 뉴욕으로 옮겨졌습니다. 이때 자유의 여신상은 350개로 분해돼 214개의 나무 상자에 포장됐는데, 이것을 옮기는 데만 총 4개월이 걸렸다고 합니다.

1886년 10월 28일, 드디어 뉴욕에서 자유의 여신상 봉헌식이 열렸습니다. 자유의 여신상은 부드럽게 흘러내리는 옷을 입고, 머리에는 7개 대륙과 7개의 대양을 상징하는 뿔이 달린 왕관을 쓰고 있었죠. 오른손에는 '세계를 비추는 자유의 빛'을 상징하는 횃불을, 왼손에는 '1776년 7월 4일'이라는 날짜가 새겨진 독립선언문을 들고서 말입니다. 이후 자유의 여신상은 미국을 대표하는 랜드마크로 뉴욕에 자리 잡았습니다.

프랑스에서 제작중인 자유의 여신상(1883년)

지금까지 우리는 아메리카 식민지 개척부터 독립전쟁까지 약 200년에 가까운 미국의 시작에 관해 이야기했습니다. 이것은 지금 세계에서 가장 강력한 나라인 미국을 이해할 수 있는 근간이 되는 중요한 여정이기도 합니다. 미국이 그 많은 어려움을 극복하고 독립에 성공할 수 있었던 가장 중요한 힘은 무엇이었을까요? 그들의 자산이나 대표를 선출하는 체제보다는 정신적인 부분이 더욱 클 것입니다. 미국 역사를 한 문장으로 정의하면 '자부심과 오만 사이의 아슬아슬한 이중주'라고 할 수 있습니다. 아메리카에 정착한 청교도가 강조한 '언덕 위의 도시'를 만드는 힘은 모두가 우러러볼 수 있는 유토피아를 만들기 위해 부름을 받은 사람이라는 자부심에 있습니다. 하지만 마녀사냥과 같은 에피소드에서 보았듯이 자부심은 자칫하면 오만으로 변질될 수 있습니다. 독립의 원동력이 된 자부심이 오만이 될 때 비극은 시작됩니다.

벌거벗은 아편전쟁

영제국이 일으킨 가장 부도덕한 전쟁

윤영휘

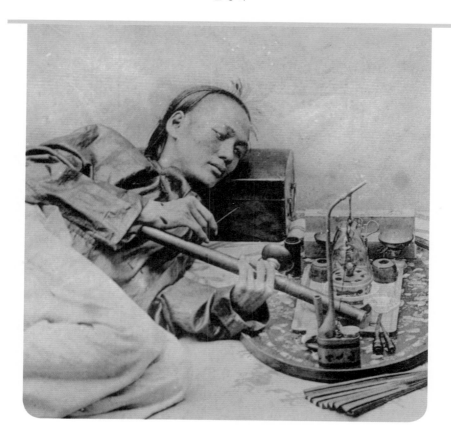

● 1997년은 홍콩인에게 잊을 수 없는 해입니다. 7월 1일 영국의 속령이었던 홍콩이 중국에 반환되었기 때문입니다. 이는 영국의 아시아 지배를 완전히 종료한 사건으로 사실상 영제국의 해체로 평가받기도 합니다. 그런데 중국어를 사용하는 사람들이 대다수인 홍콩은 왜 영국령이 된 것일까요? 이를 알기 위해서는 과거의 홍콩으로 시간을 잠시 되돌려야 합니다.

다들 넋이 나간 듯 보이는 사진 속 사람들은 과거의 청나라 사람들입니다. 이들은 모두 한 가지에 빠져 있습니다. 이들이 푹 빠진 것은 마약인 아편입니다. 당시 청나라 사람들은 일손도 놓고 아편에 취해 있기 일쑤였습니다. 농민들은 원래 짓던 농작물 대신 아편을 재배할 정도였죠. 심지어는 아편 살 돈을 마련하기 위해 아내와 자식까지 팔아넘기는 일도 벌어졌습니다. 이렇게 아편에 빠진 청나라 사람들의 삶은 급속도로 무너졌고, 어느새 아편은 청나라 전체를 집어삼키고 나라의 근간을 흔들었습니다.

1839년, 영국과 청나라는 아편 때문에 전쟁을 벌입니다. 우리가 알고 있

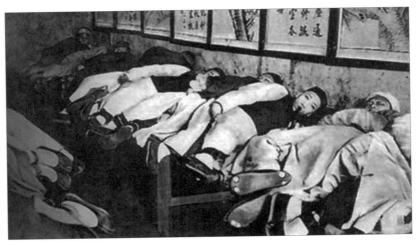

아편에 중독된 청나라 사람들

는 아편전쟁이죠. 전쟁의 결과는 청나라가 홍콩을 떼어서 영국에 주는 것이었습니다. 그렇게 할양한 홍콩이 청나라 땅에서 영국 땅이 된 지 155년만인 1997년, 홍콩은 다시 중국으로 반환되었습니다. 대체 아편전쟁은 왜 이런 결과를 가져온 것일까요?

그 답을 찾기 위해서는 아편전쟁의 숨겨진 이면을 알아봐야 합니다. '중영전쟁'으로도 불리는 두 나라의 싸움이 많은 사람에게 '아편전쟁'으로 더 널리 알려진 것은 이 전쟁의 부도덕함과 추악함이 '아편'이라는 단어에 들어가 있기 때문입니다. 지금부터 영제국이 일으킨 가장 부도덕한 전쟁인 아편전쟁에 관해 이야기려 합니다. 중국의 역사 교과서에서 절대 빠지지 않는 내용이자 중국 근현대사의 시작이라 평가받는 아편전쟁의 민낯을 벌거벗겨 보겠습니다.

차 한 잔이 불러온 전쟁의 서막

영제국, 청제국. 이렇게 대제국으로 불린 두 나라가 전쟁을 벌인 이유는 무엇일까요? 그 시작은 고작 차tea 한 잔이었습니다. 1658년, 런던의 한 신문에 꽤 독특한 내용의 광고가 실렸습니다.

"모든 의사가 승인한, 중국 차라고 불리는 뛰어난 중국의 신비한 음료를 런던 증권거래소의 커피하우스에서 팝니다."

이 광고는 영국 최초의 차 광고입니다. 지금 우리가 흔히 생각하는 차와는 많이 다른 이미지입니다. 과거 영국에서 차는 음료라기보다 동양에서 온

신비한 약처럼 여겨졌습니다. 그
래서 가격도 매우 비쌌습니다. 1
파운드 무게에 3파운드 16실링
으로, 지금 가치로 약 450g에
64만 원 정도입니다. 당시 커피
보다 6배~10배나 비싼 가격이었
죠.

신문에 실린 차 광고

이렇게 동양에서 온 비싸고
신비한 약으로 여기던 차는 여
러 사람이 모여서 함께 즐기는
음료가 됩니다. 그 계기는 영국 왕실의 결혼식이었죠. 1662년에 영국 국왕
찰스 2세Charles II는 포르투갈의 공주 브라간사의 캐서린Catherine of Braganza
과 결혼식을 올렸는데, 이때 공주가 예물로 차를 가져온 것입니다. 물론 그
전에도 차가 영국에 들어온 기록이 있습니다. 하지만 차 문화가 퍼진 것은
왕실의 결혼식 덕분이라고 할 수 있습니다. 캐서린 공주의 모국인 포르투갈
은 스페인과 더불어 대항해 시대부터 동방과의 무역을 통해 차를 거래했습
니다. 차를 먼저 접했던 캐서린 공주가 평소 즐겨 마시던 차를 영국으로도
가져온 것이죠.

결혼 후 왕비가 된 캐서린은 왕실의 각 거처를 차를 즐길 수 있는 공간
으로 정성스럽게 꾸몄습니다. 그녀는 혼자서만 차를 즐기지 않고 귀부인들
을 초대해 함께 차를 마셨습니다. 그냥 마시는 게 아니라 당시 사치품으로
여겨지던 설탕까지 타서 마셨죠. 화려한 소비를 과시하고 싶었던 귀족에게
차는 제대로 취향을 저격하는 것이었습니다. 그렇게 캐서린 왕비는 귀족 사
이에 차 문화를 유행시켰습니다. 사회 상류층이 즐기던 차는 점차 중산층

으로 퍼졌고 나중에는 노동 계층도 즐기는 국민 음료가 됩니다. 시간이 흐르며 차와 설탕 수입이 증가해 가격이 저렴해진 것도 이유였지만, 차가 대중화되는 데는 이 외에도 몇 가지 중요한 요소가 더 있습니다.

첫 번째는 여성들이 나서서 차 문화를 주도한 것입니다. 사실 차가 대중화되기 전까지 영국에서 인기를 끌었던 것은 커피였습니다. 1650년, 옥스퍼드 대학 근처에 커피하우스가 처음 생기고 얼마 지나지 않아 런던을 중심으로 커피하우스가 크게 유행했습니다. 그런데 당시 커피하우스는 남성이 교류하는 장소로 여겨졌기 때문에 대부분의 여성은 폭발적인 인기를 끄는 커피하우스에 출입할 수 없었습니다. 여성들의 불만이 점차 커지던 중 1717년 런던의 한 상점에서 찻잎을 팔기 시작한 것입니다. 그 가격은 현재 가치로 100g에 160파운드, 우리 돈으로 약 25만 원이나 됐죠. 매우 비싼 가격에도 여성들은 기꺼이 찻잎을 샀습니다. 가장 큰 이유는 차가 남성의 전유물이었던 커피의 훌륭한 대체재였기 때문입니다. 다음으로 귀족이 마시던 차를 마심으로써 마치 신분이 상승한 것과 같은 심리적 만족을 느낄 수 있어서였죠. 이렇게 여성이 주도하는 차 문화가 확산하면서 귀족이 즐기던 차를 중간 계급도 즐기게 됩니다.

차가 대중화된 두 번째 배경은 영국에서 시작된 역사적 사건 때문입니다. 그것은 영국에 공장과 노동자 계층을 만들어 낸 18세기 말의 산업혁명입니다. 사실 산업혁명 초반에 노동자가 일하면서 즐겨 마시던 음료는 맥주였습니다. 영국을 포함한 유럽 국가들의 수질이 안 좋았기 때문에 물을 마시면 질병에 걸리는 일이 잦아 물 대신 맥주를 마신 것입니다. 술을 마시며 일을 했으니 부작용도 많았죠. 그런데 끓여 먹으니 세균 걱정도 없고 졸음을 방지하는 카페인까지 들어 있는 차가 이런 문제를 해결해 준 것입니다. 게다가 여러 번 우려 마실 수 있어서 경제적이기도 했습니다. 덕분에 노동

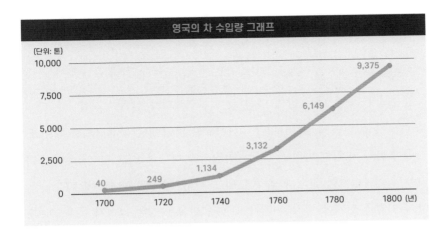

영국의 차 수입량 그래프

(단위: 톤)

자 계급 사이에서 차는 선풍적 인기를 끌었습니다. 이렇게 차는 누구나 즐기는 영국 국민의 '최애' 음료가 됩니다.

당시 영국인들이 차를 얼마나 좋아했는지는 그래프를 보면 알 수 있습니다. 1700년에 40톤 정도였던 차 수입량은 100년이 지난 뒤에는 9,375톤까지 증가합니다. 230배가 넘는 증가율입니다. 1790년 영국의 차 소비량은 7,300톤 정도인데 이를 당시 영국 인구로 나눠보면 대략 1인당 1년에 357잔 정도를 마셨다는 결과가 나옵니다. 당시 모든 영국인이 매일 차 한 잔씩을 마신 셈입니다.

영국인들의 차 사랑은 지금도 대단합니다. 일례로 영국인들은 축구를 매우 좋아하는데, 축구 경기의 전반전이 끝나면 순간 전력소비량이 치솟는다고 합니다. 다들 쉬는 시간에 차를 끓이러 가는 것이죠. 드라마 중간에 광고를 할 때도 차를 끓이는 사람들 덕분에 전력소비량이 늘어납니다. 그만큼 영국인에게 차를 마시는 티타임은 여전히 중요합니다.

청나라를 집어삼킨 아편전쟁의 원인

이렇게 폭발적으로 증가한 영국인의 차 소비량은 예상치 못한 위기를 가져왔습니다. 차를 너무 많이 마신 탓에 무역적자가 심해진 것입니다. 당시 영국은 차를 전량 수입했습니다. 그것도 한 나라에서 독점적으로 말이죠. 영국이 차를 수입한 나라는 중국, 즉 당시의 청나라였습니다. 영국이 청나라에서 어마어마한 양의 차를 수입하는 만큼 영국도 청나라에 뭐라도 팔아서 이익을 남겨야 수지 타산이 맞는데 현실은 전혀 그렇지 못했습니다. 오히려 무역적자가 너무도 큰 상황이었죠.

당시 제국의 황금기가 시작되던 영국의 위상은 점점 높아지고 있었습니다. 세계 각지에 식민지를 건설하고 위세를 떨치면서 '해가 지지 않는 나라'가 되어가고 있었죠. 또한 앞으로 64년간 영국을 안정적으로 이끌어갈 빅토리아Victoria 여왕이 즉위해(1837) 왕실의 기틀과 이미지를 견고히 다져나가고 있었습니다. 우리가 '영국' 하면 떠올리는 신사의 이미지도 이 시기에 만들어진 것입니다. 게다가 산업혁명으로 '세계의 공장'이라 불리며 제조업을 주도하고, 영국 상선이 전 세계를 돌아다니며 무역 이익을 얻기 시작했죠. 한마디로 매우 잘나가는 나라가 되고 있었습니다. 지금도 영국인들은 세계를 장악했던 영제국 시절을 자랑스러워하고 있습니다.

이런 영국이 청나라를 상대로 무역 적자에 시달리고 있는 것입니다. 이 시기 영국이 청나라에서 수입하는 상품은 차를 포함해 비단, 도자기 같은 값비싼 것이 대부분이었습니다. 산업혁명으로 세계의 제조업을 주도하던 영국은 면직물, 시계, 장난감 같은 공산품을 청나라에 수출했습니다. 차나 도자기 같은 고가의 상품에 비해 훨씬 저렴한 상품이었죠. 더 큰 문제는 이마저도 청나라 사람들이 사려고 하지 않았다는 것입니다. 당시 청나라 상류층은 주로 비단으로 만든 옷을 입었고, 중·하류층은 면화나 베로 만든 옷을 입었는데 모두 청나라에서도 생산하는 것들이었습니다. 그러니 영국이 파는 제품은 별다른 매력이 없었죠.

그런데 청나라에 대한 무역 적자는 영국이 손 놓고 바라보기만 할 수준이 아니었습니다. 1791년~1820년 사이 영국의 대륙별 연평균 수출입 상황을 보면 아시아 무역이 차지하는 비중은 약 20% 정도로 다른 대륙에 비해 월등히 높지는 않았습니다. 하지만 자세히 들여다보면 사정이 달랐습니다. 같은 시기에 유럽-아메리카 대륙 간 무역은 흑자거나 미비한 적자였는데 아시아 무역에서만 2배~3배의 적자를 본 것입니다. 무역 적자의 중심에는 차가 있었습니다. 청나라에서 주로 수입하는 차가 영국 전체 수입에서 차지하는 비중은 대략 9%였고, 아시아 수입에서 차지하는 비중은 40%~50%에 이를 정도였죠. 단일 품목으로는 엄청난 수치입니다. 이렇게 발생한 무역 적자로 당시 화폐 역할을 하던 은이 청나라로 대량 유출되었습니다. 따라서 영국은 아시아 무역수지 개선을 위해 청나라의 차 수입 문제를 반드시 해결해야 했습니다.

사실 영국은 처음부터 청나라를 거대한 수출 시장으로 여겼습니다. 인구가 많은 청나라에 영국의 물건을 팔면 엄청난 이익을 얻을 수 있다는 기대로 잔뜩 부풀어 있었죠. 한 영국 상인은 "모든 청나라 사람들이 옷자락 길이를 1인치만 늘여도 우리 나라의 공장은 수십 년간 바쁘게 돌아갈 것이다. 장벽을 없앨 수만 있다면…"이라고 말했을 정도였습니다. 하지만 이 같은 기대는 시간이 흐를수록 망상에 가까웠다는 사실이 드러났습니다. 청나라가 광저우라는 항구 하나만 개방하고 그 외의 모든 시장을 철저히 봉쇄했기 때문입니다. 이마저도 서양인과 무역을 할 수 있도록 공식적으로 허가받은 '공행'이라는 특정 상인 조합만 무역 거래를 할 수 있었습니다. 이 같은 독점적 무역 방식을 '광저우 체제'라고 부릅니다.

그동안 영국은 청나라와의 무역을 위해 여러 차례 문을 두드렸습니다. 그 시작은 1792년 9월이었습니다. 영국의 국왕 조지 3세George III는 청나라에 사절단을 파견했습니다. 단장이자 외교관인 조지 매카트니George McCartney를 선두로 과학자, 예술가, 시종 등 각계각층의 수행원을 94명이나 보냈습니다. 이들은 영국에서 출발한 지 1년이 다 돼서야 베이징에 도착했습니다. 그런데 이때 청나라 황제는 열하熱河라는 지역으로 피서를 간 상태였습니다. 하는 수 없이 또 한 달이나 만리장성을 넘어 이동하고 나서야 황제가 있는 곳에 도착할 수 있었죠. 드디어 어렵사리 황제를 만나는가 했더니 아직 관문이 하나 더 남아 있었습니다.

청나라가 영국 사절단에게 청나라식 인사법을 요구한 것입니다. '삼궤구고두례三跪九叩頭禮'라는 그들의 인사는 황제를 만났을 때 무릎을 꿇고 이마가 땅에 닿을 듯 세 차례 머리를 조아리는 행위를 3회 되풀이하는 방식입니다. 우리도 조선시대 병자호란 때 청나라에 패배한 뒤 인조가 청나라 황제에게 이 방식으로 절을 한 적이 있었죠.

영국의 사절단장 메카트니는 청나라의 요구를 단호하게 거절했습니다. 그러고는 "청나라 고관도 영국 국왕의 초상화 앞에서 삼궤구고두례를 하면 나도 하겠다"라며 역제안을 했습니다. 이 제안은 받아들여지지 않았고 인사 문제로 며칠간 갈등하던 두 나라는 결국 영국식 예법으로 타협점을 찾았습니다. 청나라 황제를 향해 영국 국왕을 알현하듯이 한쪽 무릎을 꿇고 머리를 깊이 숙이는 영국식 인사법으로 맞이하는 것입니다.

매카트니가 청나라 인사법을 따르지 않은 이유는, 이를 문화적 관습이 아닌 두 나라의 지위 문제로 보았기 때문입니다. 외교 관계를 맺는 양국의 군주는 동등한 지위를 가져야 하는데 '삼궤구고두례'는 지나치게 한쪽에만

건륭제를 알현하는 메카트니 풍자화[1]

굴욕적이라고 여긴 것이죠.

　겨우 청나라 황제를 만난 메카트니는 드디어 영국의 요구를 담은 국왕의 친서를 전달할 수 있게 되었습니다. 영국의 요구 사항은 다음과 같았습니다. 첫째, 청나라에서 광저우 외에도 다른 항구를 열어줄 것. 둘째, 청나라에 다양한 영국 상품을 소개하고 팔수 있게 할 것. 이를 들은 건륭제는 다음과 같은 답신을 보냈습니다.

> "왕조의 위대한 덕은 하늘 아래 모든 나라를 꿰뚫고 있으며, 모든 나라의 왕들이 땅과 바다를 통해 그들의 귀한 공물을 바친다. 너희 대사가 보았듯, 우리는 모든 것을 가지고 있다."

영국의 제안을 단칼에 거절한 것입니다. 결국 영국이 오랜 시간 공들인 청나라 황제와의 만남은 실패로 끝나고 말았습니다. 그래도 청나라를 포기하지는 않았습니다. 이후에도 여러 차례 청나라의 문을 두드렸죠. 1815년에는 윌리엄 애머스트William Amherst를 단장으로 하는 사절단을 청나라로 보냈지만, 이번에도 삼궤구고두례 문제로 베이징에 입성조차 하지 못하고 실패했습니다. 1834년에는 무역 감독관인 윌리엄 네이피어William Napier가 광저우 입항을 거부당하자 두 척의 전함으로 양쯔강 연안을 공격해 무력 충돌까지 일어났습니다.

영국과 청나라는 왜 매번 충돌했을까요? 여기에는 두 가지 이유가 있습니다. 첫 번째는 두 나라의 세계관 차이입니다. 영국은 국제 사회가 동등한 주권국들로 이루어졌다고 여겼습니다. 모든 나라를 대등한 관계로 보았고, 청나라와도 대등한 관계를 전제로 무역을 하려 했습니다. 하지만 청나라는 전통적인 화이사상華夷思想으로 영국을 대했습니다. 이는 태양 주위에 여러 위성이 돌 듯이 중국을 세상의 중심에 두고 주변 국가를 조공국으로 여기는 사상입니다. 그리고 이 질서 바깥에 있는 나라는 모두 오랑캐라며 천시했습니다. 따라서 영국을 대등한 나라가 아닌 조공무역을 하고 싶어 하는 이민족으로 보았던 것이죠. 두 번째는 두 나라의 서로 다른 무역 체제입니다. 자유무역이 중요한 무역 원리로 자리 잡아가던 영국과 달리 청나라는 철저히 국가가 무역을 통제하는 광저우 체제를 유지했습니다. 좀처럼 외교 관계를 맺거나 나라의 문을 열려고 하지 않은 것이죠. 이런 차이를 가진 두 나라의 충돌은 이미 예견돼 있었는지도 모르겠습니다.

영국이 이런 굴욕을 겪으면서도 계속해서 청나라의 문을 두드린 것은 이 시기 청나라가 가진 시장으로서의 가치 때문이었습니다. 경제학자 앵거스 매디슨Angus Maddison이 제시한 자료에 따르면 1820년 청나라의 GDP는 약

2,290억 달러로, 전 세계 GDP의 33% 정도를 차지하는 수치였습니다. 영국을 비롯한 유럽 전체 GDP가 세계에서 차지하는 비중이 27% 정도였으니 청나라의 잠재적 구매력이 어느 정도였는지 짐작할 수 있습니다. 게다가 청나라는 1830년경에 이미 인구가 4억 명에 육박했습니다. 산업혁명의 성공 이후 국내 면제품 판매가 이미 포화상태에 이른 영국은 면제품을 수출할 판로 개척이 절실했는데, 풍부한 경제력과 엄청난 소비 인구까지 갖춘 청나라는 매력적인 시장일 수밖에 없었던 것입니다. 결국 청나라를 쉽게 포기할 수 없었던 영국은 아편전쟁이라는 돌이킬 수 없는 선택을 하게 됩니다.

동인도 회사가 벌인 사악한 아편 무역

무역 적자 문제를 해결하기 위해 고심하던 영국은 한 가지 방법을 떠올렸습니다. 양귀비 열매에서 나오는 유액을 굳혀 가공한 마약의 일종인 아편을 이용하기로 한 것입니다. 당시 아편은 대부분의 나라가 마취제나 진통제로 사용하면서 만병통치약처럼 여겨졌습니다. 청나라도 마찬가지였죠. 그러다 18세기가 되면서 소수의 특권층 사이에서 쾌락을 위한 사치품으로 그 용도가 바뀌게 됩니다. 특히 황실과 상류층 사이에서 인기를 얻던 아편은 경제적 여유와 교양 있는 사람의 상징과 같았습니다. 고관이나 귀족의 집에 초대되면 가장 먼저 차와 함께 아편을 대접받을 정도였죠. 시간이 지나 아편의 해악이 알려지면서 청나라 정부도 아편 판매를 금지했지만 제대로 지키거나 단속하는 사람은 없었습니다.

사실 영국이 처음부터 아편 무역에 관심이 있었던 것은 아닙니다. 원래 청나라는 인도네시아 자바섬에서 재배한 아편을 주로 수입했습니다. 그런데 영국이 1811년에 자바섬을 일시적으로 지배하게 되면서 두 나라의 아편 무역에 끼어들게 됩니다. 이 과정에서 아편 무역이 꽤 많은 이익을 가져다주는 것을 보고 어쩌면 아편이 무역 적자를 줄여줄 열쇠가 될지도 모른다고 생각하게 된 것이죠. 여기에 영국의 동인도 회사도 적극적으로 청나라에 아편을 팔 것을 주장했습니다. 동인도 회사는 인도를 중심으로 아시아 무역을 독점할 수 있도록 1600년에 영국 국왕 엘리자베스 1세가 인가를 내준 무역회사입니다. 초기에는 향신료나 설탕, 면직물 등의 무역을 했지만 나중에는 식민지에서 직접 농장도 운영했습니다. 그러다가 점차 식민지를 다스리는 조직으로 발전했습니다. 1857년에 영국 정부가 인도를 직접 통치하기 전까지 실질적으로 인도를 관리한 것은 동인도 회사였습니다. 영국이 거대한 제국을 건설하고 '해가 지지 않는 나라'가 되는 데 동인도 회사가 큰 공을 세웠다고 할 수 있죠.

동인도 회사가 아편 무역에 적극적으로 나선 이유는 재정 위기 때문입니다. 동인도 회사는 인도를 정복하는 과정에서 막대한 전쟁 비용을 쓰면서 큰 빚을 졌습니다. 이 빚을 갚기 위해 청나라와의 무역에서 이익을 내고 싶어 했는데, 영국의 물건은 거들떠보지도 않으니 재배가 쉬운 인도산 아편을 청나라에 팔아 영국이 이익을 가로채려 한 것입니다. 이런 방식을 '삼각 무역'이라고 합니다.

삼각 무역은 세 지역 간의 무역을 가리키는 용어로, 두 지역 간 무역수지 불균형을 줄이기 위해 제3국을 개입시키는 무역 형태입니다. 이전에 청나라와 영국이 직접 교역을 할 때 청나라는 영국에 차, 도자기, 비단 등을 수출하고 화폐처럼 쓰였던 은을 받았습니다. 이와 달리 삼각 무역에서는 영국이 청나라로부터 차, 도자기, 비단 등을 수입하고 은 대신 식민지 인도의 아편을 청나라로 수출해 대금을 지불합니다. 그런데 청나라의 아편 구매량이

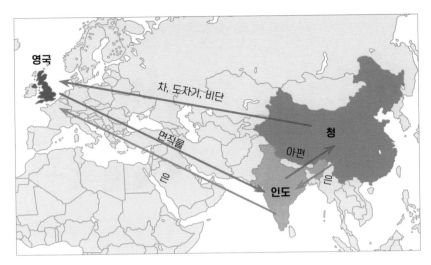

차, 도자기, 비단

면직물

은

아편

청

은

인도

영국

삼각 무역

늘어나면서 오히려 청나라가 인도에 은을 지불해야 하는 상황이 온 것입니다. 인도가 아편을 팔아 이익을 남기기 시작하자 영국은 공장에서 생산한 면직물과 인도가 청나라에서 받은 은을 교환했습니다. 그렇게 청나라의 은이 영국으로 흘러 들어갔습니다. 실제로 19세기 전반에 동인도 회사가 청나라에 아편을 수출한 금액만으로 회사가 진 빚의 이자를 모두 갚을 수 있었다는 연구도 있습니다. 동인도 회사에 아편은 황금알을 낳는 거위와 같았죠.

그런데 청나라는 공식적으로 아편 수입을 금지했으므로 밀수출을 해야 했습니다. 동인도 회사는 밀수출에 관여한 사실을 감추기 위해 생산 후 포장까지 끝낸 아편을 인도 캘커타의 경매시장에서 영국인 사私무역상에게 판매했습니다. 이 개인 무역상들은 아편을 가지고 청나라 연안으로 가서 청나라 밀수업자들에게 다시 팔았죠. 그러면 밀수업자들은 이 아편을 가지고 광저우로 들어가 청나라에 유통했습니다. 물론 이 과정에는 뇌물을

아편을 강제하는 영국 상인 풍자   영국인을 풍자하는 프랑스 만평

받은 청나라 관리들의 협조가 있었습니다.

이렇게 아편을 밀수출하던 영국은 더 많은 아편을 팔 수 있는 방법을 생각해냈습니다. 아편을 헐값에 파는 것입니다. 그리고 아편을 피울 때 필요한 파이프도 공짜로 줬습니다. 아편 수요가 늘어나자 영국은 가격을 점점 올렸습니다. 아편은 중독성이 강해서 값을 올려도 살 수밖에 없었기 때문이죠.

당시 미국 신문에는 편법까지 써가며 청나라에 몰래 아편을 팔았던 영국의 모습을 풍자한 삽화가 실리기도 했습니다. 한 손에 아편을 들고 다른 한 손에는 총을 쥔 사람은 영국 상인입니다. 위협과 강압을 받는 상대는 청나라인입니다. 프랑스 만평 속 영국인은 청나라인을 향해 "이 아편을 구매하라. 우리는 스테이크를 소화시킬 차가 필요하다. 너희는 아편으로 인해 고통받길 바란다"라고 말하고 있습니다. 아편 판매에 사활을 건 영국의 부도덕함을 비판하는 국제 사회의 여론이 등장한 것입니다. 서양 사람들이 보기에도 영국의 아편 판매가 좋은 이미지는 아니었던 것 같습니다.

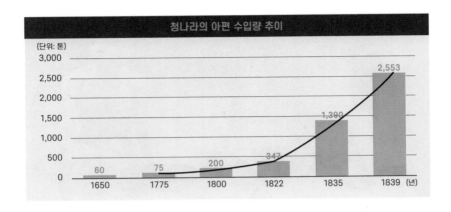

청나라의 아편 수입량 추이

(단위: 톤)

년	1650	1775	1800	1822	1835	1839
	60	75	200	347	1,390	2,553

대체 얼마나 많은 아편이 청나라로 수입됐길래 이런 풍자까지 등장한 걸까요? 18세기 중엽만 해도 청나라가 인도에서 수입한 아편의 양은 연간 100톤 미만이었습니다. 그러다 1776년부터 수입량이 급격히 증가했는데 이후에도 이런 추세는 계속됐습니다. 1804년~1820년 사이에는 청나라가 아편을 수입하는 데 쓴 은의 양이 영국 상인들이 청나라 물건을 사는 데 쓴 은의 양을 넘어서기 시작했습니다. 그렇게 청나라의 무역 흑자는 점차 감소하다가 마침내 적자로 바뀌었습니다. 아편전쟁이 일어나기 직전인 1839년에 청나라로 유입된 아편은 무려 2,500톤에 달했으며 청나라가 수입한 물품의 57%를 차지했습니다. 영국이 아편 하나로 청나라의 열리지 않던 문을 연 셈입니다. 청나라의 차 수입으로 만성 적자에 시달리던 영국은 결국 아편 수출로 이 문제를 해결했습니다.

한편 나라 전체가 아편에 잠식당한 청나라 사람들의 삶은 피폐해져 갔습니다. 아편에 빠진 관리들은 일손을 놓고 누워서 지내기에 바빴고, 서민들도 팍팍한 삶을 잊기 위해 너도나도 아편을 피우느라 식음을 전폐할 정도였죠. 기록에 따르면 청나라 수험생들이 과거 시험을 치르러 베이징까지 갔음에도 아편 중독 증상 때문에 시험을 치르다 쓰러지거나 심지어는 죽는

아편에 중독된 청나라 사람들

경우까지 있었다고 합니다. 아편에 중독된 사람들은 혼절, 저혈압, 호흡 곤란 등을 겪거나 면역체계 파괴로 사망에 이르기도 했습니다. 이렇게 청나라에서 아편은 전국의 다양한 계층에 널리 퍼졌고 시간이 지날수록 문제는 심각해졌습니다.

청나라에는 당시 아편 중독이 얼마나 심각했는지를 보여주는 자료가 남아 있습니다. 청나라 말기를 배경으로 하는 그림 〈수성십이경愁城十二景〉은 귀족 집안의 남자가 아편에 빠지면서 한순간에 집안이 몰락하는 상황을 12장으로 그린 것입니다.

1. 좋은 집안의 젊은 도련님이 호기심에 아편관에 들어갔다. 그것이 비참한 인생의 시작일 줄은 몰랐다.
2. 아들이 아편관에 다니는 것을 알게 된 어머니는 크게 걱정해 아들을 불러 울면서 말렸다. 그런데도 이미 아편에 빠진 도련님은 어머니의 말이 귀에 들어오지 않았다.

수성십이경

3. 도련님이 매일 아편관에서 아편을 즐기면서 돈은 점점 바닥났다.

4. 그래서 집안의 땅이나 돈이 되는 물건은 다 팔아버렸다.

5. 도련님이 아편에 중독되어 가는 모습을 본 아내가 울면서 그만 두라고 말렸지만, 도련님은 이미 아편에 중독돼 아내와 아이를 챙기지 못했다.

6. 분노를 감출 수 없었던 아내는 남편의 아편 도구를 칼로 부숴버렸다.

7. 아편 때문에 도련님의 건강 상태가 날로 나빠지고 있다. 아편을 피우지 않으면 정신이 나간 것처럼 피곤하고 힘도 없다. 몸에는 뼈밖에 남지 않았다.

8. 도련님은 돈이 없어서 아내와 아이를 팔았다. 아내와 아이는 슬

퍼서 통곡했고 어머니는 화가 나서 돌아가셨다.

9. 아편 때문에 집에서 팔 수 있는 것을 다 팔고, 돈까지 빌렸지만 빚을 갚을 수 없다.

10. 도련님은 결국 집을 팔 수밖에 없었다. 떠나기 전 마지막으로 집을 보면서 가족과 같이 지내던 풍족하고 행복한 생활을 떠올렸다.

11. 집이 없어지자 이 지경이 된 것이 모두 아편 때문이라는 것을 깨닫고 반성했다. 하지만 이미 너무 늦었다.

12. 그러다 눈이 오고 찬 바람이 부는 날 도련님의 생은 막을 내렸다.

상황이 이렇게 될 때까지 청나라는 아편 관리나 단속을 전혀 하지 않은 것일까요? 아편이 청나라를 집어삼킨 데는 청나라 내부의 원인도 컸습니다. 지방 관리들과 유럽을 상대로 독점 무역을 하던 공행 상인들은 아편 무역으로 뇌물을 많이 받았기에 밀매를 적극적으로 단속하지 않았습니다. 비로소 사태의 심각성을 깨달은 청나라는 더는 속수무책으로 당할 수 없다며 뒤늦게 대책을 세웠습니다.

전쟁으로 치닫는 두 제국의 갈등

아편에 빠진 청나라를 구하러 등장한 사람은 청나라의 관료인 임칙서林則徐였습니다. 그는 중국인의 자주 개혁을 외친 지식인으로 서양의 선진 문물과 지식에 열린 자세를 보일 것을 주장하기도 했습니다. 그는 아편 문제에는 어떤 입장을 취했을까요? 당시 청나라 조정에서는 아편을 합법화하자는 주장이 나오기도 했습니다. 아편 금지령은 관리들의 부정부패를 조장하고 밀무역만 증가하니, 차라리 합법화해서 정부가 전면적으로 관리하자는 것입니다. 그러면 결과적으로 국가의 세수도 증가할 거란 주장이었습니다. 반대로 법이 지켜지지 않는다고 법률을 폐지하는 것은 말이 안 된다는 금지론자들도 있었죠. 이렇게 서로 다른 주장 때문에 아편 문제를 해결하기 위한 논의는 진전이 없었습니다. 이때 임칙서가 황제에게 아편에 관한 상소문을 올린 것입니다.

그는 상소문에서 두 가지 해결책을 제시했습니다. 첫 번째는 도덕적 치료입니다. 아편 중독자는 육체뿐 아니라 정신도 병든 사람이므로 국가가 요양원을 만들어 이들을 치료해야 한다는 것입니다. 두 번째는 아편 판매상에 대한 강력한 단속입니다. 아편 공급을 차단하려면 판매상을 단속해야 하며 여기에는 서양 밀무역자들도 포함되어야 한다고 주장했습니다. 임칙서의 상소문에 동감한 황제는 그를 자신의 특명을 수행할 흠차대신에 임명하고 광저우에 파견했습니다.

아편 문제를 해결하기 위해 광저우에 온 임칙서가 가장 먼저 한 일은 편지를 쓰는 것이었습니다. 누구에게 썼을까요? 편지의 대상은 영국의 빅토리아 여왕이었습니다. 아편 무역의 가장 큰 책임이 영국 정부에게 있다고 생각했기 때문이었습니다. 편지 내용은 다음과 같습니다.

> "당신네 배는 청나라에 큰 이익을 보러옵니다. 이 이익은 청나라 백성들에게서 나옵니다. 어떻게 당신네 외국인들은 이익을 준 사람들을 해치려 이 독극물을 보내고, 자신들이 받은 특별한 혜택을 피해로 갚을 수가 있습니까?"

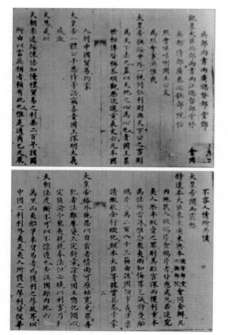
임칙서가 보낸 편지

이 편지가 빅토리아 여왕에게 직접 전달되었는지는 알 수 없습니다. 그러나 임칙서는 빅토리아 여왕에게 보내는 편지를 누구나 돌려볼 수 있게 공개해 아편 문제를 대중에게 알리고 그것을 막으려는 행동의 명분을 주장하고자 했습니다. 이 편지는 얼마 후 〈타임즈 오브 런던〉이라는 신문에 실렸고 아편 무역의 실상을 알게 된 영국인들은 충격을 받기도 했습니다.

편지로 아편 문제의 불공정함을 알린 임칙서는 동시에 아편 판매상에게 물리적 압박을 가했습니다. 1,700여 명의 청나라 아편상을 체포하고 7만 개 이상의 아편 파이프를 몰수한 것입니다. 그런 다음 외국 상인에게는 아편을 넘기는 대신 차와 교환해 주겠다는 회유책을 제안했습니다. 상인들이 이를 거부하자 영국 상관을 봉쇄해 47일간 약 350명의 서양인을 가뒀습니다. 서양 상인들은 임칙서의 강경 대응에 결국 아편을 넘겨주었습니다. 이때 임칙서가 받은 아편의 양은 무려 120만kg이었습니다. 2만 283개의 상자에 가득 찬 아편은 1톤 트럭 1,200대의 분량이며, 당시 가치로 약 900만 달러(한화 약 3천억 원)나 됐습니다.

임칙서는 아편을 모두 폐기하기로 했습니다. 문제는 이렇게 많은 양을 처리할 방법이었죠. 연구 끝에 아편에 소금과 석회를 섞으면 화학 작용으로 마약 성분이 사라진다는 사실을 알게 됩니다. 즉시 500여 명의 인부를 동원해 23일간 아편을 바닷물에 넣고 석회를 부어 녹인 뒤 바다에 흘려보냈습니다. 임칙서의 강경함은 여기서 끝나지 않았습니다. 그는 모든 청나라 관리와 외국 상인에게 서약서를 요구했습니다. 주요 내용은 '앞으로 아편 거래를 절대 하지 않을 것이며 만약 이를 어긴다면 사형을 당한다'라는 것입니다. 이는 청나라에 들어왔으면 외국인도 청나라법을 따르도록 만들겠다는 뜻이기도 했죠.

영국 상인들은 아편 몰수에는 응했지만 서약서 제출은 거부했습니다. 청나라 사람들에게 영국인을 체포하고 사형할 권리까지 주는 것은 너무 위험해 보였기 때문이죠. 당시 영국 무역 감독관이었던 찰스 엘리엇Charles Elliot은 임칙서의 요구를 거절하고 영국인이 잘못하면 영국법에 따라 재판을 받겠다며 치외법권을 주장했습니다. 상황이 고조되는 가운데 술에 취한 영국 선원들이 청나라 농부를 살해하는 사건이 일어납니다. 외교적으로 큰 문제가 될 수 있음을 인지한 엘리엇은 재빨리 영국 선원 두 명을 체포했고, 피해자 가족에게는 배상을 제안했습니다. 하지만 임칙서는 이런 조치를 받아들이지 않고 범인의 신병을 인도할 것을 요구했습니다. 엘리엇은 계속해서 치외법권을 주장하며 거부 의사를 밝혔고 사태는 점점 악화되었습니다.

얼핏 보면 두 나라 관리들의 팽팽한 기 싸움처럼 보이지만, 사실 두 사람의 대립은 영국과 청나라의 서로 다른 국제 질서관과 무역 원칙의 충돌이었습니다. 청나라의 엘리트였던 임칙서는 나름 서구 문물에 열린 자세를 가지고 있었습니다. 그럼에도 영국이 중시하는 자유무역과 각각의 나라가 동등하다는 국제관계 개념을 좀처럼 이해할 수 없었죠. 영국을 다른 오랑캐와 마찬가지로 청나라 무역에 의존적인 존재로 보았고, 청나라 차가 없으면 살 수 없을 거라고 판단했습니다. 반면 엘리엇을 비롯한 영국 상인들은 전혀 다른 원칙을 가지고 있었습니다. 임칙서가 일방적으로 영국인의 재산인 아편을 몰수한 것은 대등한 국가 사이에 합의 없이 있을 수 없는 일이라는 것입니다. 또 아편 무역을 금지하고 영국 상인을 추방한 것은 영국인이 중요하게 생각한 자유무역의 원칙에 도전장을 내민 것으로 생각했습니다. 자신들이 불법으로 아편을 파는 상황에서도 말이죠. 이는 본국의 정치인들도 마찬가지였습니다. 이렇게 전혀 다른 원칙을 가진 두 국가 사이의 충돌은 점점 심화되었습니다.

1839년 10월, 영국 정부는 전쟁 준비 차원에서 미리 청나라로 함대를 보냈습니다. 이때 전쟁에 관한 영국 국민의 여론은 둘로 나뉘었습니다. 상당수는 영국이 아편 무역을 한다는 사실에 놀람과 부끄러움을 느끼며 전쟁에 반대했지만, 해외 무역에서 얻는 이익을 보호해야 한다는 여론도 만만치 않았습니다. 결국 전쟁 여부에 관한 결정권은 영국 의회로 넘어갔습니다. 이 시기 영국은 여당인 휘그당과 야당인 토리당에 의한 의회 정치가 자리 잡고 있었습니다. 휘그당은 전쟁을 주장했고 토리당은 전쟁에 반대했죠. 토머스 매콜리Thomas Macaulay라는 휘그당 의원은 다음과 같은 이유로 전쟁을 주장했습니다.

"영국인들은 패배, 굴복, 치욕을 모르는 국가의 국민이며, 자국민을 위협하는 자에게 귀를 의심할 정도의 배상금을 받아온 국가의 국민입니다. 그들의 털 한 올이라도 상하게 하는 자는 반드시 처벌받게 될 것입니다."

반면 전쟁을 반대하는 토리당의 윌리엄 글래드스턴William Gladstone 의원은 다음과 같이 주장했죠.

"나는 이 전쟁이 얼마나 지속될지 말할 수 없지만, 이것만은 확실히 말할 수 있습니다. 전쟁의 원인을 생각해볼 때 이보다 더 부도덕한 전쟁이 있었단 것을, 이보다 이 나라를 불명예스럽게 만든 전쟁이 있었단 것을, 저는 들어본 적이 없습니다."

두 정당의 치열한 공방이 이어진 끝에 1840년 4월, 하원에서 전쟁 여부를 묻는 투표가 진행되었습니다. 투표 결과 전쟁 찬성 271표, 전쟁 반대 262표로 청나라에 영국군을 파견하기로 합니다. 양심보다 국익을 위하는 목소리가 더 강했던 것입니다.

제1차 아편전쟁

세계 무역 시장을 주도하며 위세를 떨치던 영국과 오랫동안 아시아 대륙의 최강자로 군림했던 청나라. 두 제국의 전쟁은 어떻게 진행됐을까요? 단 9표 차이의 투표 결과에 따라 1840년 6월에 4척의 증기선, 15척의 군함, 25척의 소형 함선으로 구성된 영국 함대 1진이 청나라 영해에 나타났습니다. 영국은 공식적으로 청나라 정부에 무역 중단과 아편 파괴에 따른 손실 보상을 요구했지만 거절당했습니다. 아편전쟁은 그렇게 시작되었습니다.

영국은 청나라 내부 운송의 핵심인 대운하와 수도 베이징을 위협하면 청나라가 협상에 나올 수밖에 없다고 판단했습니다. 이를 위해 광저우에 도착한 영국군은 소규모 부대를 남겨 광저우 해상을 봉쇄했습니다. 나머지 병력은 북상해 저우산을 점령했죠. 그리고 이곳에서 양쯔강 하구를 봉쇄한 뒤 군대를 둘로 나눴습니다. 일부 부대는 다시 주강 지역으로 보내 주요 무역항인 광저우 지역을 확보하게 하고, 주력 부대는 해안을 따라 북진해 다구 포구 앞까지 올려보냈습니다. 영국 함대가 톈진 인근까지 진출했다는 사실은 수도인 베이징에 큰 위협이 되었습니다.

순식간에 톈진까지 진격한 영국 함대의 공격에 놀란 청나라 황제는 일

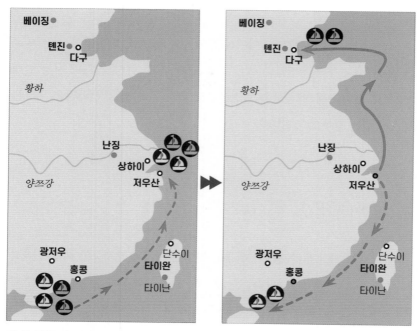

제1차 아편전쟁 당시 영국군 점령 경로

단 영국을 달래보려 했습니다. "흠차대신이 황제의 뜻을 제대로 이해하지 못해 적절한 조치를 취하는 데 실패했다"라면서 영국이 이 사태의 원인으로 지목한 임칙서를 파면한 뒤 유배를 보낸 것입니다. 하지만 이런 대응만으로 전쟁은 끝나지 않았습니다. 그 이유는 영국의 또 다른 요구 사항 때문이었습니다. 첫째, 영국 상관을 포위한 것에 대해 사과할 것. 둘째, 아편 무역 손실을 보상할 것. 셋째, 섬을 할양하여 영국 상인의 근거지를 마련해 줄 것 등입니다. 1840년 9월에 영국 함대는 협상을 하자는 청나라의 제안을 받아들여 광저우로 돌아갔습니다. 하지만 청나라가 영국의 요구를 거부하면서 협상은 결렬되고 말았죠. 결국 전쟁은 영국이 우세한 방향으로 지속되었습니다.

청나라 정크선을 파괴하는 네메시스호

전쟁을 치르는 영국과 청나라의 가장 큰 차이는 군사력이었습니다. 무엇보다 청나라는 영국 해군이 얼마나 강한지 알지 못했습니다. 해군력으로 바다를 장악해나가면서 대제국을 이룬 영국에게 청나라는 큰 위협이 되지 못했습니다. 게다가 1841년 초에는 인도로부터 병력 보강을 받았는데 이때 등장한 배가 네메시스호입니다.

그리스 신화 속 복수의 여신인 네메시스에서 이름을 따온 이 배는 최강의 스펙을 자랑했습니다. 네메시스호는 아편전쟁에서 처음 선보인 신상 철갑 중기 동력선입니다. 60마력짜리 증기엔진 두 대를 장착한 동력선이자 선체 전부를 철갑으로 두른 전함이었죠. 배에는 두 개의 거포와 6개의 중간 크기 대포가 장착돼 있었는데, 네메시스호는 낮은 수심에서도 작전 수행이 가능했기 때문에 얕은 바다나 강 유역에서도 함선과 요새를 포격할 수 있었습니다. 선체 대신 함포를 움직여 조준 방향을 바꿀 수 있는 피벗 마운티드 건Pivot Mounted Gun을 장착했습니다. 두 개의 돛대도 가지고 있어 풍력과 증기 에너지를 동시에 사용할 수 있었죠. 네메시스호의 압도적인 힘에 놀란 청나라 사람들은 이 배를 귀신같이 두렵다며 '귀신선devil ship'이라 불렀습니다. 영국은 전쟁이 끝날 무렵 이런 증기선을 14척이나 파견했습니다. 그에 반해 청나라는 목제 범선인 정크선으로 힘겹게 영국과 겨뤘지만, 도저히 상대가 되지 않았습니다.

아편전쟁에서 청나라가 영국에 승기를 내준 원인은 바다를 바라보는 두 나라의 시각 차이 때문입니다. 영국은 엘리자베스 1세 여왕 때부터 대양 진출을 국가의 기본 정책으로 삼았습니다. 이를 위해 계속해서 함선을 개량하고 병력을 증강해 해군 전술을 발전시켰습니다. 전 세계를 해군으로 연결한 네트워크 제국을 만들려고 한 것이죠. 이처럼 영국이 누린 번영은 바다가 있기에 가능했다고 해도 과언이 아닙니다.

반면 중국은 오랜 시간 중국 내륙을 잇는 대운하를 통해 번영을 누렸습니다. 수나라 때 처음 만들고 명·청시대에 1,800km의 대운하로 발전한 내륙 수송로를 통해 식량, 상품, 인력 등이 중국 내륙을 오갔죠. 그래서 청나라는 대제국이었지만 바다를 발판 삼은 영국과 달리 대륙에 기반을 두고 있었습니다. 운하 덕분에 해적이 들끓는 바다로 나갈 필요가 없었고, 이 때문에 함선을 개량하거나 해군력을 키우는 등의 해상력 발전이 더뎠습니다. 바다를 바라보는 시각이 완전히 달랐던 두 제국이 아편전쟁에서 만났고, 그 결과는 해군력이 부족한 청나라의 완패였습니다.

이렇게 청의 남부를 초토화하며 전쟁의 승기를 잡은 영국군은 점점 북상했습니다. 1842년 6월에는 상하이를, 7월 말에는 전장을 점령했습니다. 전장은 대운하와 양쯔강이 만나는 교통의 요지였죠. 이곳만큼은 절대 빼앗겨선 안 된다고 생각한 청나라는 전장 사수를 위해 1,600여 명의 군인과 그

가족들까지 합세해 죽을 각오로 맞서 싸웠습니다. 하지만 영국군 공병대가 성문을 폭파하면서 이번에도 전세는 영국 쪽으로 기울고 말았습니다. 결국 청나라군은 적에게 능욕당하지 않도록 가족을 죽이고 그들도 자결하는 방법을 택했습니다. 1천여 명의 사상자가 발생한 청나라와 달리 영국군 전사자는 36명 정도에 불과했습니다.

청나라군의 희생에도 불구하고 대운하는 끝내 봉쇄됐고 물자 운송로도 막히고 말았습니다. 청나라군의 괴멸과 대운하 봉쇄 소식을 들은 청나라 황제는 더 이상 버틸 수 없다고 판단했습니다. 결국 청나라 대표단이 영국 진영을 찾아갔고 양측 대표단은 협상에 들어갔습니다. 그 결과 1842년 8월 29일에 난징 조약이 맺어졌습니다. 중국 최초의 불평등 조약인 난징 조약의 주요 내용은 다음과 같습니다.

1. 홍콩을 영국에 넘겨준다.
2. 광저우, 샤먼, 푸저우, 닝보, 상하이 등 5개 항구를 개항한다.
3. 개항장에 영국 영사를 주재시킨다.
4. 청은 전쟁 배상을 위해 영국에 총 2,100만 달러를 지불한다.
5. 공행의 독점 무역을 폐지한다.
6. 개항된 항구에서는 양국이 합의한 고정 관세를 부과한다.

청나라에는 매우 불합리한 조건입니다. 영국이 난징 조약을 통해 얻고자 한 것은 크게 두 가지입니다. 먼저 영국 무역에 가장 큰 걸림돌이었던 '광저우 체제'를 깨트리려 했습니다. 이를 위해 광저우 외에 추가로 4개의 항구를 더 열고 공행의 독점 폐지를 요구했죠. 다음으로 청나라가 조공무역이 아닌 국제무역의 관행을 받아들일 것도 요구했습니다. 그래서 양국이 합의한 관세에 따라 교역할 것을 명문화했습니다.

또 한 가지 눈에 띄는 내용은 홍콩섬을 할양받은 것입니다. 이는 무슨 의미일까요? 아마도 영국은 홍콩의 지정학적 중요성을 알고 있었던 것 같습니다. 1834년 무역 감독관으로 청나라의 문을 두드렸던 네이피어가 당시 외무장관인 헨리 파머스톤Henry Palmerston에게 보낸 보고서에 다음과 같은 내용이 있습니다.

"무력을 기반으로 통상조약을 맺고, 홍콩 반도의 일부를 차지해야 한다."

홍콩섬이 지정학적으로 중요한 이유는 중국 대륙과 동남아시아를 연결하는 관문인 동시에 태평양으로 향하는 길목이기 때문입니다. 또한 주강 입구에 위치해 중국 내륙으로의 진출도 쉽습니다. 영국 상인들이 안전하게 머물 수 있는 동아시아 무역의 총 근거지가 필요했던 영국으로서는 홍콩섬을 탐낼 수밖에 없었죠. 난징 조약으로 영국이 할양받은 인구 5,600여 명의 작은 섬 홍콩. 지리적 강점을 가진 이곳은 이후 영국식 자유무역 체제가 자리 잡으면서 세계 무역의 중심지로 부상했습니다.

제2차 아편전쟁과 참혹한 청나라의 운명

난징 조약으로 아편전쟁이 마무리되면서 두 나라의 문제는 일단락된 듯했습니다. 그런데 난징 조약 이후 영국의 불만은 오히려 커졌습니다. 청나라와의 무역수지 문제는 좀 나아졌지만 원하는 만큼 이익이 나지 않았던 것입니다. 영국은 난징 조약이 허용한 개방의 수준이 여전히 낮아 제한된 무역을 할 수밖에 없기 때문이라고 생각했습니다. 청나라에 있는 영국 상인과 관리들 역시 기존의 5개 항구 외에도 더 많은 항구를 추가로 개방하고 아편 무역을 합법화하기를 원했습니다. 이를 위해 영국 대사가 베이징에 상주할 것을 요청했습니다. 즉 문제를 해결하려면 청나라가 국제 사회의 일원이 돼서 정상적인 외교를 해야 한다고 보았던 것이죠.

이때 청나라는 또 한 번의 전쟁으로 원하는 것을 손에 넣고 싶어 하던 영국에 전쟁의 빌미를 제공하고 말았습니다. 1856년 10월 8일, 광저우 앞바다에 정박하고 있던 범선 애로호에 청나라 관원이 올라가 애로호 선원 12명을 해적 혐의로 연행한 것입니다. 애로호는 본래 영국 선적을 가지고 있었고 영국 국기를 게양한 상태였다고 알려졌습니다. 하지만 실제로는 나포 당시에 영국 선적 등록이 말소된 상태였죠. 영국은 청나라 해군이 영국 국기를 끌어 내렸다고 보고했으나 이 또한 확인된 사실은 아닙니다. 그럼에도 광저우의 영국 영사는 선원들의 즉각 석방과 영국 국기를 모독한 것에 대해 공개 사과를 요구했습니다. 하지만 청나라는 이를 거부했고 해적 혐의로 체포된 12명의 선원 중 9명만 석방했습니다.

영국은 이 사건을 빌미로 제2차 아편전쟁을 일으켰습니다. 이번 전쟁에서 프랑스는 영국과 손을 잡고 연합군을 결성했습니다. 아시아 침략의 발판을 마련하고 싶었던 프랑스가 이 기회를 놓칠 리 없었죠. 프랑스가 끼어들자 미국과 러시아도 지원국 자격으로 합세했습니다. 이처럼 제2차 아편전쟁은 총 5개국의 이해관계가 얽혀 있었습니다.

6천여 명의 영국·프랑스 연합군은 광저우를 점령하고 청나라에 교섭에 나설 것을 요구했습니다. 처음에는 응하지 않던 청나라도 계속되는 막강한 해군력을 앞세운 엽합군이 파죽지세로 북상해 황제가 사는 베이징의 턱밑인 톈진까지 위협하자 끝내 굴복하고 말았습니다. 1856년 6월, 청나라는 여러 국가와 톈진 조약을 맺게 됩니다. 이 조약은 대등한 외교 관계를 만든 뒤 중국 내륙까지 자유시장을 확보해 수출 부진을 극복하려는 영국의 의도를 반영한 것입니다.

1. 5개 항구 외에 11개의 항구를 추가로 개항할 것.
2. 외국인의 청나라 내륙지역 여행 권리를 인정할 것.
3. 영국에 400만 냥, 프랑스에 200만 냥의 배상금을 지불할 것.

텐진 조약 이후 철수한 영국군은 1859년 6월에 조약 비준을 위해 다시 베이징으로 향했습니다. 그때 텐진 앞 다구 포대를 지키던 청나라군과 영국·프랑스 연합군 사이에 우발적인 충돌이 발생합니다. 청나라가 텐진 조약 비준을 위해 찾아온 연합군에게 병력을 거느리지 않은 외교 사절만이 군사요새인 다구를 우회하여 베이징으로 들어올 것을 요구했기 때문입니다. 연합군은 이를 거절하고 다구 지역에 상륙을 감행했습니다. 그러자 청나라는 무단으로 상륙한 연합군에 포격을 개시했고 양국의 전투는 다시 시작됐습니다. 영국은 자신들의 승리를 장담했습니다. 하지만 바닷물이 빠져나간 갯벌에 연합군이 빠지면서 청나라군의 포격에 노출됐고 수백 명의 사상자가 발생했습니다. 이 과정에서 연합군은 군함 4척이 격침되고 2척이 파손됐으며 430여 명을 잃었습니다. 이번 전투는 연합군의 대패였습니다.

다구 포대 전투의 승리로 청나라 조정에서는 영국에 강경 대응해야 한다는 목소리가 커졌고 청나라는 일방적으로 텐진 조약을 파기했습니다. 그사이 연합군은 다구 포대에서의 패배를 설욕하고 이제는 수도 베이징을 함락하기 위해 이전과는 비교도 안 될 전력으로 재무장했습니다. 함선 206척과 약 2만 명의 병력을 투입한 연합군은 8월에 다시 다구 지역에 상륙한 뒤 텐진에 입성했습니다. 이후 베이징으로 가는 마지막 관문인 팔리교에서 5만 명의 청나라군과 맞닥뜨리게 됩니다. 치열한 교전의 결과는 청나라의 완패였습니다. 청나라의 사상자가 약 1,200명이었던 데 반해 연합군의 피해는 고작 50여 명에 불과했습니다. 연합군이 수도인 베이징까지 입성하자 청나라 황제는 만리장성을 넘어 열하까지 피난을 떠났습니다. 황제가 없는 베이징에 도착한 연합군은 황제의 여름 궁전인 원명원까지 파괴했죠. 이 과정에서 청나라는 수많은 유물을 약탈당했고 중국은 지금도 문화재를 돌려받기 위해 노력하고 있습니다.

결국 1860년에 베이징 조약이 체결되었습니다. 주요 내용은 이전의 톈진 조약을 이행하고 추가로 주룽반도를 영국에 넘겨준다는 것입니다. 여기에 배상금도 두 배로 올렸습니다. 이때까지 투입된 영국·프랑스 연합군의 총 병력은 약 2만 5천 명으로 청나라 병력의 10%에 불과했습니다.

두 차례의 아편전쟁은 영국과 청나라에 무엇을 남겼을까요? 먼저 영국은 아편전쟁으로 제국주의의 전성기를 열었습니다. 산업혁명과 자유주의 경제관, 해군력이 뒷받침된 유럽 제국들의 대표주자인 영국은 아시아 최강이었던 청나라를 무너뜨림으로써 전 세계에 식민지를 개척하고 제국을 건설할 수 있었죠. 또 세계가 대등한 주권국가로 이루어졌다는 국제관과 자유무역의 원칙을 청나라에 강제하면서 영국이 만든 국제 질서를 세계화합니다. 그 결과는 무역 확대로 이어져 1830년에 400만 파운드였던 영국과 청나라의 무역은 1860년에 1,500만 파운드까지 증가했습니다. 그리고 이제 무역 이익은 청나라가 아닌 영국이 가져가게 되었죠.

반면 청나라는 아편전쟁 이후 전통 질서가 무너지기 시작했습니다. 두 차례의 전쟁으로 청나라 사람들이 받은 충격은 엄청났습니다. 특히 청나라 군대가 대패하고 황제가 피난을 떠나는 모습을 보면서 청나라 왕조에 대한 신뢰가 사라졌죠. 민심의 변화는 근대화 운동으로 이어졌습니다. 또한 청나라는 열강의 침략이 본격화되면서 외부적으로도 몰락의 길을 걸

서구 열강에 둘러싸인 청나라

었습니다. 1884년 프랑스와 싸워 베트남 종주권을 잃었고, 1894년에는 청일전쟁에서도 패하게 됩니다. 1898년 프랑스 신문에 실린 삽화는 당시 청나라의 상황을 잘 보여줍니다. 영국, 독일, 러시아, 프랑스, 일본의 대표들이 '청나라'라는 파이를 둘러싼 채 나눠 먹으려는 모습입니다. 뒤에서 청나라가 그들을 막기 위해 두 손을 번쩍 들어보지만 이미 상황은 늦었습니다.

1901년에는 영국, 프랑스, 독일, 미국 등 11개국의 열강이 청나라를 압박해 또 다른 불평등 조약인 신축조약을 체결했습니다. 다음은 조약의 일부입니다.

1. 청나라는 배상금으로 6,750만 파운드(한화 약 8조 원)를 지불한다.
2. 베이징에 공사관의 구역 설정 및 주요 지역 12곳에 유럽 열강의 군대가 주둔한다.
3. 청나라는 중국인의 외세 배척 운동을 철저히 탄압한다.

이 조약으로 청나라는 사실상 열강의 반식민지로 전락하고 말았습니다. 분명한 사실은 아편전쟁의 패배가 이러한 흐름의 시작점이라는 것입니다.

차 한 잔에서 피어난 청나라와 영국의 갈등은 전쟁으로 이어졌습니다. 아편이 타들어 갈 때마다 청나라의 수명은 줄어들었고, 서구 열강의 침략으로 나라의 근심은 늘어만 갔습니다. 이후 1911년의 신해혁명을 계기로 반란을 일으킨 지방 정부들이 독립을 선언하면서 청나라는 끝내 역사 속으로 사라졌습니다.

역사는 작게 보는 동시에 크게 봐야 합니다. 작게 보면 아편전쟁은 청나라 조정의 잘못된 판단과 영국 내각의 강경책이 불러일으킨 사건이지만, 크게 보면 두 제국의 세계관이 충돌한 것으로 볼 수 있습니다. 영국은 이 전쟁으로 유럽 중심의 세계 질서를 확립하는 데 앞장섰으며 동양도 이 질서를 따르게 했습니다. 하지만 그와 동시에 이 전쟁은 서구 제국주의 국가의 동아시아 약탈의 출발점이기도 합니다. 이러한 영국의 이중적인 태도는 자국의 이익을 위해 국가가 얼마든지 비윤리적인 행동을 할 수 있다는 냉혹한 국제 현실을 보여줍니다. 또한 이후 서구 제국주의 국가들이 그들의 이익을 위해 명분 없는 침략과 약탈을 저지르는 중요한 계기로 작용합니다. 아편전쟁이 가장 부도덕한 전쟁으로 평가받는 이유가 여기에 있습니다.

영국이 저지른 아편전쟁은 우리에게 냉혹한 국제 질서가 만들어지는 모습을 보여주었습니다. 동시에 청나라가 보인 반응은 새로운 국제 질서 앞에서 변화를 두려워하기보다 과감히 새로운 패러다임을 만들기 위해 노력할 필요가 있다는 것을 알려줍니다.

벌거벗은 메이지유신

전쟁 국가의 시작

박삼헌

● 2021년 12월, 일본의 여야 국회의원들이 2년 2개월 만에 야스쿠니 신사를 찾아서 논란이 되었습니다. 특히 일본의 최장 재임 총리였던 아베 신조安倍晋三는 재임 당시는 물론 퇴임 후에도 야스쿠니 신사를 참배했습니다. 일본 정치인들이 거리낌 없이 야스쿠니 신사를 참배하는 문제는 과거부터 지금까지 꾸준히 논쟁이 되고 있습니다. 우리나라뿐 아니라 많은 동아시아 국가에서도 우려를 나타내고 있죠. 야스쿠니 신사가 정확히 어떤 곳이기에 이곳을 찾는 것이 문제가 되는 걸까요?

야스쿠니 신사는 원래 일본의 메이지유신이라는 시대가 탄생할 무렵에 발생했던 내전으로 사망한 정부군을 기리기 위해 1869년에 만든 것입니다. 전쟁에서 목숨을 잃은 군인을 신으로 모시는 '초혼사'로 시작한 이곳은 1879년에 '평화로운 나라'라는 뜻의 야스쿠니 신사로 이름을 바꿨습니다. 그런데 1978년에 태평양 전쟁을 일으킨 도조 히데키東條英機, 버마에서 대량 학살을 주도한 기무라 헤이타로木村兵太郎 난징 대학살을 자행한 마쓰이 이와네松井石根 등 A급 전범 14명이 이곳에 합사하게 됩니다. 합사란 여러 명의 혼령을 한곳에 모아 제사를 지내는 것을 의미합니다. 이후 야스쿠니 신사는 일본의 군국주의를 정당화하고 상징하는 곳이 되었고 과거 일본이 위세를 떨치던 시절을 그리워하는 이들에게 일종의 성지가 되었습니다. 하지만 주변국이 볼 때 A급 전범들을 기리는 야스쿠니 신사를 정치가들이 공적으로 참배한다는 것은 과거 일본이 일으킨 침략 전쟁을 반성하지 않는다는 뜻으로 받아들일 수밖에 없습니다. 이 문제는 지금까지도 국제 사회의 질타를 받고 있습니다.

이곳에 안치된 인물들은 과거에 침략 전쟁을 이끌었고, 그때마다 새로운 문물을 받아들이는 등 많은 경제적 이익을 얻어 왔습니다. 또한 일본이 위기에 빠질 때마다 전쟁으로 해결하는 모습을 보여주면서 전쟁은 국가의 이익이자 국민의 이익이라는 인식을 심어주었습니다. 이 같은 일본의 행보가 시작된 기점은 '메이지유신'이라는 시대입니다. 이 시대를 살펴보면 일본이 전쟁을 어떻게 활용했는지 알 수 있습니다.

사실 메이지유신 시대의 유산은 곳곳에 널리 퍼져 있습니다. 최근 일본이 조선인에게는 지옥섬이었던 군함도에 이어 사도 광산까지 유네스코 세계문화유산 등재를 추진하고 있다는 소식이 전해졌습니다. 이곳은 태평양 전쟁 때 구리, 철, 아연 등 전쟁 물자를 캐는 광산으로 활용하면서 1,200여 명의 조선인을 강제 노역에 동원한 현장입니다. 당시 가혹한 노동 환경과 사고로 많은 사람이 목숨을 잃었죠. 이런 곳을 세계문화유산으로 등록하겠다는 것입니다. 일본 정부로부터 이 광산을 인수해 악명 높은 곳으로 만든 기업은 메이지유신을 기점으로 창립한 지금의 일본 대기업인 미쓰비시 계열사입니다. 군함도, 사도 광산, 미쓰비시 기업 모두 메이지유신 시대의 유산인 셈입니다. 이들 전범 기업은 강제 징용 피해자에 대한 사과는커녕 반성조차 하지 않고 있습니다.

이 같은 일본의 그릇된 행보는 근대화와 함께 시작되었습니다. 그 출발선이 바로 메이지유신입니다. 지금부터 일본을 전쟁 국가로 만들며 세계사의 판도를 뒤흔들고, 우리나라에도 엄청난 영향력을 준 메이지유신에 감춰진 역사를 벌거벗겨 보겠습니다.

일본을 공포로 뒤덮은 검은 배의 정체

메이지유신은 1868년 일본에서 정치, 사회, 문화의 대격변을 일으킨 왕정복고 쿠데타로 형성된 시대를 말합니다. 넓게는 일본 개항부터 약 20여

페리 제독의 일본 원정 기사[1]

년 동안 추진한 부국강병, 산업 육성 등 서양을 따라가는 문명 개화의 시기이기도 하죠. 당시 일본의 연호였던 메이지明治는 '밝은 곳(明)'을 향하여 다스린다(治)'라는 뜻이고, 여기에 '새로운 천명'이라는 뜻의 유신維新을 붙여 '메이지유신'이라 부르게 된 것입니다.

일본의 메이지유신은 1852년 미국 버지니아주에서 출발한 4척의 함선에서 시작됐습니다. 함선은 8개월의 긴 항해 끝에 일본에 도착했습니다. 미국의 함선이 먼 나라 일본까지 간 이유는 무엇일까요? 1853년 5월에 발행한 영국 신문에는 '일본으로 떠나는 미국 원정'이라는 제목의 기사가 실렸습니다. 미 해군 제독 매튜 페리Matthew Perry와 미 해군이 증기 군함을 타고 일본으로 가는 이유는 다음과 같았습니다.

"원정대는 '일본 정부가 문명을 받아들일 것을 강요'할 예정이며 일본이 야만적으로 대했던 국민을 책임지는 국가, 즉 미국과의 협상에 응하지 않을 경우 인류의 도리에 대한 가르침을 줘서 일본이 '문명 제국의 반열에 오르도록 할 것'이다."

한마디로 일본을 문명화된 나라로 만들기 위해 미국이 직접 나섰다는 것입니다. 페리 제독은 대서양과 인도양을 지나 1853년 7월에 지금의 도쿄만 입구인 우라가항에 진입했습니다. 이곳은 당시 일본 실권을 장악한 막부의 근거지인 에도(현재의 도쿄)와도 그리 멀지 않았죠. 미국 군함은 일본 앞바다에서 무력시위를 벌이며 해안가에서도 볼 수 있을 만큼 빠르게 접근해 왔습니다.

당시 그림을 보면 배를 본 일본 사람들의 반응을 알 수 있습니다. 위에 있는 그림은 미국 군함을 본 직후에 일본인이 그린 것입니다. 시커먼 괴물이 바다 한가운데 떠 있는 것 같습니다. 10년 뒤에 그린 아래 그림은 실제에 가까운 모습입니다. 미국 군함을 처음 본 일본인들은 새까만 외관에 검은 연기를 내뿜으며 대포까지 장착한 약 2,500톤의 증기선을 보며 낯선 두려움을 느꼈고 흑룡이라고도 생각했다고 합니다. 이처럼 일본인에게 증기선은 공포 그 자체였습니다. 그렇다면 흑룡을 타고

우라가항에 도착한 미국 군함의 모습

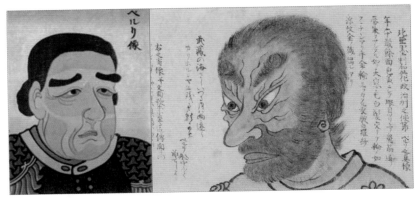

일본인이 그린 페리 제독 초상화

온 페리 제독은 어떻게 보였을까요?

왼쪽 초상화는 페리 제독을 순박한 서양인으로 묘사했고, 오른쪽은 일본 전설에 나오는 요괴인 텐구를 형상화해 무서운 서양인으로 그렸습니다. 거대한 증기선을 타고 온 미국인에 대한 호기심과 두려움을 동시에 가졌던 것이죠.

일본 최초, 불평등 외교 관계의 시작

일본이 미국 군함과 페리 제독을 호기심과 두려움의 대상으로 본 이유를 알기 위해서는 그들의 상황을 살펴봐야 합니다. 당시 일본은 사무라이가 지배하던 군부 정권 시대였습니다. 일본사에서는 '막부 시대'라고 부릅니다. 막부는 '장군의 진영'이라는 뜻으로 12세기부터 19세기까지 가마쿠라 막부, 무로마치 막부, 에도 막부라는 무사 정권 시대를 거쳤습니다. 페리가 일본에 왔던 시기는 도쿠가와 이에야스德川家康가 세운 에도 막부가 통치하

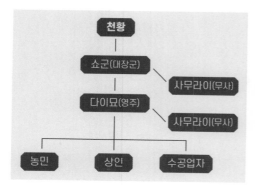
막부 시대 조직도

던 시대였죠.

에도 막부는 대장군인 쇼군 아래 지역 영주인 다이묘를 두었습니다. 그들의 지배 아래 농민, 상인, 수공업자 등 평민들이 있었죠. 쇼군이 지배하는 막부(중앙)와 다이묘가 지배하는 260여 개의 번(지방자치)이 공존하는 시대라 하여 막번 체제라고 합니다. 여기서 대장군인 쇼군과 영주들이 고용한 무사가 바로 사무라이입니다. 이들은 막부의 우두머리인 쇼군과 영주들을 호위하고 각종 군사 요새를 지키는 일 등을 담당했습니다. 쇼군과 다이묘도 모두 사무라이 출신이었죠. 그리고 이 모든 이들의 머리 위에 존재하는 인물, 천황이 있습니다.

당시 실제 권력은 막부 중심이었고 천황의 존재감은 그리 크지 않았습니다. 17세기 고코묘 천황後光明天皇은 막부가 허락해주지 않아 아버지 병문안도 못 갔을 정도였죠. 이 시기 막부를 위협하는 것은 천황이 아닌 영주들의 권력이었습니다. 막부의 아래 있지만 번의 자치권을 가지고 있기 때문입니다. 그중 몇몇은 막부 몰래 서양과의 교역 등으로 자신의 세력을 확장하고 있었습니다. 그래서 막부는 영주들이 서양과의 거래로 부강해지거나, 천주교 세력의 유입으로 막부 체제가 흔들릴 수 있는 위험을 애초에 잘라버리고자 서양과의 교역을 금지했습니다. 다만 나가사키 지역은 예외였습니다. 1636년에 만든 인공 섬 데지마의 상관에서 네덜란드와의 교역만은 허용한 것입니다. 천주교를 믿는 다른 나라와 달리 개신교를 믿는 네덜란드는 포교 활동을 하지 않겠다고 약속했고, 일본과 유일하게 교류하는 서양 국가가 되었습니다.

1852년, 막부는 네덜란드로부터 놀라운 소식을 전해 듣습니다. 미국에서 출발한 증기선이 곧 일본에 도착한다는 것입니다. 네덜란드는 일본으로 향하는 미국 함선의 정보와 그들이 오는 목적까지 미리 알려줬습니다. 하지만 막부는 아무런 대처도 하지 못했습니다. 13세기에 최강대국이었던 원나라(몽골)의 침입 이후 해외 침입이 전무했기에 제대로 된 군함도 없었던 것이죠. 서양과의 교역도 금지해 100톤 정도의 선박이 가장 큰 배였습니다. 싸울 준비가 전혀 안 돼 있던 이들은 서양의 군사력과 기술력이 함축된 거대한 증기선을 보고 싸울 의지마저 잃었습니다.

페리 제독은 곧장 미국에서 가져온 밀러드 필모어Millard Fillmore 대통령의 친서를 막부에 전달했습니다. 일본과의 수호조약(미리 일정한 규약을 명시하여 이를 지킬 것을 약정하는 조약) 체결을 요청하는 내용이었죠. 앞서 미국의 원정이 일본을 문명국으로 만들기 위해서라고 말했지만, 사실 미국의 목적은 다른 데 있었습니다. 당시 서양 제국에게 동아시아는 침략의 대상이었습니다. 영국과 프랑스 등 서구 열강들의 뒤를 쫓아 아시아 진출을 노리던 미국은 태평양을 건너는 동안 석탄, 물, 식량 등을 제공할 보급 기지가 필요했습니다. 그 보급 기지로 일본을 선택한 것입니다.

하지만 막부는 미국의 제안을 받아들이지 않았습니다. 미국 대통령의 친서만 받아들고 생각할 시간을 달라고 요청했죠. 페리 제독도 본국 의회의 허가를 받아야만 움직일 수 있었기에 당장 할 수 있는 것이 없었습니다. 그는 1년 뒤에 다시 오겠다며 돌아갔습니다. 시간을 번 막부는 네덜란드로부터 무기와 함선을 구입하고 배를 만드는 기술자를 데려와 방비를 강화하려 했습니다. 하지만 이 모든 것을 실행하기에 1년은 너무 짧았습니다. 하는 수 없이 일본 내부 사정을 핑계 삼아 회답을 연기하려 했지만 그러기도 전에 페리 제독이 돌아오고 말았습니다. 이번에는 4척이 더 늘어난 8척의 군함과 함께 말이죠. 결국 막부는 미국의 요구를 받아들이고 가나가와에서 '미일화친조약'을 맺었습니다. 일본이 서양과 최초로 체결한 조약입니다.

1854년, 쇄국정책을 펼치던 에도 막부는 이 조약으로 미국에 두 개의 항구를 개방했습니다. 후지산이 있는 시즈오카현의 시모다항과 홋카이도 최대 항구인 하코다테항입니다. 이곳에서 미국 선박의 기항을 허용하고 식량과 연료를 제공하는 데 합의한 것입니다. 그런데 미국의 요구는 여기서 끝이 아니었습니다. 얼마 후 다시 돌아온 미국은 일본에 정식으로 외교 관계를 맺고 무역을 하자고 요구했습니다. 이때 미국은 협박 수단으로 '애로호 사건'을 언급합니다. 청나라 관헌이 영국 배 애로호의 선원을 체포했다가 제2차 아편전쟁으로 번진 사건입니다. 아편전쟁에서 패배한 청나라는 결국 항구를 개방하고 영국에 홍콩섬을 할양했습니다. 청나라처럼 되고 싶지 않다면 새로운 조약을 맺는 게 좋을 거라는 미국의 협박은 통했습니다. 1858년, 두 나라는 가나가와 앞바다의 선상에서 미일수호통상조약을 맺었습니다. 조약의 주요 내용은 다음과 같습니다.

1. 가나가와, 나가사키, 니가타, 효고(고베)를 추가로 개항할 것
2. 에도(도쿄), 오사카에 통상 가능한 시장을 만들 것
3. 미국과 협의하에 관세율을 정할 것
4. 일본 내에서 미국의 영사재판권을 인정할 것
5. 무역에 대해 일본 관원은 간섭하지 말 것

아무리 봐도 불평등해 보입니다. 그럼에도 막부는 조약대로 4개 항을 추가로 개항해야 했습니다. 이 사실을 알게 된 네덜란드, 영국, 프랑스, 러시

아 등 서양 열강도 같은 내용으로 막부와 통상조약을 맺었습니다.

이 사건을 계기로 일본에는 두 가지 변화가 일어났습니다. 그중 하나는 서양처럼 강한 군사력의 필요성을 깨닫기 시작한 것입니다. 이때까지만 해도 일본은 무기랄 게 딱히 없었습니다. 16세기에 한 영주가 폭풍우에 표류한 포르투갈 상인에게서 총기 두 자루를 구입한 이후, 그 원리를 이용해 대량으로 만든 조총과 네덜란드로부터 들여온 서양식 총기가 거의 전부였죠. 하지만 미국의 함선이 들어온 이후 일본은 자신들을 지켜줄 강력한 무기의 필요성을 느꼈습니다. 먼저 해안 방비 강화를 위해 기존의 청동 대포에서 강력한 철 대포를 생산하기로 합니다. 그다음에 '일본식 대포와 군함'이라는 목표 아래 서양 기술력을 토대로 서양식 배를 수리할 수 있는 시설을 확충했죠. 이 외에도 혹시 모를 해전에 대비해 조선소를 건설하고 서양 기술을 바탕으로 한 최초의 서양식 군함도 건조했습니다. 여기에 네덜란드 전문가가 직접 해군을 교육하는 '해군 선습소'도 설립합니다. 이곳에서 배를 만드는 법부터 군함이 움직이는 원리 등을 배우며 인재를 육성했습니다.

막부와 각 지역의 영주들 역시 서양식 총기 제조에 열을 올렸습니다. 양질의 철 생산을 위해 금속을 녹여 대포 등을 만드는 반사로를 연달아 건설하고, 일본 최초로 제철소를 만들어 네덜란드에서 들여온 나사 절삭기나 공작 기계를 다루는 기술자를 양성해 중공업의 기반을 쌓아나갔죠. 서양으로부터 일본을 지켜야 한다는 위기감이 변화를 부른 것입니다.

또 하나의 변화는 막부에 대한 불만이 커진 것입니다. 막부는 미국과 통상조약을 맺으면서 결정적 실수를 저질렀습니다. 서양 세력이 일본에 들어오는 것을 강력하게 반대한 천황의 의견을 무시하고 조약을 맺어버린 것입니다. 당시 천황의 영향력은 극히 적었지만 막부의 대장군인 쇼군의 통치권은 천황이 위임한 것이라는 인식이 있었습니다. 이 말은 곧 막부가 그 통치권을 제대로 행사하지 못해 나라가 어지러워지면 권력을 내놓아야 한다는 뜻이기도 하죠. 평소 막부에 불만을 품고 있던 사무라이들은 "서양에 굴복하는 막부의 결정은 결코 일본을 위한 결정이 아니다"라며 막부를 비난하기 시작했습니다. 막부가 맺은 불평등 조약이 결국 막부를 위기로 몰아넣는 계기가 된 것입니다.

해외 침략 사상의 뿌리 '요시다 쇼인'의 등장

막부와 사무라이의 팽팽한 신경전이 벌어지던 이때 서양식의 강한 군사력을 바탕으로 해외를 침략해 나라의 힘을 길러야 한다고 주장한 인물이 있습니다. 해외 침략 전쟁의 뿌리라 할 수 있는 요시다 쇼인吉田松陰입니다. 사무라이 출신인 그는 어느 날 도쿄에 갔다가 미국 함선을 직접 목격한 뒤 더는 검술로 서양을 상대할 수 없다는 사실을 깨달았습니다. 요시다 쇼인은 자신의 책《유수록幽囚錄》을 통해 일본이 서양으로부터 독립하려면 강력한 군사력을 갖춘 뒤 서양만큼 강해져서 '해외 정벌'을 해야 한다고 주장했습니다. 그리고 고향으로 돌아가 자신의 사상을 제자들에게 가르쳤죠.

"지금 급한 것은 군사 시설과 장비를 갖추고, 군함도 준비하고, 대포도 부족하지 않게 하여 곧장 홋카이도를 개척하고 캄차카반도와 오키나와를 빼앗고 (중략) 조선을 꾸짖어 옛날처럼 공납하게 하고, 북으로는 만주 땅을 갖고, 남으로는 대만과 필리핀의 여러 섬을 접수하여 진취적인 기세를 보여야 한다."

요시다 쇼인의 주장은 훗날 두 가지 사상의 바탕이 되는데, 하나는 일본이 조선을 침략할 때 명분으로 내세운 '정한론征韓論'입니다. 일본을 서양으로부터 지키기 위해 한반도를 점령해야 한다는 논리입니다. 그는 일본에서 서양 세력을 쫓아내기 어렵다는 것을 알고 있었습니다. 따라서 조선을 희생양으로 삼아 일본을 발전시킬 계획을 세웠죠. 정한론은 훗날 일본이 더 강한 나라가 되기 위해 동아시아 전쟁을 해야 한다는 '대동아공영론大東亞共榮論'의 근거가 됐습니다. '일본, 중화, 만주가 화합하여 서로 도우면 온 땅이 크게 평안해진다'라는 이 논리를 앞에서 일본의 식민 지배를 정당화한 것입니다.

요시다 쇼인이 세운 교육기관에서 배출한 제자의 30% 이상이 일본의 정치, 경제, 국방, 외교, 법률 등 사회 각계 지도자로 성장했고, 이들은 곧 메이지유신을 세우는 주축이 되었습니다. 여기에는 일본의 군국주의를 이끈 두 인물도 포함됩니다. 조선 식민지화를 주도한 이토 히로부미伊藤博文와 청일전쟁과 러일전쟁을 이끈 야마가타 아리토모山縣有朋입니다. 총리가 된 야마가타 아리토모는 일본 제국 의회의 첫 회의가 열린 자리에서 공식적으로 "일본의 이익선은 한반도다"라고 선언하며 침략 정책을 주도하기도 했습니다. 요시다 쇼인의 영향을 고스란히 이어받아 침략 전쟁을 정당화한 인물들이 탄생한 것입니다. 상대가 치기 전에 먼저 다른 나라를 쳐서 위기를 극복해야 한다는 요시다 쇼인의 주장은 일본의 식민 지배를 정당화하는 논리가 되었습니다.

존왕양이를 실천하는 반막부 세력들

요시다 쇼인의 또 다른 주장은 메이지유신이라는 격변기가 탄생하는 데 결정적인 역할을 했습니다. 미국과 통상조약을 맺은 이후 요시다 쇼인뿐 아니라 막부에 불만을 품은 사무라이 사이에서는 하나의 사상을 바탕으로 막부를 타도하려는 움직임이 일어났습니다. 하급 사무라이들을 중심으로 "천황을 받들어 오랑캐(서양 세력)를 물리치자"라는 사상을 내세운 '존왕양이尊王攘夷' 운동을 펼친 것입니다. 존왕양이 세력은 천황을 구심점으로 힘을 합쳐 막부를 공격했습니다. 그러나 700여 년간 실질적으로 일본을 통치해온 막부가 이를 두고 볼 리 없었죠. 자신의 권력을 지키기 위해 반대 세력을 뿌리 뽑아야 했던 막부는 존왕양이를 주장하는 인사들을 대거 숙청하기 시작했습니다. 요시다 쇼인을 포함해 존왕양이에 앞장선 100여 명의 사무라이가 막부의 숙청으로 목숨을 잃었습니다. '안세이 대옥'이라 불리는 이 사건을 계기로 존왕양이 운동은 오히려 거세졌습니다.

이때 존왕양이를 주장하며 막부에 대항하는 막강한 두 세력이 떠오르기 시작합니다. 요시다 쇼인이 태어난 조슈번(지금의 야마구치현)과 가미카제 특공기지가 있던 사쓰마번(지금의 가고시마현)입니다. 두 지역은 막부의 근거지인 도쿄에서 멀리 떨어져 있어 막부의 감시를 피해 서양 정보를 얻고 밀수품 수입으로 부를 축적할 수 있었습니다. 먼저 막부와 대립각을 세우고 행동에 나선 것은 조슈번입니다. 이들은 1863년에 자신의 앞바다를 통과하는 프랑스 함대를 향해 일방적으로 포격을 가했습니다. 오랑캐를 무찌른다는 '양이' 운동을 실천한 것이죠. 이는 조슈번과 프랑스

막부 말기 조슈번과 사쓰마번

의 무력 충돌인 시모노세키 전쟁으로 이어졌습니다. 프랑스 함대를 포격한 것에 대한 보복으로 영국, 미국, 네덜란드, 프랑스의 함대가 연합해 조슈번을 공격했고, 네 나라가 힘을 합친 공격에 조슈번은 처참히 무릎 꿇을 수밖에 없었습니다.

막부를 반대하는 또 다른 세력인 사쓰마번 역시 서양과 무력 충돌을 벌였습니다. 당시 찰리 리처드슨Charles Richardson이라는 무역상을 포함한 4명의 영국인은 말을 타고 길을 가던 중 사쓰마번 영주의 행렬과 마주쳤습니다. 에도 시대에 사무라이들은 영주가 지나가는 모습을 똑바로 볼 수도 없었습니다. 영주를 호위하던 사무라이들은 아무리 외국인이라 해도 영주를 보고도 말에서 내리지 않는 찰리 일행을 향해 무례하다며 칼을 휘둘렀습니다. 사무라이들의 공격에 두 명의 영국인이 중상을 입고 리처드슨은 목숨을 잃었습니다. 그림에서 영국식 옷을 입고 모자를 쓴 서양인이 리처드슨입니다.

자국민의 피습에 분노한 영국은 막부에는 10만 파운드의 배상금을, 사쓰마번에는 책임자 처벌과 2만 5천만 파운드의 배상금을 요구했습니다. 사쓰

찰리 리처드슨을 죽이는 사무라이

마번이 이를 거절하자 영국은 전함 7척과 병력 4천여 명을 출동시켜 사쓰마번의 증기 군함 세 척을 빼앗아 불태웠습니다. 그리고 사쓰마번 곳곳을 파괴했죠. 이틀 동안 이어진 포격전으로 해안포대 한 곳과 탄약고 두 곳이 무너지고 근대식 공장 시설과 민가 350여 채가 불탔습니다. 탄약과 석탄이 떨어진 영국 함대의 후퇴로 전쟁은 끝났습니다. 존왕양이를 주장하던 사쓰마번과 조슈번이 오랑캐를 무찌르려다가 역으로 공격당한 것입니다. 서구 열강의 막강한 군사력을 깨달은 이들은 오랑캐를 무찌를 수 없다면 서양의 군사력으로 막부를 처단하기로 합니다. 적극적으로 서양의 문물과 무기를 받아들여 강해지기로 한 것이죠.

이들은 먼저 서양식 진법을 사용해 서양 군대처럼 훈련했습니다. 그리고 서양 무기 상인들이 들고나는 나가사키를 장악해 막부와 대항할 최신식 무기와 선박으로 무장했죠. 이것도 모자라 막부의 눈을 피해 사무라이 청년들을 영국으로 보내 서양 문물을 배우게 했습니다. 이들 중 한 명이 이토 히로부미입니다.

막강한 서양식 무기와 인재로 힘을 기른 사쓰마번과 조슈번은 막부를 몰아내기 위한 동맹을 맺었습니다. 이에 막부는 천황에게 국가 통치권 일부를 돌려주며 사쓰마번과 조슈번이 중심이 된 반대파 세력을 잠재우려 했습니다. 하지만 실질적 통치권을 쥐고 있던 막부에 대한 불만이 커진 반대파는 막부를 타도하려는 움직임을 보였죠. 결국 반대파는 1868년에 교토의 궁궐을 포위하고 천황을 내세워 권력을 잡았습니다. 에도 막부를 폐지하고 천황 중심의 새 정부 수립을 선언하면서 군주제가 부활한 것입니다. 260여 년간 지속된 막부 시대는 결국 그들이 지배했던 사무라이들에 의해 무너지고 말았습니다.

천황을 중심으로 서양화하라!

반막부 세력의 왕정복고 쿠데타로 쇼군이 끝내 항복했지만 친막부 세력의 반발도 만만치 않았습니다. 두 세력이 치열하게 싸우는 내전이 시작됐고 2년여의 전쟁 끝에 친막부 세력은 완전한 항복을 선언했습니다. 조슈번과 사쓰마번의 사무라이를 중심으로 한 메이지유신 정권이 시작된 것입니다.

천황 중심의 강력한 국가를 만드는 데 중점을 둔 일본은 가장 먼저 강한 서구 열강을 뒤따라 급격한 개혁을 추진했습니다. 이 개혁의 중심에는 존왕양이 세력이 존재하며, 그 구심점은 천황입니다. 무쓰히토睦仁 천황을 중심으로 한 메이지유신 시대는 '천황 아래 모든 신민은 평등하다'라는 구호를 바탕으로 일본을 결집할 방법이 필요했습니다. 그리하여 메이지유신 이전까지 각 지역이 자치적으로 운영하던 번을 폐지하고 중앙에서 직접 통치하는 현으로 개편했습니다. 각각의 현에는 천황이 지방관을 파견해 다스리도록 하면서 중앙집권체제가 확립되었죠.

그렇다면 기존 영주들은 어떻게 됐을까요? 유신 정부는 도쿄로 모든 영주를 불러들였습니다. 정부에 호의적인 인물은 지방관으로 다시 내보내기도 했으나 대부분은 도쿄에서 살게 했죠. 각지에서 반란이 일어나지 않게끔 하려는 의도였습니다. 지역별로 다스리던 막번 체제에서 중앙집권체제로 바뀌면서 사람들은 일본이라는 나라의 신민으로 뭉치기 시작했습니다. 여기에 "온 세상이 천황의 핏줄이며 그 혈통이 2천 년 이상 이어져 왔다"라는 '만세일계萬世一系' 사상을 강조하면서 천황 중심의 시대가 탄생한 것입니다. 천황의 명령이라면 무엇이든 한다는 의식도 함께 말이죠.

변화의 시작은 천황을 중심으로 서양을 따라 외적인 모습부터 바꾼 것입니다. 1872년까지만 해도 일본 정통 복장을 하고 사진을 찍었던 천황은 다

1872년

1873년

메이지유신 전후 천황 복장 비교

음 해에 서양인처럼 머리를 짧게 자르고 국가 원수를 상징하는 서양식 제복을 입었습니다. 불과 1년 만에 변화한 모습을 보여주며 천황 스스로 본보기로 나선 것입니다.

　이후 일본은 외적 변화에 이어 일상의 모든 것을 서양식으로 바꿔나갔습니다. 이런 노력은 모두 서양을 따라 강력한 국가가 되기 위한 방법이었습니다. 메이지유신 이후에 일본에서 가장 크게 변화한 것은 음식 문화입니다. 당시 일본의 목표는 뼛속까지 서구화되는 것이었습니다. 이를 위해 음식까지 서양인과 똑같이 먹기 시작했습니다. 농경 국가였던 일본은 675년에 불교를 국교로 정한 후 가축을 먹을 수 없다는 육식 금지령을 선포했습니다. 이후 공개적으로 고기를 먹지 못했죠. 그런데 메이지유신 이후 천황이 고기를 먹었다는 기사를 내면서 국민에게도 육식을 장려했습니다. 일본인이 서양인에 비해 왜소한 이유가 고기를 먹지 않기 때문이라고 생각해

육식으로 체구를 키우려 한 것입니다.

문제는 오랜 육식 금지 문화에 익숙한 일부 사람들과 종교인들의 반발이었죠. 이들 중 일부는 소고기를 먹으면 신성한 일본 땅이 더럽혀진다며 천황을 찾아가 육식 금지를 청원했습니다. 하지만 천황을 만나지도 못한 채 궁궐 앞에서 근위병과 옥신각신하던 중 4명이 사살되고 한 명은 중상을 입고, 5명이 체포되는 사건이 일어났습니다. 그럼에도 정부는 아랑곳하지 않고 적극적으로 육식을 권장했습니다. 이때 국민들은 육식에 대한 저항감을 줄이기 위해 전골에 소고기를 넣기 시작했고, 1870년대 말 도쿄에서는 소고기 전골 가게가 500곳이 넘을 정도로 인기를 끌었다고 합니다.

선진 문물을 받아들여라!

천황을 중심으로 머리부터 발끝까지 서양처럼 바꿔나간 일본은 강력한 국가가 되기 위해 사회 기반시설과 제도도 개조했습니다. 정부를 수립한 지 3년이 지난 1871년에는 거대한 프로젝트도 시작했죠. 관료 46명, 수행원 18명, 유학생 43명으로 구성한 사절단을 꾸려 미국과 유럽 각국으로 보낸 것입니다. 이와쿠라 사절단이라 불린 이들은 배를 타고 미국, 영국, 프랑스, 벨기에, 네덜란드 등 12개국을 약 1년 10개월간 사찰했습니다. 대규모로 꾸린 사절단이 가져간 돈은 국가 예산의 1%인 50만 달러로, 현재 가치로 약 1천억 원 정도입니다. 이렇게 큰 비용을 들이면서까지 서양에 간 이유는 그곳의 문물을 배우고 도입하려는 것도 있지만, 그보다는 메이지유신 이전에 맺은 불평등 조약을 개정할 방법을 알아보기 위해서였습니다. 하지만 문전박대만 당했고, 서양 열강에 인정받는 나라가 되겠다는 열망은 더

이와쿠라 사절단의 핵심 인물

욱 강해졌습니다. 사절단의 핵심 인물들은 이후 메이지유신을 이끌며 정부
에서 주요 자리를 차지했습니다.

사절단은 미국 캘리포니아와 네바다, 시카고, 워싱턴의 철도를 사찰하고
영국의 조선소와 제철소 등 53개 공장을 방문해 석탄과 철강을 동력으로
한 공업 정책을 배웠습니다. 영국제 철도 기관차와 대량의 군함, 대포를 수
입한 것도 이 시기입니다. 그리고 독일의 비스마르크 총리의 연설을 듣고
큰 나라가 되려면 군사 제도를 개혁하고 애국심으로 국력을 키우는 길밖에
없다는 사실을 깨닫습니다.

사절단이 해외에서 선진 문물과 사상을 배울 동안 일본 내에서도 선진
문물로 강력한 국가를 건설해 나갔습니다. 그 시작은 미국에서 온 페리 제
독이 일본과 조약을 맺으면서 주고 간 소형 증기 기관차였습니다. 실제 크

페리 제독이 선물한 소형 증기 기관차

기의 4분의 1밖에 되지 않는 이 물건을 본 일본인들은 사람의 힘을 쓰지 않아도 기계 스스로 빠르게 움직이는 모습에 엄청난 충격을 받았습니다. 서양의 과학과 기술력에 자극받은 것입니다.

이때부터 정부는 막부와 번이 소유한 토지세 징수권을 정부로 귀속해 세금을 거두고, 그 돈으로 산업에 투자했습니다. 메이지유신 이전에 시작한 철도 산업 연구는 이 시기 실험 단계를 넘어 전국에 철도망을 까는 수준까지 발전했습니다. 1872년에 도쿄와 요코하마 사이에 최초의 상업용 철도가 개통됐고 오사카-고베, 오사카-교토 구간 철도도 차례로 개통했습니다. 개항장과 대도시를 연결해 운송업이 더욱 활발해진 것입니다. 철도 산업의 발전은 광산 개발의 발전으로 이어졌고 더 많은 제철소가 생겨났습니다. 여기에 방적 공장, 조선소, 기계 공장 등을 세우며 군사 공업도 급속도로 성장했습니다. 일본 대기업 미쓰비시는 이때 해운업에 뛰어들며 탄생했고, 미쓰이 은행도 군수 물자에 필요한 석탄 채굴로 무역업에 진출했습니다. 모두 군수산업으로 발전한 전범 기업입니다.

군대도 본격적으로 서양 전문가의 기술을 전수했습니다. 사실 막부 말기부터 일본 육군은 프랑스인 군사 교관단을 두고 프랑스식으로 지휘해 왔습니다. 메이지유신 이후에는 본격적으로 서양인을 초빙했는데 특히 영국, 프랑스 군인들의 지도하에 육군과 해군의 근대화를 추진했습니다. 영국 해군 교사단의 수장은 일본 병사들에게 측량술, 기관 운용, 포술, 배를 만드는 방법을 가르치고 원양항해와 현지 훈련 등으로 무질서한 해군 교육제도를 바꿔나갔습니다. 1874년에는 육군성과 해군성에서만 100명이 넘는 외국인을 고용했는데, 이는 정부에서 고용한 외국인의 20%를 차지할 만큼 많은 숫자였죠. 이렇게 일본은 점차 전쟁 국가로서의 면모를 갖춰나갔습니다.

사무라이를 없애라!

정부가 안팎으로 부지런히 서구 문명을 받아들이는 동안 일본에서는 새로운 갈등이 생겨났습니다. 이 문제를 해결하지 않으면 일본은 강력한 국가로 발돋움할 수 없었죠. 갈등의 중심에는 메이지유신을 탄생시킨 주역인 사무라이가 있습니다. 천황 아래 모두가 평등해지면서 막부 시절 지배 계급 중 하나였던 사무라이도 더는 특권을 누릴 수 없게 된 것이죠.

막부 시대에는 특권 계급인 사무라이만 군인이 될 수 있었습니다. 그런데 메이지유신 이후 군대가 징집령으로 바뀌면서 누구나 군인이 될 수 있었죠. 게다가 정부는 사무라이의 칼 소지권을 빼앗았습니다. 관복을 착용한 관리, 군인, 경찰 외에는 칼을 차지 못하게 한 것입니다. 이제껏 사무라

사무라이의 칼을 빼앗는 경찰

이들이 늘 옆에 차고 있던 칼은 자신이 사무라이임을 드러내는 상징이었습니다. 그런데 이제는 칼을 차고 다니면 제복을 입은 경찰에게 칼을 뺏길 처지가 된 것입니다. 막부 시대에 사무라이는 즉결처분권이라는 또 다른 특권을 가졌습니다. 자신에게 무례하게 구는 평민을 그 자리에서 베어버릴 수 있는 권리로, 이 역시 금지됐습니다.

사무라이들의 반발이 폭발한 계기는 월급 문제였습니다. 막부 시대에는 각 번의 영주가 사무라이들에게 월급을 주었습니다. 그러다 번을 폐지하면서 국가가 월급을 지급했는데 예산으로 충당하기에는 벅찼던 것입니다. 인프라 구축에도 빠듯했던 정부는 명예퇴직 형식으로 몇 년 치 월급을 채권으로 지급하면서 사무라이들에게 각자도생을 통보했습니다. 사라진 특권과 경제적 불안정으로 사무라이 계급은 소멸했고 이들의 분노는 한계에 다

다랐습니다. 그들이 세운 메이지유신이 들어선 지 10년도 지나지 않았는데 당장에라도 내전이 일어날 만큼 분위기가 험악해진 것입니다.

이런 최악의 상황을 우려하던 인물이 있습니다. 메이지유신을 이끈 3인 중 한 사람인 사이고 다카모리西鄉隆盛입니다. 그는 나머지 두 사람이 사절단으로 해외에 나간 사이 일본에 남아 내정을 돌봤습니다. 사무라이 출신인 다카모리는 사무라이계의 가장 큰 형님으로 많은 존경을 받았습니다. 그는 사무라이의 불만을 해소할 방법으로 전쟁을 제시했습니다.

"전쟁을 곧바로 시작해서는 안 되고, 전쟁은 2단계가 되어야 합니다. (중략) 그때는 천하 사람들이 모두 조선의 죄를 토벌해야 한다고 할 것이니, 이것이야말로 내란을 바라는 마음을 밖으로 돌려 나라를 홍하게 하는 깊은 전략입니다. (중략) 저를 보내주신다면 반드시 전쟁으로 연결시키겠습니다."

일본의 내분을 바깥의 전쟁으로 돌리자는 것입니다. 그 대상은 조선이었죠. 1868년, 메이지유신 직후인 일본은 조선에 신정부 수립을 알리고 천황에게 예를 다해 국교를 새로 맺을 것을 요구했습니다. 하지만 조선은 일본의 갑작스러운 요구를 거절했죠. 이런 갈등이 5년 넘게 지속될 무렵 사이고 다카모리가 사무라이들의 불만을 잠재울 방법으로 조선과의 전쟁을 주장했습니다. 자신을 포함한 사절단을 보내 조선을 도발할 테니 이를 명분 삼아 전쟁을 일으키자는 것이죠. 내란이 폭발하기 전에 그 에너지를 조선으로 돌리려 한 것입니다. 전쟁에서 이기면 조선을 얻고 져도 불만 세력이 사라지기 때문입니다. 조선과 교섭하던 외무성 관리도 사무라이들이 전투를 좋아하니 그들의 울분을 해결할 방법은 조선 침략이라고 생각합니다. 요시다 쇼인이 주장했던 '정한론'이 부활한 것입니다.

내분을 전쟁으로 막자는 주장은 시기상조라고 생각하는 반대 세력으로 인해 무산됐습니다. 조선의 침략이 수포로 돌아가자 파병을 기대했던 사무라이의 분노는 극에 달했습니다. 이를 방치하면 오히려 정한론이 빌미가 돼 내란이 일어날 상황이었죠. 사이고 다카모리는 관직을 내려놓은 채 휘하의 병력을 데리고 고향인 가고시마로 가서 군사를 양성한 끝에 반란을 일으켰습니다. 정부의 근대화 정책에 동조하지 않던 사이고 다카모리와 사무라이들이 일으킨 일본 최후의 내전인 '세이난 전쟁'입니다.

정부군과 사이고 다카모리의 사무라이 병력은 비교가 되지 않았습니다. 정부군은 비거리까지 확보한 대포와 장전에 시간이 거의 걸리지 않는 스나이더 소총을 활용해 사무라이들을 공격했습니다. 그에 반해 사무라이 군대의 무기는 발사 속도도 늦고 비거리도 짧은 구식 엔필드 소총이었죠. 게다가 탄약까지 부족했습니다. 무기와 탄약 보급도 말이나 사람을 통해서만 가능했죠. 그런데 이들의 전쟁은 예측할 수 없는 방향으로 흘러갔습니다. 근접전이 시작되자 사무라이들의 검술 공격에 정부군이 불리해진 것입니다. 특히 징병으로 군인이 된 정부군은 사무라이에 대한 공포심이 깊어 전쟁이 시작된 지 일주일 만에 1천 명이 넘는 사상자가 나왔습니다. 여기서 정부군이 지면 일본은 서양의 징병제를 포기하고 과거로 돌아가야 할지도 모르는 상황이었죠. 강력한 서양식 군대의 꿈이 물거품이 될 위기에 처하자 정부군은 사무라이의 검술 공격에 대응할 묘수를 냈습니다.

사무라이를 상대할 수 있는 것은 사무라이밖에 없다고 생각해 군대가 아닌 경찰을 앞세운 것입니다. 당시 대부분의 경찰은 사무라이 출신이었습니다. 메이지유신 이후 살길이 막막해진 사무라이들을 우선 고용한 것이죠. 정부군은 사무라이 출신 경찰관을 '발도대'로 임명했습니다. 그들은 오직 칼로만 전쟁을 치러야 했습니다. 사무라이를 이용하는 동시에 군대와 차별화해 징병제에 대한 명분을 유지한 것입니다.

사이고 다카모리의 군대는 칼을 휘두르는 사무라이 경찰관을 보자 대혼

발도대와 사무라이의 전투

란에 빠졌습니다. 사무라이 대 사무라이의 결투로 흘러간 이 전쟁은 사무라이와 압도적 신무기를 가진 정부군의 승리로 끝났습니다. 퇴각 중 동굴로 들어간 사이고 다카모리는 할복이라는 사무라이 방식으로 죽음을 맞이했습니다.

일본의 첫 번째 침략 전쟁, 대만 침공

사이고 다카모리가 쏘아 올린 정한론에 대한 논쟁은 끝났지만 메이지유신의 강압적 정책을 비난하는 분위기는 여전했습니다. 혼란에 빠진 나라를 결속할 방법이 필요했던 일본은 또다시 전쟁을 선택합니다. 일본 정부는 외국과의 전쟁을 선택하기까지 많은 논의를 했습니다. 이제야 나라가 안정되려고 하는데 위험 요소가 많은 전쟁에 힘을 쏟고 싶지 않았기 때문이죠. 하지만 새롭게 징병제를 도입한 군대와 해외에서 들어온 각종 무기를 시험해 볼 수 있는 최초의 해외 파병을 실시하기로 합니다. 주변 나라 중 국가 체제를 가진 조선을 제외하고 물색한 첫 번째 대상은 대만입니다. 왜 대만일까요?

지금의 오키나와인 류큐 왕국은 별도의 왕이 통치하던 독립 국가입니다. 이 나라는 일본과 청나라 모두에 조공을 바쳤는데, 1871년 어느 날 류큐 왕국의 백성 66명이 대만에 표류하게 됩

오키나와와 대만 위치

니다. 그런데 이들 중 54명이 대만 현지인에게 살해당하는 사건이 일어납니다. 당시 대만은 청나라가 통치하고 있었죠. 일본은 류큐 백성이 살해당한 것을 청나라의 탓으로 돌렸고, 청나라는 원주민에 대해서는 관여하지 않는다며 살해 사건에 책임이 없다고 주장했습니다. 평소 대만을 탐내던 일본은 청나라가 대만 원주민에 대한 통치권을 인정하지 않자 곧바로 전쟁 준비를 시작한 것입니다.

그런데 당시 류큐 왕국은 일본 땅이 아니었습니다. 일본은 전쟁을 치를 명분을 만들기 위해 먼저 류큐 왕국을 접수하기로 합니다. 류큐 왕국 사람이 일본 신민이 되면 자국민 보호라는 명분이 생기기 때문이죠. 류큐 왕국을 접수한 일본은 1874년에 300명의 사무라이를 포함해 약 3천 명의 병사를 투입해 대만 침공에 나섰습니다. 청나라는 대만을 방어했지만 일본은 손쉽게 이겼습니다. 그동안 쌓은 강력한 군사력과 서양식 무기, 영국에서 만든 최신식 철제 증기 함선을 동원한 덕분이었죠. 여기에 미국 해군 장교까지 고용해 순식간에 승기를 잡았습니다.

다만 뜻하지 않게 군대에 말라리아가 번져 빠른 협상이 필요했습니다.

일본은 국제법을 들어 청나라의 행정력 부재로 인한 대만의 주권 결여를 주장했습니다. 즉 일본이 청나라 영토인 대만을 침공한 게 아니라 청나라의 관할권 밖에 있는 대만 토착민들을 징벌하기 위해 전쟁을 벌였다는 것입니다. 한마디로 자국민 보호를 위한 정당방위라는 것이죠. 이 시기 청나라는 대만을 두고 일본과 옥신각신할 상황이 아니었습니다. 베트남에 대한 종주권을 두고 프랑스와 대치 중이었고, 변경에서는 회교도(이슬람교도)의 반란이 일어나고 있었습니다. 다른 문제가 더 시급했던 청나라는 결국 일본에 50만 냥(약 67만 엔)을 배상금으로 건넸습니다.

이때 일본은 전쟁을 하면 돈이 된다는 깨달음을 얻었습니다. 그리고 국민에게도 이 사실을 강조했죠. 전쟁으로 배상금을 받으면 국민의 삶도 부강해질 수 있다고 말입니다. 동시에 상대적으로 문명이 덜 발달한 대만을 따뜻하게 품어주는 문명국인 일본의 이미지를 주입하기 시작했습니다.

1874년 10월에 〈도쿄 니치 니치 신문〉에는 대만 원주민 소녀를 일본 전통 복장으로 감싸주는 일본인의 모습을 담은 기사가 실렸습니다. 문명화되지 않은 대만을 보듬는 우월한 일본의 이미지를 강조해 대만 침공에 정당성을 부여한 것입니다.

대만 침공 신문 기사

일본의 두 번째 침략 전쟁, 강화도 사건

자신들의 군대를 시험해 본 일본은 이제 거칠 것이 없었습니다. 대만 침공 다음 해인 1875년에 일본은 드디어 미뤄왔던 숙원 사업을 시작합니다. 조선 침공입니다. 일본은 운요호라는 군함을 강화도에 보냈습니다. 미국 페리 제독의 함선이 일본에 들어왔을 때처럼 일본은 까만색 함선을 앞세워 조선을 위협했습니다. 그뿐 아니라 페리 제독과 똑같이 조선에 통상교역을 요구했죠. 일본은 미국과 달리 무단으로 상륙을 시도하려 했고 조선군은 그런 일본군에 포격을 가했습니다. 교전 끝에 조선인 35명이 목숨을 잃었습니다. 잠시 물러났던 일본은 6개월 뒤 함대 6척을 이끌고 또다시 조선을 찾아왔습니다.

강화도 해상에서 대포로 위협한 끝에 일본은 조선과 통상조약을 맺는 데 성공합니다. 이때 맺은 강화도 조약은 일본의 치외법권을 인정하고 일본 물품에 관세를 부과하지 못하는 등 20년 전 일본이 미국과 맺은 불평등 조약을 고스란히 조선에 되돌려준 것입니다. 결국 요시다 쇼인이 주장한 정

일본이 그린 운요호 사건

한론이 강화도 조약을 기점으로 구체화되고 실현됐다고 볼 수 있습니다. 그 후로도 정한론은 강한 나라가 되기 위해 조선 침략을 주장하는 인물들에게 큰 영향을 끼쳤습니다. 초대 조선 총독인 데라우치 마사타케寺内正毅를 비롯해 제2대 조선 통감 소네 아라스케曾禰荒助, 을사늑약 당시 조선 주둔군 사령관이자 제2대 조선 총독인 하세가와 요시미치長谷川好道, 을사늑약과 한일병탄 당시 총리였던 가쓰라 다로桂太郎, 1894년 경복궁에 난입한 인물이자 아베의 고조부인 오시마 요시마사大島義昌 역시 정한론의 영향을 받아 조선 침략을 감행했습니다. 일본의 침략 전쟁을 정당화하는 근간이 된 셈입니다.

일본 군국주의의 시작, 청일전쟁

서양처럼 부강한 나라가 될 방법으로 전쟁을 선택한 일본은 진정한 전쟁 국가로 자리 잡기 위해서는 전쟁이 이로움을 가져다준다는 군국주의 정신이 필요했습니다. 그리하여 천황은 1882년에 일본군의 핵심 임무를 발표합니다. 그중 하나가 군대 하급자는 상급자의 명령을 천황의 명으로 여기고 절대복종해야 한다는 방침입니다. 절대복종의 자세를 체득시키기 위해 이유 없는 구타와 체벌도 허용했습니다. 전멸할 때까지 병사들을 싸우게 하거나 사무라이 정신으로 적에게 돌격하는 만세 돌격, 천황을 위해 자신의 목숨을 대가로 적을 공격하는 가미카제 등을 지시해도 거역할 수 없었습니다. 절대복종은 곧 천황의 명령이기 때문이죠.

그리고 천황 부부의 초상화를 학교에 배포하고, 서양에 뒤지지 않는 강한 나라를 건설하자는 메이지유신의 목표를 아이들에게 주입했습니다.

1890년에는 학생들에게 내리는 '교육칙어'를 발표해 사상 교육까지 시도합니다. 여기에는 '황실의 전범과 헌법을 비롯한 갖가지 국법을 존중하고 준수하여 만일 위급한 일이 일어나면 이 한 몸 바쳐서 황국을 위해서 온 힘을 다해야 한다'라는 내용이 포함돼 있었죠. 이는 위기 상황이 닥치면 신민은 천황을 위해 희생해야 한다는 뜻입니다. 훗날 제2차 세계대전 당시 중학교 이상의 남녀가 학도병이나 공장 노동자로 끌려가는 근거가 되기도 했습니다. 전쟁에 모든 국민이 동원되는 게 정당화된 것입니다.

국가와 천황의 목표가 곧 국민 개인의 목표라는 사상 교육을 통해 군국주의는 일본에 자연스럽게 뿌리내리기 시작했습니다. 그리고 격변기였던 메이지유신 시대를 거쳐 아시아 침략을 정당화하는 군국주의로 절정을 향해 달려갑니다. 결국 대만 침공으로 1차 힘겨루기를 했던 청나라와의 대결은 1894년에 조선 땅에서 결판을 내게 됩니다. 두 나라가 청일전쟁으로 다시 맞붙게 된 것이죠. 알다시피 일본의 엄청난 우세로 일본이 승리합니다. 특히 해군력의 차이가 컸습니다. 전함의 평균 속도도 훨씬 빨랐고 일본의 속사포에 청나라 전함 5척이 침몰하거나 파손됐습니다. 반면 일본은 침몰한 배가 한 척도 없었죠.

심지어 일본은 청일전쟁이 시작되기 한참 전부터 서양의 무기를 기반으로 강력한 무기를 직접 개발했습니다. 1875년에 무라타 쓰네요시村田経芳라는 사람이 프랑스와 독일, 스웨덴을 순방한 뒤 300정의 소총을 가지고 귀국했습니다. 그는 총을 분해하며 연구한 끝에 일본 최초의 자국산 제식 소총인 '무라타 소총' 개발에 성공합니다. 메이지유신이 수립된 지 12년 정도 지났을 무렵이었죠. 무라타 소총은 1880년부터 1886년까지 약 10만 정이 생산됐고, 1890년에는 연발총으로 만들어 청일전쟁에서 일본 육군의 주력 무기로 사용했습니다. 당시 청나라는 병사의 60%만 총을 가졌고 나머지는

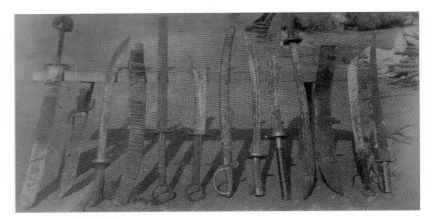

청일전쟁에서 사용한 청나라 무기

일본의 무라타 소총

칼을 들고 전쟁에 나섰습니다. 하지만 일본은 모든 군인이 무라타 소총으로 맞섰습니다.

　전쟁에서 압승한 일본은 배상금과 함께 청나라 영토인 랴오둥반도와 대만, 평후섬까지 넘겨받았습니다. 이때 받은 배상금은 무려 2억 3천만 냥으로, 당시 일본 1년 예산의 4배에 달하는 엄청난 금액이었죠.

전쟁 배상금의 달콤함을 맛본 일본은 어느새 국민까지 합심해 정부의 대외 팽창 정책을 더욱 적극적으로 지지했습니다. 때마침 러시아가 독일과 프랑스의 도움을 받아 일본이 청일전쟁에서 넘겨받은 랴오둥반도를 다시 청나라에 반환하게 만들자, 러시아와의 전쟁을 공공연하게 논하는 분위기가 만들어졌습니다.

이후 본격적으로 러시아와의 전쟁을 준비한 일본은 군사비를 대폭 증가했습니다. 약 10년간 군사력을 두 배 이상 늘리고 함정도 100척 이상 확보했습니다. 1904년은 국가 재정의 82%를 군사비에 투자했는데 전년 대비 4배나 증가한 금액입니다. 국가의 모든 전력을 전쟁에 쏟아부었다고 해도 과언이 아니었죠. 내부에서 전쟁 비용을 모두 감당할 수 없었던 일본은 다른 나라에서 빚까지 지면서 전쟁을 준비했습니다. 그도 그럴 것이 가장 좋은 무기를 대량 수입했습니다. 함선은 물론 야전중포와 공성포는 성능이 우수

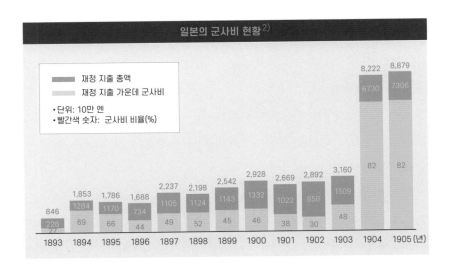

한 독일에서, 해안포는 프랑스에서 들여왔습니다. 일본이 자급한 것은 소총과 소형 보조 함선뿐이었죠.

1904년, 일본은 대한제국과 만주의 지배권을 놓고 러시아와 전쟁을 벌였습니다. 막대한 군 장비를 투입한 러시아와의 전쟁은 약 1년 만에 일본의 승리로 끝났습니다. 하지만 전쟁을 계속할 능력과 재정이 고갈된 일본은 미국의 도움을 받아 러시아와 포츠머스 회담을 추진했습니다. 이 회담에서 일본이 관철해야 할 것은 세 가지였죠. 대한제국에 대한 지배권과 영토를 받는 것, 그리고 전쟁 배상금을 받는 것. 한국에 대한 지배권은 러시아가 승낙했지만, 배상금 문제는 달랐습니다. 배상금을 지급한다는 것은 패전국임을 인정하는 것과 같습니다. 전쟁 배상금을 지급한 적이 없던 러시아는 일본의 요구를 거부했죠. 일본은 그들이 점령한 사할린 북부 지역을 돌려주는 조건으로 배상금 12억 엔을 요구하는 타협안을 제시했지만 받아들여지지 않았고, 국제 여론마저 일본에 불리하게 돌아갔습니다. 결국 일본은 전쟁 배상금 없이 사할린 남부를 받고 조선에 대한 지배권을 간섭받지 않는 것으로 협상을 마쳤습니다.

일본 국민은 전쟁에서 이겼다는 것보다 배상금을 받지 못하고 러시아와 조약을 체결했다는 소식에 굴욕감을 느꼈습니다. 러일전쟁에 약 19억 엔에 달하는 전쟁 비용을 쏟아부었는데, 이는 일본의 7년 예산에 해당하는 금액입니다. 청일전쟁과 비교해도 8배가 넘는 수준이었죠. 게다가 8만 명이 넘는 전사자가 발생했습니다. 엄청난 전비를 충당하기 위해 각종 전쟁 세금을 부담하고 있던 일본 국민은 돈과 사람을 쏟아부은 대가가 고작 이것이냐는 비난과 함께 도쿄에서는 폭동을 일으켰습니다. 경찰서와 파출소의 70%가 피해를 입은 이 소동은 약 1개월간 요코하마, 고베 등으로 확산됐습니다. 일본 국민 역시 전쟁에 익숙해져 버린 모습이었죠. 이를 두고 여러

조르주 비고의 풍자화 〈1897년의 일본〉

나라가 일본을 예의주시했습니다.

1897년 프랑스의 풍자 화가 조르주 비고Georges Bigot가 그린 그림을 보면 당시 분위기를 알 수 있습니다. 청일전쟁에서 승리한 이후 침략 전쟁으로 영토를 넓히던 일본이 제국주의 클럽에 입장하는 모습과 이를 보고 의아해하는 서구 열강의 모습입니다. 일본이 해외 침략을 본격화하는 전쟁 국가의 반열에 들어선 것입니다.

러일전쟁까지 끝낸 일본은 1910년에 한일 강제 병합 조약을 통과시키며 대한제국의 국권을 박탈했습니다. 일제 강점기가 시작된 것입니다. 그리고 마침내 일본은 페리 제독에 의해 시작된 불평등 조약을 완전한 평등 조약으로 개정합니다. 그렇다면 일본은 이제 전쟁을 끝냈을까요? 오히려 자발적으로 전쟁에 뛰어들기 시작했습니다. 러일전쟁 후 제1차 세계대전이 일어나면서 세계는 혼란에 빠졌습니다. 영일동맹을 맺은 일본은 영국의 반대에도 불구하고 영일동맹을 핑계로 제1차 세계대전에 전면 참전을 선포했습니다. 일본의 원로 정치가 이노우에 가오루#上馨는 "유럽의 대전쟁(제1차 세계대전)은 그야말로 국내외 과제를 한꺼번에 해결할 수 있는 천재일우의 기회다"라며 전쟁을 적극 찬성했죠.

제1차 세계대전에서 일본은 영국, 프랑스 등 협상국에 가담해 독일과 전쟁을 치르고 동아시아에서 몰아냈습니다. 전쟁이 끝난 뒤 일본은 영국과 미국에 버금가는 대국으로서의 지위를 확보하며 꿈을 이루게 됩니다. 동시에 일본 경제는 새로운 국면을 맞이했죠. 유럽 상품을 대신해 일본 면직물이 아시아 시장에 진출해 무역은 압도적인 수출 초과를 달성했고, 전쟁 직후 세계적인 선박 부족 사태로 일본의 해운업과 조선업이 호황을 누리면서 세계 3위 해운국으로 떠올랐습니다. 철강업, 화학공업, 전력사업 등 중화학공업의 발전으로 제1차 세계대전 이후 비로소 공업 생산액이 농업 생산액을 앞지르기 시작했죠. 이렇게 전쟁으로 재정 위기를 극복한 일본은 미쓰비시 기업 등을 통해 제로센 특공대 비행기까지 만들어내며 제2차 세계대전에 나섰습니다.

하지만 1945년에 패망하면서 메이지유신 이후에 쌓아 올린 전쟁 국가는 막을 내리게 됩니다. 히로시마와 나가사키에 핵폭탄이 떨어졌고 두 도시는 지옥으로 변했습니다. 일본은 개항 초기만 해도 서양 세력의 침략을 막기 위한 군비 확충을 주장했습니다. 하지만 자기방어가 가능해진 이후인 19세기 말부터는 대외 식민지 확보만이 일본의 살길이라며 대외 팽창 정책을 추구했죠. 그들의 믿음대로 선택한 전쟁은 일본의 군국주의를 탄생시켰고, 부국강병을 명분으로 한때 전체 예산의 80%를 웃돌던 국방비를 대기 위해 국민들은 허리띠를 졸라매야 했습니다. 그리고 그들에 의해 한반도와 많은 국가가 희생됐습니다. 일본의 선택이 낳은 것은 약 3백만 명의 자국민과 약 2천만 명의 아시아인이 목숨을 잃고, 세계사 처음이자 마지막으로 실전에 투입된 핵무기로 인한 참혹한 패망뿐입니다. 1945년 8월 15일, 천황의 무조건 항복 선언과 함께 일본의 군국주의는 무너졌습니다. 1947년에 새로 발표한 일본국헌법 제9조에는 '전쟁과 무력에 의한 위협 또는 무력의 행사는 영구히 포기하고 육해공군의 전력도 보유하지 않는다'라는 조항이 명시되었습니다.

그럼에도 일본에는 여전히 군국주의의 그림자가 드리워져 있습니다. 시간이 흐르고 정세가 변하면서 일본 헌법에 명시된 '군대 보유 금지'와 '교전권 포기' 원칙은 이미 무너진 상황입니다. 막강한 전력을 보유한 해상 자위대를 비롯한 일본의 군사력은 불안정한 동아시아 정세 속에서 태풍의 눈으로 떠오르고 있습니다. 전쟁에 몰입하며 부국강병을 이루고자 했던 메이지 유신 시대가 누군가에게 다시금 이루고 싶은 대상이 된 것입니다. 전쟁을 통해 나라의 위기를 극복해왔던 일본의 움직임 하나에 한반도를 포함한 전 세계는 긴장을 늦추지 않고 있습니다. 이는 긴밀한 국제 정세를 통해 계속해서 지켜보고 관심을 가져야 할 문제입니다.

벌거벗은 이스라엘-팔레스타인 분쟁

피로 피를 씻는 두 나라의 끊임없는 전쟁

박현도

● 중동은 근현대사를 통틀어 사건 사고가 가장 많았던 곳입니다. IS, 탈레반, 걸프전을 비롯해 전 세계를 들썩이게 한 굵직한 키워드가 중동에서 나왔고, 갈등은 지금까지 계속되고 있습니다. 분쟁의 땅 중동에서도 가장 많은 피를 흘린 나라가 있습니다. 중동의 수많은 전쟁과 분쟁의 시작이자, 무려 100년간 전 세계가 문제 해결을 위해 고민 중인 지역입니다. 21세기에도 참혹한 전쟁을 벌이며 충격적인 소식이 끊이지 않는 곳은 어디일까요?

2021년 5월 10일, 팔레스타인 남서단 가자 지구. 평화로운 도심의 저녁 하늘에 공습경보와 함께 화염과 연기가 치솟았습니다. 이윽고 수천 대의 미사일 불빛이 밤하늘을 갈랐고 도심 곳곳에서 건물이 무너졌습니다. 전 세계에 충격을 준 가자 전쟁입니다. 단 11일간 팔레스타인에서 이스라엘로 발사한 로켓포는 무려 4,300대가 넘습니다. 이에 이스라엘은 전투기를 동원해 팔레스타인 가자 지구를 대대적으로 폭격했습니다. 열흘 남짓한 동안 팔레스타인 가자 지구의 높은 건물은 대부분 파괴되었고 학교, 관공서, 병원 할 것 없이 폐허가 됐습니다. 두 나라에서 약 300명의 사망자와 2천

2021년 5월, 가자 전쟁

여 명의 부상자가 발생했습니다. 동시에 수십만 명이 삶의 터전을 잃었습니다.[1]

이스라엘-팔레스타인 분쟁은 매우 심각합니다. 100년 넘게 이어온 두 나라의 분쟁에서 가자 전쟁은 빙산의 일각에 불과합니다. 지금까지 대규모 전쟁과 자살 폭탄 테러 등 각종 파괴적 사건이 일어났고, 수백만 명에 이르는 사상자가 발생했습니다. 그리고 분쟁은 여전히 진행 중입니다. 걸핏하면 유혈 사태로 번지는 분쟁에는 세계사의 주요 사건과 수많은 나라가 복잡하게 얽혀 있기에 해법을 찾기 어려운 상황입니다. 그렇다면 이스라엘과 팔레스타인은 대체 왜 이렇게 참혹한 분쟁을 벌이게 됐을까요? '중동의 화약고'라 불리는 이스라엘-팔레스타인 분쟁은 현재까지도 이어지고 있는 비극인 만큼 최대한 객관적이고 중립적으로 벌거벗겨 보려 합니다.

먼저 분쟁의 단초가 된 곳은 이스라엘의 도시 예루살렘입니다. 전 세계 23억 명의 기독교인과 18억 명의 무슬림, 1,500만 명의 유대인의 성지가 한자리에 들어선 도시죠. 세 종교는 모두 중동에서 시작되었는데 예루살렘이 성지가 된 이유는 무엇일까요? 첫째, 천지 만물의 창조주인 유일신만을 믿는 유대교의 중심인 성전이 예루살렘에 있습니다. 둘째, 예수의 빈 무덤이 있는 성묘 교회가 있습니다. 예수를 구원자로 믿는 기독교인의 순례지이기도 합니다. 셋째, 예수를 신이 아닌 예언자로 인정하는 이슬람교에서는 예언자 무함마드Muhammad가 신을 만나기 위해 예루살렘에서 하늘로 올라갔다 왔다고 믿습니다. 즉 처음에 유일신을 믿는 유대교가 있었고, 2천 년 전에 예수를 신의 아들이자 신이라고 여기는 기독교가 생겼습니다. 그리고 유대인과 기독교인에게 계시를 내린 신이 아라비아의 예언자 무함마드에게도 계시를 내렸다고 하는 이슬람교가 7세기에 나왔습니다. 예루살렘은 이 세 종교 모두에 중요한 땅이라서 역사적으로 수많은 분쟁의 배경이 되었습니다.

예루살렘이 이스라엘-팔레스타인 분쟁 뉴스에 자주 등장하면서 이들의 싸움이 종교분쟁이라고 생각하는 사람도 많습니다. 하지만 이스라엘과 팔레스타인 분쟁은 종교 때문에 일어난 게 아닙니다. 이 분쟁의 핵심은 '땅'입니다. 팔레스타인이라는 하나의 땅을 서로 차지하기 위한 유대인과 아랍인의 싸움입니다. 피로 피를 씻는 싸움이 일어난 것이죠. 한 지붕 두 나라라는 독특한 상황은 수천 년 전 예루살렘에서 일어난 유대인의 비극에서 시작하였습니다. 대체 예루살렘에서는 무슨 일이 있었던 걸까요?

디아스포라! 성스러운 땅에서 시작된 비극의 역사

21세기에도 활화산처럼 끓어오르는 이스라엘-팔레스타인 분쟁의 시작을 알기 위해서는 약 4천 년 전으로 거슬러 올라가야 합니다. 《구약 성서》에 따르면 지금 우리가 팔레스타인이라 부르는 땅에 유대 민족의 지도자였던 아브라함Abraham이 이주해 왔습니다. 원래 지금의 이라크 남부 지역에 살았던 아브라함은 신의 말씀을 따라 '가나안Canaan'이라 부르는 팔레스타인 땅으로 온 것입니다.

아브라함은 아들 이삭Isaac을 낳고, 이삭에게서는 아들 야곱Jacob이 태어났습니다. 그런데 야곱 때 팔레스타인에 심각한 대흉년이 들면서 삶이 어려워졌습니다. 야곱은 흉년을 피해 유대 민족을 이끌고 이웃 이집트로 건너갑니다. 하지만 이집트는 유대 민족의 번영을 견제했고, 이때부터 약 400년간 유대인은 이집트에서 노예로 비참하게 살았습니다. 참다못한 모세Moses가 박해받던 유대민족을 이끌고 이집트를 탈출합니다. 유대인은 원래 살던 땅인 가나안으로 돌아가고 싶었으나, 그곳에는 이미 팔레스타인 민족이 살고 있었습니다. 유대인은 이들을 히브리어로 이방인이라는 뜻인 펠레쉐트Peleshet라고 불렀습니다. 우리말 성서는 이를 블레셋Philistine이라고 표기합니다.

모세와 유대인은 이들과 가나안 땅(팔레스타인)을 두고 싸움을 벌였습니다. 하지만 모세는 끝내 팔레스타인 땅을 얻지 못한 채 죽었습니다. 모세는 자신의 계승자인 여호수아Joshua에게 땅을 꼭 되찾으라는 유언을 남겼습니다. 여호수아는 전쟁 끝에 가나안 땅을 정복합니다. 유대인이 마침내 가나안 땅으로 돌아온 거죠. 이후 초대 왕 사울Saul이 이스라엘을 건국하고, 다윗David과 골리앗Goliath 싸움으로 유명한 다윗 왕이 예루살렘을 이스라엘의 수도로 정합니다. 그리고 다윗의 아들 솔로몬Solomon 왕이 신에게 바치는 예루살렘 성전을 건설합니다. 솔로몬이 죽은 뒤 유대인의 왕국 이스라엘은 북 이스라엘과 남 유다로 갈라졌습니다. 이때부터 비극이 시작됩니다.

기원전 8세기, 북 이스라엘이 아시리아 제국에 멸망했습니다. 포로가 되어 강제로 끌려간 유대인의 흔적은 지금도 찾을 수 없습니다. 남 유다도 기원전 586년에 바빌로니아 제국에 패한 뒤 멸망해 유대인은 포로로 끌려갔습니다. 그 후 바빌로니아를 멸망시킨 페르시아 황제 고레스Cyrus는 노예로 살던 유대인을 해방합니다.

페르시아와 그리스의 지배 이후 유대인은 또다시 왕조를 세웠습니다. 하지만 기원전 63년에 세계를 향해 정복 전쟁을 벌이던 로마 제국이 이스라엘을 점령하면서 유대인의 왕국은 로마의 식민지가 됩니다. 유대인은 66년과 132년에 로마에 거세게 저항했지만 모두 실패했습니다. 66년에 시작한 유대인의 제1차 독립전쟁에 화가 난 로마 황제는 70년에 솔로몬 성전을 파괴하고 서쪽 벽만 남겨두었습니다. 성전을 잃은 유대인의 슬픔이 담긴 성전의 서쪽 벽을 오늘날 '통곡의 벽'이라고도 부릅니다.[2]

132년에 유대인은 다시 제2차 독립전쟁을 일으켰습니다. 그러자 로마 제국은 예루살렘에 유대인이 거주하지 못하게 했습니다. 유대인은 조상 대대로 살던 땅에서 쫓겨나 전 세계로 흩어지게 되었죠.

로마 제국은 유대 독립전쟁을 진압한 뒤, 유대인의 흔적을 없애버리려고 유대주라고 부르던 행정주의 이름을 '시리아-팔라이스티나주'로 바꿨습니다. 이방인이라는 뜻의 '펠레쉐트'를 그리스어로 '팔라이스티네'라고 했고, 이를 라틴어로 '팔라이스티나Palæstina'로 표기했는데, 여기서 영어 팔레스타인Palestine이 나왔습니다. 오늘날 팔레스타인이라는 지명도 여기서 나왔습니다. 또 예루살렘은 황제의 이름인 아일리아와 도시를 주피터Jupiter 신에게 바친다는 의미로 카피톨리나를 써서 '아일리아 카피톨리나Aelia Capitolina'로 바꿔버렸습니다. 이후 이 지역은 수백 년간 로마가 지배하다가 7세기경부터 이슬람 세력이 점령했고, 16세기부터 제1차 세계대전에 패배하기 전인 1917년까지 오스만 제국이 다스렸습니다. 이슬람교를 믿는 아랍인은 오스만 제국의 지배 아래 팔레스타인 땅에 터전을 잡고 살아온 것입니다.

그렇다면 자신의 터전에서 쫓겨난 유대인은 어떻게 되었을까요? 이때부터 이들의 눈물겨운 유랑 생활이 시작됩니다. 유대인은 전 세계로 흩어졌습니다. 기존에 살던 땅을 떠나 다른 지역에 공동체를 이루며 사는 것을 디아스포라Diaspora라고 합니다. 팔레스타인을 떠나 세계 각지에 흩어져 살며 유대교의 규범과 관습을 유지하는 유대인 공동체에서 비롯한 말이죠.

유대인이 가장 많이 이주한 곳은 유럽입니다. 이들은 크게 둘로 나뉘었습니다. 독일, 프랑스와 동유럽에 정착한 유대인은 '아슈케나짐Ashkenazim',

이슬람교인이 다스리던 스페인으로 간 유대인은 '세파르딤Sephardim'이라 불렀습니다. 그런데 아슈케나짐은 매우 힘든 삶을 살아야 했습니다. 유럽은 기독교를 믿었습니다. 기독교는 하느님의 본성을 지닌 세 위격(성부, 성자, 성령)을 뜻하는 삼위일체의 교리를 따릅니다. 하지만 유대교는 예수에게 신성모독의 죄를 씌워 죽음으로 내몰았습니다. 주민 대부분이 기독교를 믿는 유럽에서 유대인은 차별과 핍박을 받았습니다.

특히 11세기 말에 벌어진 십자군 전쟁 때문에 유럽에서 유대인을 보는 시선은 더욱 나빠졌습니다. 십자군 전쟁은 이슬람교를 믿는 사람, 즉 무슬림으로부터 기독교의 성지 예루살렘을 되찾으려는 전쟁입니다. 당시 기독교가 이교도를 죽여도 된다고 공식적으로 선포하면서 유대인에게 또다시 재난이 닥쳤습니다. 기독교를 믿는 유럽에서 유대인은 이교도였기 때문이죠. 그래서 십자군 전쟁이 일어나기도 전에 많은 유대인이 학살당했습니다. 이 시기부터 유대인을 둘러싼 악의적인 소문이 전 유럽을 휩쓸기 시작합니다. 유대인이 기독교인을 죽여서 피를 먹는다거나, 우물에 병균을 퍼트려 흑사병을 일으켰다거나 하는 가짜 뉴스들이었죠. 그때마다 유대인은 기독교인에게 살해되거나 살던 곳에서 쫓겨나야 했습니다. 이후로도 유럽에서는 위기가 닥치거나 문제가 생길 때마다 유대인을 탓했습니다. 나라 없이 떠도는 유대인은 유럽 사회에서 약자였기에 거리낌 없이 공격할 수 있는 희생양이 되었고, 인간 취급을 받지 못했습니다.

유대인은 유럽에서 예수를 박해한 나쁜 사람인 동시에 욕심이 많다는 이미지가 강합니다. 특히 돈 욕심이 많다고 여기는데, 이는 중세시대 유대인의 직업 때문입니다. 당시 기독교는 이자를 받아 경제적 이윤을 추구하는 것을 신성모독으로 여겼습니다. 따라서 기독교인은 돈을 관리하는 일을 할 수 없었죠. 그런데 유대인은 땅을 가질 수 없어서 농사도 못 짓고, 수

공업자 조합인 길드에도 가입시켜주지 않아서 물건을 만들어 팔 수도 없었습니다. 이들이 돈을 벌 방법은 돈을 빌려주고 높은 이자를 받는 '고리대금업'이었죠. 이때 많은 유대인이 엄청난 부를 축적했습니다. 영어에는 'tight-fisted'라는 표현이 있는데, 주먹을 꽉 쥔 손 모양을 가리키는 것으로 '유대인은 한번 쥔 돈을 절대 내놓지 않는다'라는 뜻으로도 쓰입니다.

이처럼 유대인 박해가 심해지자 서유럽에 살던 유대인은 또다시 이주를 준비했습니다. 그들이 향한 곳은 러시아와 동유럽입니다. 유대인이 대규모 이주하면서 19세기 말에는 이 지역의 유대인이 전 세계 유대인의 80%에 육박할 정도였습니다. 그런데 이곳에서도 전대미문의 유대인 대학살이 벌어지며 비극은 계속됐습니다. 대학살의 원인은 터무니없는 소문이었습니다.

1881년, 러시아 혁명가들은 러시아 황제 알렉산더 2세Alexander II를 암살했습니다. 문제는 황제를 암살한 범인이 유대인이라는 소문이 퍼진 것입니다. 물론 유대인을 노린 가짜 뉴스였죠. 거짓 소문에 러시아 사람들이 크게 분노하며 유대인을 학살하기 시작합니다. 이러한 유대인 박해를 가리켜 러시아어로 포그롬pogrom이라고 합니다. 소란, 난동이라는 뜻이지만 유대인을 조직적으로 탄압하고 대대적으로 학살하는 것을 가리킵니다. 러시아와 동유럽 사람들은 수백 개의 유대인 마을을 공격해 유대인을 죽이고, 유대인의 집과 상점을 닥치는 대로 불태웠습니다. 수많은 유대인 여성을 강간하기도 했죠. 〈뉴욕타임스〉에 당시 상황을 묘사한 글이 남아 있습니다.

"시내에는 '유대인을 죽여라'라는 함성이 가득했다. 유대인들은 양처럼 살육당했다. 피에 굶주린 폭도들은 갓난아기를 갈가리 찢어 죽였다. 경찰은 아무런 제지도 하지 않았다. 석양의 거리는 시체들과 다친 사람들로 가득했다."

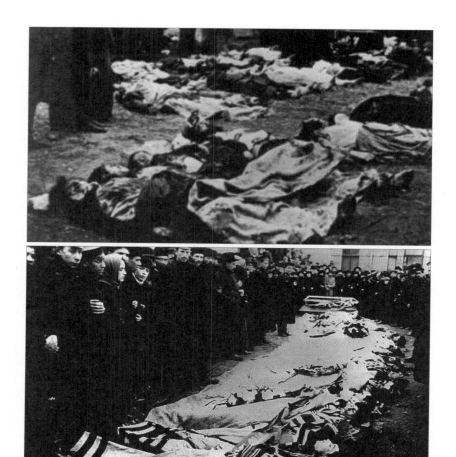

러시아와 동유럽의 유대인 학살

　사태는 날이 갈수록 더욱 심각해지고 광범위해졌습니다. 1880년대 초에
시작된 포그롬은 무려 40년간 이어지면서 15만 명 이상의 유대인이 학살됐
고, 수십만 명이 오랫동안 살아오던 집과 땅을 잃었습니다.

"유대인에게 죽음을!" 드레퓌스 사건과 시온주의

러시아에서 대학살이 벌어지던 1894년, 프랑스에서도 유대인이 절망한 결정적 사건이 일어납니다. 이를 계기로 죽음의 위기를 피해 오랜 시간 쫓겨 다니기만 했던 유대인들의 태도가 돌변했고, 유대인의 나라인 이스라엘 건국의 불씨가 타올랐습니다. 당시는 독일과 전쟁을 벌인 프랑스가 크게 패한 직후였습니다. 프랑스는 이 전쟁에서 10만 명 이상이 죽고, 황제인 나폴레옹 3세Napoleon III가 생포되는 치욕을 겪었죠. 이때 독일을 향한 적개심으로 불타올랐던 프랑스 국민의 분노에 기름을 붓는 첩보가 프랑스군에 들어왔습니다. 누군가가 파리에 있는 독일대사관에 프랑스가 새로 개발한 신무기 정보를 팔아넘겼다는 것입니다. 군사 기밀문서를 빼돌린 스파이로 지목된 인물은 프랑스 정보국에서 일하던 유대인 장교 알프레드 드레퓌스 Alfred Dreyfus였습니다.

프랑스는 드레퓌스를 간첩 혐의로 체포하고 군사 재판을 열었습니다. 간첩 사건이 대서특필되면서 모든 프랑스 시민이 주목했지만, 아무리 조사해도 드레퓌스를 스파이로 몰만한 명확한 증거가 없었죠. 독일에 넘긴 비밀문서와 드레퓌스의 필적이 비슷하다는 게 프랑스 군법정의 유일한 증거였습니다. 증인도 없고, 제대로 된 증거도 찾을 수 없어 억지를 쓴 것입니다. 이렇게 부실한 증거에도 프랑스 군법정은 드레퓌스에게 당시 프랑스 최고형인 종신 유배형을 내렸습니다. 반유대주의 기류의 희생양이 된 드레퓌스는 누명을 쓴 채 '악마의 섬'이라 불리는 남미의 기아나로 끌려가 고통스러운 시간을 보냈습니다. 이때 파리에서는 드레퓌스 사건으로 유대인 혐오 감정과 반유대인 시위가 확산되었습니다. 1898년에는 대규모 시위가 폭동으로 번졌습니다.

L'AGITATION ANTISÉMITE A PARIS
A Montmartre, Mathieu Dreyfus est brûlé en effigie par des jeunes gens.

파리 몽마르트르에서 일어난 반유대주의 시위[3]

유대인은 러시아의 집단 학살과 프랑스의 마녀사냥을 겪으며 자신이 처한 비참한 상황에 크게 절망했습니다. 끊임없이 생명을 노리는 위협으로부터 자신을 지켜줄 무언가를 절실히 바라기 시작하면서, 자연스럽게 '유대인의 나라'가 필요하다는 생각이 커졌습니다. 이를 확고하게 표현한 사람은 당시 프랑스에서 드레퓌스 사건을 취재한 오스트리아-헝가리 제국 출신 유대인 기자 테오도르 헤르츨Theodor Herzl이었습니다. 헤르츨은 프랑스처럼 계몽사상이 발달한 진보 국가에서마저 유대인이 이렇게 차별받는다면 전 세계 어디에서도 유대인은 안전하게 살 수 없다고 생각했습니다. 헤르츨은 1896년에 《유대 국가》라는 책을 쓰면서 조상이 살던 시온으로 돌아가 유대인의 국가를 세워야 한다고 강하게 주장했습니다. [4]

이를 시오니즘Zionism, 우리말로는 '시온주의'라고 합니다. 1893년에 유대인 대학생 지도자 나탄 비른바움Nathan Birnbaum이 만든 말입니다. 시온은 예루살렘 성지의 언덕을 뜻하며, 유대인의 고향인 지금의 팔레스타인에 유대 민족국가를 세우자는 것이 시오니즘의 핵심입니다.

헤르츨은 시오니즘이라는 개념을 최초로 실행에 옮겼습니다. 드레퓌스 사건이 일어난 바로 다음 해에 각국의 유대인을 스위스 바젤로 불러들여 '제1회 세계 시온주의자 회의'를 열고 나라를 세우자는 의견을 한데 모아 이스라엘 국기와 국가까지 만들어 선포했습니다. 또한 선조의 땅으로 돌아갈 방법을 고민했습니다. 그런데 현장 조사를 다녀온 사람들은 이렇게 말했다고 합니다.

"신부는 아름다우나, 이미 다른 남자의 품에 안겼다."

여기서 신부는 팔레스타인 땅, 다른 남자는 팔레스타인 땅의 아랍 사람을 가리킵니다. 유대인도 이미 그 땅에는 다른 주인이 있다는 것을 알았습니다. 그래서 팔레스타인 외에도 아프리카의 우간다를 이주 후보지로 올렸습니다. 헤르츨은 건국을 지지해줄 사람을 찾아 로마의 교황, 영국의 장관, 독일의 황제, 오스만 제국의 술탄 등 유럽의 여러 유력 인사들을 만났으나 별다른 성과를 거두지는 못했죠.

시온주의자들은 유대인의 역사와 성지가 있는 팔레스타인 땅에 유대 국가를 건설하겠다는 의지를 굽히지 않았습니다. 팔레스타인에 나라를 세우기 위한 온갖 방법을 고민하던 중 묘안을 생각해냅니다. 바로 팔레스타인 땅을 사는 것입니다. 시온주의자들은 1901년에 '유대민족기금'을 만들어 돈을 모았습니다. 전 세계 유대인은 여기에 매년 수백만 달러를 기부했고, 이 돈으로 팔레스타인 지주들로부터 땅을 매입했습니다. 시온주의자들은 이 땅에 유대인이 살 수 있는 수많은 정착촌을 만들었고, 유대인들의 초기 정착촌 중 한 곳인 텔아비브(현재 이스라엘 수도)를 중심으로 도시를 세웠습니다. 텔아비브는 히브리어로 '봄의 언덕', '소망의 언덕'이라는 뜻입니다. 이곳을 시작으로 유대인의 나라를 넓혀나가겠다는 소망을 나타낸 것이죠.

영국의 국제적 부동산 사기

막대한 자금력을 이용해 자신들의 땅을 넓혀가던 중 유대인에게 결정적인 기회가 찾아옵니다. 1914년에 제1차 세계대전이 일어난 것입니다. 전쟁이 일어난 여러 가지 이유 중 하나도 '땅'입니다. 당시 영국을 비롯한 유럽의 여러 제국주의 국가는 아프리카와 아시아에 드넓은 식민지를 건설해 엄청난 돈을 벌어들이고 있었습니다. 이들은 더 넓은 땅을 차지하고 싶어 했고, 식민지 경쟁은 갈수록 더욱 치열해졌습니다. 그런데 여기에 독일이 뛰어들면서 영국을 방해한 것입니다. 독일이 점점 군사력을 키우자 주변국인 러시

'유럽의 환자' 오스만 제국을 묘사한 만평(1853년)

아와 프랑스도 긴장했습니다. 결국 영국, 프랑스, 러시아가 손을 잡아 연합국(협상국)을 결성했고 독일, 오스트리아-헝가리 제국, 오스만 제국이 동맹국을 맺어 싸웠죠. 이렇게 제1차 세계대전이 일어났습니다.

이들 국가 중 500년 넘게 드넓은 중동을 지배해온 오스만 제국은 "지중해에서 오스만 제국의 허락 없이는 단 한 척의 배도 띄울 수 없다"라는 말이 있을 만큼 강력했습니다. 하지만 한때 '유럽의 왕자'로 불리던 오스만 제국은 19세기 들어 크게 쇠락하면서 '유럽의 환자'라는 새로운 별명을 얻었습니다. 그러자 오스만 제국을 노린 영국과 프랑스의 야심이 드러나기 시작합니다.

173쪽의 만평을 보면 가운데 몸통이 토막 난 사람이 오스만 제국입니다. 아래에는 영국 신사가 식민지 이집트 사자의 목줄을 쥐고 오스만 제국을 탐내고 있습니다. 위에는 오스트리아가, 옆에는 러시아가 오스만 제국을 노리는 중입니다. 이처럼 영국뿐 아니라 오스만 제국과 동맹을 맺은 다른 나라도 제1차 세계대전에서 승리하면 오스만 제국이 차지한 중동의 넓은 땅을 손에 넣을 수 있다는 속셈을 드러냈습니다.

당시 이 전쟁의 중심에는 초강대국인 영국이 있었습니다. 영국은 제1차 세계대전에서 이기기 위해 온갖 전략을 짜냈습니다. 하지만 오스만 제국, 오스트리아, 독일 등 상대국이 만만치 않았습니다. 특히 유럽에서 독일과 싸움에 힘을 쏟아야 했기에 오스만 제국을 직접 상대하기 어려운 상황이었습니다. 이 문제를 반드시 해결해야 했던 영국에 때마침 '행운의 편지'가 날아왔습니다. 편지를 보낸 사람은 샤리프 후세인Sharif Hussein입니다. 그는 오스만 제국이 임명한 메카 지역의 아랍 지도자였습니다. 직접 편지를 받은 인물은 영국령 이집트의 최고책임자로 카이로 주재 외교관인 헨리 맥마흔Henry McMahon입니다.

당시 오스만 제국의 지배를 받고 있던 중동의 아랍 민족은 독립을 원했습니다. 후세인은 편지를 보내 "영국이 오스만 제국과의 전쟁에서 이기면 중동의 드넓은 땅에 아랍인의 독립국을 세워주시오"라고 요청합니다. 그러면서 "영국이 땅을 주겠다고 약속만 한다면 우리가 중동의 여러 아랍 부족을 동원해 당신들과 함께 오스만 제국과 싸우겠소"라고 제안했죠. 영국은 당연히 제안을 받아들였습니다. 맥마흔의 답장은 후세인이 원하는 대로 영국이 아랍의 독립 국가 건설을 적극 돕겠다는 약속으로 가득 차 있었습니다. 두 사람은 10통의 편지를 주고받았습니다. 영국이 중동에 아랍 민족 국가 건설을 약속한 것이 바로 '후세인-맥마흔 서한'입니다.

1916년 6월 5일, 오스만 제국의 지배를 받던 아랍인들은 영국의 약속을 철석같이 믿고 아랍 국가 건설을 위한 항쟁을 시작했습니다. 오스만 제국의 식민지였던 지금의 시리아와 요르단, 팔레스타인의 아랍인들은 열심히 싸웠고, 오스만 제국은 타격을 입습니다. 하지만 아랍인이 오스만 제국과 싸우는 동안 영국은 고전을 면치 못했습니다. 독일과 오스트리아가 생각보다 훨씬 강했기 때문이죠. 그런데 전쟁이 점점 길어지면서 영국의 전쟁 자금이 바닥을 보이기 시작합니다.

제1차 세계대전에서 승리하고 싶었던 영국은 결국 중동 땅을 걸고 한 가지 계책을 마련합니다. 이 시기 영국은 유대인 시온주의자들이 팔레스타인에 나라를 세우고 싶어 한다는 사실을 잘 알고 있었습니다. 그리하여 영국의 외교장관 아서 밸푸어Arthur Balfour는 로스차일드 가문Rothschild family에 편지 한 통을 보냈습니다.[5]

로스차일드는 전 세계에서 가장 유명한 유대인 가문으로 18세기부터 독일, 영국, 오스트리아, 이탈리아, 프랑스에 자리를 잡고 금융업으로 큰돈을 벌었습니다. 가문의 재산이 국가 예산보다 많아서 여러 국가의 정부를 상대할 정도로 영향력이 크며, 미국의 중앙은행인 FRB(연방준비은행)는 물론이고 J.P 모건 등 월스트리트의 대표 금융기업에도 관여하고 있었죠. 밸푸어가 보낸 편지의 내용은 다음과 같습니다.

"시온주의자들의 염원에 공감하는 지지 선언문을 내각에 제출하여 승인받았다는 사실을 당신께 전하게 되어 기쁩니다. 국왕 폐하의 정부는 팔레스타인에 유대인을 위한 조국national home을 수립하는 것을 호의적으로 보며, 목적을 달성하기 위해 최선의 노력을 다할 것입니다. 이러한 과정에서 팔레스타인에 거주하고 있는 비유대인 공동체의 시민권과 종교적 권리, 또는 다른 나라에 살고 있는 유대인이 누리는 권리와 정치적 지위를 손상하는 일은 조금도 없을 것입니다."

이 편지가 바로 영국 정부의 이름을 걸고 팔레스타인을 유대인에게 주겠다고 굳게 약속한 '밸푸어 선언'입니다.

로스차일드 가문은 이전부터 유대인 정착촌 건설을 위해 팔레스타인 땅을 사들이고 있었습니다. 그런데 영국이 팔레스타인에 유대인 국가를 만들어 주겠다고 나서니, 이보다 더 좋은 기회는 없었죠. 이렇게 영국은 같은 땅을 두고 1915년에는 아랍인에게 아랍인의 나라를, 1917년에는 유대인에게 유대인의 나라를 세워주겠다는 이중 약속을 해버렸습니다. 사실 영국은 전쟁에서 이기면 동맹국 프랑스와 중동 땅을 나눠 갖기로 비밀리에 협상을 한 상태였습니다. 제1차 세계대전에서 함께 싸우던 러시아가 여기에 동의하면서 체결된 게 1916년 5월의 '사이크스-피코 협정'입니다.[6]

그림처럼 중동을 자로 긋듯 반으로 갈라 나눠 가지기로 한 것이죠. 종교, 정치, 문화적으로 중요해 모두가 가지고 싶어 했던 팔레스타인 지역은 공동 통치 구역으로 정했습니다.

같은 집(중동)을 두고 여러 사람(국가)과 계약한 영국의 행동은 부동산 사기와 같습니다. 영국은 프랑스와 한 약속을 다른 나라가 모르게 비밀에 부쳤지만 1년도 지나지 않아 러시아가 영국의 뒤통수를 치고 말았습니다. 러

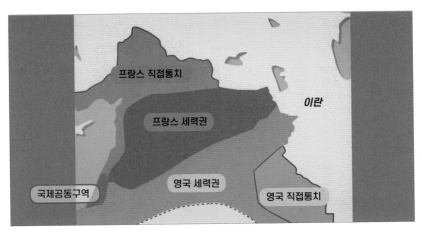

사이크스-피코 협정 지도

시아 혁명이 일어나면서 1917년에 혁명군이 사이크스-피코 협정을 폭로한 것입니다. 러시아는 중동 땅 대신 러시아쪽 오스만 제국 땅을 갖기로 했는데 프랑스가 약속을 지키지 않았기 때문이죠. 생각지도 못한 곳에서 영국의 사기가 만천하에 드러나자 영국은 당황했고, 아랍은 배신당했다는 사실에 크게 화가 났습니다. 유대인도 놀라기는 마찬가지였죠. 밸푸어 선언이 나온 지 2주밖에 안 된 시점이었습니다.

1918년 11월, 영국은 혼돈 속에서 제1차 세계대전에서 승리합니다. 유대인의 자금 지원을 받으면서 영국과 프랑스가 힘을 합쳐 독일을 무너뜨렸고, 아랍인이 반란을 일으키면서 오스만 제국도 무너졌습니다. 이제 영국이 약속을 지켜야 할 때가 온 것입니다. 과연 영국은 오스만 제국과 싸워준 아랍의 손을 잡을까요. 아니면 전쟁 자금을 지원한 유대인과 한 약속을 지킬까요.

영국은 먼저 동맹국인 프랑스와 논의하기로 합니다. 이탈리아 산레모에서 영국과 프랑스 대표가 만나서 내린 결론은 사이크스-피코 협정의 내용과 달랐습니다. 유대인에게 주기로 한 팔레스타인을 영국이 보호령으로 가지고, 프랑스는 시리아를 보호령으로 차지한 것입니다. 팔레스타인을 손에 넣은 영국은 이제 유대인과 아랍인 중 누구에게 이 땅의 통치권을 넘길지 결정해야 합니다.

고민 끝에 영국은 유대인의 손을 들어주기로 합니다. 밸푸어 선언 이후 로스차일드 가문이 영국 정부에 막대한 전쟁 자금을 지원했고,[7] 어느새 로스차일드는 '영국의 재무대신'이라 할 만큼 영국 정부와 금융계에 큰 영향력을 행사했기 때문입니다. 영국은 팔레스타인 땅에 유대인의 나라를 세우는 것을 지지한다는 의미로 이곳을 통치할 총책임자, 즉 고등판무관으로 유대인 시온주의자인 허버트 사무엘Herbert Samuel을 임명합니다. 영국은 끝내 아랍인과 한 약속을 지키지 않았고, 아랍인은 영국에 실컷 이용만 당한 채 원하는 것을 얻지 못했습니다. 더 큰 문제는 오랫동안 이 땅에 살아온 팔레스타인 사람들이었습니다. 그들의 의사와는 무관하게 외부인인 영국과 유대인에게 유리한 대로 팔레스타인의 운명이 결정돼 버린 것입니다. 결국 이스라엘-팔레스타인 분쟁의 씨앗은 영국의 계책에서 싹텄다고 할 수 있습니다.

유대인의 대규모 이주와 영국의 위기

이제부터 아랍인과 유대인의 운명이 갈리기 시작합니다. 먼저 영국을 등에 업은 유대인이 물밀듯 팔레스타인으로 들어왔습니다. 그전까지 팔레스타인에 살던 유대인은 1만 3천 명 정도로 전체 인구의 3%에 불과했습니다. 그런데 영국이 팔레스타인에 입성하면서부터 유대인의 숫자가 급격하게 늘어나더니, 1930년대 후반에는 약 40만 명으로 전체 인구의 약 3분의 1을 차지합니다. 게다가 제2차 세계대전이 일어나며 나치 독일이 자행한 유대인 대학살을 피해 더 많은 유대인이 팔레스타인으로 들어왔습니다.

초반에는 팔레스타인 사람들도 유대인을 받아들였습니다. 하지만 사람이 많아지면 땅도 그만큼 많이 필요합니다. 영국을 등에 업은 유대인은 자신들이 살 땅을 적극적으로 넓혀갔습니다. 주로 팔레스타인 지주들로부터 땅을 사들였죠. 이 과정에서 팔레스타인 사람들은 팔레스타인이 유대인 국가가 될지도 모른다는 위기를 느꼈습니다. 급기야는 살던 땅에서 쫓겨나고 농사지을 땅을 잃으며 도시로 내몰렸습니다. 유대인 편을 든 영국은 이를 묵인했습니다.

점차 한계를 느낀 팔레스타인 사람들은 참다못해 1936년에 대규모 반란을 일으켰습니다. 팔레스타인 사람들이 하나로 뭉쳐서 거세게 저항하자 영국은 깜짝 놀랐습니다. 왜냐하면 팔레스타인 사람들은 그동안 팔레스타인 공동체를 이루는 민족이라는 강력하고도 끈끈한 정체성을 보여주지 못했기 때문입니다. 대시리아 민족주의에 동조하여 팔레스타인을 시리아의 일부로 여겼기 때문입니다. 팔레스타인 민족으로 제대로 뭉치지 못했고, 팔레스타인이라는 나라를 세우겠다는 생각도 하지 않았죠. 따라서 팔레스타인 항쟁이 오래가지 않을 것이라는 영국의 예상과 달리 저항은 3년이나 지속됐습니다. 팔레스타인에 살면서 수십 년간 영국과 유대인에게 내몰리고 탄압받았던 아랍인에게 '민족'이라는 개념이 싹트기 시작한 것입니다. 이들은 팔레스타인 전역에서 투쟁을 벌이며 영국 정부에 두 가지를 요청했습니다.

첫째, 팔레스타인을 독립시켜줄 것. 둘째, 유대인의 이민을 금지할 것. 영국은 팔레스타인의 요구를 받아들입니다. 이번에는 팔레스타인의 손을 들어주면서 팔레스타인 땅의 주도권을 완전히 뒤집어버린 것이죠. 영국은 유

킹 데이비드 호텔 폭탄 테러

대인의 입국을 제한하고 10년 안에 팔레스타인 사람들의 나라를 만들어
줄 것을 약속합니다. 그러자 유대인 시온주의자들이 영국의 결정에 매우
격렬하게 반응했습니다. 팔레스타인에 있는 영국 총독부를 상대로 테러를
벌이기 시작했고, 이집트 카이로에서 영국 장관을 살해했으며, 팔레스타인
에 있는 영국의 석유 시설을 파괴하기도 했습니다. 이때 영국을 공포에 떨
게 한 결정적인 사건이 일어납니다. 1946년의 킹 데이비드 호텔 테러입니다.
예루살렘에 있는 이 호텔은 영국 정부가 팔레스타인을 통치하는 행정청이
자 군사 본부로 쓰고 있었습니다. 영국의 통치를 상징하는 팔레스타인 행

정 중심지에 유대인이 폭탄을 터트린 것입니다.

테러로 호텔의 6개 층이 붕괴했고 건물 내부까지 드러났습니다. 영국인 28명, 아랍인 41명, 유대인 17명 등 모두 91명이 사망합니다. 유대인들의 공격은 여기서 멈추지 않았습니다. 영국군을 살해하거나 영국인 관리를 납치하고, 경찰서와 철도 같은 주요 통치 시설을 파괴하면서 영국을 대상으로 끊임없이 테러를 감행했습니다. 이쯤 되니 양쪽에서 이익을 챙기려던 영국도 유대인과 아랍인 중 어느 쪽을 선택해야 할지 진퇴양난에 빠졌습니다. 아랍인과 유대인 모두에게 뿌린 이중계약이 영국의 발목을 잡은 것입니다.

미국과 UN이 불러온 후폭풍

팔레스타인 문제에서 빠져나갈 궁리를 하는 영국 앞에 새로운 나라가 등장합니다. 제2차 세계대전 이후 영국을 제치고 초강대국으로 떠오른 미국입니다. 미국은 팔레스타인 문제에서 유대인의 손을 들어주었습니다. 이유는 단순합니다. 미국 내 수백만 명의 유대인 때문이었죠. 당시 미국 대통령이던 해리 트루먼Harry Truman은 이렇게 말했습니다.

> "죄송하지만 저는 시온주의의 성공을 열망하는 수십만 명에게 응답해야 합니다. 제 유권자 가운데는 수십만 아랍인이 없거든요."

결국 미국은 정치적 실익을 위해 유대인을 선택한 것입니다. 당시 수백만 명의 유대인이 러시아의 포그롬과 제2차 세계대전 당시 독일 나치의 홀로코스트를 피해 미국으로 이주한 상황이었습니다. 이들 유대인은 미국의 금융, 언론, 미디어, 정치 전반에서 큰 영향력을 행사했습니다. 이제는 유대인을 빼놓고 미국의 성장을 설명할 수 없을 정도였죠. 게다가 이 시기는 홀로코스트로 수많은 유대인이 희생된 직후였기에 동정 여론까지 강했습니다. 유대인의 손을 들어주겠다는 미국의 개입에도 문제가 해결되지 않자 영국은 골치 아픈 팔레스타인 문제를 UN에 넘기고 슬쩍 빠져나갔습니다.

아래의 만평에서 가운데 신사는 UN입니다. 울부짖는 아기의 모습을 한 유대인과 아랍인을 안고 곤란해 하는 모습입니다. 모르는 척 뒤돌아 가는 오른쪽 신사들은 영미조사위원회, 즉 영국과 미국입니다. UN 역시 골치 아프기는 마찬가지였습니다. 고민 끝에 UN은 문제를 해결할 새로운 방법을 찾아냅니다.

먼저 UN은 이 문제를 해결하기 위해 팔레스타인 특별위원회를 만들어 상황을 조사했습니다. 그리고 1947년 11월 29일에 UN 총회를 개최합니다. 이날 각국 대표가 모여 '유대인에게 영토를 줄 것인가'를 논의했습니다. UN

이스라엘과 아랍 문제를 떠안은 UN(1947년)

회원국의 투표로 이스라엘과 팔레스타인의 운명을 가르기로 한 것입니다. UN 총회는 '팔레스타인 분할 결의안' 제181호를 채택했습니다. 팔레스타인 땅을 세 지역으로 분할하는 안입니다. 전체 면적의 56.47%에는 유대 국가를 세우고, 42.88%에는 아랍국가, 즉 팔레스타인 원주민 중심 국가를 세우되, 예루살렘(0.67%)은 UN이 직접 관할하는 국제도시로 개방한다는 내용을 담고 있습니다. 소련 등 33개국은 분할안에 찬성표를 던졌고, 사우디아라비아 등 6개 아랍국가를 포함하여 모두 13개국이 반대표를 던졌습니다. 아르헨티나는 기권했습니다. 그리고 이 문제에 개입한 두 나라 중 영국은 기권표를, 미국은 찬성표를 던졌습니다.

'팔레스타인 분할 결의안'은 이스라엘-팔레스타인 영토 분할안 투표 결과 찬성 33표, 반대 13표, 기권 10표로 통과되었습니다. 이로써 유대인은 팔레스타인 땅에 나라를 세울 수 있는 공식 허가를 받았습니다. 유대인이 전 세계를 떠돈 지 약 2천 년 만에 공식적으로 유대인을 위한 땅이 생긴 것입니다. 그렇다면 UN은 어떻게 땅을 분할했을까요?

184쪽 팔레스타인 지도에서 붉은색은 아랍인 주거지역이고 푸른색은 유대인 주거지역입니다. 분할되기 전 지도를 보면 팔레스타인에는 대부분 아랍인이 거주했습니다. 하지만 UN이 제안한 분할안에는 유대인, 즉 이스라엘의 땅이 눈에 띄게 늘었습니다. 6%에 불과하던 이스라엘의 점유율은 분할안 이후 무려 56%까지 증가했습니다. 반면 팔레스타인은 94%였던 땅이 절반으로 줄어든 셈이죠. 아랍인들은 원래 팔레스타인의 땅이었으니 저렇게까지 나눠줄 필요가 없다며 분할을 강력히 거부했습니다. 반면 유대인들은 밑져야 본전이었으니 분할안에 찬성했습니다. 하지만 이미 UN에서 분할안이 통과된 상황이었죠.

이제 아랍인들은 독립을 위해 싸울 수밖에 없었습니다. 혼란한 상황 속

UN 분할안 이후 유대인의 주거지 확장

제1차 세계대전 이후 팔레스타인에 주둔하던 영국군이 UN 분할안 통과 후 철수를 준비하며 이 문제에서 완전히 발을 빼기로 합니다. 전쟁의 불씨만 던져놓고 나가버린 것이죠. 이때를 기점으로 과거 영국이 아랍인과 유대인 각각에 약속한 땅을 차지하기 위한 본격적인 싸움이 벌어졌습니다. 아랍인들은 분할안 가결 직후 전국 곳곳에서 시위를 벌이고, 유대인을 향한 폭력 사태를 일으켰습니다. 예루살렘을 봉쇄하기까지 합니다. 아랍인이 분할안에 강하게 반발하자 유대인도 가만히 있지 않았습니다. 팔레스타인에서 아랍인들을 몰아내고 분할안으로 확보한 유대인 지역을 자신들의 거점으로 삼은 것입니다.

데이르-야신 마을 학살 사건

어렵게 얻은 땅을 필사적으로 지키려는 유대인과 원래 갖고 있던 땅을 되찾으려는 아랍인의 치열한 전쟁. 이 과정에서 유대인 무장 민병대가 예루살렘 인근 데이르 야신이라는 마을 전체를 피로 물들이는 학살 사건까지 벌였습니다. 유대인 민병대가 쳐들어온 이틀간 마을은 지옥이 됐습니다. 민병대는 남녀노소를 가리지 않았습니다. 주민 600여 명이 사는 작은 마을에서 100명이 넘는 사람이 몰살됐는데 3분의 2가 여성과 노인, 어린아이였다고 합니다. 이 작전을 수행한 이스라엘 민병대의 지도자 메나헴 베긴Menachem Begin은 훗날 이스라엘 총리가 됩니다. 이런 일은 하이파라는 팔레스타인의 항구도시에서도 일어났습니다. 민병대의 폭력과 공격에 많은 사람이 목숨을 잃었고, 주민들은 도시를 떠났습니다. 유대인 민병대가 아랍인을 내보내는 작전은 무려 1년이나 지속됐습니다. 이때 도시에 살던 수십만 명의 아랍인이 살던 곳을 떠나 난민으로 떠돌게 되었죠.

그런데 아랍인은 왜 이렇게 속수무책으로 당하기만 했을까요? 팔레스타인 아랍인을 이끌던 지도부가 영국의 탄압으로 추방된 상태였기 때문입니다. 아랍인도 자신의 나라를 세우고 싶어 했지만 모든 면에서 유대인의 상대가 되지 않았습니다. 독립 국가 수립 의지가 강했던 유대인은 팔레스타인에 국가를 세우기 위해 수십 년 전부터 자금을 모았고, 그 돈으로 팔레스타인 땅에 군대를 만들고 최신 무기로 무장한 군인을 키웠습니다. 그에 반해 팔레스타인 사람은 자신을 아랍 민족의 한 부분으로만 생각했습니다. 그러니 아랍인은 속수무책으로 당하면서 땅을 내줄 수밖에 없었죠. 유럽에서 박해받고 쫓겨났던 유대인이 이번에는 팔레스타인 사람들을 학살하며 내보내 땅을 얻어내는 아이러니가 벌어지고 말았습니다.

유대인의 숙원, 이스라엘 건국

국제 사회의 인정을 받아 땅이 생기고, 그곳에 사는 아랍인도 몰아낸 유대인이 다음에 할 일은 나라를 세우는 것이었습니다. 유대인은 즉시 국가 수립을 준비했고 기쁨과 감격에 찬 수많은 유대인이 팔레스타인 땅으로 이주했습니다. 당시 이곳의 유대인 인구는 60만여 명에 달했습니다. 영국군이 철수하는 1948년 5월 14일, 이스라엘의 초대 총리 다비드 벤구리온David Ben-Gurion이 텔아비브의 한 박물관에서 이스라엘의 독립선언서를 낭독하며 마침내 국가 수립을 선포합니다.

> "우리 히브리 공동체와 시온주의 운동을 대표하는 인민 의회 의원들. 우리는 선언합니다. 이스라엘 땅에 유대 국가를 건설하고 이스라엘이라 부를 것입니다."

이날 유대인은 기쁨에 휩싸여 모두 거리로 뛰어나와 희망이라는 뜻의 이스라엘 국가인 〈하티크바〉를 불렀습니다. 밤늦도록 텔아비브 곳곳에서 샴페인을 터트리고 새로운 국가를 위한 축배를 들었죠. 긴 기다림 끝에 드디어 자신의 나라를 세우는 듯했습니다. 하지만 국가는 단순히 건국을 선포한다고 끝나는 문제가 아닙니다. 국가 수립에는 반드시 국제 사회의 인정이 필요합니다. 이스라엘이 건국을 선포한 즉시 한 나라가 이를 승인했습니다. 미국입니다. 미국 내 유대인이 트루먼 대통령을 압박했기 때문이죠. UN의 분할안 가결 당시에도 유대인의 편을 들었던 미국은 또다시 그들의 손을 들어주었습니다. 그리고 과거 많은 유대인이 이주했고 호시탐탐 중동의 석유를 노렸던 소련도 이스라엘 건국을 인정합니다. 홀로코스트 때문에 동정 여론이 강하게 일어났던 유럽의 여러 나라도 잇달아 이스라엘 건국을 승인합니다. 냉전 시대에 초강대국인 미국과 소련이 인정한다는 것은 전 세계가 인정한 것과 마찬가지였습니다.

팔레스타인도 같은 해 10월에 독립선언서를 낭독하고 국가 수립을 선포합니다. 하지만 미국을 비롯한 열강들은 물론 주변 아랍 국가들조차 팔레스타인을 국가로 인정하지 않았습니다. 힘없는 팔레스타인은 모두가 무시한 것입니다.

이스라엘 vs 아랍 국가들
제1차 땅따먹기의 승자는?

국가를 수립한 이스라엘은 텔아비브를 수도로 삼았고, UN 분할안에 따라 예루살렘은 UN이 관할하는 국제 공동구역이 되었습니다. 그런데 이스라엘이 건국 선포를 하자마자 전쟁을 걸어온 나라가 있습니다. 예로부터 아랍의 중심이자 아랍 지도자 역할을 해온 이집트입니다. 1948년 5월 15일에 이집트의 전투기가 텔아비브를 폭격했습니다. 이스라엘이 국가 선언을 할 때를 기다린 것입니다. 이집트를 필두로 요르단, 시리아, 레바논, 이라크 등 이스라엘을 둘러싼 7개국이 아랍 연합군을 만들어서 팔레스타인 국경을 넘었습니다.

이들 아랍 국가는 왜 한마음으로 이스라엘의 건국을 막아서을까요? 팔레스타인 사람들을 지키기 위해서일까요? 아닙니다. 이 전쟁의 핵심은 땅따먹기입니다. 전쟁에 참여한 7개국은 모두 팔레스타인 땅을 욕심냈습니다. 그런 와중에 같은 아랍 민족인 팔레스타인에 대한 학살은 그들이 전쟁을 일으킬 좋은 명분이었죠. 특히 이집트는 아랍에서 가장 강한 나라로 아랍의 큰형님 역할을 자처했기에 가장 먼저 이스라엘을 공격했습니다.

처음에 이들 아랍 국가는 자신 있게 승리를 예상했습니다. 1주일 안에 전쟁을 끝내고 모든 유대인을 지중해에 던져 넣겠다고 호언장담했습니다. 하지만 아랍 연합군에는 치명적인 문제가 있었습니다. 이들의 병력은 약 2만 3천 명 정도였지만 제대로 훈련받은 병사는 매우 적었습니다. 여러 아랍 국가가 이제 막 독립한 데다, 대부분 전쟁 경험이 부족해 훈련 수준도 낮았죠. 결정적으로 말만 연합군일 뿐 총지휘관이 없어 서로 손발이 맞지 않았습니다. 각자 팔레스타인 땅을 차지할 생각만 하느라 제대로 협동하지 않고 이스라엘 몰아내기에만 혈안이 돼 있었습니다.

그에 반해 이스라엘의 군대는 강력했습니다. 유대인은 1920년에 아랍인으로부터 유대인 정착촌을 지키던 '하가나'라는 민병대를 창설했습니다. 이들은 제2차 세계대전에 영국군 소속으로 참전하면서 실전 경험까지 풍부하게 쌓은 상태였죠. 국가를 세우고 정규군이 된 이들의 병력 규모는 약 3만

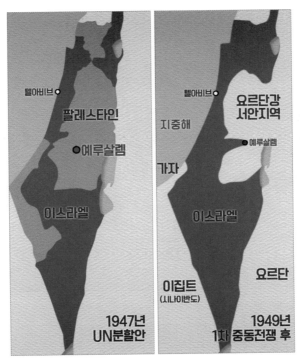

텔아비브 ○

팔레스타인

○ 예루살렘

이스라엘

1947년
UN분할안

텔아비브 ○

요르단강
서안지역

지중해

○ 예루살렘

가자

이스라엘

이집트
(시나이반도)

요르단

1949년
1차 중동전쟁 후

제1차 중동전쟁 후 이스라엘 지도

명으로, 이 전쟁에서 지면 어렵게 얻은 땅에서 쫓겨날 상황이었기에 필사
적으로 싸웠습니다. 결국 전쟁은 이스라엘의 압도적인 승리로 끝났습니다.
이 전쟁으로 이스라엘은 팔레스타인 땅의 약 78%를 차지합니다. UN이 분
할한 이스라엘 영토는 팔레스타인 땅의 56%였지만 한 번의 전쟁으로 20%
가 넘는 영토를 추가로 획득한 것입니다. 남은 22%는 이집트와 요르단이
차지했습니다.

이스라엘, 이집트, 요르단 세 나라가 모든 땅을 차지했으니, 팔레스타인
사람들의 땅은 사라진 셈입니다. 전쟁으로 이스라엘이 영토 대부분을 차
지하면서 팔레스타인 사람들은 또다시 살 곳을 잃었습니다. 이전에는 도시

도망치는 팔레스타인 난민들

요르단의 거대 난민촌

에 살던 사람들이 쫓겨났다면, 이번에는 도시보다 작은 400여 개의 팔레스타인 농촌 마을이 표적이 됐습니다. 이스라엘군은 마을을 파괴하고 사람들을 쫓아냈습니다. 그 결과 약 70만 명 이상의 팔레스타인 난민이 발생했습니다.

살던 마을에서 쫓겨나 목숨을 걸고 탈출한 팔레스타인 사람들은 요르단과 이집트, 레바논 등 이웃 나라로 뿔뿔이 흩어졌고, 팔레스타인 주변 국가에 거대한 난민촌이 생겼습니다. 그렇다면 국내에 남은 팔레스타인 사람들은 어떻게 됐을까요? 전쟁이 끝나고 이집트는 지중해를 낀 가자 지구를, 요르단은 내륙의 서안 지구를 차지했습니다. 뉴스에서 이스라엘-팔레스타인 분쟁 소식을 전할 때 자주 등장하는 지역입니다. 수많은 팔레스타인 사람들은 이스라엘군이 점령하지 않은 이 두 곳으로 도망갔습니다. 제1차 중동전쟁 이후 70년이 지난 지금도 원래의 터전으로 돌아가지 못하고 있습니다.

제1차 중동전쟁 이후 이스라엘과 팔레스타인 사람들의 삶은 극도로 달라졌습니다. 그래서 두 나라는 이 전쟁을 서로 다른 이름으로 부릅니다. 이스라엘은 독립을 이뤄냈으니 '독립 전쟁'으로, 팔레스타인은 '안나크바Al-Nakbah'라고 부릅니다. 대재앙이라는 뜻이죠. 마찬가지로 유대인에게 5월 14일이 건국을 기념하는 '축제의 날'이라면 그다음 날인 5월 15일은 팔레스타인 사람에게 대대로 살던 고향에서 쫓겨난 '통곡의 날'입니다.

이후 아랍 국가들은 이스라엘을 공공의 적으로 삼고 호시탐탐 공격할 기회를 노렸습니다. 그러던 중 이집트가 유럽과 아시아를 잇는 최단 노선이자 영국과 프랑스가 공동 관리하던 수에즈 운하를 국유화합니다. 그러고는 이스라엘 배의 통과를 막았죠. 이에 1956년에 영국과 프랑스, 이스라엘이 손을 잡고 이집트를 침공합니다. 제2차 중동전쟁입니다. 강력한 군사력에 영국과 프랑스의 최신 무기 지원으로 이스라엘군은 열흘도 되지 않아 전쟁에서 승리합니다. 그러나 국제 사회의 압박으로 영국과 프랑스, 이스라엘은 물러가고 이집트는 수에즈 운하를 국유화하는 데 성공합니다.

70만 난민의 비극, 대재난의 날

제2차 중동전쟁(수에즈 운하 전쟁)이 끝난 중동에는 평화가 찾아왔을까요? 소련에서 첨단 무기를 지원받고 자신감이 생긴 이집트는 이스라엘의 가장 중요한 항구를 막으며 또다시 자극합니다. 하지만 철저히 전쟁 준비를 해온 이스라엘군을 상대하기에는 역부족이었죠. 이스라엘 공군과 지상군이 잇달아 최신 무기를 앞세운 제3차 중동전쟁은 단 6일 만에 이스라엘의 승리로 끝났습니다.

6일 전쟁이라고도 불리는 세 번째 전쟁에서 승리한 이스라엘의 영토는 세 배나 넓어졌습니다. 팔레스타인 땅 전체를 차지했을 뿐 아니라, 이집트

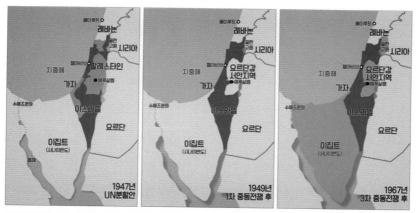

이스라엘의 영토 변화: UN 분할안(1947) → 제1차 중동전쟁(1949) → 제3차 중동전쟁(1967)

의 시나이반도와 시리아의 골란고원까지 점령했습니다. 특히 골란고원은 사막이 많은 중동에서 생명줄과 같습니다. 이스라엘 전체 식수의 3분의 1이 골란고원에서 흘러나옵니다. 때문에 제3차 중동전쟁에서 이스라엘이 차지한 골란고원의 소유권을 두고 지금까지도 갈등이 빚어지고 있습니다. 영토를 빼앗긴 아랍 국가들은 "이스라엘과 평화는 없고, 이스라엘을 인정하지 않으며, 이스라엘과 협상하지 않는다"라고 결의했습니다.

세 번째 전쟁을 계기로 팔레스타인 사람들은 더 이상 주변 국가에 기대지 않고 직접 독립을 쟁취하겠다고 결심합니다. 그리하여 팔레스타인 해방기구PLO: Palestine Liberation Organization를 만들어 이스라엘에 격렬하게 저항하기 시작했습니다. PLO의 저항이 전 세계에 알려진 결정적 사건은 1972년 뮌헨 올림픽 테러입니다. 독일 뮌헨에서 개최한 올림픽을 앞두고 PLO의 과격 무장단체인 '검은 9월단'이 이스라엘 선수촌을 급습했습니다.

검은 9월단은 이스라엘 선수단 9명을 인질로 잡고 200명 이상의 팔레스

뮌헨 올림픽 테러

타인 포로와 이스라엘 선수들의 맞교환을 요구합니다. 인질극은 안타깝게도 인질로 잡힌 이스라엘 선수단 9명 전원 죽음으로 끝났습니다. 이에 골다 메이어Golda Meir 이스라엘 총리가 테러 연루자를 모두 죽이라고 명령하면서 여러 해에 걸쳐 끈질긴 복수극이 벌어졌습니다.

이런 와중에 이스라엘은 중동 한복판에서 또다시 전쟁을 치러야 했죠. 1970년에 새로 정권을 잡은 이집트의 안와르 사다트Anwar Sadat 대통령은 제3차 중동전쟁에서 빼앗긴 시나이반도를 되찾고 싶어 했습니다. 반환을 요청했으나 이스라엘이 묵살하자 1973년 10월에 이스라엘을 선제 공격하면서 제4차 중동전쟁이 시작됩니다.

이집트와 아랍 군대는 세 번의 전쟁 모두 이스라엘에 크게 패했지만 이번에는 달랐습니다. 이집트는 전과 같은 패배를 겪지 않기 위해 철저하게 전략을 세웠고, 소련에서 최신 무기도 지원받았습니다. 이스라엘 공군 전투기가 뜨는 족족 지대공 미사일로 격추했고, 때맞춰 시리아와 요르단도 합세했습니다. 이스라엘은 처음으로 궁지에 몰렸습니다. 미국은 절체절명에 빠진 이스라엘에 도움의 손길을 내밀었습니다. 당시는 냉전 시기로, 자본주의를 상징하는 미국과 공산주의 소련은 대립 중이었습니다. 미국은 친미 국가인 이스라엘이 중동에서 사라지는 것을 원하지 않았습니다. 그리하여 미국산 무기를 이스라엘에 무제한 지원하는 '니켈 그로스' 공수 작전을 실행했죠. 미국의 탱크, 장갑차, 미사일이 끊임없이 이스라엘로 들어갔고, 미국의 아낌없는 지원으로 전쟁의 판도가 바뀌었습니다. 일방적으로 밀렸던 이스라엘이 전열을 가다듬고 반격에 나서면서 이집트는 궁지에 몰렸습니다. 이때 멀리 한국에까지 큰 영향을 미치는 사건이 벌어집니다.

사우디아라비아를 비롯한 아랍 산유국이 석유를 무기로 미국과 이스라엘을 협박한 것입니다. 이스라엘을 편드는 나라에는 석유를 판매하지 않겠다고 전 세계에 선언하는 동시에 석유 생산량을 크게 줄이고 원유 가격을 70%가량 올렸습니다. 석유값이 기하급수적으로 오르면서 제1차 석유 파동이 일어납니다. 1973년 10월부터 1974년 6월까지 수개월 간 이어진 석유 파동으로 세계가 휘청거리는 경제 위기에 이스라엘은 국제적 압박을 받으며 궁지에 몰렸고, 어쩔 수 없이 다 이겨가던 전쟁을 중단했습니다.

이후에도 갈등은 계속됐으나 1979년에 이집트의 사다트 대통령과 이스라엘의 베긴 총리가 놀라운 결정을 내렸습니다. 수십 년간 이어진 전쟁을 멈추고 평화 협상을 한 것입니다. 그런데 처음에는 두 나라의 입장 차가 너무도 컸습니다. 이집트는 팔레스타인의 독립을 요구했지만, 이스라엘은 강경하게 반대했습니다. 베긴 총리는 "내 눈이 튀어 나가고 팔이 떨어져도 절대 협상은 없다"라고 말했죠. 판이 깨지려는 순간 미국의 지미 카터Jimmy Carter 대통령이 중재자로 나섰지만 두 나라의 간극은 쉽게 좁혀지지 않았습니다. 결국 이집트는 제3차 중동전쟁에서 빼앗긴 시나이반도를 돌려받는다는 약속만 받고 팔레스타인의 독립은 '앞으로 진지하게 논의한다'라는 부족한 결론을 맺은 채 넘어가고 말았습니다. 이런 결과에도 불구하고 사다트 대통령과 베긴 총리는 중동의 오랜 분쟁을 끝냈다는 공로로 노벨평화상까지 받았습니다.

평화 협상으로 세계의 환호를 받으며 이집트로 돌아온 사다트 대통령은 2년 후 제4차 중동전쟁에서 이긴 것을 기념하는 행사에 참석했습니다. 그리고 그곳에서 암살당합니다. 44초 동안 4명이 사다트를 향해 수류탄과 함께 총을 난사했습니다. 암살자는 이집트의 이슬람 극단주의자들이었습니다. 이들 테러범은 이스라엘과 협상한 사다드 대통령을 배신자로 여겼습니다. 당시 방송국에서 행사를 촬영하는 도중에 사건이 벌어지면서 사다트 대통령이 암살되는 충격적 장면이 아랍은 물론 전 세계에 고스란히 중

계됐습니다. 이스라엘의 국가 선포 이후 수십 년에 걸쳐 발생한 4차례의 중동전쟁에 종지부를 찍고 평화를 가져온 대통령이 처참하게 목숨을 잃었습니다.

이집트와 이스라엘의 평화 협상으로 더 이상의 전쟁은 없을 것이란 기대도 잠시, 이번에는 또 다른 나라가 이스라엘을 적대하기 시작합니다. 이슬람 국가인 이란입니다. 원래 친미 국가였던 이란은 이스라엘과 사이가 좋았습니다. 하지만 1979년에 이슬람 혁명이 일어났고, 종교 지도자 아야톨라 호메이니Ayatollah Khomeini를 중심으로 이슬람 원리주의에 입각한 이슬람 공화국이 탄생했습니다. 그러면서 반미로 돌아섰고 이스라엘을 바라보는 눈이 완전히 변했습니다. 동시에 팔레스타인을 적극 지지하기 시작했죠. 이슬람 혁명의 구호는 "억압받는 자를 해방시켜라"인데, 이란의 입장에서 억압받는 자는 팔레스타인 사람들이었습니다. 이란은 지금도 이스라엘을 국가로 인정하지 않습니다.

이란과 이스라엘이 서로 적대하면서 중동에는 언제 다시 전쟁이 일어날지 모른다는 긴장감이 고조됐습니다. 이처럼 이스라엘과 팔레스타인 문제는 두 나라뿐 아니라 중동, 미국, 소련, 영국 등 수많은 나라와 얽히면서 점점 더 늪에 빠졌습니다.

피로 피를 씻는 극한의 갈등

4번의 전쟁을 거치면서 이스라엘과 팔레스타인은 비교할 수 없을 만큼 차이가 벌어졌습니다. 이스라엘은 핵무기까지 보유한 중동 최고의 군사 강국으로 땅 전역을 차지한 반면, 팔레스타인은 제대로 된 정부조차 없는 상황이었죠. 이에 팔레스타인은 이스라엘에 테러로 맞섰습니다. 팔레스타인 독립운동을 이끌던 PLO는 뮌헨 올림픽 테러 이후에도 이스라엘 항공기를 납치하고 군사시설을 공격하며 끊임없이 대항하죠. PLO는 1967년 제3차 중동전쟁 이후 국내 활동이 어려워지자 여러 나라를 전전합니다. 처음 요르단으로 갔다가 쫓겨난 뒤 레바논을 근거지 삼아 무기를 갖추며 규모를 키웠습니다. 소련에서 무기를 공급받고 여러 나라에서 군대도 훈련하며 군사 행동으로 이스라엘을 몰아내려 합니다.

PLO가 이스라엘 북쪽에 국경을 맞댄 레바논에서 세력을 키우자 이스라엘은 언제 총을 들고 쳐들어올지 모르는 적을 머리맡에 두고 있다고 생각했습니다. 결국 이스라엘은 PLO를 없애기 위해 1982년에 레바논을 대대적으로 침공합니다. 이때 레바논의 수도 베이루트는 이스라엘 전투기의 융단폭격으로 크게 파괴됐고 수많은 시민이 목숨을 잃었습니다. 결국 이스라엘의 의도대로 PLO는 레바논에서 쫓겨납니다. 이 사건을 계기로 당시 레바논의 팔레스타인 난민촌에 살던 사람들이 쫓겨나고 비극적인 죽음을 맞기도 했습니다. 레바논 공격과 팔레스타인 난민의 비극이 밝혀지자 전 세계가 발칵 뒤집혔습니다. 이스라엘 국민도 큰 충격을 받아 반대 시위에 나서기도 하죠. 하지만 가해자들은 큰 처벌을 받지는 않았습니다. 당시 이스라엘군의 책임자인 아리엘 샤론Ariel Sharon은 훗날 이스라엘 총리가 되기까지 합니다.

대외적으로 이란, 레바논과 적대하게 된 이스라엘은 내부에서 벌어지는 팔레스타인 독립운동에 더욱 민감하게 반응했습니다. 팔레스타인 깃발을 휘날리거나, 팔레스타인 노동조합을 조직하거나, PLO를 지지하는 등 수상한 모습을 조금만 보여도 감옥에 잡아넣었습니다. 저항의 싹을 완전히 잘라버리려고 한 것이죠.

이에 팔레스타인 사람들도 더 이상 참지 못하고 1987년에 전 민중이 각지에서 들고 일어났습니다. '인티파다Intifadah'라고 하는 이 저항은 아랍어로 '민중봉기'라는 뜻이며, 팔레스타인의 반이스라엘 투쟁을 통칭합니다. 팔레스타인 사람들은 이스라엘 군인이나 탱크에 돌을 던지며 대대적인 민중운동을 벌였고, 이 저항을 무려 6년이나 이어갑니다. 이때부터 팔레스타인-이스라엘의 관계를 악화시키는 뇌관이 줄줄이 터집니다. 먼저 인티파다를 계기로 이스라엘에 대항하는 무장단체인 하마스HAMAS를 창설합니다. 하마스는 '이스라엘을 파괴하는 데 헌신한다'를 기조로 삼을 정도로 이스라엘에 적대적인 무장투쟁 단체로, 현재 팔레스타인 가자 지구를 실질적으로 지배하는 정파입니다. 하마스가 등장하면서 이스라엘과 팔레스타인 간에는 더욱 격렬한 저항과 폭력이 오갔습니다.

두 번째 뇌관은 소련에서 터졌습니다. 1990년대 초에 소련이 해체되면서 그곳에 살던 유대인 200만 명이 이스라엘에 입국합니다. 수많은 유대인이 살아가는 데 가장 먼저 필요한 것은 땅입니다. 이스라엘은 팔레스타인 사람들이 사는 서안 지구에 유대인 정착촌을 빠르게 넓혀나가기 시작합니다. 팔레스타인 사람들이 살 곳은 점점 좁아졌고 겨우 정착한 곳에서 또 쫓겨나야 했습니다.

위기는 여기서 끝나지 않았습니다. 이라크에서 또 하나의 뇌관이 터졌습니다. 미국과 이라크 사이에 걸프전쟁이 일어나면서 위기에 몰린 이라크가 미국과 친한 이스라엘 도심에 스커드 미사일을 떨어뜨린 것입니다. 이라크는 쿠웨이트를 침공했을 당시 다국적 연합군에 밀려 수세에 몰렸습니다. 이라크의 지도자 사담 후세인Saddam Hussein은 반이스라엘인 아랍 민심을 얻고자 "이스라엘이 팔레스타인에서 철수하면 우리도 철수하겠다"라고 주장했습니다. 이스라엘이 이를 받아들이지 않자 결국 이스라엘을 향해 미사일을 쏜 것입니다. 예고 없이 쏘아 올린 미사일에 수많은 이스라엘 시민이 목숨을 잃었습니다. 밖으로는 이란, 이라크, 레바논 등 여러 나라와 적대하고 내부에는 무장투쟁 단체가 등장하고, 도심에 미사일까지 떨어지는 상황에 이스라엘은 큰 위기를 느꼈습니다.

이스라엘은 이 문제를 해결하기 위해 팔레스타인에 평화 협상을 제안합니다. 1993년, 이스라엘과 PLO는 노르웨이 오슬로에서 8개월의 긴 협상 끝에 미국 백악관으로 가 빌 클린턴Bill Clinton 대통령을 증인으로 세우고 평화를 선언했습니다. 1948년 이스라엘 건국 이후 갈등과 분쟁을 계속하던 이스라엘과 팔레스타인이 처음으로 서로의 존재를 인정하고 분쟁을 끝내기로 한 것입니다. 절대 화해할 수 없을 것 같던 두 나라가 손잡은 오슬로 협정의 내용은 크게 두 가지입니다.

1. 팔레스타인 측은 테러와 폭력을 포기하고 이스라엘의 생존권을 인정한다.
2. 이스라엘 측은 팔레스타인이 살 수 있는 영토를 합법적으로 제공한다.

한마디로 팔레스타인은 평화를, 이스라엘은 땅을 보장하겠다는 것입니다. 이크하츠 라빈Yitzhak Rabin 이스라엘 총리와 야세르 아라파트Yasser Arafat 팔레스타인 의장은 평화 협상의 공로로 노벨평화상을 수상합니다. 오슬로 협정으로 팔레스타인에는 자치정부가 들어섰습니다. 이들의 자치 구역은 가자 지구와 서안 지구입니다. 이스라엘이 건국된 지 약 50년 만에 팔레스타인 사람들의 자치를 공식적으로 허용한 땅이 생긴 것입니다.

문제는 이미 서안 지구에 이스라엘 사람들이 많이 살고 있다는 것입니

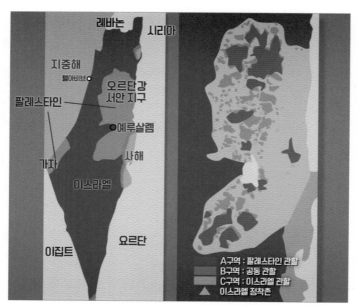

서안 지구와 가자 지구

다. 그래서 기존 이스라엘과 팔레스타인 사람들의 거주지를 고려해서 A, B,
C로 관할 구역을 나눴습니다. A 구역은 팔레스타인 관할, C 구역은 이스라
엘 관할, B 구역은 두 나라가 공동으로 관할하기로 하죠. 하지만 이스라엘
의 구역이 훨씬 넓은데다 이스라엘의 관할 구역 사이사이에 팔레스타인 구
역을 설정하면서 팔레스타인 사람들은 이동이 어려워졌습니다. 이스라엘
사람들이 자신의 안전을 지킨다는 이유로 팔레스타인 사람들의 통행을 제
한했기 때문입니다. 게다가 오슬로 협정에는 큰 허점이 있었는데 '유대인 정
착촌 문제'가 빠진 것입니다. 이미 서안 지구에 자리 잡은 이스라엘 정착촌
을 어떻게 할지, 또 앞으로 들어오는 이스라엘 정착촌은 어떻게 할지 합의
하지 않았습니다. 협정 당시 팔레스타인은 이 문제를 막을 힘이 없었기 때
문입니다.

결과적으로 오슬로 협정 이후 2018년까지 서안 지구에는 이스라엘 정착촌이 4배나 증가했습니다. 팔레스타인 사람들이 살 땅은 오히려 줄어든 것이죠. 팔레스타인에서는 오슬로 협정에 속았다는 반발의 목소리가 높아졌습니다. 팔레스타인 출신의 세계적인 학자 에드워드 사이드Edward Said는 오슬로 협정을 두고 "팔레스타인에 미국의 원주민 보호구역을 만든 것"이라고 지적하기도 합니다. 그런데 이스라엘에서도 오슬로 협정에 대한 불만이 쏟아져 나왔습니다. 언제 평화가 깨질지 모르는데 이스라엘의 영토와 맞바꾼 것을 납득하지 못한 것입니다. 결국 불만은 큰 사건으로 이어집니다.

이스라엘 극우파 사람들의 눈엣가시였던 라빈 총리를 1995년 이스라엘 극우파 청년이 암살한 것입니다. 앞서 총격으로 사망한 이집트의 사다트 대통령처럼 평화 협정을 이끈 라빈 총리에게 배신자의 꼬리표가 붙은 것이죠. 이후 강경 우파인 베냐민 네타냐후Benjamin Netanyahu가 이스라엘의 총리가 됐고, 팔레스타인 문제에 강경하게 대응하던 네타냐후는 오슬로 협정을 무효라고 선언합니다. 평화를 위해 한 발짝 내딛는 듯했던 두 나라 간 협상은 결국 물거품이 되었습니다. 이후 팔레스타인과 이스라엘 사이에 서로를 용납할 수 없다는 분위기가 만들어지면서 양측은 또다시 일촉즉발의 위기에 처했습니다.

이 상황에서 불도저라는 별명을 가진 군인 출신 이스라엘 정치인 아리엘 샤론Ariel Sharon이 또다시 사건을 일으킵니다. 2000년 9월에 무장경찰을 대동하고 예루살렘에 있는 성전산을 방문한 것입니다. 이곳은 무슬림의 종교적 상징인 바위의 돔 성원과 알아크사 모스크가 있습니다. 예루살렘은 이스라엘이 통치하는 곳이니 자유롭게 성전산을 드나들 수는 있지만, 종교 분쟁 때문에 이스라엘 국민들도 극도로 조심하는 장소입니다. 그러니 이스라엘의 극우파 정치인이 방문하는 것은 매우 민감한 문제였죠. 여기서 샤론은 "성전산은 이스라엘의 것"이라고 주장하면서 팔레스타인 사람들을 자극했습니다. 몇몇 이슬람 신자들이 분노에 차 샤론에게 돌을 던지며 항의했고, 그는 경찰에게 발포 명령을 내렸습니다. 팔레스타인 사람들을 향한 무력 진압으로 현장에서 13명이 목숨을 잃고 200여 명이 총상을 입었습니다. 그야말로 불에 기름을 부은 이 사건이 알려지면서 크게 격분한 팔레스타인 사람들은 예루살렘, 서안 지구, 가자 지구에서 시위를 벌입니다. 그리고 이스라엘은 또다시 총격으로 맞섰죠. 팔레스타인의 반이스라엘 민중봉기, 제2차 인티파다가 시작됐습니다.

이때 비극적 소식이 전 세계에 알려집니다. 아버지와 함께 중고차를 알아보고 집으로 돌아가던 12세 소년이 우연히 시위에 휘말린 것입니다. 아이의 아버지는 총을 쏘지 말라고 호소했지만 아무 소용이 없었고 총에 맞은 아이는 끝내 죽음을 맞이했습니다. 당시 현장을 촬영한 프랑스 국영방송이 아이의 죽음을 알리면서 전 세계는 엄청난 충격에 휩싸입니다. 팔레스타인 사람들은 크게 분노하며 아이의 죽음이 자신들의 현실을 상징한다고 생각했습니다.

절망감을 느낀 팔레스타인 사람들은 자살폭탄 테러라는 극단적인 행동에 나섰습니다. 자살폭탄 테러를 벌인 사람들은 특별히 훈련받은 군인이 아닙니다. 이스라엘군에 가족을 잃은 16세 소년, 두 아이의 엄마처럼 평범한 사람들이었죠. 그렇게 2000년부터 약 3년간 무려 100건의 자살폭탄 테러가 이스라엘 전역에서 일어났습니다. 시내의 식당, 카페, 슈퍼마켓, 버스 같은 일상적인 공간에서 이스라엘 국민은 테러의 위협을 받았습니다. 제2차 인티파다 기간인 4년 동안 5천 명 이상의 팔레스타인 국민과 1천 명 이상의 이스라엘 국민이 목숨을 잃었습니다.

세상에서 가장 거대한 감옥,
팔레스타인 가자 지구와 서안 지구

팔레스타인에서 전 국민적인 저항이 일어나는 가운데 사건의 단초를 제공한 샤론은 압도적인 지지 속에 이스라엘의 총리가 됩니다. 샤론은 군대를 동원해서 강경하게 테러 진압에 나섰지만 팔레스타인의 저항은 멈추지 않았습니다. 오히려 남녀노소를 가리지 않고 확산했죠. 샤론의 무자비한 진압에 어른들이 자살폭탄 테러를 벌였다면, 아이들은 이스라엘 군인에게 돌을 던지며 저항했습니다. 이스라엘 군인들은 돌을 던졌다는 이유만으로 어린아이들을 잡아갔습니다. 영장 없이도 팔레스타인 민간인을 최대 6개월까지 구금할 수 있었던 이스라엘군은 2000년부터 17년간 무려 1만 2천여 명의 아이들을 감옥에 잡아넣었습니다.

하지만 팔레스타인의 전 국민적인 저항이 계속되면서 무력 진압이 통하지 않는다는 것을 깨달은 이스라엘은 자살폭탄 테러를 막는다는 이유로 황당한 대책을 세웠습니다. 2002년부터 지금까지 총 길이 800km, 높이 8m의 거대한 장벽을 팔레스타인 영역인 서안 지구와 가자 지구에 설치한 것입니다. 세상에서 가장 거대한 감옥이 지어진 셈이죠. 이스라엘 사람들이 계속해서 정착촌을 넓혀나가면서 팔레스타인 사람들은 지금도 이 장벽 안에서 내몰리고 있습니다. 하마스가 통치하는 가자 지구는 서안 지구보다 상태가 심각합니다. 완전 고립 상태로, 사람들은 대부분의 생활을 구호에 의존하고 있습니다. 이스라엘군은 장벽을 세우지 못한 가자 지구의 바다에는 조업한계선을 세워 물자가 들어갈 수 없도록 봉쇄했습니다. 장벽을 넘을 수 없는 가자 지구 사람들은 인근 이집트로 땅굴을 파서 식량이나 구호 물품을 조달하기도 했습니다. 그러자 이스라엘은 이 땅굴까지 찾아내 전투기로 폭격했죠. 장벽 속 가자 지구의 2018년 청년 실업률은 70%에 육박하고, 인구의 절반은 하루에 5.5달러 이하로 생활하는 빈곤 생활자입니다. 식량의 80%는 해외 원조로 충당합니다.

상황이 이렇다 보니 2006년부터 가자 지구에서는 하마스가 압도적인 지지를 받으며 집권합니다. 군사단체에서 정당이 된 것이죠. 하마스의 집권 이후 유혈 충돌은 더욱 거세졌고, 이스라엘과 하마스는 극단적인 공격을 주고받았습니다.

서로 간의 감정이 치달아가던 2014년에 하마스와 이스라엘은 대대적으로 전쟁을 벌입니다. 전쟁의 발단은 두 나라 간의 참혹한 보복극에서 시작됐습니다. 2014년 6월, 이스라엘의 10대 소년 세 명이 살해된 채 발견되는데 이스라엘 강경파는 이를 하마스의 소행이라고 단정 짓고 보복을 다짐합니다. 그리고 바로 다음 날, 이번에는 17세의 팔레스타인 소년이 이스라엘 강경파에 납치된 뒤 불에 탄 주검으로 발견됩니다.

이 사건은 이스라엘과 팔레스타인에서 '증오의 기폭제'가 됐습니다. 양측은 모두 피의 복수를 다짐했고 열흘 뒤에 이스라엘은 가자 지구 내부에 특수부대를 포함한 6만 명의 지상군을 투입해 전면전을 벌였습니다. 아예 하마스를 궤멸시키기로 한 것이죠. 하마스와 가자 지구 주민, 무장단체는 이미 결사항전을 준비한 상태에서 필사적으로 싸웠습니다. 50일이나 이어진 이 전쟁은 하마스와 이스라엘 양측이 휴전에 합의하면서 중단됐습니다. 전쟁 기간에 팔레스타인 국민 2,300여 명이 목숨을 잃었고 2만 명에 가까운 사람들이 부상을 입었습니다. 안타까운 것은 사망자의 3분의 1이 어린아이였다는 사실입니다. 죽고 죽이는 전쟁과 복수가 반복되며 이제 두 나라는 서로의 존재를 용납하지 못하는 지경에 이르렀습니다.

트럼프 대통령의 예루살렘 선언

이스라엘과 팔레스타인의 관계가 최악으로 치달은 상황에서 또 한 번의 거대한 폭탄을 던진 나라가 있습니다. 2017년 12월, 미국의 트럼프 대통령은 폭탄선언을 합니다. 예루살렘을 이스라엘의 정식 수도로 공인하고 미국 대사관을 예루살렘으로 이전하겠다는 것입니다. 이 선언은 전 세계를 발칵 뒤집어 놓았습니다. 예루살렘은 1947년에 UN이 '이스라엘-팔레스타인 어느 쪽에도 속하지 않는 국제 특별 관리 지역'으로 선포한 곳입니다. 이스라엘만 자신들의 수도라고 주장했죠. 그리하여 전 세계가 UN의 결정에 따라 예루살렘이 아닌 텔아비브에 대사관을 두었고 미국도 마찬가지였습니다. 그런데 자신을 지지하는 정치적 후원자 중에 유대인이 많았던 트럼프가 UN을 무시하고 이스라엘의 편을 들며 미국 대사관을 예루살렘으로 옮기겠다고 한 것입니다.

트럼프의 폭탄 발언은 팔레스타인과 이스라엘 분쟁에 피바람을 몰고 왔습니다. 하마스는 이스라엘에 로켓포를 발사했고, 이스라엘 공군은 이에 대응해 가자 지구 중심부를 폭격했습니다. 이 과정에서 죄 없는 팔레스타인 민간인이 희생당했습니다. 갈등은 다음 해 5월 14일에 미국 대사관을 예루살렘으로 이전하면서 극에 달했습니다. 격분한 팔레스타인 주민 수만 명이 가자 지구의 분리 장벽 앞에서 거센 시위를 벌였고 이스라엘군은 시위대를 향해 총격을 가했습니다. 이날 하루에만 팔레스타인 주민 60여 명이 죽고 2,700여 명이 다치는 참사가 일어났죠. 트럼프가 쏘아 올린 공에 다른 나라는 어떻게 반응했을까요? 영국, 프랑스 등 EU의 주요 국가를 비롯해 아랍권에서도 트럼프의 결정에 크게 반발했습니다. UN 역시 트럼프의 결정을 강하게 반박하는 내용의 '예루살렘 결의'를 발표하죠. 그러자 미국과 이스라엘은 유네스코를 탈퇴하며 대응합니다. 문제는 트럼프의 행보가 여기서 그치지 않았다는 것입니다. 2020년에 이스라엘과 아랍 국가(아랍 에미리트, 바레인) 사이의 평화협정인 아브라함 협정을 중재한 것입니다.

중동에서 이란이 세력을 확장하자, 평소 위협을 느끼고 있는 아랍과 이스라엘이 이를 막고자 힘을 합쳐 내놓은 공동 대응책이 바로 아브라함 협정입니다. 이란을 막는 것이 우선순위가 되다 보니 팔레스타인 문제는 우선순위에서 밀리고 말았습니다. 이스라엘과 관계를 개선한 아랍 국가들은 이란을 막는 게 훨씬 중요했기 때문이죠.

국제적으로 평화 협상이 이뤄지는 중에도 팔레스타인과 이스라엘의 갈등은 현재 진행형으로 불타오르는 중입니다. 최근에도 하마스가 로켓포로 공격하자 이스라엘은 아이언돔 미사일로 방어하는 일이 벌어졌습니다. 팔레스타인은 여전히 독립을 요구하며 싸우지만, 이스라엘은 한 치의 양보도 없이 자신이 확보한 땅을 지키려고 합니다. 그래서 지금도 비극이 계속되고 있습니다.

이스라엘과 팔레스타인 사이에 이어져 온 피로 피를 씻는 100년간의 분쟁을 어떻게 해결할 수 있을까요? 우리는 2014년에 있었던 50일 전쟁 당시 살해당한 이스라엘 소년과 팔레스타인 소년의 가족이 한 말을 눈여겨봐야 합니다. 유대인 강경파에 보복 살해를 당한 팔레스타인 소년의 아버지는 "유대인이든, 아랍인이든, 어느 누가 자기 자식이 납치돼 살해되는 상황을 받아들일 수 있겠는가. 양측 모두 피의 보복을 멈춰야 한다"라고 호소했습니다. 유대인 소년의 가족 역시 "보복은 어떤 형태든 간에 부당하고 잘못됐다. 살인은 살인일 뿐"이라며 팔레스타인과 이스라엘의 갈등을 멈추자고 했죠. 우리는 이 피해자들의 목소리에서 이스라엘-팔레스타인 분쟁의 답을 찾을 수 있습니다. 냉정한 국제 정치 질서 아래서 이제 다시 공은 두 나라로 넘어갔습니다. 팔레스타인 사람들은 완전한 독립을 열망하지만, 국제 사회는 여전히 묘안을 찾지 못하고 있습니다. 적어도 팔레스타인, 이스라엘, 국제 사회가 두 나라에서 무고하게 희생당하는 이들의 목소리에 귀를 기울인다면 평화로 한발 더 나아갈 수 있지 않을까요?

벌거벗은 베트남 전쟁

미국 역사상 최악의 악몽

김봉중

● 베트남 하면 무엇이 떠오르나요?

　거리를 가득 채운 오토바이 부대, 덥고 습한 날씨, 쌀국수 같은 맛있는 음식과 휴양하기 좋은 바다 등이 생각납니다. 최근에는 베트남으로 여행을 가는 사람도 많아졌죠. 하지만 역사가 기억하는 베트남은 조금 다릅니다. 전쟁 참여 병력 100만 명 이상, 민간인 사상 약 200만 명, 10년 가까이 베트남과 미국이라는 두 나라를 수렁에 빠트린 베트남 전쟁을 먼저 떠올립니다. 그 전쟁이 남긴 한 장의 사진이 있습니다.

　겁에 질린 아이들이 울부짖으며 도망가는 모습을 담은 이 사진은 퓰리처상을 받았을 정도로 유명합니다. '네이팜탄 소녀'로 알려진 이 사진의 원래 제목은 '전쟁의 공포The Terror of War'입니다. 제목 그대로 이 사진은 전쟁의 공포와 비극을 담고 있습니다. 소녀를 울부짖게 만든 네이팜탄은 무기의 일종입니다. 3000℃ 이상의 고열을 내며 주변을 불바다로 만들죠. 네이팜탄이 터지면 건물이나 나무는 물론 사람도 타 죽거나 질식해 죽을 정도로 강

베트남 전쟁과 네이팜탄 소녀

력한 무기입니다. 그 피해가 너무도 크고 끔찍해서 지금은 사용을 금지할 정도입니다. 이 잔인한 무기를 하루가 멀다고 대량으로 투하한 것이 베트남 전쟁입니다.

베트남 전쟁은 1955년부터 무려 20년 가까이 이어졌는데, 베트남에서는 이 전쟁을 미국에 승리한 자랑스러운 역사로 생각합니다. 그래서 베트남 전쟁보다는 '항미 전쟁', '구국 전쟁'으로 부릅니다. 반면 미국은 베트남 전쟁을 두고 '과연 우리에게 필요한 전쟁이었나?'라고 반문한다고 합니다. 영어로는 'Vietnam war has a long shadow'라고 표현하는데, '그림자가 긴 베트남 전쟁'이라는 의미로 많은 세대에 큰 영향을 미칠 만큼 후폭풍이 큰 전쟁으로 여기는 것이죠. 미국에는 〈람보〉, 〈디어 헌터〉, 〈지옥의 묵시록〉, 〈아메리칸 갱스터〉 등 베트남 전쟁을 주제로 한 영화가 많은데 모두 미국이 매우 힘겹게 전쟁을 치르는 모습을 그리고 있습니다.

베트남 전쟁은 미국이라는 나라에 큰 타격을 준 전쟁입니다. 세계 최강대국 미국에 역사상 첫 실패라는 충격과 트라우마를 안기면서 미국의 대내외 정책이 크게 바뀌는 계기가 된 사건이기 때문입니다. 실제로 베트남 전쟁은 미국인 사이에서 'quagmire'라 불립니다. 이는 수렁, 진창이라는 뜻이지만 미국인의 뇌리에는 베트남 전쟁의 수식어로 새겨져 있습니다. 그만큼 미국이 베트남이라는 깊은 수렁에 빠져 허우적댄 전쟁이라는 것이죠.

지금부터 우리가 할 이야기는 미국 역사상 최악의 악몽으로 손꼽히는 베트남 전쟁입니다. 미국이 어떻게 베트남과 전쟁을 치르게 됐는지, 얼마나 끔찍한 상황들이 펼쳐졌는지, 그리고 왜 미국이 실패할 수밖에 없었는지, 그 이유를 벌거벗겨 보겠습니다.

베트남 독립 연맹의 수장, 호찌민

세계 최강대국으로 국제 사회의 수호자를 자처했던 미국. 그리고 당시 남과 북이 서로 다른 진영으로 나뉘어 대치하고 있었던 베트남. 접점이 없어 보이는 두 나라가 전쟁까지 치르게 된 이유는 무엇일까요?

그 이유를 찾기 위해서는 당시 베트남의 상황을 알아야 합니다. 베트남은 이념 차이로 남과 북이 대치하고 있었습니다. 먼저 공산주의 진영의 북베트남에는 베트남 역사에서 매우 중요한 한 인물이 절대적 지도자로 군림했습니다. 베트남의 국부國父로 평가받는 호찌민Ho Chi Minh입니다. 그는 여러 갈래로 나뉘어 있는 공산주의 세력을 통합해 베트남 민주 공화국의 초대 주석이 된 인물입니다. 지금도 베트남 사람들은 호찌민을 위대한 영웅이자 뛰어난 지도자로 기억합니다. 베트남 역사를 배울 때 가장 먼저 배우는 인물도 호찌민이죠.

호찌민은 베트남 독립을 위해 투쟁한 독립운동가였습니다. 베트남은 우리나라처럼 역사적으로 잦은 외세의 침략과 수탈을 겪었던 나라입니다. 전 세계에 제국주의가 팽배하던 19세기 말, 베트남을 지배한 나라는 프랑스였습니다. 지금도 베트남 곳곳에는 건물과 식문화 등 프랑스 식민지의 흔적이 많이 남아 있습니다. 그런데 1939년에 제2차 세계대전이 발발했고 이듬해 여름에 프랑스가 독일에 항복하면서 프랑스는 식민지를 유지할 능력을 상실하게 됩니다. 일본은 이 기회를 틈타 프랑스가 떠난 베트남을 침탈했습니다. 제2차 세계대전 당시 이탈리아와 함께 추축국 관계였던 독일과 일본의 합의로 일본이 베트남을 침략 지배하게 된 것이죠. 일본 역시 프랑스 못지않은 식민 정책으로 베트남 국민을 핍박했습니다. 당시 중일전쟁을 치르던 일본은 베트남을 수탈해 전쟁 물자와 식량을 보급했습니다. 식량 수

탈이 어찌나 심했던지 이 시기 베트남 인구의 10%에 가까운 200만 명이 굶어 죽었다고 합니다.

　열강들의 계속되는 침략과 수탈에 독립을 향한 베트남 사람들의 열망은 들불처럼 번졌습니다. 이때 베트남의 자주독립을 쟁취하기 위한 어느 단체가 결성됩니다. 베트남 독립연맹, 즉 베트민Viet Minh입니다. 우리에게는 '월맹'으로 더 익숙합니다. 베트민의 수장으로 활약한 사람이 바로 앞서 이야기한 호찌민입니다. 그러던 어느 날, 베트남의 독립을 위해 호찌민을 중심으로 뭉친 베트민에게 놓칠 수 없는 기회가 찾아옵니다. 일본의 항복과 함께 제2차 세계대전이 막을 내린 것입니다. 이때 호찌민 세력은 곧바로 하노이를 점거하고 베트남 민주 공화국의 완전한 독립을 선포했습니다. 그런데 잊고 있던 프랑스가 재등장합니다. 베트남의 독립을 절대 인정할 수 없다면서 다시 한번 식민 지배를 시도하려 한 것입니다. 말도 안 되는 프랑스의 주장에 베트남도 이번에는 가만히 있지만은 않았습니다.

　결국 두 나라는 전쟁에 돌입했습니다. 제1차 인도차이나 전쟁입니다. 1946년 11월 23일, 프랑스 함대의 하이퐁 포격을 시작으로 베트남 민주 공화국과 프랑스의 전쟁이 일어났습니다. 8년간 계속된 전쟁은 1954년이 되어서야 겨우 끝났습니다. 식민지였던 베트남의 군사력을 얕봤던 프랑스가 1954년 디엔비엔푸 전투에서 대패하면서 베트남은 완전한 승기를 잡았고, 승리의 여신도 베트남의 손을 들어주었습니다. 이때도 호찌민은 베트민을 이끌며 큰 활약을 펼쳤습니다. 그렇다면 이제 베트남은 완전한 독립 국가로 인정받았을까요?

　베트남의 독립 문제를 두고 1954년 제네바에서 협의가 이뤄질 예정이었습니다. 호찌민을 비롯한 베트남 국민은 독립을 눈앞에 두고 무척 들떠 있었죠. 그런데 제네바 협정은 독립을 향한 베트남 국민의 열망에 찬물을 끼

없어 버렸습니다. 프랑스, 영국, 소련, 중국 등 9개국의 외상들이 스위스 제네바에 모였습니다. 이때 베트민은 프랑스의 철군과 베트남의 독립 정부 수립을 요구했습니다. 이는 받아들여지지 않았고 회담을 통한 협상안이 제시되었습니다. 어떤 내용일까요?

1. 북위 17도선을 경계로 호찌민 정부군은 이북으로, 프랑스군은 이남으로 이동한다.
2. 정치적 통일 문제는 1956년 7월 이전에 총선거를 실시하여 결정한다.
3. 이후 일체의 외국 군대는 증원될 수 없으며, 프랑스군은 총선거 때까지 주둔할 수 있다.

베트남에 결정적 영향을 미친 협상안은 북위 17도선을 기준으로 베트남을 남과 북으로 나눈 1번 결정이었습니다.

그림처럼 하노이를 중심으로 한 북베트남 지역과 사이공을 중심으로 한 남베트남 지역으로 베트남이 분단된 것입니다. 우리나라가 해방 이후 38도선을 기준으로 남과 북이 나뉘었던 것과 비슷합니다. 우리의 의지와 상관없이 강대국에 의해 분단이 결정된 것이죠. 그렇다면 분단 후 베트남의 상황은 어떠했을까요? 북위 17도선을 기준으로 북베트남에는 호찌민을 중심으로 하는 공산주의 세력이 자리했고, 남

남과 북으로 나뉜 베트남

베트남은 비공산주의 세력이 자리 잡았습니다. 제네바 협정은 300일의 시간을 주고 모든 베트남 사람이 원하는 곳에 가서 살 수 있게 했습니다. 이때 공산주의 체제를 거부한 약 100만 명 이상이 남베트남으로 이주했습니다. 상당수는 종교를 인정하지 않는 공산주의를 피해 남으로 내려온 가톨릭 신자들이었습니다. 또한 자본주의를 지향하는 사람들도 남베트남으로 향했죠.

그런데 남베트남에는 또 다른 조직이 있었습니다. 이들의 정식 명칭은 베트남 민족해방전선National Liberation Front, NLF이지만 베트콩으로 더 잘 알려져 있습니다. '콩'이라는 말은 공산주의자를 뜻하므로 베트콩은 남베트남에서 활동하는 공산주의 게릴라 세력입니다. 말 그대로 공산주의자들이 다수를 이뤘지만 베트콩 중에는 베트남의 완전한 독립을 위해 싸우는 민족주의자들도 존재했습니다.

그렇다면 공산주의는 정확히 무엇일까요? 공산주의는 사유재산을 인정하지 않고 공유재산제를 실현하려는 사상입니다. 그로 인한 계급과 불평등이 없는 사회를 목표로 하죠. 당시 북베트남을 이끄는 세력과 남베트남의 베트콩은 완전한 공산주의 유토피아를 추구하는 민족주의자들이었습니다. 그런데 이들과 노선을 달리하는 비공산주의 세력이 분단 후 남베트남에 결집한 것입니다. 이런 남베트남의 뒤에는 그들을 지원하는 나라가 있었는데, 훗날 베트남 전쟁에서 적이 되는 미국입니다.

미국이 남베트남을 지원한 이유를 알려면 당시 국제 정세에 대한 이해가 필요합니다. 제네바 협정 전 한국전쟁이 마무리되고, 동남아시아는 세계 공산주의 혁명의 각축장이 됩니다. 당시 미국은 한국전쟁으로 냉전이 본격화되면서 중국과 북한 등이 잇따라 공산주의 체제에 돌입하자 세계 공산주의를 저지하는 데 총력을 기울이고 있었죠. 그런데 제네바 협정에서 베트남이

2년 안에 전국 선거를 통해 통일국가를 설립할 수 있다고 결정한 것입니다.

베트민으로서는 희망적인 내용이었지만 미국은 그 선거를 가만히 두고 볼 수가 없었습니다. 베트남이 총선거를 치르면 북베트남이 압도적 승리를 거둘 가능성이 컸기 때문이죠. 북베트남에는 호찌민이라는 영웅이 있었고, 그를 중심으로 통일이 되면 베트남이 공산주의 국가가 될 것이 분명했습니다. 게다가 미국은 베트남이 공산화되면 곧 라오스, 캄보디아 등 주변 국가들이 줄줄이 공산화될 것을 두려워했습니다. 마치 도미노처럼 말이죠. 여기서 나온 것이 '도미노 이론'입니다. 미국 국무장관 J.F. 덜레스J.F. Dulles의 말에서 유래한 이론으로 '어떤 지역의 한 나라가 공산화되면 인접 나라들도 차례로 공산화된다'라는 것입니다. 이런 문제를 차단하기 위해 미국은 베트남의 통일 문제에 개입했습니다.

남베트남 최악의 독재자, 응오딘지엠

남베트남의 공산주의 체제를 막는 데 혈안이 된 미국으로 인해 제네바협정에서 명시한 총선거는 결국 치르지 못했습니다. 남과 북이 갈라진 상황에서 북베트남은 호찌민이라는 절대적 지도자 아래 정치, 경제, 사회 전반이 안정화되고 있었습니다. 그렇다면 남베트남의 상황은 어땠을까요? 그곳에는 미국의 지원을 받은 새로운 지도자가 등장합니다. 베트남의 프랑스 식민 시절, 내무대신으로 임명됐던 응오딘지엠Ngo Dinh Diem입니다. 그는 프랑스가 베트남의 주권을 존중하지 않는다고 항의하면서 사직했던 인물이기도 합니다. 미국이 응오딘지엠에게 힘을 실어준 이유는 그가 열렬한 반공주의자였기 때문입니다.

당시 남베트남은 황제 바오다이Bao Dai 중심의 군주제를 유지하고 있었습니다. 그런데 미국의 지원을 받은 응오딘지엠이 등장하면서 큰 변화의 기로에 서게 되었습니다. 군주제를 그대로 유지할지, 아니면 응오딘지엠의 새로운 정부를 세울 것인지를 국민투표로 결정하기로 한 것이죠. 1955년 10월에 군주제 폐지를 두고 남베트남 전역에서 국민투표가 시행됐습니다. 투표 결과 득표율 98.2%의 지지를 얻은 응오딘지엠이 베트남 공화국, 즉 남베트남의 초대 대통령이 됩니다. 그는 공산주의 세력을 막고 자유주의의 베트남을 건설하고자 했습니다.

사실 이 압도적 지지율은 부정선거의 결과였습니다. 그의 동생이 나서서 투표 결과를 조작한 것입니다. 이렇듯 응오딘지엠은 처음부터 부정부패의 길을 걸었습니다. 사실 미국이 응오딘지엠을 지원한 데는 제네바 협정 이후 베트남이 총선을 치르는 것을 방해하려는 목적도 있었습니다. 남베트남에 새로운 친미 인물을 세운 뒤 그를 이용해 총선거를 치르는 것 자체를 막으려 한 것이죠. 실제로 응오딘지엠이 대통령이 된 이후에도 북베트남은 여러 차례 총선거를 제안했지만 응오딘지엠은 번번이 그 제안을 거절합니다.

하지만 응오딘지엠을 통해 남베트남을 안정시키려 했던 미국의 기대는 완전히 빗나갔습니다. 응오딘지엠이 공포정치를 펼치며 독재자의 길을 걸었기 때문이죠. 응오딘지엠은 정권에 반대하는 자들을 공산주의자로 몰아 투옥했고, 반체제 인사를 처형했습니다. 1955년~1957년 사이에 처형당한 사람만 1만 2천여 명에 달했고, 1955년~1958년까지 정치범으로 수감된 사람은 약 4만 명이나 되었습니다. 응오딘지엠이 얼마나 끔찍한 공포정치를 펼쳤는지 알 수 있는 숫자입니다.

응오딘지엠이 공포정치로 남베트남을 혼란으로 몰아가자 그의 폭정에 반발하는 사람들이 늘어났고, 베트콩은 이를 기회 삼아 세력을 확장해 나갔습니다. 처음 미국이 베트남 문제에 개입한 목적은 베트남과 주변국이 공산화되는 것을 막기 위한 것이었습니다. 그런데 베트콩 세력이 커지는 상황을 본 미국은 자칫하면 공산주의 세력이 남베트남을 장악할지도 모른다는 두려움을 갖게 되었습니다. 당시 대통령이었던 존 F. 케네디John F. Kennedy의 참모들은 CIA에서 받은 정보를 보며 자칫하면 남베트남이 공산화될 수 있다고 생각했습니다. 이들은 직접 남베트남으로 가서 실제로 베트콩이 득세하는 모습을 확인했고 케네디에게 전폭적인 군사 지원이 필요하다고 주장했죠. 그런데 케네디는 선뜻 결정을 내리지 못했습니다. 베트남이 미국의 국익에 어떤 영향을 미칠지 아직 판단이 서지 않았기 때문입니다. 하지만 참모들은 계속해서 강경하게 주장했고, 결국 케네디는 군사고문단이라는 명목으로 군사 개입을 승인합니다. 1961년 5월, 미국은 베트남에 처음으로 400명의 특수부대원 그린 베레Green Berets와 100명의 군사고문단을 파견했습니다. 이들의 임무는 베트콩을 잠재울 수 있는 남베트남 내 대항군을 육성하는 것으로, 이는 오로지 베트콩의 득세를 막기 위한 미국의 제한적 파병이었습니다.

베트남을 충격으로 몰아넣은 분신 사건

미군이 투입된 남베트남의 상황은 놀랍게도 전혀 달라지지 않았습니다. 응오딘지엠은 폭정을 이어갔고 베트콩은 오히려 세력을 불렸습니다. 특히 독실한 가톨릭교도인 응오딘지엠은 남베트남을 가톨릭 국가로 만들려 했습니다. 당시 남베트남인의 80% 이상이 불교 신자였음에도 응오딘지엠은 불교 마을과 사찰을 폭파하고 철거하는 것도 모자라 불교도와 승려들을 공산주의자로 몰아 탄압하고 처형하기까지 했습니다. 노골적인 불교 탄압과 박해가 이어지자 민심은 폭발 직전의 상황까지 왔습니다. 그러던 중 1963년 3월에 충격적인 사건이 벌어집니다.

틱광득Tuich Qnan Duc이라는 스님이 응오딘지엠의 폭정과 불교 탄압에 저항하는 의미로 사이공 한복판에서 휘발유를 뒤집어쓰고 분신한 것입니다. 불교에서는 자신의 몸을 불태워 부처에게 바치는 일을 소신공양이라고 하는데, 그만큼 불교도들의 입장이 절박했던 것입니다. 이날 벌어진 스님의 소신공양은 전 세계에 보도되었고 사람들은 큰 충격을 받았습니다. 당시 스님의 소신공양을 현장에서 지켜본 〈뉴욕타임스〉의 베트남 특파원 데이비드 핼버스탬David Halberstam이 남긴 글이 있습니다.

> "불꽃이 솟구치더니 몸이 서서히 오그라들면서 머리는 새까맣게 타들어 갔고, 사람의 살이 타는 냄새가 진동했다. 그의 몸은 놀라울 정도로 빠르게 불탔다. 내 뒤에 모여든 베트남 사람들은 흐느끼며 울기 시작했다."

틱광득 스님의 소신공양은 남베트남 사회를 충격에 빠트렸고, 이는 응오딘지엠 정권에 대한 극렬한 분노로 이어졌습니다. 이런 상황에서 응오딘지엠 정권의 퍼스트레이디 역할을 했던 마담 누Madame Nhu는 스님의 소신공양에 대해 다음과 같은 발언을 했습니다.

"그런 건 땡중의 바비큐 쇼다. 스님 한 명이 바비큐가 되었을 뿐이다."

마담 누의 발언으로 남베트남 사회는 요동쳤습니다. 68명의 스님이 뒤를 이어 소신공양을 했고, 대학생과 시민들도 거리로 나와 열렬한 반정부 투쟁에 나섰죠. 게다가 〈워싱턴포스트〉 등 여러 매체를 통해 외국에도 마담 누의 발언이 퍼져나가기 시작했습니다. 마담 누가 1963년 10월에 파리를 방문하자 베트남 유학생들은 그녀의 자동차에 페인트를 뿌리며 항의했습니다. 격분한 유학생들은 대사관 진입을 시도하다가 경찰과 충돌하기까지 했죠. 나라 안팎으로 마담 누를 향한 분노가 들끓자 미국도 그 심각성을 깨닫기 시작했습니다.

결국 미국은 응오딘지엠 정권에 대한 지지를 철회했고 남베트남 군부는 은밀히 쿠데타를 준비하기 시작합니다. 1963년 11월 2일, 대통령궁을 급습한 군부는 응오딘지엠을 체포했습니다. 장갑차에 탄 채 호송되던 그는 동생과 함께 처형당합니다. 이렇게 8년간 지속된 응오딘지엠 정권은 쿠데타로 막을 내렸습니다. 쿠데타로 응오딘지엠 정권이 무너졌지만 남베트남 문제는 쉽게 해결되지 않았습니다. 그 후 몇 년간 거의 매년 적어도 한 번의 쿠데타가 발생했기 때문입니다.

게다가 응오딘지엠의 처형 20일 후에 미국의 케네디 대통령이 암살로 갑작스러운 죽음을 맞게 됩니다. 이로써 베트남 문제는 다음 대통령 손에 쥐어졌습니다. 케네디에 이어 대통령 자리에 오른 사람은 부통령이었던 린든 존슨Lyndon Johnson입니다. 케네디가 남긴 1년여의 잔여 임기를 물려받은 존슨은 국내 개혁파로 미국에 치중하느라 베트남 문제에는 큰 관심이 없었습니다.

1964년 여름까지 베트남은 이 같은 상황이 계속됐습니다. 남베트남 정부는 미국의 기대와 달리 국가를 통제하지 못했고 베트콩은 계속해서 세력을 확장했습니다. 남베트남 상황이 최악에 치닫자 존슨의 참모진은 미국이 강력한 군사 작전을 펼쳐야 한다고 요구했습니다. 하지만 대통령 선거를 앞두고 있던 존슨은 군사 개입을 망설였습니다. 당시 존슨은 경제 성장, 흑인 인권 신장 등 안정적으로 국내 정치를 이끈다는 호평과 함께 높은 지지율을 보였습니다. 이런 상황에서 베트남에 개입하면 자칫 지지층을 잃을 수도 있으므로 괜히 불필요한 일을 만들지 않으려 한 것입니다.

그런데 미국이 본격적으로 베트남에 개입하게 되는 결정적 사건이 벌어집니다. 베트남 문제에 개입하기를 꺼렸던 존슨 대통령이 전략을 180도 바꿔 손발을 걷어붙이고 베트남 전쟁에 뛰어들게 만든 사건은 무엇일까요?

전쟁의 서막, 통킹만 사건

1964년 8월 2일은 베트남의 운명을 바꾼 날입니다. 통킹만에서 미국-북베트남 전쟁의 신호탄이 울린 것입니다. 통킹만은 베트남 북쪽과 중국 사이의 북베트남 영해에 위치하고 있습니다. 해군 기지가 있는 곳으로 북베트남 해상 전력의 요충지입니다. 미 해군은 베트남이 17도선으로 분단된 이후 북베트남 연안 공해를 순찰해 왔습니다. 그날도 북베트남군 동태 파악을 위해 통킹만을 순찰하던 미국 구축함 매독스호는 아무런 사전 포고도 없이 북베트남군 함정으로부터 어뢰 공격을 받았습니다. 미국은 곧바로 북베트남에 보복하는 대신 경고로 상황을 마무리 지었습니다. 하지만 사건은 여기서 끝나지 않았죠. 이틀 뒤에 북베트남군이 또다시 공격해 온 것입니다. 두 번째 공격까지 좌시할 수 없었던 미국은 결국 군사적 대응을 결단합니다. 여기까지가 미국이 밝힌 '통킹만 사건'의 전

통킹만 위치

말입니다.

두 번째 공격일 저녁, 존슨 대통령은 대국민 선언문을 발표했습니다.

"미국 함정들은 공해상에 있었다. 미국의 함정들은 방어적 태세만 갖추고 있었다. 우리는 전쟁을 하고 싶지 않다. 그러나 북베트남의 이러한 불법 행위로 인하여 우리의 남베트남 국민과 정부에 대한 총체적인 지원은 배가될 것이다."

존슨의 선언문 발표 이후 미국 의회에서 진행한 통킹만 결의안은 하원 찬성 416표, 반대 0표, 상원 찬성 88표, 반대 2표라는 압도적인 차이로 통과됐습니다. 결의안 통과는 존슨 대통령에게 동남아시아에서 '미군에 대한 어떤 공격도 격퇴할 수 있고 더 이상의 침략을 막기 위해 필요한 조치를 취할 수 있는 권한'을 부여한 것과 같습니다. 한마디로 미국이 통킹만 사건으로 베트남 내전에 적극적으로 개입할 수 있는 명분을 확보한 셈이죠. 미국은 즉시 북베트남에 공중 폭격 작전을 시도했습니다. 통킹만 사건으로 미국과 북베트남의 전쟁이 공식적으로 시작된 것입니다.

그런데 통킹만 사건을 둘러싼 진실에 관해서는 아직도 논란이 계속되고 있습니다. 북베트남의 첫 번째 공격은 사실로 판명되었고, 훗날 북베트남도 공식적으로 인정했습니다. 문제는 두 번째 공격입니다. 그날의 진위 여부를 두고 미국과 베트남이 정반대의 입장을 보이는 것입니다. 북베트남은 아직도 두 번째 공격을 강하게 부인하고 있고 미국 내부의 주장도 엇갈립니다. 사실 미국이 두 번째 공격이 있었다고 주장하는 8월 4일은 안개가 자욱해 가까운 거리조차 구별되지 않을 정도로 흐릿한 상황이었습니다. 그래서 선상에 있던 군인들조차 공격을 받은 것인지 받지 않은 것인지 의견이 분분했습니다.

실제로 전쟁이 끝난 뒤 1995년 11월에 통킹만 사건 당시 양국의 군 수

뇌부였던 두 사람이 만났습니다. 미국의 국방장관이었던 로버트 맥나마라 Robert McNamara가 두 번째 공격의 진실을 묻자, 베트남군 총사령관이었던 보응우엔잡Vo Nguyen Giap은 2차 공격은 없었으며 미국이 날조한 것이라고 대답했습니다. 미국에서도 통킹만 사건 이후 7년이 지나 〈뉴욕타임스〉의 기자 닐 시핸Neil Sheehan이 1945년~1967년까지 미국의 베트남 개입에 관한 내부 전략을 담은 미 국방부의 기밀문서인 '펜타곤 문서'를 입수해 보도했습니다. '통킹만 사건을 조작해 북베트남을 선제 공격할 것'이라는 내용의 폭로였죠. 펜타곤 문서 이후에도 통킹만에 관한 수많은 보고서, 의회 청문회, 회고록, 정부 기밀문서 등이 쏟아져 나왔습니다. 새로운 학설도 계속 나오는 중입니다. 그러나 현재까지 미국의 공식 입장은 없는 상태입니다. 아마도 통킹만의 진실은 영원히 알 수 없을지도 모르겠습니다. 개인적으로는 존슨이 적극적으로 조작했다기보다 그가 복잡하고 불확실한 상황과 정보를 자신이 믿고 싶은 방향으로 받아들인 것이 문제였던 것 같습니다.

그렇다면 존슨은 왜 선거가 코앞에 다가온 시점에서 통킹만 사건을 계기로 미국의 베트남 참전을 공식화했을까요? 역사는 명확한 사료에 근거해야 하지만 때로는 상상력을 필요로 합니다. 당시의 정황과 그에 따른 지도자들의 마음을 들여다볼 수 있어야 하죠. 이 시기 미국 공화당은 민주당이 세계 공산주의에 유약하게 대처하고 있다고 비판했습니다. 특히 열렬한 반공주의자였던 공화당 대통령 후보 배리 골드워터Barry Goldwater의 비난이 거셌죠. 선거를 몇 달 앞두고 공산주의 문제에 한 방이 필요했던 시점에 통킹만 사건이 터진 것입니다. 민주당 대선 후보였던 존슨은 통킹만 사건을 정치 인생의 기회로 여겼습니다. 국민들에게 미국이 공격받으면 민주당도 단호하게 나서서 대처할 수 있으며, 자신은 세계 공산주의의 음모에 강력히 대처하는 인물이라는 것을 보여주려 한 것이죠. 결과적으로 이 사건 이후 치러진 대선에서 존슨은 압도적 차이로 대통령에 당선됐습니다.

하지만 존슨이 잘못 판단한 것이 있습니다. 그는 미국이 적극적으로 개입하면 베트남 전쟁이 쉽게 해결될 것이라 예상했습니다. 베트남의 세력이 미국의 적수가 되지 않는다고 판단한 것이죠. 실제로 존슨의 측근도 같은 생각이었습니다. 당시 국방장관이었던 로버트 맥나마라는 베트남 지역 사령관인 폴 도널 하킨스Paul Donal Harkins에게 물었습니다.

"하킨스 장군, 북베트남을 진압하는 데 시간이 얼마나 걸릴 것 같습니까?"

"약 6개월쯤 걸릴 것 같습니다. 남베트남 병력의 지휘권만 저에게 이양된다면 상황을 바로 반전시킬 수 있습니다만…"

그런데 미국이 베트남 전쟁 개입해서 철수하기까지 거의 10년이 걸렸습니다. 앞서 미국이 참전한 전쟁 기간을 살펴봐도 독립전쟁 7년 8개월, 남북전쟁 4년, 제2차 세계대전 3년 8개월이었으니 베트남 전쟁이 얼마나 오래 지속됐는지 알 수 있습니다. 당시 기준으로 베트남 전쟁은 미국 역사상 가장 긴 시간 동안 치른 전쟁이기도 했습니다. 제네바 협정 이후부터 베트남 전쟁 종결까지 거의 20년의 세월이 걸렸습니다.

미국은 왜 전쟁에서 쉽게 이길 거라 생각했을까요? 당시 미국은 제2차 세계대전을 거치면서 대공황을 극복하고 경제 대국이 됐습니다. 전쟁 직후 미국의 GDP가 세계 전체의 50%를 차지했고, 세계 금의 3분의 2는 미국이 보유하고 있을 정도였죠. 아시아와 유럽이 전쟁으로 초토화된 반면 미국은 더욱 번영하는 경제 대국, 군사 강국으로 우뚝 선 시기였던 것입니다. 베트남 전쟁은 이런 미국의 위상을 과시할 수 있는 무대와 같았습니다. 이렇게 베트남 전쟁에 직접 개입한 미국은 25개국에 파병을 요청했습니다. 호주, 뉴질랜드, 대만, 필리핀 등 6개국이 참여를 확정했고, 우리나라도 베트남 전쟁에 파병했습니다.

이렇게 세계 최고 수준의 경제력과 군사력을 갖춘 미국이지만 베트남 전쟁에서 할 수 있는 것은 매우 제한적이었습니다. 미국이 북위 17도선을 넘어 북베트남과 전면전을 벌일 수는 없었기 때문이죠. 미국의 교전 대상은 남베트남 내 베트콩 세력으로 한정돼 있었습니다. 만일 북베트남을 침공하면 공산주의 국가인 소련이나 중국이 전쟁에 개입해 제3차 세계대전이라는 더 큰 전쟁으로 번질 가능성도 있었습니다. 실제로 중국은 1965년부터 1973년에 걸쳐 북베트남에 대규모 군대를 주둔시켰는데 1967년에는 무려 17만 명이 주둔했을 정도입니다. 이들은 직접 싸우지는 않고 주로 군사고문단의 성격으로 북베트남 군인을 훈련하고 전쟁 물자를 조달하는 역할을 했습니다. 중국군이 북베트남에 주둔한다는 사실은 미국이 북베트남을 침략하면 중국과의 전쟁으로 번질 수 있다는 메시지와 같았습니다.

이런 정치적 상황과 조건들 때문에 미국은 등 뒤로 한 손이 묶인 채 '제한된 전쟁'을 치러야 했습니다. 실제로 케네디 대통령은 베트남 전쟁을 통상적인 전쟁이 아닌 잠입과 기습에 의존하는 전쟁이라고 평가하기도 했습니다.

양군 최초의 전면전, 이아드랑 전투

미국이 공식적으로 베트남 전쟁에 개입한 이후 서로 다른 목표를 가진 두 세력이 전쟁에 돌입했습니다. 베트남의 통일을 목표로 하는 북베트남 정규군과 베트콩, 그리고 공산주의의 확장을 막아야 하는 미국입니다. 1965년 11월 14일, 이아드랑이라는 계곡에서 미군과 북베트남 정규군의 첫 정면 충돌이 벌어졌습니다. 이아드랑은 캄보디아와 맞닿은 곳에 있는 전략적 요충지로 이곳을 내주면 북베트남과 베트콩은 라오스, 캄보디아의 접경부터 남베트남의 중원을 위협하는 전진기지로 삼을 것이 분명했습니다.

이아드랑 위치

북베트남군은 과거 이아드랑에서 프랑스를 이겼던 것처럼 이번에도 미군을 꺾고 승리를 쟁취하고 싶었습니다. 그들은 라오스와 캄보디아를 통해 이아드랑을 확보한 뒤 남베트남의 한가운데로 잠입해 그대로 중부 고원지대를 진격해 해안까지 도착하기로 합니다. 남베트남을 두 동강 내는 전략을 세운 것이죠. 동시에 남베트남의 주요 도시에서 베트콩의 무장 봉기를 유도했습니다. 이 같은 양면 전술로 남베트남을 단숨에 장악해 공산화하겠다는 계획이었습니다. 당시 이아드랑에는 북베트남군 3개 연대가 주둔해 남베트남군을 향한 기습 공격을 계획하고 있었습니다.

그렇다면 이아드랑에서 첫 정규전에 임하는 미군의 전략은 무엇일까요? 그들은 이제껏 볼 수 없었던 새로운 작전을 세웠습니다. 미군이 야심차게 들고 온 작전은 바로 헬리콥터였습니다. 지금은 전쟁에서 헬기를 쓰는 게 익숙하지만 이때만 해도 헬기를 이용한 전투 전략은 생각하기 어려웠습니다. 그리하여 베트남 전쟁을 일컬어 '최초의 헬리콥터 전쟁'이라고도 합니다.

이아드랑은 정글보다 높은 고원지대로 이곳에서 싸우려면 전략적으로 지대 확보가 매우 중요했습니다. 미국은 이착륙이 유리한 헬기를 활용하면 병력을 쉽게 투입하고 퇴각시킬 수 있다고 판단했죠. 그리하여 일명 '휴이 헬기'라 불리는 UH-1을 대규모로 투입했습니다. 이처럼 베트남 전쟁은 미군 최초의 공중 강습부대가 활약한 전쟁입니다. 실제로 이 전투에서 헬기한 대가 67회에 걸쳐 포병부대를 전투 위치로 실어 나르기도 했습니다. 이렇게 미군은 헬기로 1천여 명의 병력을 투입했습니다. 미군이 준비한 것은여기서 끝이 아닙니다. 미국의 주력 폭격기인 B52를 최초로 전투에 투입한것입니다. 괌에서 출발한 15대의 B52 폭격기는 이아드랑에 폭격을 가했습니다. 그야말로 대대적인 공세 작전을 준비한 것이죠.

마침내 전투의 날이 다가왔습니다. 1965년 11월 14일 오전, 미군의 헬기가 이아드랑 계곡에 속속 도착했습니다. 그런데 이때 미군이 전혀 예상치못했던 일이 벌어졌습니다. 미리 이곳에 잠입한 북베트남군이 미군을 포위하고 있었던 것입니다. 그것도 2천여 명의 3개 연대라는 대대적인 병력을동원해서 말이죠. 당시 미군은 1개 대대의 395명에 불과했습니다. 압살될수도 있는 절체절명의 위기였습니다. 북베트남군이 계속해서 진격해 오는등 상황이 급박하게 돌아가자 전투 지휘관인 해롤드 무어Harold Moore 중령은 중대한 결심을 내렸습니다.

그는 본부에 급박한 요청을 보냈습니다. 일명 '브로큰 애로우(적에게 포위된 상황을 뜻하는 용어)'로 설사 아군이 피해를 입더라도 상관없으니 가능한모든 화력을 퍼부어달라는 것입니다. 이를 접수한 미군은 엄청난 폭탄을투하했는데 그것이 바로 앞에서 이야기했던 네이팜탄입니다. 섭씨 3,000℃의 열이 발생하면서 주변을 초토화하는 네이팜탄을 무차별적으로 투하한것이죠. 영화 〈위 워 솔저스〉는 당시 전투 상황을 그린 영화로 브로큰 애로우와 함께 네이팜탄을 투하하는 장면을 보여줍니다.

미국의 역습에 당황한 북베트남군은 몰려오는 미군을 막기 위해 병력을한 곳에 집중했습니다. 그때 미군의 무장 헬기가 기습 공격을 실시했고, 북베트남군이 큰 타격을 입으면서 이아드랑 전투는 미군의 승리로 끝났습니다. 전투 결과 미군은 300여 명이, 북베트남군은 1,800여 명이 전사했습니다. 이아드랑 전투는 미국과 북베트남 모두에게 교훈을 남겼습니다. 미군은 북베트남군이 결코 만만치 않은 상대이며 무엇보다 죽기 살기로 임하는 엄청난 정신력을 가지고 있다는 사실을 깨달았습니다. 북베트남은 미군의 네이팜탄 화력을 실감하고 이들을 상대하려면 전면전이 아닌 다른 방법을 찾아야겠다고 생각했습니다.

베트콩 전술의 늪에 빠진 미국

북베트남군과 베트콩이 미국을 꺾기 위해 생각한 다른 전술은 게릴라전이었습니다. 이는 적이 점령하고 있는 지역에서 열세한 장비를 가지고 기습을 하는 전투 형태입니다. 당시 베트남에는 대낮에도 하늘을 가릴 정도로 나무가 울창한 맹그로브 숲이 있었습니다. 베트콩은 큰 나무들이 끝도 없이 빽빽하게 이어지는 정글에서 게릴라전을 준비했습니다. 이곳의 넓이는 약 40만 헥타르로 서울의 6배가 넘는 엄청난 규모입니다. 특히 '철의 삼각지'라고 불리는 지역은 미군에게 매우 악명 높은 곳이었습니다. 사이공 북서쪽으로 50km~100km 구역인 철의 삼각지는 베트콩의 거점지로 정글에 익숙하지 않은 미군에게는 전면전을 치르기 어려운 지역이었죠.

물론 미군도 철저히 대비하며 군인들에게 최첨단 개인 화기를 지급했습니다. 이때 지급한 M16 소총, M60 기관총은 지금까지도 전투에 활용될 정도로 성능이 뛰어난 것들입니다. 함께 지급한 M34 백린 수류탄도 불꽃과 맹독성 연기를 내뿜는 치명적인 무기였죠. 미군은 최신식 무기로 무장한

베트남 전쟁 당시 꾸찌 터널 구조

채 게릴라전에 나섰지만 무더운 날씨에 정글과 숲을 헤쳐 가며 갑작스럽게 나타났다 사라지는 적군을 상대로 싸우며 점차 지쳐갔습니다. 설상가상으로 민간인과 다를 바 없는 복장을 한 베트콩을 찾아내는 데도 애를 먹어야 했죠. 이때 베트콩의 게릴라전술에 핵심 역할을 했던 것이 있습니다. 철의 삼각지의 핵심 요새라고 할 수 있는 꾸찌 터널입니다.

꾸찌라는 지역에 만든 지하 터널로 게릴라전을 펼치는 베트콩의 전략적 요충지로 중요한 역할을 했습니다. 이동 경로가 눈에 띄지 않게 땅속으로 길을 만든 꾸찌 터널을 통해 보급품 수송은 물론 터널 안에 부엌, 무기 창고, 병원, 심지어 연극무대를 올릴 수 있는 극장까지 지어놓고 지냈다고 합니다. 꾸찌 터널에서 전력 보강과 일상생활까지 가능하게 만든 것이죠. 사실 이 터널은 베트남 전쟁 때 처음 만든 것이 아니라 프랑스를 상대로 독립 전쟁을 벌이던 과정에서 만들어둔 것입니다. 당시는 터널 길이가 48km 정

꾸찌 터널 속 다양한 장소

도였는데 베트남 전쟁 때 250km까지 늘이면서 터널은 사이공 강에서 캄보
디아 국경 지대까지 이어졌습니다. 특수한 장비 없이 맨손과 호미로 파낸
이 터널의 깊이는 얕은 곳이 지면에서 3m~4m, 깊은 곳이 8m~10m 정도입
니다. 미군은 이 꾸찌 터널을 찾지 못해 애를 먹었는데, 터널이 지하에 있기
도 했지만 베트콩이 터널을 철저히 숨기는 방법이 있었기 때문입니다.

　입구의 뚜껑 문을 주변 나뭇잎으로 덮어서 위장했고, 터널의 입구도 한
두 개가 아니었죠. 꾸찌 터널을 찾는 게 너무 힘든 미군은 이 문제를 해결
하기 위해 본국에서 수색을 위한 탐지견 3천 마리를 공수해 오기도 했습니

터널에 들어가는 터널 쥐 병사

다. 그러자 베트콩은 터널 주변에 고 춧가루를 뿌려 탐지견들의 후각을 마 비시켰습니다. 추적 중에 고춧가루를 흡입한 개들은 놀라서 강물에 뛰어들 기도 했죠. 베트콩은 고춧가루 외에도 다른 방법을 썼는데, 탐지견에게 익숙 한 향인 미군이 쓰는 비누를 가져다 가 자신의 전투복에 묻혀서 교란 작전 을 펼친 것입니다. 이렇게 탐지견 작전 은 실패로 끝났습니다.

미군 입장에서 꾸찌 터널의 또 다 른 문제는 터널 입구가 너무 좁다는 것이었습니다. 입구 통로는 너비와 높

이 모두 80cm 정도로 사람 한 명이 들어가기에도 쉽지 않은 크기였습니다. 미군들이 간혹 꾸찌 터널을 찾았다고 해도 입구가 좁아서 들어갈 수조차 없었죠. 그렇다고 손 놓고 마냥 바라볼 수만은 없었던 미군은 꾸찌 터널을 없애기 위해 다양한 시도를 합니다. 헬기를 이용해 꾸찌 터널 위에서 기습 폭격을 가하거나 폭약을 설치해 터널을 폭파하기도 했죠. 그럴 때마다 베 트콩은 빠른 속도로 터널을 원상 복구했습니다. 그러자 미군은 또 다른 작 전을 세웠습니다. 터널 진입이 가능한 몸집이 작은 병사를 600명 정도 뽑 아서 강도 높은 훈련을 시킨 것입니다. 이 병사들을 '터널 쥐tunnel rats'라고 불렀습니다. 몸집이 작은 터널 쥐들은 무사히 터널 진입에 성공했지만, 터 널 안은 너무 덥고 산소가 부족해 오래 버티지 못하면서 오히려 베트콩에 게 역습당하고 말았습니다.

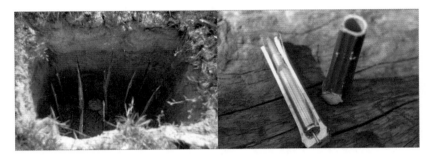

펀지 스틱   카트리지 트랩

미군들의 수난은 여기서 끝나
지 않았습니다. 곳곳에 베트콩이
숨겨놓은 함정이 있었기 때문입니
다. 겉으로 보면 도저히 알 수 없
는 위장 폭탄인 부비트랩을 여기
저기에 숨겨놓고 공격을 가했습니
다. 펀지 스틱은 대나무를 뾰족하
게 갈아 만든 죽창에 독을 바른
것입니다. 이것을 땅이나 풀에 꽂

더 메이스

아 위장해 피해를 유발했습니다. 한마디로 정글 전용 죽창 함정이죠. 수많
은 미군이 죽창에 발이 찔려 부상당했습니다. 나중에는 여기에 대비하도록
금속 깔창을 넣은 군화를 보급하기도 했죠. 사실 게릴라전에서 가장 많은
사상자를 만든 것은 더 메이스입니다. 20kg 이상의 거대한 나무 공에 날카
로운 스파이크를 박아 줄에 매단 뒤 미군이 지나가면 줄을 당겨 머리 위로
떨어지게 한 것입니다. 이 외에도 부비트랩 중 가장 발견하기 어렵다는 카
트리지 트랩도 있습니다. 이는 커다란 총알 아래에 못을 박아 땅에 심어 놓
은 형태의 함정입니다. 걸어가던 미군이 총알 윗부분을 밟는 순간 체중에

트럼프 카드를 꽂은 철모들

의한 압력으로 바닥의 못이 방아쇠 역할을 하면서 총알이 발사되도록 만든 것이죠. 이렇게 다양한 부비트랩에 미군은 속수무책으로 당하기 일쑤였고, 결과적으로 미군의 전력은 막대한 손실을 입었습니다. 하지만 가장 무서웠던 것은 심리적인 위협과 공포였습니다.

상황이 이렇게까지 되자 미군들 사이에서는 베트콩을 상대하기 위한 일종의 부적까지 유행했습니다. 베트콩을 이기고 싶은 마음을 담아 철모에 트럼프 카드를 꽂아서 다닌 것입니다. 그중에서도 스페이드 에이스 카드를 철모에 꽂았습니다. 프랑스에는 스페이드 에이스 카드가 죽음을 상징한다는 미신이 있습니다. 그래서 프랑스의 식민지 통치하에 있던 베트콩도 트럼프 카드에 공포심을 가졌을 거라 생각한 것이죠. 미군들은 베트콩을 사살하면 겁을 주기 위해 어김없이 시체 근처에 카드를 꽂아두었다고 합니다. 그만큼 전쟁의 두려움을 극복하고 베트콩을 이기고 싶어 했죠. 하지만 이런 바람은 쉽게 이루어지지 않았습니다.

꾸찌 터널 외에도 베트콩이 게릴라전술에서 이용한 지역이 또 있습니다. 이른바 호찌민 루트로 북베트남군이 남쪽의 베트콩에게 무기와 인력을 전

베트콩에게 물자를 전달하는 호찌민 루트

달하는 보급로입니다. 호찌민 루트는 북위 17도선 이북 전방에서 시작해 베트남 중부의 산맥을 따라 만들어졌습니다. 라오스와 캄보디아 영토가 포함된 국경선을 넘어서 사이공 북부까지 약 1,000km에 이르는 북베트남군 보급로죠. 원래 험난한 오솔길이었던 이곳을 1959년에 북베트남이 전쟁을 치르기 위해 트럭과 많은 병력이 이동 가능한 길로 넓혔습니다. 북베트남은 이 호찌민 루트를 통해 베트콩을 지원했습니다.

　미국 역시 호찌민 루트를 알고 있었지만, 남베트남 내 베트콩과 싸우는 제한된 전쟁을 치러야 했기에 막지 못했습니다. 게다가 당시는 냉전 시대로 소련과 중국의 개입을 두려워한 미국은 중립국을 침범할 수도 없었습니다. 그렇다고 미국이 캄보디아와 라오스 국경 연안으로 이어지는 호찌민 루트를 두고 보기만 한 것은 아닙니다. 호찌민 루트로 인한 피해가 커지자 미국은 이 루트를 차단하겠다는 명분으로 라오스 공습을 강행했습니다. 1964년~1973년 사이 라오스에 무려 58만여 차례의 공중 폭격을 가했습니다. 이때 미국이 쏟아부은 폭탄의 양은 무려 200만 톤에 달할 정도라고 합니다. 얼마나 많은 폭탄을 투하했던지 지금도 라오스에는 30%가량의 불발탄이 남아있다고 합니다. 그 양만 약 8천만 개에 달합니다. 라오스는 지구상에서 불발탄이 가장 많은 나라가 되었습니다.

캄보디아의 피해도 막대했습니다. 1969년~1973년 사이 미국이 캄보디아에 투하한 폭탄의 양은 53만 9천여 톤에 달합니다. 이는 제2차 세계대전 당시 미국이 일본에 투하한 폭탄의 3배에 해당하는 양입니다. 이렇게 미국은 베트콩의 전술에 대항한다는 명분으로 베트남 주변국에까지 크나큰 피해를 주었습니다.

미군의 잔인한 반격, 고엽제 살포

미국은 폭탄 외에도 베트남에 큰 비극을 남긴 또 하나의 무기를 사용합니다. 베트남 전쟁의 대표적 참상으로 기억되는 고엽제입니다. 미군은 초목을 고사시키는 제초제인 고엽제를 베트남에 다량으로 살포했습니다. 그들은 고엽제 살포로 정글을 없애고 숨어 있는 베트콩을 색출하고 싶었습니다. 그리고 베트콩의 군량 보급을 차단하기 위해 농촌 일대에 고엽제를 투하해 농촌을 황폐화하려 했죠. 놀랍게도 미군은 특정 전투나 작전에만 고엽제를 살포한 것이 아니라, 베트남 전쟁 내내 장기간에 걸쳐 무차별적으로 고엽제를 살포했습니다.

문제는 그들이 사용한 고엽제가 가장 치명적인 종류의 고엽제였다는 것입니다. 특히 '에이전트 오렌지'라고 불렀던 고엽제에는 인류 역사상 가장 독성이 강한 물질인 다이옥신이 들어있었습니다. 다이옥신 1g의 치사량은

고엽제로 망가진 숲

고엽제 살포 전후의 맹그로브 숲

무려 청산가리의 1,000배가 넘습니다. 게다가 잘 분해되지 않고, 용해도 되지 않기 때문에 아무리 소량을 흡수했다고 해도 몸속에 쌓여서 고통스러운 후유증을 남기죠. 미군이 베트남 전쟁 동안 베트남을 비롯해 캄보디아와 라오스 지역에 살포한 고엽제의 양은 무려 4,500만 리터입니다. 고엽제가 살포된 숲과 경작지의 면적은 2만 4,000㎢ 정도인데 이는 서울 면적의

고엽제 피해자

약 40배, 남베트남 전체 국토의 13%에 해당합니다.

사진은 정글을 없애겠다는 미군의 목적대로 수많은 나무가 초토화된 상황과 고엽제 피해로 망가진 맹그로브 숲의 모습입니다. 이렇게 고엽제는 남베트남의 숲을 철저히 망가트렸습니다. 숲이 이렇게 망가질 정도라면 고엽제에 노출된 사람들은 어땠을까요? 고엽제 피해자의 사진은 베트남 전쟁의 비극을 고스란히 담고 있습니다. 특히나 고엽제의 치명적인 위험은 피해가 대를 이어서 계속된다는 것입니다. 2019년 베트남 정부가 발표한 자료에 따르면 현재도 약 400만 명이 고엽제 후유증으로 고통을 겪고 있다고 합니다. 고엽제 피해는 3대에 걸쳐 진행되기도 하는데 400만 명의 피해자 중 40만 명이 아동이라는 사실은 너무도 가슴 아픈 현실입니다.

미군의 허를 찌른 북베트남의 테트 공세

미국의 무차별적 공세와 베트콩의 치열한 게릴라전이 이어지는 가운데 1968년 1월 30일에 예기치 못한 전투가 시작됩니다. 그날은 베트남의 명절인 '테트Tết' 기간이었습니다. 우리나라의 설날 같은 베트남 최대 명절로 지금도 온 가족이 모여 함께 시간을 보내는 중요한 날입니다. 원래 이 기간에는 암묵적으로 전쟁을 멈추고 며칠간 휴전을 해왔습니다.

그런데 1968년 테트 기간에 북베트남과 베트콩이 기습 공격을 감행했습니다. 이들의 목적은 기습 작전으로 남베트남의 도시를 점령하고 시민들의 대규모 봉기를 유발해 사이공 정권을 붕괴시키는 것이었습니다. 이때 투입된 북베트남군과 베트콩의 수는 무려 8만여 명입니다. 이들은 남베트남의 100개가 넘는 마을과 도시를 대상으로 무차별 공격을 쏟아부었습니다. 대표적으로 사이공의 대통령궁과 공항, 남베트남군 본부 등을 습격했죠. 사이공은 연일 총성과 포탄으로 아수라장이 되었고 곳곳에서 건물이 무너지고 불타올랐습니다.

예고 없는 기습 공격에 남베트남군과 미군은 당황할 수밖에 없었습니다. 그렇지만 정글이 아닌 시가전이었기에 오히려 미국으로서는 전면전을 벌일 기회이기도 했습니다. 게다가 테트 공세가 있던 1968년은 미국이 남베트남에 가장 많은 병력을 지원한 해로 그 규모는 약 54만 8천 명입니다. 덕분에 채 한 달이 되기 전에 대부분의 도시를 탈환할 수 있었습니다. 테트 공세가 끝났을 때 남쪽은 미군 약 1,100명, 남베트남군 약 2,300명이 전사했습니다. 민간인 1만 4,000명도 목숨을 잃었죠. 그런데 북베트남군과 베트콩은 무려 5만 명가량이 전사했습니다. 베트콩은 완전히 격퇴되었고 전력에 결정적인 손실을 입었습니다.

전투 결과로만 보면 남베트남군과 미군이 승리한 것 같습니다. 그런데 테트 공세의 후폭풍은 승리의 결과를 바꿔버립니다. 대체 무슨 일이 벌어진 걸까요? 테트 공세 중 베트콩은 남베트남의 사이공에 있는 미국 대사관에 침입해 6시간 동안 미군과 총격전을 벌였습니다. 이때 미군 5명이 사망하고 나서야 베트콩 진압에 성공합니다. 문제는 이 모든 광경을 미국인들이 TV를 통해 지켜본 것입니다. 베트남 전쟁을 부르는 또 다른 이름 중에 '최초의 TV 전쟁'이라는 말이 있습니다. 미국은 1952년에 가정의 절반 정도가 TV를 가지고 있었고, 1960년 전후로 TV는 라디오, 신문 등을 제치고 가장

사이공식 처형

인기 있는 매스미디어로 자리 잡았습니다. 당시 저녁 뉴스의 90%는 전쟁 소식이 차지했죠. 뉴스를 통해 이 상황을 지켜본 미국인은 5천만 명이나 되었습니다.

미국인들은 미국 대사관이 공격받을 수 있다는 사실에 가장 큰 충격을 받았습니다. 미국인에게 베트남은 낯선 나라였습니다. 그들은 세계 최강 미국이 먼 곳에서 공산주의를 막기 위해 쉬운 전쟁을 치르고 있다고 생각했습니다. 그런데 생각과 달리 도심에서는 검은 연기가 피어오르고, 거리에서는 치열한 총격전이 펼쳐지며, 미국 대사관까지 공격당한 것입니다. 이 모습을 본 미국 시민들은 베트콩이 두려워졌습니다. 그리고 연일 TV에서 보여주는 광경을 보면서 베트남 전쟁에 문제가 있다고 생각하기 시작했습니다. 특히 부모 세대는 자신의 아들을 왜 이런 전쟁에 내보내야 하는지 도저히 납득할 수 없었죠. 많은 젊은이를 베트남에 파병하고 고가의 첨단무기까지 동원해 전쟁을 치르고 있는데 기습 공격까지 당했느냐는 비난도 줄을 이었습니다. 이렇게 미국 사회에서 반전 여론이 거세질 때 여기에 불을 지피는 결정적 사진이 공개됩니다.

사진 속 왼쪽 남자는 남베트남의 장군입니다. 그가 길거리에서 민간인 복장을 한 베트남인을 총으로 쏘고 있습니다. 겁먹은 표정을 하고 있다가 총에 맞은 남성은 곧바로 땅에 고꾸라졌죠. 이 사진은 상황에 대한 자세한 설명 없이 미국 매체에 실렸습니다. 사진을 본 미국인들은 미군이 돕는 남베트남의 군인이 민간인을 잔인하게 쏴 죽였다고 생각했습니다. 분노한 사람들은 거리로 나와 더욱 강력하게 배트남 전쟁 반대와 미군 철수를 외쳤죠. 그런데 이 사진에는 반전이 숨겨져 있었습니다. 처형당한 남자의 정체는 평상복을 입고 민간인인 척 접근 후 공격하던 베트콩입니다. 그는 테트 공세 때 도시를 돌아다니며 군인과 그 가족들을 무차별하게 죽였습니다. 민간인이 아닌데다 현장에서 체포된 적군이었기 때문에 바로 사살해 버린 것이죠. 하지만 진실은 묻혔고 이 사진으로 미국에서는 반전 여론이 들끓었습니다.

그리고 이때 미국인을 또다시 경악에 빠트린 끔찍한 사실이 알려집니다. 테트 공세 때 미군이 민간인을 학살했다는 사실이 뒤늦게 알려진 것입니다. 미군은 다낭 남쪽에 위치한 손미 지역의 작은 마을인 미라이가 베트콩의 전진 기지라는 정보를 입수했습니다. 그곳을 수색하러 갔지만 베트콩이 주둔했던 흔적은 찾아볼 수 없었죠. 그럼에도 미군은 철수하지 않고 마을 사람들을 상대로 무차별 학살을 저질렀습니다. 희생자는 모두 민간인이었고 이들 중에는 임산부와 어린이, 그리고 5개월 미만의 유아까지 포함돼 있었습니다. 게다가 성폭력과 고문을 당한 사람, 신체 일부가 절단된 채 사망한 이들도 있었죠. 약 340명~500명으로 추정되는 사람들이 학살을 당했습니다. 이 끔찍한 사건은 1년 가까이 은폐됐는데 한 기자가 언론을 통해 이 사실을 공개하면서 미군의 민간인 학살 사실이 세상에 드러나게 됩니다. 조사 결과 학살에 가담한 미군은 모두 26명으로, 이 중에 유죄 판결을 받은 사람은 딱 한 명뿐입니다. 그는 입대한 지 4개월이 막 지난 소위였는데, 명령을 내렸을 대령, 중령급의 장교들은 그 어떤 처벌도 받지 않았죠. 유죄 판결을 받은 소위도 3년 반 동안 가택연금 상태로 지낸 게 처벌의 끝이었습니다. 하지만 학살의 기억은 여전히 남아 있습니다.

사실 테트 공세에서 미군만 민간인을 학살한 것은 아닙니다. 베트콩도 그들이 점령한 지역의 민간인들을 집단으로 총살하고 암매장했습니다. 당시 학살당한 사람은 최소 2,800여 명이었을 것으로 추정됩니다. 하지만 베트콩은 자신들이 저지른 일이 아니며 '의견을 달리하는 지역 정치단체'의 소행이라고 주장했습니다. 베트남 정부는 지금까지도 이 일에 대해 명확한 입장을 내지 않고 있습니다. 서로를 무참히 학살하는 끔찍한 일이 전쟁에서 벌어지고 있었던 것이죠.

여론의 악화와 거세지는 반전 시위

미국은 TV를 통해 매일같이 베트남 전쟁의 참상을 중계했습니다. 여기에 민간인 학살까지 저지른 사실이 알려지자 미국 국민은 완전히 반전 여론으로 돌아섰습니다. 워싱턴 D.C는 1969년 11월 15일을 '베트남 전쟁 반대의 날'로 정했고 시위대는 워싱턴 D.C로 집결했습니다. 이날 시위에 참여한 사람은 50만 명 이상으로 전쟁 중 벌어진 최대 규모의 반전 시위였습니다. 얼마 후 여기에 더욱 불을 지핀 사건이 벌어집니다.

1969년, 미국에서는 닉슨 정권이 새로 출범했습니다. 대통령이 된 리처드 닉슨Richard Nixon은 바뀐 여론을 의식해 베트남 정책에도 변화를 꾀했습니다. 미군을 단계적으로 철수하면서 그 자리를 남베트남군이 메우는 방식으로 미군 병력을 감소하기로 한 것이죠. 그런데 동시에 베트콩을 소탕한다는 명분을 내세워 캄보디아를 침공하고 폭격을 퍼부었습니다. 비밀 작전이었던 공격이 알려지자 하버드, MIT, UC 버클리를 비롯한 미국의 대학가에서 동시다발적으로 시위가 벌어졌습니다.

대학가를 중심으로 반전 시위가 확산되는 가운데 오하이오주에 있는 켄트 주립 대학교에서 발포 사건이 터졌습니다. 놀랍게도 오하이오주 방위군이 시위하는 학생들을 향해 실탄을 쏜 것입니다. 시위를 진압하기 위해 투입된 방위군은 순식간에 67발가량의 실탄을 쐈습니다. 그 결과 4명의 학생이 숨지고, 9명이 부상을 입는 참사가 벌어졌습니다. 이 사건의 충격으로 미국 전역의 450개 대학에서 400만 명의 학생이 동맹휴학에 나서게 됩니다. 학생들의 분노에서 시작된 미국 역사상 가장 큰 파업이었죠. 이런 움직임이 당장 전쟁을 끝내지는 못했지만 여론에 매우 큰 영향을 미쳤습니다. 곧이어 베트남 참전군 조직도 검은 완장을 차고 전쟁 반대에 나섰습니다. 갈수록 거세지는 반전 여론은 닉슨 정부를 점점 궁지에 몰아넣었죠.

그리고 베트남 전쟁의 징집 대상이었던 청년들 사이에서도 대학가를 중심으로 시위와 병역 기피 현상이 이어졌습니다. 1969년~1970년 사이 징집병 가운데 보병 지원자는 2.5%에 불과했고, ROTC 지원자는 1966년 약 19만 명에서 1971년에는 약 7만 명까지 급감했습니다.

미국에서 젊은이들이 반전 시위와 함께 자유와 평화를 외치고 있을 때, 전쟁터인 베트남에서도 비슷한 분위기가 형성됐습니다. 시위에 참여한 학생들과 비슷한 또래의 청년인 미군들 역시 명분 없는 전쟁에 점차 지쳐가고 있었던 것입니다. 끝이 안 보이는 전쟁 속에서 방황하는 젊은 병사들의 마음은 1973년 발표한 밥 딜런Bob Dylan의 노래 〈노킹 온 헤븐스 도어 Knockin' On Heaven's Door〉에 잘 드러나 있습니다.

"어머니 이 총들을 내게서 멀리 치워주세요. 나는 더 이상 총을 쏠 수 없어요. 거대한 검은 구름이 나를 따라오고 있어요. 천국의 문을 나는 두드리고 있어요. 똑똑 천국의 문을 두드려요."

이 노래는 베트남 전쟁에 참여한 미군의 마음을 대변하며 큰 사랑을 받았습니다. 이 노래 가사처럼 미군들은 전장에서 서서히 무너져 갔습니다. 그리고 그들 중 일부는 전쟁의 고통을 잊기 위해 마약에 손을 대기 시작했죠. 1970년에 육군과 해군이 마약 사범으로 퇴역시킨 병사가 약 2만 2천 명에 달할 정도였습니다. 더욱 심각한 문제는 군대 내부에서 발생한 프래깅fragging이라는 행위였습니다. 프래깅은 수류탄을 뜻하는 fragg에서 나온 것으로 군대에서 같은 부대의 구성원을 죽이고 죽는 행위를 뜻하며, 특히 상관 살해를 가리키는 미군의 은어입니다. 미군은 베트남 전쟁 중에 초급 장교를 급격히 늘렸는데 자질 없는 소대장과 중대장이 나오면서 부하가 불복종하거나 폭력 및 살인사건이 발생하는 등 사고가 끊이지 않았습니다. 이런 프래깅은 베트남 전쟁 중 1천 건 이상 발생했으며 이로 인해 목숨을 잃은 군인도 86명이나 되었습니다.

미국의 씁쓸한 퇴장과 사이공 최후의 날

계속해서 악화되는 여론, 한쪽 손이 묶인 채 치러야 하는 제한된 조건, 남베트남 정부의 나약함에 둘러싸인 미국 정부의 입장은 어떻게 달라졌을까요? 더 이상 이 전쟁에서 얻을 것이 없다고 판단한 미국은 베트남과 비밀리에 협상을 진행했습니다. 1972년부터 시작된 미국과 베트남의 비밀 협상은 북베트남과 남베트남의 요구 조건이 달라 번번이 결렬됐습니다. 여러 번의 실패 끝에 1973년 1월에 다시 협상이 시작됐죠. 그 결과 '베트남 전쟁의 종결 및 평화 회복에 관한 협정', 이른바 '파리 평화 협정'을 맺게 됩니다. 다음은 파리 평화 협정의 결과입니다.

1. 베트남 주둔 미군의 철수
2. 전쟁 포로의 송환
3. 현재 상태로의 정전
4. 남베트남에서의 사이공 정부와 남베트남 임시혁명정부 간 연합 정부 조직을 위한 협의
5. 정치범의 석방

파리 평화 협정의 주요 내용은 남북 양측의 영토를 보장하고 선거를 통해 통일 정부를 구성하며, 60일 안에 모든 미군이 철군하는 것입니다. 그런데 이 내용이 어딘가 익숙합니다. 앞서 이야기했던 제네바 협상에 명시된 조건과 매우 비슷합니다. 1954년 제네바 협약이 부활한 셈입니다. 약 20년 동안 수많은 목숨을 앗아가고 베트남을 초토화했음에도 별다를 게 없는 결과를 얻은 것이죠. 이로써 미국은 남베트남에서 완전히 철수했습니다.

베트남 문제는 앞으로 남과 북 쌍방이 국제 사회의 도움을 받아 정치적으로 풀어간다는 평화 협정은 실제로 가능했을까요? 북베트남이나 남베트남 정부는 정치적으로는 문제를 해결할 수 없음을 알고 있었습니다. 파리 평화 협정은 실효성이 거의 없었고, 이는 '미국의 직접적인 참여 없이 전쟁을 계속한다'라는 북베트남의 선전포고와 다름없었죠. 결국 미군이 철수한 후에도 북베트남과 남베트남은 계속해서 전쟁을 치렀습니다. 1975년 3월에 북베트남과 베트콩의 총공세가 시작됐고 남베트남은 순식간에 지옥이 됐습니다. 미군의 지상군 병력과 공중화력의 지원을 받지 못한 남베트남군은

무기력하게 밀리기만 하다 결국 수도 사이공의 함락과 함께 항복하고 말았습니다. 이렇게 북베트남의 승리로 기나긴 전쟁은 마침표를 찍었습니다.

남베트남이 패망하고 있을 때 미국은 어떻게 그곳에서 철수했을까요? 1975년 4월 30일은 사이공 최후의 날로 기억됩니다. 이날 남베트남 현지 미국인, 국제단체 인사, 현지인 협력자 등이 혼란 속에 남베트남을 탈출했습니다. 이들 외에도 살기 위해 필사적으로 베트남을 탈출하려는 사람들로 헬기장과 해변은 아수라장이 되었습니다. 하지만 모두가 구조되지는 못했습니다. 탈출하지 못한 채 미 대사관 철문 뒤에서 애걸하는 베트남 사람들, 간신히 헬리콥터 밧줄에 의지해 매달렸지만 결국 힘에 부쳐서 손을 놓고 떨어지는 모습, 베트남을 떠나는 마지막 항공기와 선박을 놓치고 탈출의 기회를 잃은 채 좌절하는 사람들, 그리고 탈출 후 갈 곳이 없어 바다를 배회하는 보트피플boat people은 베트남 전쟁의 비극으로 남았습니다. 보트피플은 북베트남이 남베트남을 점령한 후 보트를 탄 채 대규모 해외 탈출을 감행한 남베트남인을 말합니다. 당시 이들 난민의 숫자는 약 90만~100만 명으로 추정되며, 오랜 시간 무국적자로 바다를 떠돌아야 했습니다. 현재 미국에 거주하는 베트남 교포의 대부분은 보트피플의 후손입니다.

전쟁이 남긴 참담한 상처와 비극

베트남 전쟁에서 빠져나온 미국은 그들이 지원한 남베트남이 전쟁에서 패배함으로써 함께 패배를 인정해야 했습니다. 그 패배가 더욱 뼈아팠던 것은 미국이 참여한 전쟁에서 얻은 최초의 실패였고, 그 대가가 너무도 컸기 때문입니다. 베트남 전쟁으로 5만 8천여 명의 미군이 전사했고, 15만 명 이상이 부상당했습니다. 1965년부터 1975년까지 미국은 1,000억 달러 이상을 전쟁비로 사용했고 이로 인해 재정은 악화되었죠. 전쟁을 치르고 돌아온 병사들의 상황은 더 심각했습니다. 병사들 가운데 83만 명은 외상 후 스트레스 장애로 고통받았고, 미국으로 돌아온 뒤에는 '베이비 킬러'라는 소리를 들어야 하는 비참한 현실을 마주해야 했죠. 상당수의 장병이 전쟁 트라우마로 마약에 빠지거나 사회부적격자, 범죄자로 전락하는 비극을 겪었습니다.

이렇듯 이 전쟁은 미국과 베트남 모두가 얻은 것보다 잃은 것이 훨씬 많은 비극일 뿐입니다. 그런데 세계사의 큰 흐름에서 보면 베트남 전쟁이 특별히 예외적인 것은 아닙니다. 1945년 이후 전 세계에서 100개 이상의 내전이 발생했다고 합니다. 그중에 미국이 개입한 전쟁도 많습니다. 이 같은 내전의 아픔을 딛고 경제적으로, 그리고 민주주의에서 성공을 거둔 나라는 우리나라가 유일합니다. 우리는 여기에 자부심을 가져야 합니다. 베트남의 경험처럼 그 민족의 운명은 결국 다른 외세가 아니라 바로 그 민족이 단결해서 그 이상을 지켜내느냐에 달려 있습니다. 베트남 전쟁이라는 슬픈 세계사를 통해 앞으로는 이런 비극이 일어나지 않았으면 좋겠습니다.

벌거벗은 소말리아 내전

끝없는 전쟁과 해적 국가의 탄생

황규득

소말리아

● 2021년에 개봉한 영화 〈모가디슈〉는 1991년 소말리아의 수도 모가디슈에서 벌어진 일촉즉발의 내전 상황에서 남과 북의 탈출 실화를 배경으로 합니다. 영화를 통해 매 순간 생사의 기로에 서야 했던 탈출 과정과 함께 소말리아 내전의 모습도 볼 수 있었습니다. 끊이지 않는 총소리와 혼란에 빠진 사람들, 시내 곳곳에서 벌어지는 총격전, 아무렇지도 않게 총을 가지고 다니는 어린아이들의 모습까지. 영화 속 소말리아는 그동안 우리가 알던 모습과 많이 달랐습니다.

그때로부터 30년이 지난 지금도 소말리아는 계속되는 내전과 테러 문제로 우리나라에서는 여행이 금지된 국가입니다. 많은 사람이 낯선 땅 아프리카 대륙 전체를 하나의 나라라고 생각합니다. 하지만 아프리카는 무려 50개국 이상, 3천 개 이상의 종족이 공존하는 땅입니다. 복잡한 아프리카를 공부하는 것은 어려울 수 있지만 현대사를 이해하기 위해서는 반드시 아프리카의 이야기를 알아야 합니다. 다양한 아프리카 국가 중에서도 우리는 〈모가디슈〉에 다 담지 못한 소말리아를 벌거벗겨 보려 합니다.

지금도 아프가니스탄, 이라크 등 세계 곳곳에서 심각한 분쟁이 일어나고 있지만 소말리아는 현재 세계에서 가장 위험한 나라라고 해도 과언이 아닐 만큼 최악의 분쟁지역으로 손꼽힙니다. 시내 건물 대부분에는 총탄 자국이 가득하고 끊임없는 내전으로 터전을 잃은 사람들은 움막을 지어 생활하고 있습니다. 심지어는 동굴로 들어간 사람들도 있죠. 최근에도 대통령궁 인근 차량 테러와 축구 선수단을 태운 버스의 폭탄 테러로 많은 사람이 목숨을 잃었습니다. 여기에 불안한 치안과 기아 문제까지 심각합니다.

'소말리아' 하면 가장 먼저 떠오르는 것은 무엇인가요? 아마도 기아 문제를 이야기할 것입니다. 소말리아는 세계의 기아 위험 1위 국가입니다. 인구 10명 중 6명이 영양 결핍 상태일 정도로 위태롭습니다. 소말리아의 또 다른 문제는 난민입니다. 소말리아 난민 역시 세계에서 가장 심각합니다. 소말리아와 가까운 케냐 북동부에 위치한 다다브에는 세계 최대 난민 수용소가 있습니다. 그런데 이곳에 있는 약 20만 명의 난민 중 대다수는 소말리아 사람입니다. 모두 살아남기 위해 목숨을 건 탈출을 감행한 것입니다. 소말리아에서 산다는 것은 굶주림을 견뎌내는 것이기도 하지만 끊임없는 내전과 테러의 공포를 견뎌내는 것이기도 합니다.

기아와 내전 외에도 소말리아 하면 떠올리는 이미지는 바다의 무법자, 아덴만 해적입니다. 사실 이 문제는 모두 서로 연결되어 있는 이야기입니다. 오랫동안 이어진 내전은 소말리아의 기아 문제를 악화시켰으며 그 결과 해적까지 등장하는 상황을 초래했습니다. 대체 소말리아에서 무슨 일이 있었길래 이곳은 불명예를 떠안은 최악의 나라가 된 것일까요? 그 진실을 알기 위해 지금부터 소말리아의 역사를 벌거벗겨 보겠습니다.

소말리아를 망친 독재자, 시아드 바레

소말리아가 최악의 파탄 국가로 전락한 가장 큰 이유는 내전입니다. 그리고 이 내전의 단초가 된 사람은 시아드 바레Siyaad Barre라는 소말리아의 장군입니다. 그는 지금부터 이야기할 수많은 비극의 시작점이라 할 수 있습니다.

1969년, 시아드 바레는 경호원을 사주해 소말리아 대통령을 암살하고 군사 쿠데타를 일으켰습니다. 이후 22년이나 소말리아를 무력으로 장기 집권한 최악의 독재자가 됩니다. 시아드 바레가 무혈 쿠데타를 일으키고 단숨에 소말리아를 장악할 수 있었던 이유는 이 시기의 소말리아가 극도로 혼

란했기 때문입니다. 그 원인은 소말리아의
식민 역사에서 찾을 수 있습니다.

최악의 독재자 시아드 바레

　19세기 제국주의 서양 국가들이 아프리
카를 식민화하기 시작합니다. 1880년대에
거대한 대륙 아프리카 땅에 들어온 유럽
의 강대국들은 서로 더 많은 영토를 차지
하려 했습니다. 이때 총칼을 겨누면서 싸
우면 모두 피해가 클 테니 전쟁 대신 회의
를 통해 아프리카 땅을 나누기로 하죠. 그
리하여 유럽의 강대국인 영국, 프랑스, 독일, 벨기에는 물론이고 유럽 밖 신
흥 강대국인 미국과 오스만 제국까지 총 14개 서구 국가가 모인 '베를린 회
의'가 열렸습니다. 강대국들은 이 회의에서 오랜 시간 아프리카에서 살아온
수천 개의 종족과 왕국을 무시한 채 자기들 마음대로 국경선을 그어 버렸
습니다. 그러다 보니 하나의 민족이 살아오던 땅이 여러 나라로 조각나기도
하고, 서로 다른 종족들이 인위적으로 하나의 국민이 되기도 했습니다.

　그중에서도 영국, 이탈리아, 프랑스는 경쟁적으로 소말리아에 자리 잡았
습니다. 세 강대국은 소말리아를 쉽게 통치하기 위해 사람들을 분열시켰습
니다. 전통적으로 유목민의 나라인 소말리아는 혈연으로 이어진 관계, 즉 씨
족을 중심으로 뭉쳐왔습니다. 다로드, 하위에, 이사크, 디르, 디길, 라한웨
인 등 주요 6개 씨족과 200개가 넘는 하위 씨족들이 서로 공존하며 살아왔
죠. 하지만 소말리아를 점령한 영국, 이탈리아, 프랑스는 자신들의 의견을 따
르지 않는 사람들은 제거하고 말 잘 듣는 사람들만 씨족의 족장으로 올렸습
니다. 그러자 소말리아를 이끌던 엘리트 계급들은 세 강대국에 붙어 자신의
이익만 챙기기 시작합니다. 어느새 하나의 민족이었던 소말리아는 친영국파,

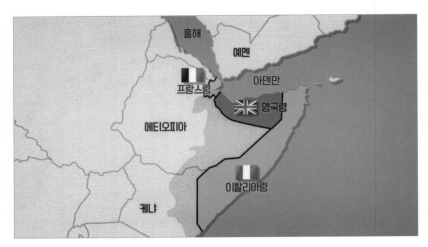

소말리아의 식민지 분할 지도

친이탈리아파, 친프랑스파로 나뉘며 심각하게 분열됐습니다. 소말리아는 강대국에 의해 세 나라로 쪼개진 채 약 80년간 이들의 식민지가 되었습니다.

지금까지도 수많은 아프리카 국가에서 계속되는 갈등의 씨앗은 이때 뿌려진 것입니다. 그런데 1960년대에 '각 민족은 정치적 운명을 스스로 결정할 권리가 있으며, 다른 민족의 간섭을 받을 수 없다'라는 민족자결주의가 전 세계로 확산되면서 아프리카에도 영향을 주었습니다. '아프리카의 해'라 불리는 1960년을 전후해 수많은 아프리카 국가가 독립을 맞이합니다. 소말리아에도 독립의 바람이 불어왔고, 1960년 7월 1일에 식민지에서 독립 국가가 됩니다. 드디어 소말리아에도 그들의 국기가 휘날리게 된 것이죠.

문제는 식민지 시기에 뿌리 내린 혼란을 폭탄처럼 안은 채 독립했다는 것입니다. 소말리아는 권력을 쟁취하려는 집단들의 투쟁이 끊이지 않았습니다. 1969년, 시아드 바레는 그 틈을 파고들어 쿠데타를 일으켰습니다.

그는 대통령이 된 후 국가 주도의 다양한 사회주의 정책을 실시했습니다. 가장 먼저 '씨족과의 전쟁'을 선포했습니다. 씨족이 나라를 분열시킨다

오가덴 지역

며 씨족으로 뭉치는 문화를 없애겠다고 한 것이죠. 그런데 말로는 씨족주의를 없애겠다면서 정작 자신이 속한 마레한 씨족에게 정부 요직을 몰아주었고, 그들을 중심으로 국정을 운영하며 온갖 특혜를 주었습니다. 한때 군 장교의 60% 이상이 마레한 씨족이기도 했죠. 동시에 다른 씨족은 엄격하게 차별했습니다. 이로 인해 시아드 바레 정권하에서는 씨족 간의 적대감이 극대화되었고 나라 전체가 언제든 서로 싸울 수 있을 만큼 심각하게 분열되었습니다.

독립 이후에도 안정되지 못했던 경제 상황도 바레의 집권 이후 최악으로 치달았습니다. 바레는 오랫동안 각 씨족의 공동 소유로 전해 내려오던 땅을 사회주의라는 명분을 내세워 모조리 몰수해 국가에 귀속시켜 버렸습니다. 그렇게 빼앗은 땅은 곧바로 자기 씨족들에게 나눠줬습니다. 그러다 보니 대대로 그 땅에서 농사짓던 농부들이 쫓겨나면서 농사지을 사람은 줄고, 농지는 점점 황폐해졌습니다. 이외에도 바레 정권 내에서는 온갖 부정부패가 끊이지 않았습니다. 인플레이션이 계속됐고 실업률도 크게 올랐습니다. 더욱 심각한 것은 이 시기에 소말리아가 식량 대부분을 수입에 의존하는 나라로 전락한 것입니다. 이 역시 독재자가 자기 씨족만 챙긴 결과였죠.

계속된 씨족 차별과 추락하는 경제 상황에 국민의 불만이 터져 나왔고, 시아드 바레의 지지율은 곤두박질쳤습니다. 이때 바레는 국민의 불만을 외부로 돌릴 비장의 카드를 꺼냈는데, 바로 전쟁입니다. 그가 노린 곳은 소말리아와 국경이 맞닿은 채 에티오피아와의 사이에 있는 '오가덴'이라는 지역입니다.

오가덴은 한반도와 면적이 비슷할 정도로 꽤 큰 땅입니다. 지금은 에티오피아 영토지만 사실 이곳은 대대로 소말리족이 거주하던 곳으로 주요 6개 씨족 중 하나인 다로드 씨족의 가장 큰 하위 씨족인 오가덴 씨족이 살던 땅이었습니다. 그런데 1880년대에 아프리카에 들어온 강대국들이 제멋대로 땅을 나누고 국경선을 긋는 과정에서 영국의 영향으로 소말리족이 살던 땅이 에티오피아로 넘어가 버렸습니다. 그럼에도 소말리족들은 여전히 그 땅에서 생활했기에 소말리아 사람들은 오가덴을 당연히 소말리아 땅이라고 생각했죠. 바레는 이런 국민감정을 이용해 "잃어버린 땅을 회복하자"라고 주장하며 전쟁을 일으켰습니다. 에티오피아와의 전쟁에서 승리해 정권을 다시 다지고 싶었던 것입니다.

당시 바레는 전쟁에서 승리할 수 있다고 장담했습니다. 그 자신감은 막강한 무기에서 나왔습니다. 바레는 사회주의 성향의 정부를 만들었는데, 당시 사회주의 맹주국이던 소련과 협정을 맺고 막대한 양의 무기를 지원받은 것입니다. 자신만만하던 소말리아는 1977년에 에티오피아를 침공합니다. 하지만 바레의 예상과 달리 악재를 만난 소말리아는 처절하게 패배했습니다. 에티오피아와의 전쟁에서 소말리아가 패배한 원인은 소련의 배신입니다. 소련은 전쟁 직전에 소말리아의 적국인 에티오피아에도 무기를 지원했습니다.

소련이 소말리아를 배신한 이유는 에티오피아를 사회주의 진영으로 끌어오고 싶어 했기 때문입니다. 오가덴 전쟁이라고도 불리는 소말리아-에티오피아 전쟁이 벌어진 1970년대 후반은 냉전 시대였습니다. 자유주의 진영의 미국과 사회주의 진영의 소련은 서로 경쟁하면서 한 나라라도 더 자기 진영으로 끌어들이려고 세계 곳곳에서 치열하게 경쟁했죠. 원래 친미 정부였던 에티오피아는 전쟁 전에 쿠데타가 일어나면서 사회주의로 돌아섰습니다. 소련은 에티오피아에 부는 사회주의 바람을 보며 친미 국가가 친소 국가로 변신하는 모습에 상당한 매력을 느꼈습니다. 게다가 에티오피아는 소말리아보다 더욱 강력하게 소련식 사회주의를 추진하는 점도 매우 중요하게 작용했습니다. 결국 소련은 이 틈을 타 에티오피아를 향한 적극적인 구애에 나섰습니다. 무엇보다 소련과 같은 사회주의 국가인 쿠바의 군대를 보내준 게 결정적이었죠. 소련이 보낸 약 1만 5천 명의 쿠바 군대의 지원으로 전세는 에티오피아 쪽으로 기울었습니다. 결국 소말리아군은 쿠바군을 등에 업은 에티오피아에 완전히 밀렸습니다.

정권을 지킬 마지막 보루였던 전쟁마저 진 바레는 완전히 궁지에 몰렸습니다. 그런데 이때 한 나라가 독재자 바레의 손을 잡고 소말리아를 지원합니다. 어느 나라일까요? 미국입니다. 소련이 소말리아를 배신한 틈을 타 소말리아를 친미 국가로 만들고 싶었던 것이죠. 미국은 1991년에 소련이 붕괴하면서 냉전 시대가 막을 내릴 때까지 소말리아에 각종 무기를 지원합니다. 그래서 소말리아에는 소련과 미국에서 지원했던 수많은 무기가 남게 됩니다.

한편 오가덴 전쟁 이후 바레를 반대하는 민심이 폭발했고 씨족들을 중심으로 여러 반군 단체가 생겼습니다. 전쟁에서 패배한 바레 정부는 정권을 지키기 위해 반인륜적인 범죄를 저지르고 더욱 강한 독재를 펼쳤습니다. 자신에게 반대하는 씨족 마을에 무차별적인 공중 폭격을 퍼부어 국민을 학살하는 사건을 벌인 것입니다. 반군뿐 아니라 정권에 반대하는 민간인까지 말살하려 한 것이죠. 한 예로 1987년~1989년 사이에 발생한 바레 정부의 자국민 학살로 인해 소말리아의 대표 씨족인 이사크족은 대략 20만 명의 사람들이 목숨을 잃었고 30만 명이 넘는 사람들이 에티오피아로 피난을 떠나 난민 신세가 되었습니다.

서구 강대국들의 오랜 식민 지배와 준비되지 않은 상태의 독립, 그리고 이 틈을 노리고 일어난 쿠데타와 장기 독재, 전쟁까지 겪은 소말리아는 점점 쇠락해 갔습니다.

22년 독재의 끝과 끝이 보이지 않는 내전의 시작

이런 상황에서 소말리아에 또 한 번의 쿠데타가 일어납니다. 그동안 독재자 바레에게 불만을 가져온 씨족 군벌들이 똘똘 뭉쳐 들고일어난 것입니다. 앞서 이야기한 영화 〈모가디슈〉의 상황입니다. 무장한 반군이 수도 모가디슈에 입성하면서 모가디슈는 그야말로 아수라장이 됩니다. 영화 속 모습처럼 반군은 정부군과 대치하고 모가디슈의 외국 대사관까지 공격했습니다. 무법천지가 된 도시의 곳곳에서는 무장 강도가 출몰했고 소년병들은 총을 들고 거리를 돌아다니는 안타까운 상황이 펼쳐졌죠.

이때 파라 아이디드Farrah Aidid라는 장군이 여러 군벌을 통합합니다. 한때 바레의 수하였던 그는 독재적이고 폭압적인 정권에 반대했습니다. 그는 알리 마흐디 무함마드Ali Mahdi Muhammad라는 또 다른 군벌과 함께 통일소말리아회의(USC)를 조직한 뒤 반군을 모아 바레의 정부군과 치열하게 싸웠

파라 아이디드와 알리 마흐디 무함마드

습니다.

기업가 출신의 마흐디가 의장을 맡았지만, 실질적으로 군권을 가지고 반군을 통솔한 것은 아이디드였습니다. 독재자 바레의 정부군과 아이디드의 반군이 치열하게 싸우면서 수도 모가디슈는 무법 지대를 방불케 했습니다. 당시 소말리아의 현실은 영화 〈모가디슈〉보다 더욱 심각했습니다. 거리에는 각종 살상 무기가 넘쳐나고 모가디슈 시내는 아비규환이었죠. 그렇게 삶의 터전을 잃은 사람들은 떠나야 했습니다.

그날부터 정부군과 반군 중 어느 쪽도 우위를 점하지 못한 채 서로 죽고 죽이는 참상이 펼쳐졌습니다. 전쟁터로 변한 수도 전역에는 정부군과 반군, 여기에 휘말린 시민들의 시체가 널려 있었습니다. 한 달 만에 모가디슈에서만 수천 명이 사망했고 도시에는 죽음만이 가득 차올랐습니다. 당시 국경 없는 의사회 소속이었던 한 의사는 인터뷰에서 소말리아의 참상을 전했습니다. 개가 시신을 먹어버리기도 했고, 모가디슈의 드넓은 해변의 모래사장에서는 파묻은 시신이 파도에 드러나 여기저기서 시신의 손이 튀어나오고 있다고 말이죠. 건물은 포탄을 맞아 파괴되거나 불에 탔고, 당시 인구 110

만 명이 살던 한 나라의 수도는 쑥대밭이 됐습니다. 외부와의 연결이 완전히 끊긴 상황에서 구조 요청도 바랄 수 없었던 시민들은 목숨을 걸고 모가디슈를 탈출해야 했습니다.

영화 〈모가디슈〉에는 대한민국과 북한의 대사관 공관원들이 등장합니다. 1991년에 한국과 북한 대사가 소말리아에 있었던 이유는 UN에 가입하기 위해서였습니다. 당시는 두 나라 모두 UN에 가입하기 전이었습니다. UN에 가입하기 위해서는 기존 회원국들의 투표가 필요한데 가장 많은 UN 가입 투표권을 가진 대륙이 바로 아프리카였죠. 한국과 북한은 아프리카에서 한 표라도 더 찬성표를 받기 위해 외교전을 펼쳤고, 한국은 1987년에 소말리아 수도 모가디슈에 외교관을 보냈습니다. 북한도 같은 이유로 소말리아 정부를 설득하던 중이었습니다.

결국 아이디드와 마흐디가 이끄는 반군이 바레의 정부군을 이기고 쿠데타에 성공하면서 22년간의 독재가 막을 내립니다. 하지만 소말리아의 진짜 비극은 이제부터입니다. 아이디드는 쿠데타의 1등 공신인 자신이 새로운 대통령이 될 거라 기대했지만 그의 바람과 달리 조력자였던 마흐디가 소말리아의 대통령에 올랐습니다. 이후 아이디드와 마흐디, 두 세력 간에 치열한 싸움이 벌어졌습니다. 이렇게 시작된 소말리아 내전은 1991년부터 지금까지 끝없이 이어지고 있습니다.

두 군벌은 권력을 장악하기 위해 수도인 모가디슈를 중심으로 싸웠습니다. 두 파벌 외에도 소말리아 곳곳에서 다양한 씨족을 중심으로 결집한 수많은 군벌이 제각기 민병대를 조직해 들고 일어났습니다. 모가디슈에서 시작된 내전은 전국으로 번졌고 소말리아는 엄청난 혼돈에 빠졌습니다. 거리는 총성이 울리는 전쟁터가 되고, 건물은 형체를 알아볼 수 없을 정도로 파괴됐으며, 소말리아 국민의 일상은 무너졌습니다. 결국 죄 없는 국민만 고통받은 것입니다.

소말리아 사람들은 내전 당시의 모가디슈를 "거리에 살아 있는 사람보다 죽은 사람이 더 많았다"라고 기억합니다. 전쟁에 희생된 사람이 넘쳐나다 못해 모가디슈 도시 외곽이 묘지로 가득 찰 정도였죠. 그마저도 시신을 묻을 곳이 부족해 우선 시내에 묻었다가 나중에 이장하기도 했습니다. 그래서 소말리아 사람들은 현재 도시 곳곳을 시신을 묻었던 자리로 기억한다고 합니다.

끔찍한 대기근과 국제 사회의 지원

내전으로 고통받던 소말리아에 엎친 데 덮친 격으로 엄청난 충격을 준 비극이 일어납니다. 1991년부터 기나긴 가뭄이 이어지면서 어마어마한 대기근이 소말리아를 덮친 것입니다. 사람들은 내전의 고통만이 아닌 굶주림과도 싸워야 했죠. 이때 무려 30만여 명이 굶어 죽었고, 인구의 절반이 넘는 450만여 명이 아사 직전에 놓였습니다. 우리가 구호단체 영상에서 봤던 소말리아 아이들의 굶주린 모습은 주로 이 시기에 나온 것입니다. 유니세프의 조사에 따르면 소말리아는 2021년에도 여전히 세계기아지수 1위 국가였습니다.

무엇보다 아이들의 피해가 심각했습니다. 척추 마디마디까지 드러날 정도로 살이 빠진 아이들의 모습은 지옥이라고 표현할 정도로 참혹했습니다. 이 시기 5세 이하의 어린아이 중 4분의 1이 굶주림으로 목숨을 잃고 말았습니다. 대부분의 아프리카 국가는 돈이 있으면 식량을 구할 수 있습니다. 하지만 소말리아는 차원이 다릅니다. 먹을 수 있는 것 자체가 너무도 부족

합니다.

세계는 충격에 빠졌고 UN을 비롯한 여러 구호단체를 통해 식량과 엄청난 구호물자를 소말리아에 지원했습니다. 대기근 당시 소말리아에 보낸 외국 원조물자는 약 20만 톤으로 무려 140만 명의 1년분 식량이었습니다. 하지만 소말리아의 기근 문제는 전혀 나아지지 않았습니다. 왜 그랬을까요?

아이디드를 비롯한 온갖 군벌들이 대부분의 구호물자를 강탈했기 때문입니다. 무장한 전투 병력이 구호식량을 운반하는 트럭을 공격하고 약탈한 탓에 음식을 얻지 못한 많은 사람이 그냥 굶어 죽을 수밖에 없었죠. 심지어 아이디드는 이렇게 강탈한 구호식량을 팔아 이득을 얻기까지 했습니다. 이런 상황이 되니 UN은 소말리아 사람들을 구호하기 위해 평화유지군의 규모를 점점 늘렸고 4천 명이 넘는 UN군이 소말리아에 주둔했습니다.

그러자 아이디드는 구호 활동을 돕는 UN군에게 모가디슈에서 철수할 것을 일방적으로 통보했습니다. 소말리아의 권력을 장악하기 위해서였죠. 자신이 내전에서 이길 것 같은 상황이 되자 대통령 선출에 외세가 개입하지 못하도록 UN군을 쫓아내려 한 것입니다. 아이디드 군벌은 급기야 떠나지 않는 UN 평화유지군을 공격해 사상자까지 발생했습니다. 그러자 미국은 이렇게 혼란스러운 소말리아의 상황을 안정시키기 위해 소말리아에 군대를 파견합니다. 과거 냉전 시기에도 소말리아를 지원했던 미국이지만 처음에는 소말리아 파병을 꺼렸습니다. 1991년에 소련이 붕괴하면서 냉전이 끝났고 당시 미국이 소말리아 내전에 개입해도 별다른 이득을 얻을 수 없었기 때문이죠. 그래서 UN의 파병 요청에도 군대를 보내지 않고 식량만 지원했습니다.

그런 미국이 갑자기 소말리아에 군대를 파견한 이유는 무엇일까요? 언론 보도 때문입니다. CNN을 비롯한 미국 뉴스에서 매일같이 소말리아의 안타까운 상황을 연일 보도하면서 굶어 죽는 아이들의 모습을 보여주었습니다. 그러자 미국 국민 사이에서 소말리아의 기아 문제를 도와야 한다는 목소리가 커졌습니다. 미국에는 'CNN 효과'라는 말이 있습니다. 뉴스 전문 방송 CNN이 전 세계의 주요 사건, 사고를 실시간으로 생생하게 현장 중계함으로써 해당 국가의 정책 결정이나 사건의 결과에 큰 영향력을 끼치는 것입니다. 뉴스는 여론을 만들고, 여론은 정치가를 움직이는 방식이죠. 소말리아의 내전과 기근의 참상을 향한 CNN 효과를 체감한 미국 정부도 어느새 상황을 다르게 받아들였습니다.

결국 여론을 의식한 조지 W. 부시George W. Bush 대통령은 '희망 회복 작전'이라는 이름으로 미국 역사상 최대 규모의 인도적 군사작전을 결정합니다. 미국의 적극적인 주도하에 다국적 연합군이 결성되고 2만 5천여 명의 미군을 포함해 30여 개 국가에서 총 4만 명이 넘는 인원이 소말리아에 투입됩니다. 이때 연합군의 목표는 크게 두 가지였습니다. 첫째는 안정적인 구호 활동, 둘째는 소말리아의 치안 확보입니다. 사실 미국은 다른 나라의 정세에 개입할 때 항상 자국의 이득을 우선시했습니다. 소말리아 파병은 미국으로서는 이례적으로 순수하게 소말리아를 돕기 위한 결정이었습니다.

연합군은 압도적인 병력으로 소말리아 곳곳에 거점을 확보해서 구호품을 나눠주고, 소말리아의 치안을 일부 회복했습니다. 그럼에도 내전을 일으키는 군벌 세력은 여전히 굳건했습니다. 이때 희망 회복 작전에 변수가 생겼습니다. 미국의 정권 교체로 새로운 대통령에 당선된 빌 클린턴Bill Clinton이 경제적 이득이 없다며 파병에 반대한 것입니다. 결국 미군은 2만 5천여 명의 미군 중 약 1,100명의 후방 병력만 남겨놓은 채 대부분 소말리아를 빠져나갔습니다. 그 사이 UN은 또다시 결의안을 채택해 20여 개국 3만여 명의 대규모 평화유지군을 새롭게 꾸려서 소말리아에 보냈습니다. 당시 막

UN에 가입한 한국도 250여 명의 한국군을 파견했죠. 상록수부대원들은 도로와 수로를 건설하고 식량을 보급하는 역할을 했습니다. 또한 주민 지원 활동과 현지 치안 유지에도 도움을 주었습니다.

이렇듯 수만 명의 평화유지군이 소말리아 문제를 처리하고자 했으나 아이디드를 비롯한 여러 군벌로 인해 식량 보급과 치안 유지 등의 문제 해결은 번번이 실패했습니다. 이때부터 UN은 이례적으로 평화유지군의 목표를 변경합니다. 구호 활동뿐 아니라 내전을 일으키는 군벌을 완전히 무장 해제시키고, 소말리아의 무기를 없애 정치를 안정시키겠다는 것으로 말입니다.

미국 특수부대 최악의 사건, 블랙 호크 다운

과연 아이디드는 UN의 결정에 잠자코 있었을까요? UN 평화유지군의 간섭에 크게 반발한 그는 1993년 6월에 UN군을 습격했습니다. 그 결과 파키스탄에서 파병한 UN군 24명이 사망하고 50여 명이 다치는 충격적인 사건이 벌어집니다. 아이디드 민병대는 목숨을 잃은 파키스탄 군인들의 시신을 훼손하는 장면을 촬영해 영상을 미국에 보내기까지 했습니다. UN 평화유지군 사상 최악의 참사로 꼽히는 사건이었죠. 큰 충격을 받은 UN군은 이때부터 아이디드의 반군과 본격적인 전쟁을 벌이게 됩니다. 미국의 주도 아래 아이디드에 대한 복수전에 나선 것이죠. 문제는 이 과정에서 너무도 많은 소말리아 사람들이 희생된 것입니다. UN군의 공습과 발포로 500명이 넘는 소말리아 민간인이 사망하고 부상자가 속출했습니다. 민간인 사상자가 늘어나자 소말리아 국민의 분위기도 급변했습니다. UN군은 침략자로, 아이디드는 외세에 맞서 싸우는 민족의 영웅으로 떠오른 것입니다.

이때 미국도 델타포스와 레인저 특수부대를 편성해 아이디드를 체포하기 위한 수색 활동을 펼쳤습니다. 미군 지휘관은 아이디드를 잡기 위해 2만 5천 달러의 현상금을 걸었습니다. 한 나라의 권력자라기에는 매우 적은 금액이었죠. 이 금액이 아이디드에 대한 모욕이라고 생각한 아이디드 씨족은 역으로 미군 지휘관에게 100만 달러의 현상금을 걸어 미군을 조롱하기도 합니다.

수색 작전을 세울 때만 해도 미국은 30분이면 모든 작전이 끝날 것이라며 자신만만한 모습이었습니다. 그런데 블랙 호크라고 불리는 UH-60 특수전투 헬기 두 대가 소말리아 민병대의 RPG-7 로켓탄을 맞고 추락하고 말았습니다. 예상과 달리 소말리아가 미국의 공격에 강하게 반발한 것입니다. 첫 번째 헬기의 조종사들은 그 자리에서 사망했고 두 번째 헬기는 미 특수부대원 두 명이 간신히 생존했습니다. 그중 한 명도 얼마 후 민병대의 총을 맞아 끝내 목숨을 잃었습니다.

두 번째 헬기에서 살아남은 한 명의 조종사 마이클 듀란트Michael Durant 준위를 구하기 위해 또다시 미군이 투입되면서 사건은 최악으로 치달았습니다. 작전이 시작된 시점부터 18시간 동안 160명의 미군이 투입됐는데 그중 18명이 전사한 것입니다. 모가디슈 전투는 미군 특수부대 역사상 가장 충격적인 패전 중 하나로 기록되었습니다. 이 과정에서 소말리아 역시 큰 피해를 입었습니다. 1천여 명의 민간인이 사망하고, 3천여 명이 부상을 당했습니다.

그리고 결코 잊을 수 없는 참혹한 사건이 연달아 발생합니다. 소말리아 사람들이 목숨을 잃는 것을 보고 분노한 민병대가 추락한 미군 헬기에서 끌어낸 미군 시신을 벌거벗긴 채 모가디슈 시내를 끌고 다닌 것입니다. 이 모든 과정은 미국 언론에 고스란히 보도되었습니다.

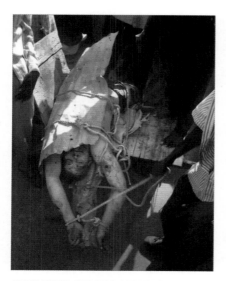
사망한 미군을 끌고 다닌 소말리아 민병대

이 사건은 미국인에게 말로 다 할 수 없는 큰 충격을 주었습니다. 당시 클린턴 대통령은 소말리아에 추가 병력을 보낼 생각이었지만 의회의 반대와 여론의 악화로 파병하지 못했습니다. 이런 상황에 잔인하게 유린당한 미군을 보며 분노한 국민 여론은 소말리아를 향한 비난으로 들끓었습니다. 영화 〈블랙 호크 다운〉은 당시의 참혹했던 상황을 그린 것입니다.

이 사건의 충격으로 미군은 소말리아에서 완전히 철수했고, 뒤이어 UN 연합군도 소말리아에서 철수해버리고 말았습니다. UN 연합군이 그토록 잡으려 했던 아이디드는 어떻게 됐을까요? 연합군은 잘 피했지만 연합군이 완전히 철수한 직후인 1996년 여름에 군벌 싸움에서 총을 맞고 사망했습니다. 이후 아이디드의 아들이 계속해서 마흐디와 싸웠지만 결국 마흐디가 평화를 지지하면서 내전은 잠시 소강상태를 맞이했고, 소말리아는 마흐디를 새로운 대통령으로 선출합니다.

문제는 마흐디와 달리 힘 있는 다른 군벌들이 새로운 정부를 인정하지 않았다는 것입니다. 그러면서 정부군과 군벌, 군벌과 군벌끼리 권력을 잡기 위한 내전이 또다시 시작됐습니다. 이렇게 혼란이 계속되는 가운데 2004년에 과도 정부(새로 독립한 국가가 완전한 자주적인 정부를 수립할 때까지 일시 과도적으로 성립·존속하는 정부)를 세우고 대통령을 추대했지만, 이번에도 정부는 이름뿐이었고 아무런 힘이 없었습니다. 그리하여 정부군과 군벌, 군벌과 군벌끼리 권력을 잡기 위한 또 다른 내전이 이어졌습니다.

이토록 끊임없이 전쟁을 치르는 가운데 소말리아 사람들은 어떻게 생활했을까요? 일부 사람들은 식량을 얻기 위해 민병대에 가담했습니다. 2000년 초반 소말리아 국민 절반의 하루 평균 생활비는 1달러 미만이었습니다. 그런데 민병대에 들어가면 그보다 훨씬 많은 돈을 받을 수 있었습니다. 전쟁으로 망가진 도시에서 살아남기 위해 다시 총을 들고 전쟁에 참여하는 아이러니한 상황이 벌어진 것이죠. 이런 상황에서 먹을 것이 없는 어린아이들도 얼마 안 되는 돈을 받고 정부군이나 반군이 됐습니다. 2010년에는 소말리아 정부군의 25%, 반군의 75%가 소년병이라는 충격적인 조사 결과도 나왔습니다.

무력과 총에 자주 노출되다 보니 아이들은 '연필'보다 '총'이라는 단어를 먼저 배울 정도입니다. 소말리아 소년병들은 군복도 없이 평상복 차림에 자신의 키보다 더 큰 총을 들고 길거리를 활보합니다. 나이는 어려도 소년병으로 가입해야 자신의 식구 중 한 사람의 입을 덜 수 있고 자신의 끼니를 해결할 수 있어 민병대에 가담했습니다. 소말리아 사람들에게 총이란 생존과 같은 의미를 가집니다. 총이 있고 없고에 따라 생사가 갈리기 때문입니다. 총을 갖지 못한 아이들은 언제든 총에 맞아 죽는 신세가 될 수 있고, 총을 가진 아이들은 그래도 한 번은 공격해보고 죽을 수 있는 것이죠. 소말리아 아이들은 어린 나이에도 자신이 처한 상황을 이해하고 받아들일 수밖에 없었습니다. 무엇보다 큰 문제는 이 소년병들이 전장에서 선두에 서며 군인들의 총알받이로 쓰인다는 사실입니다. 아이들에게 가장 허름한 총을 쥐여 주고 가장 위험한 곳에 세우는 것이죠. 학교에 가야 할 어린 소년들은 살기 위해 목숨을 내놓고 총을 들어야 했습니다.

아이들이 든 총은 어디에서 난 것일까요? 첫째, 냉전 시기에 소말리아를 지원한 소련과 미국이 가져온 것들입니다. 내전을 전후로 정부의 관리가 소홀해지면서 소련과 미국에서 만든 총기가 시중에 무수히 나돌게 된 것입니다. 둘째, 아프리카에서 활동하는 불법 무기 거래상들 때문입니다. 중동과 아프리카 대륙에는 여러 나라에 무기 암시장이 형성되어 있습니다. 예멘, 시에라리온, 라이베리아, 시리아, 리비아 같은 나라의 불법 무기 상인들이 소말리아에서 활동하며 무기를 팔았습니다. 정부의 통치 권력이 제대로 작동하지 않아 무기 거래를 감시하거나 단속하지 못하는 상황에서 온갖 불법 무기상들이 활개를 치게 된 것이죠. 지금도 소말리아에서는 돈만 있으면 못 구하는 무기가 없다고 합니다.

소말리아처럼 치안이 위험한 나라는 총이 흔한 편인데 모가디슈에서는 시장에서도 무기를 팔 정도입니다. 특히 모가디슈의 상업 중심지인 '바카라'라는 시장에서는 무기 거래가 활발하게 이루어집니다. 총은 기본이고 로켓포, 대공포, 박격포 같은 온갖 무기를 구할 수 있습니다. 저렴한 가격에 살 수 있는 총도 많아 햄버거를 사는 것만큼 총을 사는 게 쉽다고 합니다. 총알은 바가지로 퍼서 파는데, 총을 사면 총알을 서비스로 주기도 합니다. 이런 무기는 해적뿐 아니라 내전에서도 마구잡이로 사용되었습니다. UN군은 1990년대 초에 소말리아로 들어가 총과 각종 무기를 회수하려 했으나 실패하고 말았습니다.

소말리아에서 일어난 혼란스러운 전쟁은 그 나라뿐 아니라 전 세계에 엄청난 영향을 미치게 됩니다. 우리나라 역시 이 상황에 얽혀 있죠. 과연 그 뒤로 어떤 일이 일어났을까요?

소말리아는 왜 해적의 나라가 되었을까?

소말리아의 해안선은 약 3,300km로 아프리카에서 가장 깁니다. 원래 소말리아 앞바다에서는 참치나 랍스터 같은 고급 어종이 많이 잡혔습니다. 덕분에 해안마을의 어부들은 어업으로 생계를 이어갈 수 있었죠. 그런데 아이디드의 쿠데타로 22년간 독재자로 군림했던 바레 정부가 무너지면서 소말리아 바다를 지키던 해군이 사라졌습니다. 그러자 상황이 급변합니다. 세계 여러 나라의 수많은 어선이 물고기를 잡기 위해 불법으로 소말리아 바다로 몰려든 것입니다. 그때까지 소말리아 어부들은 주로 그물로 물고기를 잡았습니다. 하지만 다른 나라 어선들이 온갖 장비를 동원해 무분별하게 물고기를 잡는 바람에 소말리아 앞바다의 물고기는 씨가 마를 지경이었습니다. 이때부터 소말리아 어부들의 어획량이 크게 줄어들었죠. 더욱 큰 문제는 외국에서 온 배들이 조업만 하는 게 아니라 산호초를 캐기 위해 바다에 폭탄까지 터트렸다는 것입니다. 그렇게 소말리아의 어장은 빠르게 황폐해졌습니다.

아프리카 지도

소말리아 사람들은 자신의 바다를 망치고 생계를 위협하는 외국의 배를 보면서 극심한 분노를 느꼈습니다. 하지만 외국 선박들이 불법으로 무분별하게 물고기를 잡아가고 바다를 망치는 것을 보고도 소말리아 어부들은 제대로 된 목소리를 낼 수 없었습니다. 무정부 상태였기 때문이죠.

정부가 지키지 못한 국민은 방치될 뿐이었습니다. 참다못한 어부들은 그들의 바다를 지키기 위해 직접 행동에 나섰습니다. 스스로를 '소말리아 해안 경비대' 또는 '바다를 지키는 전사'라고 부르며 불법으로 조업하는 외국 선박을 총으로 위협하며 쫓아냈습니다. 일종의 자경단인 셈입니다.

덕분에 소말리아 해역이 안정되기 시작한 것도 잠시, 어떤 사건을 계기로 자경단 활동을 하던 어부들이 해적으로 변하게 됩니다. 대체 무슨 일이 있었던 걸까요?

2004년 12월 26일, 인도네시아에 최악의 자연재해가 일어납니다. 그리고 이 사건은 소말리아 사람들의 삶을 바꿔버렸습니다. 먼저 인도네시아에서 무려 진도 9.1~9.3의 초대형 해저 지진이 일어나 거대한 쓰나미가 발생했고 인도양 주변 21개 국가를 차례로 덮쳤습니다. 이로 인해 약 28만~35만 명이 목숨을 잃고 500만 명 이상이 재난을 당했습니다. 실종자도 약 5만 명에 달합니다. 총 추산 피해액은 약 100억 달러입니다. 당시 UN에서 '인류 최악의 쓰나미'라고 말했을 정도였죠. 쓰나미는 인도양을 마주하고 있던 소말리아 해안까지 밀어닥쳤습니다. 아프리카에서 가장 긴 해안선을 가진 소말리아도 해안선의 5분의 1이 쓰나미에 휩쓸렸고 엄청난 피해를 입었습니다. 해안선을 따라 여러 마을이 흔적도 없이 사라졌고, 수백 명이 사망하거나 실종됐습니다. 한 마을에서만 약 110명이 사망했고 피해 인구는 약 1만 명이나 되었습니다.

불행하게도 쓰나미가 불러온 재앙은 여기서 끝나지 않았습니다. UN은 소말리아에 쓰나미 피해 조사단을 파견했는데 이들이 쓰나미가 휩쓸고 지나간 해변에서 발견한 것은 엄청난 양의 쓰레기였습니다. 문제는 단순한 오염물이 아니라 납, 수은, 화학 폐기물, 유독성 폐기물, 병원 폐기물 등의 위험한 쓰레기라는 것입니다. 심지어는 핵폐기물까지 발견됐습니다. 이를 본

소말리아 해변의 유독성 폐기물

쓰나미 피해 조사단도, 소말리아 사람들도 엄청난 충격에 휩싸였습니다.

해양 쓰레기가 밀려온 후부터 바닷가에 살던 소말리아 주민들이 아프기 시작했습니다. 급성 호흡기 감염, 복부 출혈, 호흡곤란, 돌연사까지…. 해안을 뒤덮은 유독성 폐기물이 사람들까지 병들게 한 겁니다. 쓰나미처럼 소말리아 사람들을 덮친 폐기물은 소말리아의 지하수와 땅까지 오염시켰습니다.

소말리아 사람들과 자연을 아프게 만든 유독성 폐기물은 대체 어디에서 온 것일까요? 조사 결과 유럽의 여러 나라가 버린 쓰레기로 확인됐습니다. 특히 스위스와 이탈리아의 기업이 지속적으로 소말리아 해역에 쓰레기를 갖다 버렸죠. 그 쓰레기들이 바다에 가라앉아 있다가 쓰나미의 충격으로 해변까지 밀려온 것입니다. 유럽 국가들이 소말리아 앞바다에 쓰레기를 무단 투척한 이유는 오로지 '돈' 때문이었습니다. 유럽에서는 유독성 폐기물 처리 비용이 1톤에 약 250달러인데, 소말리아 바다에 버리면 2.5달러로 1%밖에 들지 않았죠. 그러자 여러 나라가 싸고 간편하게 쓰레기를 처리하기 위해 앞다퉈 소말리아 앞바다를 이용했습니다.

그렇다면 1톤당 2.5달러라는 처리 비용은 어디서 정한 것이며, 그 돈은 누구에게 흘러갔을까요? 이번에도 문제의 원인은 소말리아 정부였습니다. 많은 학자들은 부정부패의 온상이었던 바레 정부가 돈을 받고 소말리아 앞바다에 쓰레기를 버릴 수 있는 권리를 판 것으로 추정하고 있습니다. 바레는 22년간 독재자로 군림하면서 서구의 여러 나라로부터 돈을 받고 폐기물 처리에 관한 거래를 한 것으로 보입니다. 1991년 쿠데타 이후에도 아이디드를 비롯한 여러 군벌 역시 여전히 돈을 받고 폐기물 처리 권리를 다른 나라에 팔았습니다.

소말리아의 부패 정권은 국민을 정말 잘 속이는 것으로 유명합니다. 정부는 국민에게 돈을 받고 폐기물 처리권을 판 사실을 알리지 않았습니다. 소말리아 사람들 눈에는 그저 다른 나라의 배가 와서 무단으로 쓰레기를 투기한 것으로만 보였죠. 때문에 정부를 향한 원망이나 불신보다 외국에 대한 적개심과 분노가 훨씬 컸습니다.

그간 쌓여온 불법 조업 문제에 유독성 폐기물 문제까지 터지면서 서구를 향한 소말리아 사람들의 분노는 최고조에 달했습니다. 소말리아 어부들도 서서히 변해가기 시작했죠. 황폐해진 바다에서 어업으로 돈을 벌기 힘들었던 어부들은 그물 대신 총을 들고 바다로 나섰습니다. 지나가는 불법 조업 어선들을 총으로 위협하면서 물고기를 잡아가는 대가로 돈을 요구했습니다. 순순히 돈을 주지 않으려고 하면 배와 선원들을 납치했습니다. 목숨이 위태롭다는 사실을 깨달은 선원들은 그제야 살려달라며 돈을 주었습니다.

그런데 납치된 외국 배가 제시하는 돈은 어부들이 1년 동안 열심히 물고기를 잡아도 벌 수 없는 엄청난 액수였던 것입니다. 외국 선원과 배를 납치하면 큰돈을 벌 수 있다는 사실을 알게 된 소말리아 어부들은 어느새 어업을 놓고 해적으로 변신했습니다. 아예 처음부터 몸값을 노리고 배와 인질을 납치한 뒤 항구에 배를 정박시켜 두었다가 몸값을 받으면 돌려보내는

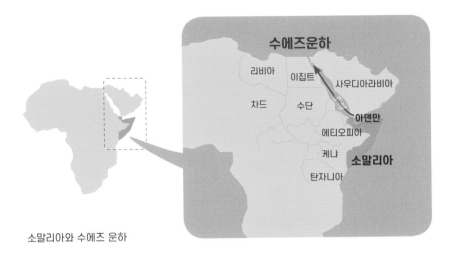

소말리아와 수에즈 운하

방식으로 해적 활동을 펼쳤습니다.

이때는 마음만 먹으면 누구나 해적이 될 수 있었는데 앞서 이야기한 것처럼 소말리아에는 총과 같은 무기가 너무도 흔했기 때문입니다. 간단히 총을 구할 수 있는 환경에 오랜 내전으로 총기 사용이 익숙한 덕분에 소말리아 사람들은 손쉽게 무장 해적이 될 수 있었습니다. 게다가 소말리아 앞바다는 지리적으로도 해적이 활동하기에 유리한 조건을 갖췄습니다.

우선 아라비아반도와 소말리아 사이의 해역인 아덴만의 지형은 깔때기처럼 생겼습니다. 바닷길이 갑자기 좁아지는 독특한 모양이죠. 이 때문에 소말리아 북쪽에서 홍해로 들어가는 배들이 속도를 늦추는 지점이 있습니다. 해적들은 이때를 노리고 배를 덮친 뒤 재빠르게 납치한 선박과 인질들을 끌고 자신들의 해안 본거지로 향하는 것입니다. 게다가 아덴만 해역은 서쪽에 있는 수에즈 운하 덕분에 전 세계 해양 운송의 요지이자 세계에서 가장 중요한 항로 중 하나입니다. 전 세계 물류의 12%가 이곳을 지나가며 매년 아덴만을 통과하는 배만 3만 척이 넘습니다. 수에즈 운하에서 → 아덴만을 지나 → 인도양으로 나가는 뱃길이 아시아와 유럽의 최단 항로이기 때문입니다. 수에즈 운하를 통과하려면 반드시 아덴만을 지나야 합니다. 수에즈 운하를 이용하지 않고 유럽에서 아시아로 가려면 아프리카를 한 바퀴 빙 돌아야 하죠.

또한 소말리아 바다 주변에는 사우디아라비아를 비롯한 석유 산출국이 많습니다. 이는 곧 석유를 실은 값비싼 유조선도 많이 지나다니는 길목이라는 뜻입니다. 이처럼 다양한 환경과 조건이 소말리아 어부들을 해적으로 이끌었습니다.

해적 사건은 왜 계속되었나?

자신들의 바다를 지키기 위한 자경단으로 시작한 소말리아 해적은 돈을 번다는 소문에 몇 년 사이 급격하게 증가했습니다. 2004년의 소말리아 해적 활동은 10여 건이었지만 2008년 111건, 2009년 218건, 2011년 237건까지 늘어났습니다. 2010년에는 전 세계 해적 사건의 90%가 소말리아에서 일어났을 정도입니다. 소말리아 인근 해역을 통과하는 수백 척의 선박이 해적들에게 납치되면서 물류비용이 상승하기도 했죠. 어느새 소말리아의 해적 문제는 전 세계적인 문제로 떠오르게 됩니다. 우리나라도 예외는 아니었습니다. 특히 소말리아 해적이 크게 알려지는 계기가 되는 사건이 발생합니다.

2011년 1월, 아랍에미리트에서 화물을 싣고 스리랑카로 향하던 1만 톤급 화물선 삼호 주얼리호가 소말리아 해적에게 납치당했습니다. 해적들은 총으로 선원들을 위협해 인질로 잡고 구금한 뒤 선장을 협박해 삼호 주얼리호를 소말리아에 있는 본거지로 끌고 가려고 했죠. 이때 신고를 받은 한국 해군의 청해부대 대원들이 해적들이 장악한 배에 침투해서 선원들을 구해냅니다. 우리나라 언론에서 크게 주목했던 '아덴만 여명작전'입니다. 영화보다 더 영화 같은 위험천만한 인질 구출 작전이 벌어졌습니다.

작전명: 아덴만 여명작전
해적을 소탕하고 인질을 구출하라

2011년 1월
    AM 05 : 17 작전 시작
    AM 06 : 09 공격조 제2팀 선미 진입 시작
    AM 06 : 30 선교 완전 장악
    AM 08 : 25 미 해군 SH-60 헬기로 부상당한 석해균 선장 이송
    AM 09 : 02 객실에 숨어 있던 해적과 총격전
    AM 09 : 32 교전 중 해적 한 명 생포
    AM 09 : 54 해적 추가 생포

FROM: 청해부대장 조영주 대령
TO: 해군 작전 사령관
아덴만 현 시각으로 9시 56분, 청해부대는 '아덴만 여명작전'을 완료했습니다.
인질 21명 전원 구조, 해적 8명 사살, 5명 생포, 아군 피해 전혀 없음.
대한민국 해군 청해부대는 임무를 성공적으로 완수했습니다.

삼호 주얼리호처럼 납치된 배를 구해낸 사건도 있지만 그렇지 못한 경우도 많았습니다. 같은 해에 한국의 유조선 삼호 드림호가 선원을 구하기 위해 100억 원이 넘는 몸값을 주고 217일 만에 풀려난 피랍 사건이 있었습니다. 또한 한국인 선원 4명이 500일 넘게 소말리아에 억류돼 있던 제미니호

사건을 비롯해, 전 세계적으로 수백 명이 넘는 인명 피해가 있었던 해적 사건도 있었습니다.

미국 선박도 예외는 아니었습니다. 2009년 4월, 미국의 화물선 머스크 앨라배마호가 소말리아 해적에 피랍됩니다. 이때 머스크 앨라배마호의 운행이 불가능하자 해적들은 필립스 선장을 데리고 구명정으로 이동했습니다. 얼마 후 미국은 DEVGRU(미합중국 해군 특수전 개발단)을 투입해 해적 세 명을 사살하고, 해적들의 우두머리를 체포한 뒤 무사히 필립스 선장을 구출했습니다. 체포된 소말리아 해적은 미국으로 압송되었죠. 당시 체포된 해적의 모습이 언론에 공개되었고 이를 본 사람들은 모두 큰 충격을 받았습니다. 무시무시한 모습일 것이라는 예상과 달리 소말리아 해적의 선장이었던 압두왈리 무세Abduwali Muse는 18세의 어린 소년에 불과했던 것입니다. 이 소년은 미국 화물선과 미국인 선장을 납치한 혐의로 징역 33년 9개월을 선고받았습니다. 미국인들은 충격과 동시에 소말리아의 심각한 빈곤 문제를 깨달았습니다.

더 놀라운 사실은 이런 해적 사건이 세계 수십 개국의 해군들이 바다를 지키는 가운데 벌어졌다는 것입니다. 어떻게 해적 사건이 계속 발생할 수 있었을까요? 이 같은 일이 가능한 것은 소말리아 해적이 조직화, 체계화되어 있었기 때문입니다. 그동안 우리가 뉴스에서 보아온 열악한 환경에 몇 명 되지 않는 해적을 떠올려서는 안 됩니다. 눈에 보이는 것이 전부가 아닙니다. 해적 행위로 큰돈을 벌기 시작하면서 해적에 가세하는 사람들이 다양해지고, 자본이 몰리고, 규모가 커졌습니다. 일반적인 해적 작전에는 10명~12명 정도의 인원이 필요한데 전직 어부, 민병대, 기술자로 구성된 해적들이 분업해서 각자의 역할을 맡습니다. 전직 어부 출신의 해적들은 바다를 잘 알기에 실질적인 두뇌 역할을 합니다. 소말리아 내전에서 전투를 진

두 지휘했던 숙련된 총잡이인 민병대 출신 해적들은 선박을 납치할 때 전투를 지휘하고 돌격대 역할을 하죠. 기술자들은 컴퓨터, 위성 전화, 위성 위치 확인 시스템(GPS) 등을 활용해서 납치할 선박 위치를 파악하고 협상 과정에서 통신 기술을 다루는 일을 합니다. 이렇게 조직적이고 분업화된 소말리아 해적들은 각자 담당한 역할 대로 손발을 맞춰 일을 진행하는 것입니다.

해적들은 주로 스피드 보트를 사용해 이동합니다. 엔진이 일반 피싱 보트와 달라 두 배 이상 빠른 속도를 내서 표적에 재빨리 접근할 수 있기 때문입니다. 주로 선박 양쪽에서 동시에 공격하며, 목표 선박의 속도가 빠를 경우에는 속도를 늦추기 위해 로켓포나 소총도 발사합니다. 배에 오르면 배를 조종하는 조타실을 먼저 확보한 뒤 선원들을 억류하고 배를 장악합니다. 이런 방식으로 항공모함급 유조선까지 납치했습니다.

배를 납치한 뒤에는 해적들이 거대한 배를 직접 운전할 수는 없기에 항해에 필요한 최소한의 인원만 남기고 다른 선원들은 모두 감금한 다음 최대한 빠르게 자신들의 본거지로 배를 끌고 이송합니다. 선박 실종 신고를 받은 각국의 특수요원들이 몰려들기 때문입니다. 소말리아 항구에 배를 정박한 다음에는 본격적으로 거액의 몸값을 협상해서 받아냅니다.

협상 기간은 짧게는 한두 달에서 길게는 몇 년까지 걸립니다. 때문에 그동안 항구에서 배를 지키는 일만 하는 사람도 따로 있습니다. 또 인질로 잡아 온 외국인들을 전문적으로 감금하는 시설도 여러 군데 있습니다. 몸값을 받기 전까지 인질은 해적들에게 일종의 상품이기 때문에 서로 인질들을 데려가려고 싸우기까지 합니다. 실제로 납치한 한국인 선원들을 서로 데려가겠다며 실랑이를 벌이다가 총격전까지 일어나 해적 10여 명이 사망한 사건도 있었습니다.

해적들은 돈을 받는 게 첫 번째 목표이므로 가장 먼저 선주들과 접촉합니다. 배 안의 문서를 뒤져서 선주 정보를 알아낸 다음 위성 전화로 전화를 겁니다. 이때부터는 몸값을 협상할 중개인이 등장합니다. 해적들이 직접 나서서 협상하지 않고 친인척 중 믿을만한 사람을 골라 중개인으로 내세우는 것이죠. 협상에 성공해서 몸값을 받으면 해적과 중개인이 나눠 갖는 방식입니다. 그중에서도 가장 먼저 배에 오르는 사람은 '점퍼'라고 하며 좀 더 많은 몫을 받아 가기도 합니다.

그렇다면 몸값은 어떻게 전달할까요? 해적에게 몸값을 전달하는 방법은 여러 가지입니다. 우선 직접 해적과 만나서 현금을 전달하는 방식이 있습니다. 또는 선주가 해적에게 안전하게 몸값을 전달할 전문가를 고용합니다. 주로 협상 전문가나 사설 경호회사, 전직 정보기관 요원 출신을 통해 현금을 전달하죠. 몸값을 제대로 가져왔는지 빠르게 확인하기 위해 돈 세는 기계부터 위조지폐를 확인하는 기계까지 가지고 다니는 해적도 있습니다.

해적에게 돈을 전달하는 또 다른 기발한 방법도 있습니다. 2008년 11월에 '시리우스 스타'라는 사우디아라비아의 항공모함급 유조선이 탈취된 사건이 있었습니다. 1억 달러, 우리 돈 약 1,200억 원의 어마어마한 가치가 있는 선박이었으니 해적에게는 로또나 마찬가지였죠. 해적들이 처음 요구한 금액은 2,500만 달러(한화 약 300억 원)였습니다. 사우디아라비아 정부는 2개월의 협상 끝에 300만 달러(약 35억 원)를 해적들에게 주기로 합의합니다.

이때 돈을 준 방법이 독특합니다. 경비행기에 돈을 실은 뒤 낙하산에 매달아 선박 위로 떨어뜨린 것입니다. 해적들은 돈을 받자마자 바로 갑판 위에서 분배했습니다. 그런데 거액의 돈을 받아서 돌아가던 소말리아 해적들에게 사고가 일어납니다. 강한 바람에 배가 전복된 것입니다. 해적 9명 중 5명이 실종됐는데 이들은 거액의 몸값과 함께 바다에 빠져 익사했을 것으

낙하산으로 돈을 전달하는 장면

로 추정됩니다.

　이렇게 피해가 심각한데 선박들이 해적의 공격을 막을 방법은 없을까요? 소말리아 해적의 피해를 막기 위해 세계 여러 나라에서 온갖 방법을 생각해 냈습니다. 우선 소말리아 해적에 대항하는 무기를 개발했습니다. 해적들이 선체에 다가오지 못하도록 고압의 물대포를 쏘는 것은 기본이고, 그물을 쏴서 접근을 막는 그물망 대포도 발사했습니다. 해적들이 올라오지 못하도록 선박 엔진의 뜨거운 물을 주변에 뿜기도 했죠. 또 선박 바깥벽에 고압 전기가 흐르는 전기울타리를 설치하거나 미끄러운 특수필름을 붙여서 해적이 기어오르지 못하게 만드는 방법도 시도했습니다. 심지어 영국에서는 광선포 같은 신무기도 개발했죠. 특수 광선을 발사해서 순간적으로 눈이 보이지 않게 하거나 어지럼증을 일으키는 방법입니다. 이 외에도 고통을 느낄 정도인 최대 150데시벨의 고음을 발사하는 음향대포를 쏴 해적을 퇴치하기도 했습니다. 이 음향대포를 맞으면 심한 구토를 유발하고 서 있는

해적들의 무기(RPG 로켓포와 AK-47 소총)

것조차 불가합니다.

하지만 해적들도 만만치 않았습니다. 물고기를 잡을 때 쓰는 그물을 납치할 선박의 프로펠러에 감기게 해서 고장 낸 뒤, 수리를 위해 잠시 정박할 때를 노려서 습격했습니다. 때로는 평범한 어선으로 위장해서 안심시키면서 접근한 뒤 기습 공격을 하기도 했죠. 그리고 협상금 일부는 무기를 구매하는 데 꾸준히 투자했습니다. 바다 위에서도 터지는 위성 전화나 배를 쫓는 GPS 장비, AK-47 같은 총은 기본이고 야간 투시경, RPG 로켓포, 휴대용 대공미사일까지 갖췄습니다.

전 세계를 위협하는 바다의 무법자, 소말리아 해적들

해적들은 이런 방식으로 천문학적인 돈을 벌어들였습니다. 정점을 찍었던 시기인 2010년과 2011년에는 각각 8천만 달러(한화 900억 원), 1억 5천만 달러(한화 1,800억 원)의 수익을 올릴 정도였죠.[1]

그러다 보니 해적들이 소말리아의 경제 활성화에 기여한다는 연구 결과까지 나왔습니다. 일종의 낙수효과라고 할 수 있습니다. 연구에 의하면 해적이 선박 한 척을 납치하는 데는 100여 명의 인력이 필요하다고 합니다. 해적과 인질들에게 음식을 제공해주는 요리사를 포함해서 배를 지키는 사람, 인질을 감시하는 사람 등 100명의 일자리가 생기는 것이죠. 즉 해적이 고용을 창출하고 지역 경제 발전에 도움을 준 것입니다. 실제로 해적들은 소말리아의 임금 상승과 산업 형성에도 영향을 미쳤습니다.

그래서일까요. 놀랍게도 소말리아에서 해적은 악당이 아닙니다. 소말리아는 국가가 제 기능을 못 하면서 화폐 생산을 하지 못했고, 화폐의 가치 하락으로 미국 달러가 유통되기 시작했습니다. 그러면서 해적은 달러를 벌어들이는 산업 역군으로 받아들여지고 있습니다. 또한 소말리아에서 해적은 바다를 지켜주는 사람들이라는 이미지를 가지고 있습니다. 자신들의 앞바다에서 불법 어획을 자행하는 외국 선박을 보면서 '밥 굶을 걱정도 없는

7년 사이 크게 발전한 해적의 도시, 보사소

사람들이 어떻게 우리처럼 배고픈 사람들의 식량을 빼앗아갈 수 있는가!'라고 생각하며 분노했기 때문입니다. 때문에 해적은 자신들의 바다를 지켜주고 돈을 벌어 와서 경제에 도움이 되는 고마운 존재로 여겨집니다. 자라나는 청소년들의 장래 희망 1위, 신랑감 1위가 해적일 정도로 말입니다.

사실 해적들이 받은 몸값을 단원들이 모두 가져가는 것은 아닙니다. 해적들은 배와 선원들을 잡아 와 몸값 협상을 진행하는 동안 납치한 배를 항구로 끌고 와 도시에 머무릅니다. 이때 지역 지도자들에게 배를 정박하게 해주는 대가를 지불합니다. 지역 상인들은 해적들에게 비싼 값으로 식량과 물건을 팔죠. 담배 한 갑에 25달러, 콜라 한 캔에 10달러. 이런 식으로 바가지도 씌웁니다. 가령 100억 원을 몸값으로 받으면 30% 정도는 해적들이 갖고, 10%는 배를 감시하는 사람에게 주며, 10% 정도는 지역 사회로 흘러 들어갑니다. 나머지 50%는 후원가에게 돌아가죠. 지역 사회로 넘어간 돈은 의료나 교육처럼 주민들의 복지와 지역 발전에 쓰이기도 합니다. 실제로 내전으로 도시들이 황폐해진 가운데에도 해적들의 근거지가 된 항구 도시들은 예외적으로 경제가 발전했습니다.

해적들의 도시라고 불리는 푼틀란드주의 '보사소'라는 항구 도시가 대표적인 경우입니다. 보사소는 해적들 덕분에 신흥 부자 동네가 됐습니다. 왼쪽은 해적들이 본격적으로 활동하기 전인 2002년 2월 사진이고, 오른쪽은 해적들이 왕성하게 활동하던 2009년 6월의 사진입니다. 7년 사이에 건물이 들어서고 거리도 반듯해졌습니다. 보사소는 해적들 덕분에 신흥 부자 동네로 급부상했습니다.

2011년의 한 연구 결과에 따르면 소말리아 해적의 1인당 수입 추정치는 약 8만 달러라고 합니다. 우리 돈으로 1억 원에 가까운 연봉인 셈이죠. 소말리아에서 1억 원은 집을 여러 채 사고도 남는 금액입니다. 1인당 국민소득이 500달러도 안 되니 해적은 소말리아에서 엄청난 고소득 직종인 셈입니다. 하지만 이는 어디까지나 평균적인 추정 금액이며 몸값 협상에 따라 한 건당 수억 원을 받기도 합니다.

이렇게 해적이 성행하고 해적들의 본거지에 돈이 돌기 시작하다 보니 2009년에는 상상도 못할 상황까지 벌어졌습니다. 280쪽의 사진은 모가디슈 북부의 해적 근거지인 항구 도시의 풍경입니다. 이곳에 여러 사람이 모여있는 이유는 놀랍게도 해적단 상품에 투자하기 위해서입니다. 사진 속 간판에는 '다르산 은행'이라고 쓰여 있습니다. 과거 은행이었던 곳에서 주식처럼 투자 시장이 열렸고, 많은 사람이 해적단에 투자해 돈을 벌기 위해 몰려든 것입니다. 이른바 해적증권거래소입니다.

해적증권거래소 설립 초창기에는 70여 개가 넘는 해적 기업이 상장했습니다. 일반적인 증권거래소와 달리 이곳은 현금뿐 아니라 무기도 지원합니다. 일종의 크라우드 펀딩인 셈이죠. 일반인들이 해적단에 돈이나 무기를 투자하고, 투자받은 해적단이 납치에 성공하면 수익을 배분받는 시스템입

해적단에 투자하려는 사람들

니다. 실제로 해적단에 100달러 정도 하는 유탄 발사기 하나를 투자해서
한 달 만에 7만 5천 달러를 벌었다는 이야기도 있습니다. 750배라는 엄청
난 수익률입니다. 이런 식으로 2010년에는 해적 기업이 100개까지 늘어났
습니다.

　소말리아 해적단이 빠르게 증가하고 조직화한 배경에는 이 같은 투자자
들의 역할이 컸습니다. 해적증권거래소처럼 민간인이 개별로 투자하기도
하지만 해적들을 후원하고 자금을 대는 큰손 투자자들도 있습니다. 이들은
수익의 절반을 가져갑니다. 큰손 투자자들은 매우 다양합니다. 사업가, 정
치가, 선주, 군벌같이 소위 돈 있는 사람들이죠. 실제로 영국과 홍콩에서도
해적에 투자했습니다. 당시 해적 투자 상품은 수익을 100% 보장했기 때문
이죠. 외국 자본뿐 아니라 중간 협상자인 외국 변호사 및 회계사들까지도
해적단에 투자했습니다. 이들은 해적에게 보트, 연료, 무기와 탄약, 통신 장
비는 물론이고 급료도 지원합니다. 납치만 성공하면 큰돈을 벌 수 있기 때

문입니다. 해적 행위에 필요한 종잣돈을 주고 배후에서 조종하는 자본가와 해적 납치 후에 이들을 도와주는 여러 후원자가 있었기에 해적은 급격하게 늘어나고, 조직화할 수 있었던 것입니다.

소말리아의 해적 행위가 돈이 된다는 소문이 퍼지면서 외국에서도 해적에 투자하기 시작했습니다. 주로 유럽과 중동의 자본가들이 투자했는데, 이들은 심지어 주주총회 형식으로 피랍 선원의 석방금 협상을 조종하기까지 했습니다. 과거 소말리아 해적에 납치된 한국 유조선인 삼호드림호도 700만 달러 선에서 합의한 몸값을 런던에 있는 투자자들이 개입해 950만 달러까지 올린 사례가 있습니다. 유조선에 실린 기름값도 계산해 넣은 것입니다.

이처럼 투자받은 돈으로 납치에 성공해 몸값을 받아낸 해적들은 수익을 다시 외국에 투자합니다. 케냐, 수단, 두바이, 유럽 등으로 돈이 흘러 들어가는 것이죠. 케냐의 부동산에 1억 달러 이상을 투자한 해적들 때문에 케냐의 수도 나이로비는 부동산 가격이 두 배 이상 올랐을 정도입니다. 처음에는 바다를 지키는 자경단으로 시작했지만, 그들 중 일부는 불법 산업으로 변질되고 말았습니다.

사라진 해적, 잠재된 위험

최근 소말리아의 해적 뉴스가 줄어든 것은 전 세계 국가들이 국제적으로 대응하며 공조하기 때문입니다. 해적으로 인한 피해가 점점 심각해지면서 2008년에 UN 안전보장이사회에서 소말리아 해적 퇴치를 위한 결의서를 채택했습니다. 해적 퇴치를 위해 여러 나라가 연합 해군을 결성할 것을 촉구하고, 이 연합 해군들이 해상에서의 해적 행위 및 무장 강도 행위를 진압할 목적으로 소말리아 영해에 들어갈 수 있도록 허가한다는 내용이었습니다. 이때부터 유럽연합군, NATO 연합군, 미국 중심의 국제연합함대 등이 조직됐고 지금까지도 세계 수십 개국에서 파견한 연합함대가 소말리아 바다에서 해적 퇴치 작전을 펼치고 있습니다. 우리나라도 청해부대가 소말리아 해역에서 활약 중이죠.

수많은 나라의 해군이 모여 몇 년간 활동한 끝에 2012년부터는 해적이 다시 크게 줄어들었습니다. 하지만 안심할 수만은 없는 상황입니다. 무력으로 해적을 막고 있을 뿐 국제 사회의 힘이 느슨해지는 순간 언제든지 해적은 다시 나타날 수 있습니다. 왜냐하면 아직도 소말리아는 위험 속에 있기 때문입니다. 여전히 심각한 내전과 기아에 시달리고 있고, 몇 년 전부터는 이슬람 극단주의 단체의 테러로 위험에 처해 있습니다. 해적이 나타났던 이유가 전혀 사라지지 않은 것입니다.

그렇다면 소말리아의 해적을 완전히 막을 방법은 무엇일까요? 이런 상황에서 우리는 UN의 소말리아 해적 대응 정책을 눈여겨볼 필요가 있습니다. UN은 해적을 없애는 방법이 '해적에 대한 공격'이 아니라 '소말리아에 대한 지원'이라고 결론 내렸습니다. 소말리아의 정치적 안정과 경제적 자립이 이루어지지 않는 한 해적 문제가 해결되지 않는다는 것입니다. 따라서 문제의 본질은 왜 소말리아 어부들이 해적이 되었고 지금에 이르게 되었는지, 그 역사와 배경을 아는 것입니다. 그래야 문제를 해결할 수 있습니다. 소말리아뿐 아니라 해결하기 어렵거나 반복적으로 터져 나오는 국제 문제들도 마찬가지입니다.

생각해보면 우리는 그동안 아프리카의 수많은 내전, 쿠데타, 전쟁, 기아 문제에 대해 '마침표'만 찍어왔습니다. 아프리카는 '원래' 가난한 나라, '원래' 위험한 나라라고 말이죠. 즉 '원래' 그런 나라에서 더 나아가지 않은 것입니다. 소말리아가 이렇게 망가지게 된 것은 결코 소말리아만의 문제 때문은 아닙니다. 그동안 해적, 내전, 기아 같은 단편적인 이미지로 판단해 온 소말리아라는 나라를 이제는 더욱 입체적으로 봐야 합니다. 아프리카에 대해 '왜?'라는 물음표를 가지고 들여다보면 문제의 원인이 보일 것입니다. 이게 바로 우리가 세계사를 공부하는 이유이자 소말리아의 해적 부상을 새로운 시각으로 바라볼 수 있는 시작점입니다.

벌거벗은 아프가니스탄 전쟁

강대국들의 무덤과 빈 라덴의 9·11 테러

박현도

● 2021년, 20년간 전쟁을 이어오며 아프가니스탄의 민주주의를 지키려 했던 미국이 철수를 결정했습니다. 아프가니스탄의 수도 카불에 주둔하던 미군은 8월 15일에 그곳을 떠나기 시작했습니다. 그러자 아프가니스탄 국민들은 탈레반을 피해 필사의 탈출을 감행했습니다. 미군과 함께 떠나고자 수많은 아프가니스탄 사람들이 몰린 공항은 아수라장이 되었습니다. 자신은 탈출하지 못하더라도 자식만은 데려가 달라며 철조망 너머 미군에게 아이를 건네는 절박한 심정의 부부, 비행기에 타지 못하자 날개와 바퀴에라도 매달려 가려다 안타깝게 추락하는 사람들의 모습을 보며 전 세계가 안타까워했습니다. 대체 왜 이런 일이 벌어진 걸까요?

아프가니스탄은 예전부터 사람과 물자가 이동하는 교통의 중심지에 위치해 오랫동안 주변 국가와 영향을 주고받았습니다. 동서 문화의 교차로 역할을 하며 번영했고, 중앙아시아에서는 인구가 가장 많기도 하죠.[1]

하지만 지금은 내전과 테러로 혼란스러워 우리나라에서는 여행 금지 국가입니다. 현재 아프가니스탄의 상태를 정확히 알지 못하면 현대 세계사를 이해하기 힘들다고 할 만큼 엄청난 사건이 많이 벌어졌고, 현재도 일어나고 있는 곳입니다. 그렇다면 미군은 왜 아프가니스탄에서 철수했으며 그들이 주둔하던 20년간 어떤 일이 있었던 걸까요?

사실 아프가니스탄은 최고의 강대국으로 손꼽히는 미국뿐 아니라 과거에 여러 강대국이 장악하려고 시도했다가 성공하지 못한 채 철수한 곳입니다. 19세기 초강대국 영국과 20세기 초강대국 소련이 대표적인 국가입니다. 두 나라 모두 아프가니스탄에 발을 내디뎠지만, 완전 장악에 실패한 채 돌아섰죠. 흥미로운 사실은 이들 강대국이 아프가니스탄에서 철수한 이후 쇠락의 길을 걸었다는 것입니다. 대체 아프가니스탄에서 무슨 일이 있었기에 세계를 군림하던 강대국들이 무너졌을까요?

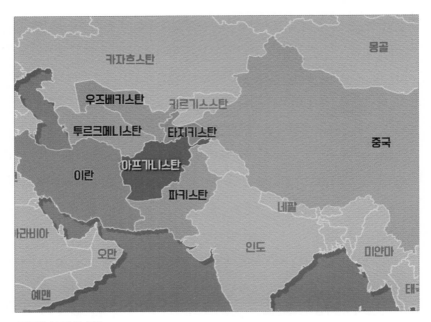

아프가니스탄의 위치

　강대국이 아프가니스탄 땅을 밟은 이유를 찾으려면 먼저 이곳의 위치부터 알아야 합니다. 내륙 중앙에 위치한 아프가니스탄은 과거 여러 나라와 국경을 맞대고 있어 사통팔달 교통의 요충지였습니다. 그러다 보니 역사적으로 많은 정복자가 이곳을 거쳐 갔고 쫓겨나기도 했습니다. 먼저 기원전 6세기에 고대 페르시아의 다리우스 1세Darius I를 시작으로, 그리스의 알렉산드로스 대왕Alexandros the Great에 이어 13세기 초강대국 몽골의 칭기즈 칸Chingiz Khan도 아프가니스탄에 들어왔습니다. 1965년 미국의 역사학자 아널드 플레처Arnold Fletcher는 아프가니스탄에 관한 책을 쓰면서 제목을 《아프가니스탄: 정복의 고속도로Afghanistan: Highway of Conquest》라고 붙였습니다.

　이처럼 아프가니스탄은 주변에 바다가 없어서 동서양 상인을 비롯해 종교인과 사절단도 거쳐가는 통로 역할을 했습니다. 신라의 승려 혜초도 지나갔습니다. 혜초가 쓴 《왕오천축국전》에는 아프가니스탄 불교 성지를 다녀온 기록이 있습니다. 고대 불교 경전 중 하나인 《밀린다 왕문경》도 과거 아프가니스탄이 불교와 밀접한 관계가 있었다는 사실을 보여줍니다. 이렇듯 아프가니스탄은 지정학적 요충지일 뿐 아니라, 여러 나라가 탐낼 만큼 문화적, 종교적으로도 중요한 의미를 가진 곳이었습니다. 현재 아프가니스탄은 파키스탄, 이란, 투르크메니스탄, 우즈베키스탄, 타지키스탄, 중국까지 모두 6개국과 국경을 맞대고 있습니다.

지도에서 보는 것처럼 아프가니스탄을 지배하면 중앙아시아 대륙 중심부로 들어갈 수 있으니, 영토를 넓히려는 대국에는 꽤 매력적인 땅이었죠. 게다가 최근에는 석유와 리튬 같은 천연자원이 풍부하게 매장된 곳이자 중앙아시아의 천연가스 파이프라인이 지나는 요충지로도 주목받고 있습니다. 그동안 여러 강대국이 탐냈던 만큼 아프가니스탄에서는 다양한 사건이 일어났습니다. 지금부터 강대국의 무덤이 된 아프가니스탄과 이곳에서 일어났던 전쟁을 벌거벗겨 보겠습니다.

비극의 시작점, 그레이트 게임

찬란한 문명을 꽃피웠던 아프가니스탄이 본격적으로 강대국의 무덤이 된 것은 19세기입니다. 세계의 패권을 차지하려는 두 나라가 아프가니스탄에서 주도권 전쟁을 벌였기 때문이죠. 288쪽에 이 상황을 한눈에 보여주는 그림이 있습니다. 그림 속 곰은 당시 유라시아 대륙의 떠오르는 신흥 강자 러시아를, 사자는 해가 지지 않는 나라로 군림하던 전통의 강호 영국을 상

1878년 영국 주간지 <펀치>의 만평

징합니다. 두 나라 사이에 낀 아프가니스탄(사람)이 이렇게 말하고 있죠.

"친구들로부터 저를 구해주세요!"

19세기에 대륙을 중심으로 성장한 러시아는 세력을 더 넓히기 위해 얼지 않는 항구를 찾아 남쪽으로 내려갔습니다. 반면 바닷길을 중심으로 성장하며 아프리카 일부 국가와 인도 등을 점령해 막강한 해상력을 자랑하던 영국은 그런 러시아를 견제하며 더 많은 대륙에서 세력을 넓히려 했습니다. 즉 러시아는 남쪽으로 내려오고 싶어 했고, 영국은 러시아를 필사적으로 막으려 했습니다. 첨예하게 대립한 두 강대국은 중앙아시아 주도권을 두

1839년 중앙아시아 지도

고 무려 한 세기에 걸쳐 패권 전쟁을 펼쳤는데 이를 '그레이트 게임The Great Game'이라고 합니다. 두 나라는 아프가니스탄을 두고 서로 맞붙었습니다.

북쪽의 거대한 땅을 평정한 러시아는 해양 진출을 위해 남쪽으로 내려갈 길을 찾던 중 대륙의 길목에 있는 아프가니스탄과 우호 관계를 맺었습니다. 이를 지켜보던 영국은 매우 불안했습니다. 러시아가 아프가니스탄과 손을 잡고 그곳 땅을 지나간다면 바로 옆 자국의 식민지 인도를 빼앗길 수도 있다고 생각한 것이죠. 다급해진 영국은 러시아를 견제해 인도를 지키고자 1839년에 아프가니스탄을 침공합니다. 영국의 킨 장군이 이끄는 2만 1천여 명의 영국-인도군은 수도 카불에 입성해 왕(샤Shah)을 몰아내고 친영파 슈자Shuja를 왕으로 세웠습니다. 하지만 아프가니스탄은 영국에 끈질기게 저항하며 버텼고, 약 2년 만에 영국은 아프가니스탄에서 퇴각합니다. 이때 철수하던 1만 6천 명의 영국군과 군무원 중 군의관 윌리엄 브라이든 William Brydon 한 명만 빼고 모두 히베르 통로에서 아프가니스탄 전사들의 급습에 몰살당했습니다.

얼마 후 계속해서 중앙아시아로 세력을 확장하는 러시아를 견제하기 위해 영국은 또다시 아프가니스탄을 침공합니다. 1878년에 벌어진 제2차 영국-아프가니스탄 전쟁에서 영국은 아프가니스탄의 외교권을 뺏고 보호국으로 만드는 데 성공합니다. 그런데 1885년에 부동항을 찾아 내려오던 러시아가 아프가니스탄 북부 국경지대를 침범했습니다. 영국은 인도를 빼앗길지도 모른다는 불안감에 병력과 전쟁 예산을 추가로 편성해 러시아와의 전면전을 준비했습니다. 어느 쪽이 이기든 피해가 서로 막대한 상황이었죠. 이때 러시아가 먼저 물러나면서 상황은 일단락되었습니다. 눈앞에 인도가 있지만 영국과 전면전을 치르기에는 아직 불리하다고 판단한 것입니다. 대신 러시아는 영국에 협상을 제안했습니다. 1893년, 두 강대국은 아프가니스탄을 두고 전쟁 대신 국경 협정을 맺기로 합의합니다.

당시 아프가니스탄과 인도 사이에는 국경이 없었습니다. 자칫하면 영국령 인도와 러시아가 부딪힐 수도 있다고 판단한 인도 제국의 외무장관 모티머 듀랜드Mortimer Durand는 보호국 아프가니스탄과 식민지 인도의 국경을 명확히 구분할 필요가 있다고 주장했습니다. 그 결과 1893년 11월 12일에 영국과 아프가니스탄은 국경 협정을 맺었고, 이때 '듀랜드 라인Durand Line'이라는 국경선이 탄생했습니다. 이 선을 기점으로 영국은 인도 지배를 확고히 했고, 오늘날 아프가니스탄과 파키스탄의 국경이 만들어졌죠. 결국 아프가니스탄의 국경은 영국과 러시아 간 경쟁의 산물인 셈입니다.

제2차 전쟁 이후 약 30년간 아프가니스탄은 영국에 우호적인 두 명의 왕을 거치며 영국과 원만한 관계를 유지했습니다. 하지만 1919년에 왕으로 즉위한 아마눌라 칸Amanullah Khan이 영국으로부터 완전한 독립을 선언하면서 제3차 영국-아프가니스탄 전쟁이 벌어졌습니다. 하지만 아프가니스탄과 두 번의 전쟁을 치르는 동안 수많은 사상자와 엄청난 비용을 감수해야 했

1893년 듀랜드 라인   현재의 아프가니스탄과 파키스탄 국경선

던 영국은 더 이상 아프가니스탄에서 전쟁을 할 필요성을 느끼지 못했습니다. 게다가 영국이 아프가니스탄에 들어온 것은 인도를 지키기 위해서였습니다. 러시아와 국경 협정을 맺고 듀랜드 라인으로 인도의 안전을 확인한 영국은 1919년에 아프가니스탄을 독립국으로 인정하며 철수합니다. 영국과 러시아의 그레이트 게임은 이렇게 끝났습니다. 지난 80여 년간 아프가니스탄을 통제하고 관리하고자 전쟁을 치렀던 영국은 수많은 사상자와 막대한 비용만 떠안은 채 아프가니스탄을 떠났습니다.

소련의 개입이 불러온 참혹한 결과

영국이 물러간 후 아프가니스탄은 나라를 안정시키기 위해 가장 먼저 근대화를 추진합니다. 그러나 평화를 꿈꾸던 것도 잠시, 아프가니스탄을 노리는 또 다른 강대국이 나타납니다. 독립한 아프가니스탄이 가장 필요로 한 것은 나라를 바로 세울 수 있는 돈이었습니다. 이때 세계 최초의 사회주의 국가 소련이 가장 먼저 손길을 내밀었습니다. 영국의 간섭 없이 중앙아시아까지 영향력을 넓힐 생각이었던 소련은 아프가니스탄의 국가 수립 직후부터 원조를 시작했죠.

하지만 아프가니스탄에 손을 내민 나라가 또 있었습니다. 20세기에 소련과 냉전 체제를 형성한 새로운 강대국 미국입니다. 팽팽한 균형 아래 경쟁하듯 아프가니스탄을 지원한 두 강대국 중 먼저 두각을 나타낸 쪽은 소련이었습니다. 물밑 작전을 펼친 소련은 사회주의 인사들의 공부 모임에 자금을 지원하고 첩보를 제공했습니다. 소련에 우호적인 인물이 아프가니스탄 정부 내에서 영향력을 행사할 수 있도록 은밀히 움직인 것입니다. 이렇게 아프가니스탄 정권에서 소련의 영향력이 점점 커지면서 아프가니스탄은 사회주의 영향권에 놓였습니다.

그러던 중 사회주의 세력을 중심으로 1973년에 쿠데타가 일어났습니다. 왕을 쫓아내고 군주제를 폐지한 아프가니스탄은 공화국으로 변신합니다. 하지만 초대 대통령 다우드 칸Daoud Khan은 자신을 도운 사회주의 세력을 억압하고 소련의 내정 간섭에 공개적으로 맞섰습니다. 이에 소련은 다우드 칸을 제거하기로 마음먹었고, 1978년 4월에 급진적 사회주의자 무함마드 타라키Muhammad Taraki와 하피줄라 아민Hafizullah Amin이 이끄는 할끄 Khalq파[2] 군대가 쿠데타를 일으켜 다우드 칸을 살해하고 사회주의 정권을 세웠습니다. 대통령 타라키가 이끄는 완전한 친소련 사회주의 정권이 탄생한 것입니다.

하지만 반정부 세력이 생기기 시작했습니다. 급진 사회주의 정부가 내놓은 개혁안 때문입니다. 토지 국유화, 사유 재산 금지, 조혼 금지 등 전형적인 소련식 개혁은 기존의 이슬람 문화와 너무 달랐습니다. 결정적으로 종교를 부정하는 사회주의 이념에 따라 새 정권은 종교도 탄압했습니다. 무슬림이 대부분인 아프가니스탄 사람들은 당연히 받아들일 수 없었죠. 그럼에도 사회주의 정부는 개혁에 반대하는 종교인과 지주, 귀족을 무력으로 진압하여 이 시기 많은 사람이 처형당하며 희생자가 되었습니다. 이때부터 아프가니스탄 내에서는 사회주의 정권에 대항한 이슬람주의 세력이 강하게 일어났고, 반정부 무장투쟁으로 번지기 시작했습니다.

이때 사회주의 세력에 극렬히 저항하는 '모자헤딘Mojahedin'이 탄생합니다. 이는 이슬람교의 신앙을 방해하는 적으로부터 이슬람을 지키기 위한 방어적 전투나 전쟁을 가리키는 지하드Jihad를 행하는 사람이라는 뜻의 '무자히둔Mujahidun'에서 나온 페르시아어입니다.[3]

당시에는 반소련 항쟁 전사들이 스스로를 모자헤딘으로 불렀습니다. 극렬히 저항하며 퍼져나가는 모자헤딘이 계속해서 정부와 부딪히니 국정이 제대로 운영될 리 없었습니다. 아프가니스탄은 또다시 혼란에 빠졌고, 타라키 대통령은 소련에 파병을 요청했습니다. 하지만 직접 개입할 생각이 없던 소련은 군대 대신 무기만 보냈습니다. 타라키가 사회주의 개혁에 저항하는 사람들을 무자비하게 억압해 민심을 잃자, 소련은 그를 대신할 지도자로 2인자 아민을 염두에 두었습니다. 결국 아민은 타라키를 죽이고 새로운 대통령이 되었습니다.

그런데 아프가니스탄에 좀 더 확고한 친소련 사회주의정권을 세우고 싶었던 소련은 1979년 12월 24일에 아프가니스탄을 침공합니다. 280여 대의 수송기로 최정예 부대를 투입했고, 곧이어 2만 5천여 명의 공수부대와 전차, 장갑차가 밀고 들어왔습니다. 아민은 소련이 반정부 세력을 소탕하기 위해 들어왔다고 믿었지만, 이내 자신의 생각과 다르게 일이 전개된다는 것을 깨달았습니다. 아프가니스탄을 침공한 소련의 1차 목표는 수도 카불 공략과 아민 대통령 제거였습니다. 이후 친소련파 인물로 완전히 새로운 정부를 수립할 생각이었죠. 소련은 먼저 정보기관인 KGBKomitet

Gosudarstvennoj Bezopasnosti 소속 특수요원을 아민의 요리사로 잠입시켰습니다. 요원은 아민의 음식에 독을 탔고 음식을 먹은 아민은 쓰러졌습니다. 그런데 소련의 작전을 알지 못했던 소련 출신 주치의가 온 힘을 다해 아민을 살렸습니다. 아민이 구사일생으로 목숨을 건지자 KGB는 다시 특수요원을 앞세워 아민과 가족, 경호원을 습격했습니다. 그 결과 아민을 포함해 120여 명을 사살했습니다. 소련이 아프가니스탄을 침공한 지 4일째에 일어난 일입니다. 소련군은 왜 아민을 숙청했을까요?

소련의 공식 입장은 없지만 다양한 이유를 추측해볼 수 있습니다. 아민은 타라키보다 더 강하게 반대 세력을 탄압하여 민심이 바닥까지 떨어졌습니다. 아프가니스탄이 사회주의 국가로 자리 잡기를 원했던 소련으로서는 아민보다는 민심을 확실히 회복할 대통령이 필요했을 것입니다. 또 미국 컬럼비아 대학교 출신인 아민을 친미분자로 본 소련은 CIA와 연결되었을 가능성이 큰 아민에게 아프가니스탄을 맡기는 것이 불안했습니다. 결국 아민을 신뢰할 수 없다고 판단한 소련은 그를 살해하고 흔들리는 친소련 정권을 직접 바로 잡기로 합니다.

소련 붕괴에 영향을 끼친 모자헤딘

소련이 한 달 사이에 약 8만 명의 병력을 이끌고 쳐들어오면서 아프가니스탄은 다시 전쟁터가 되었습니다. 아프가니스탄의 반사회주의 세력인 모자헤딘은 험한 지형을 활용해 소련군에 대항했습니다. 그들은 국토의 75%가 험난한 산악 지대인 아프가니스탄의 지형을 정확히 파악하고 있었죠. 소련의 폭격이 시작되면 해발고도가 수천 미터에 이르는 산에 숨거나 협곡

Mi-24 하인드 공격 헬기

아래 거대한 동굴을 뚫어 숨어 버리는 게릴라전으로 소련군을 끈질기게 괴롭혔습니다. 어떤 동굴은 무려 폭이 9m에 높이가 4m였고, 미식축구장 6개를 이어놓은 것만큼 긴 중심 터널을 가지처럼 뻗은 41개의 터널로 연결한 곳도 있었다고 합니다. 지하수로나 터널을 따라서 동굴로 들어갈 수 있도록 최적의 대피소를 만든 것이죠. 덕분에 모자헤딘은 유리하게 전쟁을 이끌었습니다.

하지만 소련군도 가만히 두고 보지는 않았습니다. 산악 지대에 숨은 모자헤딘을 끌어내기 위해 소련군이 택한 방법은 물량 공세입니다. 먼저 소련군은 첨단 기술력이 집약된 압도적 화력의 신무기를 동원했습니다. 그중 가장 유명한 것이 '사탄의 마차'라 불리는 Mi-24 하인드 공격 헬기입니다.

이 헬기는 저속으로 험준한 산악 지형을 비행하다 급강하하면서 기관포와 로켓탄 등 각종 폭탄을 원하는 곳에 떨어뜨려 공격할 수 있는 전천후 무

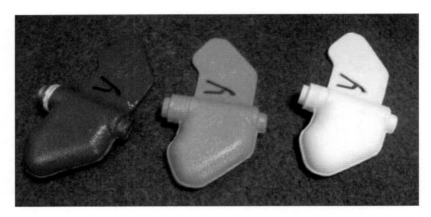

나비 지뢰

기입니다. 게릴라전 대응에 최적이었죠. 전쟁 말미에는 다연장 로켓 화염방 사차를 투입해 공략이 어려운 아프가니스탄 산악 지대의 모자헤딘 벙커를 공격했습니다. 그뿐 아니라 3,000℃ 고열로 주변을 불바다로 만드는 네이팜 탄까지 투하해 모자헤딘을 향한 무차별적인 공격을 펼치기도 했죠. 소련은 동시에 모자헤딘의 심리적 동요를 위한 위장술도 펼쳤습니다. 그중에서 가 장 심각한 피해를 낳은 것은 '초록빛 앵무새'라 불린 나비 지뢰입니다.

　소련은 역사상 최악의 무기 중 하나로 평가받는 나비 지뢰를 아프가니스 탄에 살포했습니다. 소련군이 노린 주요 표적은 어린아이들이었습니다. 나 비 지뢰가 무엇인지 모르는 아이들은 땅에 떨어진 알록달록한 나비 지뢰를 주워서 가지고 놀다가 지뢰가 터져 죽거나 팔다리가 잘리는 중상을 입었 습니다. 소련은 아이들에게 해를 입히면 모자헤딘이 동요할 것이라고 생각 해 심리전을 펼친 것이었죠. 그럼에도 모자헤딘은 쉽게 흔들리지 않았습니 다. 엄청난 화력 무기와 심리전을 막아내야 했던 모자헤딘은 1986년에 스팅 어 미사일로 Mi-24 하인드 공격 헬기를 공격했습니다. 어깨에 멜 정도로 작 고 가벼워 보이는 스팅어 미사일은 적외선을 인식해 헬기를 격추할 수 있는

스팅어 미사일

강력한 무기입니다. 이 미사일로 착륙하려는 소련군 전투 헬기를 격추하는 등 한 해 동안 무려 200대가 넘는 소련 헬기를 떨어뜨렸습니다.

　모자헤딘이 이토록 강력한 무기를 손에 넣은 것은 미국의 지원 덕분입니다. 스팅어 미사일은 당시 미국이 만든 최신 무기로 아프가니스탄 전쟁에 처음 투입해 사용했습니다. 이 시기 소련과 냉전을 벌이던 미국은 소련을 '악의 제국'으로 규정했습니다. 그리고 소련을 무너뜨리기 위해 반공산주의 세력을 지원했습니다. 1979년에 미국의 우방국이었던 이란이 이슬람 혁명으로 반미 정권으로 돌아선 경험을 한 미국은 아프가니스탄에서 사회주의가 활개치지 못하도록 막아야 했습니다. 그리하여 소련 침공 6개월 전부터 모자헤딘을 지원하기로 결정했고 침공 후에는 보다 적극적으로 모자헤딘을 도왔습니다. 모자헤딘은 미국 로널드 레이건Ronald Reagan 대통령과 만나기도 했죠.[4] 그리고 미국과 사우디아라비아의 금전적 지원을 받아 모자헤딘을 양성하고 전쟁에 투입한 나라도 있습니다.[5] 파키스탄입니다. 앞서

모자헤딘과 만난 미국의 레이건 대통령(1983년)

영국과 러시아가 전쟁 직전에 아프가니스탄을 사이에 두고 국정 협정을 맺으면서 그레이트 게임이 끝났다고 말했습니다. 이때 아프가니스탄과 영국령 인도 사이에 그은 국경선이 '듀랜드 라인'입니다. 이 국경선은 영국령 인도와 러시아령 타지키스탄이 직접 닿지 않도록 그 사이에 있는 얇고 긴 땅을 아프가니스탄 국경에 포함했습니다. 동시에 아프가니스탄 남쪽 지역을 영국령으로 넘기는 것이었죠. 그 결과 오늘날 아프가니스탄과 파키스탄 사이에 지금과 같은 국경선이 만들어졌습니다.

두 강대국이 그어놓은 이 국경선은 20세기부터 세계사에 많은 영향을 미쳤습니다. 물론 아프가니스탄과 소련의 전쟁에도 큰 영향을 끼쳤죠. 아프가니스탄에서 지금의 파키스탄 땅으로 편입된 지역 중에는 다민족 국가인 아프가니스탄에서 가장 인구가 많은 파슈툰족의 주거지가 있었습니다. 아프가니스탄 인구의 약 43%를 차지하는 파슈툰족은 아프가니스탄 북서부와 남동부에 약 1,500만 명이, 그리고 아프가니스탄과 국경을 맞댄 파키스

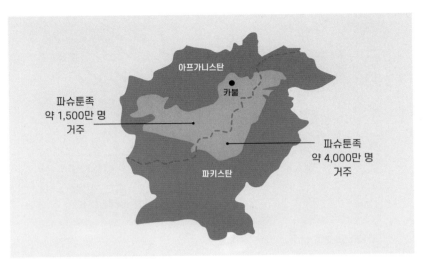

아프가니스탄과 파키스탄의 파슈툰족 주거지

탄에 약 4,000만 명이 살고 있습니다. 파키스탄의 파슈툰족은 같은 민족인
아프가니스탄의 파슈툰족 모자헤딘의 활동을 적극적으로 도왔습니다.

　　모자헤딘이 미국으로부터 무기를 넘겨받은 것도, 모자헤딘이 되겠다고
전 세계에서 모여든 사람들을 교육해 아프가니스탄으로 보내는 것도 파키
스탄에서 이루어졌습니다. 아프가니스탄에서 소련과 전쟁하던 모자헤딘이
파키스탄으로 넘어가 휴식과 훈련, 재편성을 거친 후 다시 전쟁터로 투입되
는 일도 많았습니다. 소련도 이 사실을 알고 있었지만 파키스탄까지 통제할
수는 없었죠. 결국 19세기 영국과 러시아가 만들어낸 듀랜드 라인이 모자
헤딘의 근거지가 되어 소련의 발목을 잡은 셈입니다.

　　미국과 사우디아라비아의 지원을 받은 파키스탄 정보국은 모자헤딘에게
최신식 무기와 현금, 식량 등 전쟁 물자를 건네주었고, 군사훈련도 지원했
습니다. 어린 모자헤딘 교육을 위해 반공 사상이 깔린 교과서도 제공했습
니다. 당시 미국이 파키스탄에 지원한 산수 교과에는 총, 칼, 총알 같은 무

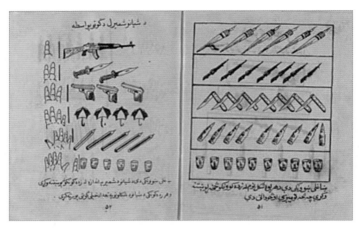

모자헤딘이 배운 산수 교과서

기 그림이 가득했죠. 미국은 덧셈과 뺄셈을 가르칠 때도 "소련군 세 명 중 한 명이 전사에게 죽었다. 남은 소련군은 몇 명인가?"라는 문제로 소련군이 곧 적군이라는 인식을 심어주었습니다. 이런 방식은 탈레반이 어린 탈레반을 가르칠 때도 사용했습니다.

　소련을 향한 미국의 견제는 여기서 끝나지 않았습니다. 전쟁을 일으킨 소련을 규탄하기 위해 국제적 행동에 나섰습니다. 1980년 올림픽은 소련의 수도 모스크바가 개최할 예정이었습니다. 하지만 소련군이 아프가니스탄에서 전쟁을 벌이는 것에 항의하고자 미국은 올림픽 보이콧을 선언했습니다. 미국의 보이콧을 시작으로 냉전 체제에서 소련의 반대편에 선 다른 나라들역시 올림픽을 거부하며 미국에 동조했습니다. 서독, 일본, 노르웨이, 캐나다, 태국, 터키, 이란, 그리고 우리나라까지 약 50여 개국이 모스크바 올림픽 불참을 선언했죠. 결국 소련의 모스크바 올림픽은 반쪽짜리 올림픽이라는 오명을 안았습니다.

　그리고 4년 뒤, 소련은 미국에서 열린 로스앤젤레스 올림픽에 10여 개국과 함께 불참하며 미국의 모스크바 올림픽 보이콧을 그대로 갚아주었습니다. 하지만 4년 뒤 1988년 서울 올림픽에서는 냉전 체제 양 끝에서 경쟁하던 미국과 소련이 모두 참가했습니다. 이는 8년간 이어진 올림픽 보이콧 악순환의 역사를 끊어내며 전 세계에 냉전 체제가 종식될 수 있다는 희망을 보여준 역사적 사건이었습니다.

냉전 체제에서 미국이 모자헤딘을 지원하면서 아프가니스탄 전쟁은 장기전이 됐습니다. 완전히 잡히지 않는 모자헤딘 때문에 고전하던 소련은 1985년부터 철수를 준비했습니다. 전쟁이 길어지고 피해가 늘어나면서 소련 내부에서도 별 이득이 없는 전쟁을 끝내자는 목소리가 커진 것이죠. 공식 집계된 전사자만 1만 5천여 명에 항공기와 헬기 약 500대, 장갑전투차량 약 1,500대, 수송차량 약 1만 3천 대 이상을 잃으며 소련은 무려 840억 달러의 전쟁 비용을 소모했습니다. 결국 약 10년간의 전투를 끝으로 1989년에 모든 군대를 철수한 소련은 영국에 이어 막대한 피해를 보고 아프가니스탄을 떠난 또 하나의 강대국이라는 불명예를 안았습니다.

아프가니스탄은 지리적 위치 때문에 영국과 러시아라는 두 강대국의 그레이트 게임에서 희생양이 되었고, 냉전 시대에는 미국과 소련 사이에서 또다시 제물이 되었습니다.

모자헤딘이 낳은 최악의 괴물, 탈레반

강대국 소련을 몰아내고 아프가니스탄의 정권을 잡은 것은 모자헤딘 출신인 탈레반이었습니다. 탈레반은 이슬람 율법을 공부하는 신학생을 뜻하는 말로, 파슈툰족이 주축인 극단주의 무장 세력입니다. 대소련 전쟁 시절 모자헤딘이었던 탈레반은 1994년에 새로운 무장 단체로 떠올랐습니다. 당시 아프가니스탄에서는 소련이 떠난 후 남은 돈과 무기를 이용한 칸다하르에서 군벌이 폭력과 갈취 등 많은 범죄를 저지르고 있었습니다. 그러던 중 지역 군벌이 10대 소녀 두 명을 납치해 강간하는 사건이 벌어졌습니다. 분개한 주민은 지역 이슬람 지도자에게 도움을 요청했고, 신학생들은 분노한 시민을 대신해 악행을 저지른 군벌을 찾아내 처단하고 그들의 시신을 탱크 포신 끝에 매다는 것으로 복수했습니다.

이렇듯 탈레반은 소련군 철수 후 정부의 공백을 틈타 내전을 벌인 군벌에 맞서 정의를 바로 세우려 했던 신학생들로부터 출발했습니다. 혼란했던 마을 질서를 바로잡은 이들은 여세를 몰아 큰 꿈을 꾸기 시작합니다. 신학생 자경단의 규모는 점점 커졌고 이슬람 근본주의 무장 단체 탈레반이 되었습니다. 탈레반은 1996년에 수도 카불을 장악하며 아프가니스탄을 통치하기 시작합니다. 전 세계를 테러와 전쟁으로 몰아넣은 알카에다와 IS라는 테러 단체도 아프가니스탄 모자헤딘에서 시작됐거나 이들의 영향을 받은 사람들로 이뤄졌습니다. 모자헤딘 중에서 탈레반만이 아프가니스탄을 장악할 수 있었던 이유는 무엇일까요?

이를 알기 위해서는 먼저 아프가니스탄을 구성하고 있는 여러 민족을 살펴봐야 합니다. 아프가니스탄은 공식적으로 인정받은 민족만 해도 14개인 다민족 국가입니다. 이 때문에 모자헤딘으로 소련과 싸울 때도 단 한 번도 제대로 뭉치지 못했을 만큼 통합이 어려웠습니다. 이들 민족이 얼마나 서로를 배척하는가 하면, 탈레반의 주축인 파슈툰족은 생김새와 이슬람 분파가 다르다는 이유로 사이가 좋지 않았던 하자라족을 60% 이상 죽이기도 했습니다. 그러니 공동의 적이었던 소련이 철수한 뒤에도 모자헤딘은 좀처럼 서로 뜻을 모으지 못했습니다. 1989년에 소련군이 철수했지만 친소련 사회주의 정권은 1992년에야 비로소 무너졌고, 공백이 된 정권을 두고 여러 군벌이 서로 싸우는 내전에 돌입했습니다.

내전이 한창이던 1994년에 결성한 탈레반이 결국 최종 승자가 되어 1996년부터 집권한 것입니다. 한때 탈레반은 내전에 지친 아프가니스탄 사람들에게 이슬람의 수호자이자 아프가니스탄의 구원자였습니다. 하지만 정권을 장악하자마자 극단적 행동을 보이며 공포정치를 펼쳤습니다. 가장 먼저 친소련 사회주의 정권의 마지막 대통령인 모함마드 나지불라Mohammad Najibullah를 교수형에 처했습니다. 그러고는 순수했던 과거 이슬람 시대로 되돌아가야 한다는 신념 아래, 시내 모든 음식점의 술병을 탱크로 밀어버리고 영화 필름을 불태웠습니다. 우상숭배라는 이유로 음악과 방송은 물론 인터넷도 금지합니다. 벽에 그린 그림도 우상숭배라며 지워버리고, 알라의 하늘을 더럽힌다는 이유로 연날리기도 막았습니다. 달라진 것은 이뿐만이 아닙니다. 외모 규제도 엄격해졌습니다. 과거 이슬람 사회로 돌아가기 위해 남성은 수염을 길러야 했고, 여성은 손발을 제외하고 전신을 가리는 부르카burqah를[6] 반드시 착용해야 했습니다. 극단적인 통제로 아프가니스탄 사람들은 숨 막히는 일상을 살아야 했습니다.

304쪽의 왼쪽 흑백사진은 탈레반 집권 전인 1972년에 길에서 찍은 여성들의 모습입니다. 오른쪽 컬러 사진은 2001년에 찍은 부르카를 입은 아프가니스탄 여성의 모습입니다. 1979년 대소련 전쟁 전까지 아프가니스탄은 다른 중동 국가와 비교해 적어도 도시 지역에서는 개방적인 사회 문화를 유지하고 있었습니다. 여성도 자유로운 복장으로 길거리를 다닐 수 있었죠. 또한 여성 인권을 존중해 남성과 마찬가지로 고등교육을 받았고 다양한 방식으로 사회활동에 참여했습니다. 하지만 탈레반이 집권한 1996년부터 2001년까지 여성은 교육과 사회활동 기회를 모두 박탈당했습니다. 매니

1972년의 아프가니스탄 여성   2001년의 아프가니스탄 여성

큐어를 발랐다는 이유로 엄지손가락 끝을 절단하는가 하면, 얼굴과 몸 전체를 가리는 부르카 없이 혼자 외출하면 즉결 처형까지 할 정도로 심각하게 여성을 통제했죠. 처형 방식도 중세 시대로 돌아갔습니다. 절도범은 손목을, 노상강도는 손발을 절단했고, 동성애자는 구덩이로 몰아넣은 뒤 돌무더기를 쌓아 무너뜨리는 등 처형 방식도 잔인했습니다. 탈레반의 주축은 파슈툰족인데, 이들에게는 오랜 시간 지켜온 고유의 관습법인 '파슈툰왈리 Pashtunwali'가 있습니다. 이는 해석하는 사람마다 다르지만 대체로 환대, 보호, 정의와 복수, 용맹, 믿음, 성실 등을 추구합니다. 문제는 탈레반이 파슈툰왈리로 여성의 삶을 부자유스럽게 얽맨다는 것입니다. 이처럼 자기들 멋대로 해석한 이슬람 근본주의에 파슈툰왈리까지 더해 탈레반 정권은 아프가니스탄을 공포로 몰아넣고 시대를 완전히 역행했습니다.

탈레반의 잔인한 행동은 사람에게만 한정된 것은 아니었습니다. 2001년에는 1,500년 역사와 함께 유네스코 세계문화유산에 등재된 바미얀 Bamiyan 석불을 파괴했습니다. 석불이 유일신 신앙을 해치는 잘못된 우상숭배라는 이유에서였죠. 석불을 파괴한 또 다른 이유는 가난하고 불우한 아프가니스탄 사람들의 고통은 외면한 채 바미얀 석불에만 관심을 쏟는 서양 사회를 향한 적개심 때문이었습니다.

탈레반의 목표는 아프가니스탄을 자신들이 생각하는 이슬람국가로 만드는 것이었습니다. 하지만 소련이 떠난 뒤 탈레반은 단 5년만 아프가니스탄을 장악했습니다. 또 다른 강대국 미국의 등장과 함께 새로운 전쟁이 시작됐기 때문입니다. 대소련 전쟁에서 아프가니스탄을 지원했던 미국은 왜 아프가니스탄에서 전쟁을 치러야 했을까요? 그 이유는 전 세계 사람들이 결코 잊을 수 없는 결정적인 사건 때문입니다.

모든 미국인이 뉴욕에서 일어난 가장 큰 사건 하면 2001년 9월 11일 테러를 떠올릴 것입니다. 우리는 뉴욕의 쌍둥이 빌딩만 기억하지만 이날 벌어진 테러 사건은 쌍둥이 빌딩 파괴가 끝이 아닙니다. 9·11 테러는 미국의 경제, 국방, 정치를 상징하는 미국의 심장부 세 곳을 노린 공격이었습니다.[7]

먼저 미국 경제를 상징하는 뉴욕의 쌍둥이 빌딩 세계무역센터를 두 대의 비행기가 덮치면서 테러가 시작됐습니다. 뉴욕 맨해튼 한복판의 110층짜리 초고층 빌딩 두 채가 무너지면서 미국과 세계가 테러를 바라보는 눈이 완전히 바뀌었습니다. 건물 안에는 모건스탠리, 리먼 브라더스, 뱅크오브아메리카, 보잉 등 유명 기업이 모여 있었죠. 한국 기업도 입주했던 곳이라 우리나라에서도 충격이 컸습니다.

그리고 또 다른 비행기가 미국 국방을 상징하는 건물인 워싱턴의 펜타곤으로 돌진했습니다. 마지막 한 대의 비행기는 정치의 상징인 백악관이나 국회의사당으로 향한 것 같습니다.[8]

마지막 비행기는 기장과 승객들이 저항하면서 펜실베이니아의 들판에 추락해 테러가 실패로 끝났습니다. 안타깝게도 무고한 탑승자는 모두 사망했습니다. 9·11 테러로 희생된 사람은 총 2,977명입니다. 당시 테러를 지켜본 많은 이들이 아직도 외상 후 스트레스 증후군에 시달리고 있습니다.

전 세계를 경악하게 만든 9·11 테러의 비밀

미국의 역사는 9·11 테러 전후로 나뉩니다. 역사의 전환점이 된 9·11 테러는 아프가니스탄의 운명도 완전히 뒤바꿔 놓았습니다. 테러 주범을 아프가니스탄 정부, 즉 탈레반이 숨겨주었기 때문입니다. 범인은 테러 발생 후 이틀 만에 밝혀졌습니다. 국제적 테러 단체 '알카에다al-Qaeda'였죠. 모자헤딘에서 파생한 극단적 무슬림 무장 세력으로 반미와 반유대를 표방합니다. 주범은 알카에다의 수장 오사마 빈 라덴Osama Bin Laden이었습니다.[9] 빈 라덴은 육성 메시지로 9·11 테러를 계획한 이유를 밝혔습니다.

"미국이 현재 겪고 있는 일들은 우리가 지난 몇십 년간 겪어왔던 일에 비하면 아무것도 아니다. 우리의 종교적 상징 또한 공격받고 부당하게 훼손되었으나, 그 누구도 우리의 이야기를 들어주거나 응답하지 않았다. 하지만 이제 신께서 축복을 내려주셨다. 그들의 가장 큰 건물이 파괴되었다. 알라께 감사드린다."

빈 라덴은 미국의 탄압에 맞서 신의 뜻을 받아 테러를 저질렀다고 말했습니다. 이후 두 번째로 공개한 영상에서는 구체적 이유 두 가지를 추가했습니다. 하나는 이라크의 쿠웨이트 침공을 빌미로 사우디아라비아에 군기지를 건설한 미국에 보복하는 것이고,[10] 다른 하나는 이슬람을 믿는 팔레스타인과 분쟁 중인 이스라엘을 멸망시키기 위해서는 이스라엘의 배후에 있는 미국을 약화시켜야 한다는 것입니다. 이 두 가지가 9·11 테러의 원인이라고 합니다. 미국의 지원으로 세력을 키울 수 있었던 모자헤딘에서 시작한 단체가 반미 세력으로 돌아서서 오히려 미국을 공격하는 테러 단체로 변질한, 말도 안 되는 일이 벌어진 것입니다. 대체 알카에다는 어떤 테러 단체이기에 이렇게까지 미국에 적대적인 걸까요? 그리고 탈레반은 왜 미국을 공격한 테러범을 숨겨줬을까요?

앞서 알카에다도 탈레반처럼 모자헤딘에서 시작한 단체라고 말했습니다. 소련이 아프가니스탄에서 철수를 시작하자 아랍 지역에서 온 모자헤딘을 지원하던 빈 라덴은 이들을 중심으로 기지라는 뜻의 '알카에다'를 결성했습니다. 아프가니스탄 전쟁이 끝나고 아랍 모자헤딘은 뿔뿔이 흩어졌는데, 1990년에 이라크가 쿠웨이트를 점령하고 사우디아라비아(이하 사우디)까지 위협하자 미국이 사우디에 주둔하게 되는 상황이 벌어졌습니다. 알카에다는 이슬람 적대 세력을 상대로 투쟁해야 한다는 신념을 가진 이슬람 원리주의자들입니다. 이들은 이슬람의 메카인 사우디에 미군이 상시 주둔하는 것은 곧 이슬람을 위협하는 행위라고 판단했습니다.

사우디의 전 정보국장에 따르면 당시 빈 라덴은 아프가니스탄에서 소련을 물리친 모자헤딘으로 이라크군과 맞서 싸울 테니 미군을 부르지 말라고 요청했습니다. 하지만 사우디는 이를 거절했습니다.[11] 이에 오사마 빈 라덴은 자신의 제안을 거절한 사우디와 그들이 불러들인 미국을 향한 적개심을 키웠고 테러를 벌였습니다. 아프가니스탄에서 미국, 사우디와 함께 소련을 쫓아내려 했던 모자헤딘이 이제 미국과 사우디를 적대시하는 상황이 벌어진 것입니다.

9·11 테러를 일으키고 자신이 직접 범죄를 계획했다고 공개한 빈 라덴은 꽁꽁 숨었습니다. 미국은 현상수배지를 만들어 전 세계에 배포했고 빈 라덴을 잡기 위해 총력을 기울였습니다. 현상금은 사상 최대 금액인 2,500만 달러였습니다. 하지만 시간이 지나도 빈 라덴이 잡히지 않자 두 배인 5,000만 달러까지 뛰었습니다. 이는 미국에서도 유례를 찾기 힘든 금액으로 빈 라덴을 잡기 위해서 미국이 얼마나 혈안이 됐는지 알 수 있습니다.

미국의 분노를 불러일으킨 빈 라덴의 잠적은 이후 20년간 아프가니스탄

오사마 빈 라덴 현상수배지

에서 전쟁이 벌어지는 시작점이 되었습니다. 탈레반이 빈 라덴을 숨겨놓고 내놓지 않았기 때문이죠. 이때 미국은 먼저 탈레반에게 선택권을 제시했습니다. 72시간 안에 미국에 범인을 인도하는 것과 범인을 인도하지 않고 전쟁을 하는 것입니다. 탈레반은 미국에 빈 라덴을 인도하는 제안을 거절하고 전쟁을 선택했습니다.

탈레반이 미국에 빈 라덴을 넘기지 않은 이유는 여러 가지로 추측할 수 있습니다. 먼저 자신의 손님을 정성껏 대접하는 문화를 들 수 있습니다. 빈 라덴을 미국에 건네면 손님을 환대하는 문화를 저버렸다는 불명예를 떠안을 것이 두려웠을 것입니다. 또 다른 이유는 탈레반과 빈 라덴 사이에 모종의 거래가 있었을 것이라는 추측입니다. 탈레반은 아프가니스탄을 장악했지만 완전히 장악하지는 못했습니다. 약 10%의 땅을 북쪽에 있는 반탈레반 북부동맹 저항군에게 내준 채 대치하고 있었죠. 탈레반은 북부동맹 사령관 아흐마드 샤 마수드Ahmad Shah Massoud를 어떻게든 처리하고 싶었습니다. 그런데 9·11 테러 발생 이틀 전 마수드를 인터뷰하러 온 기자로 가장한 테러범이 자살 폭탄 테러를 저질러 마수드가 사망합니다. 범인은 알카에다 요원이었습니다. 이처럼 탈레반의 숙적을 제거해 준 빈 라덴을 선뜻 미국에 내놓기는 어려웠을 것입니다. 이 외에도 빈 라덴이 아랍권에서는 영향력이 큰 인물이었다는 점도 이유로 들 수 있습니다. 빈 라덴의 아버지는 사우디 도로 건설과 왕궁, 성지 보수권까지 독점한 어마어마한 건설 재벌이자 장관까지 지낸 인물입니다. 이런 대단한 집안의 아들이 자신의 재산을 바쳐가면서 모자헤딘으로 투쟁하고 알카에다 수장이 되었고, 아랍 여론은 빈 라덴에게 호의적이었습니다. 이런 이유로 탈레반은 전략적 동맹 관계인 빈 라덴을 미국에 내줄 수 없었으리라 추측합니다.

빈 라덴 양도를 거부한 탈레반은 미국과 전쟁을 치러야했습니다. 미국은 나라의 심장부에서 테러가 발생해 무려 2,977명의 무고한 생명이 희생됐다는 사실에 어마어마한 분노를 느꼈습니다. 당시 미국인 대다수는 9·11 테러에 군사적으로 대응하는 것에 찬성하며 아프가니스탄 침공을 당연시하는 반응을 보였습니다. 이토록 높은 찬성률은 30년 만에 처음이라고 할 정도로, 모두가 한마음으로 테러에 분노했습니다. 조지 W. 부시George W. Bush 대통령은 탈레반과 치를 전쟁을 공식 선포합니다.

"얼마 전 저는 탈레반 지도자에게 테러리스트 훈련소 폐지, 알카에다의 지도자를 미국에 넘길 것, 탈레반이 억류한 미국 포함 4개국 국민을 인도할 것을 분명히 요구했습니다. 하지만 그 어떤 요구도 받아들이지 않았습니다. 이제 탈레반은 그 대가를 치를 것입니다."

본격적으로 전쟁을 준비하기에 앞서 미국은 아프가니스탄으로 가는 가장 빠른 길을 찾기 시작했습니다. 내륙 국가인 아프가니스탄으로 가기 위해서는 다른 나라를 반드시 통과해야 합니다. 이때 가장 빠른 방법은 아프가니스탄의 인접국으로 바다를 끼고 있는 파키스탄을 지나는 것이죠. 전쟁을 시작하기 전 미국은 먼저 파키스탄에 영공을 열어달라고 요청합니다. 그러면서 "만약 길을 내주지 않으면 석기시대로 만들어버리겠다"라며 압박을 가했습니다. 결국 파키스탄은 사용료를 받는 조건으로 미군에 영공을 열어주고 공항 시설 이용까지 허가했습니다.

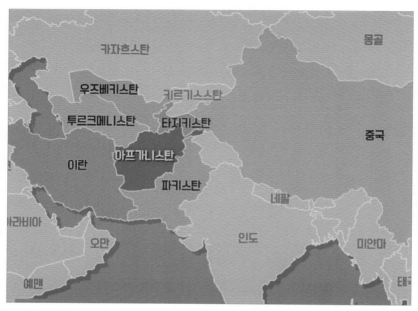

파키스탄과 아프가니스탄 지도

　9·11 테러가 일어난 지 한 달도 지나지 않은 2001년 10월 7일, 미국은 파키스탄 영공을 활용해 아프가니스탄에 공중 폭격을 시작했습니다. 처음에는 15대의 폭격기와 해상 및 지상에 배치한 25대의 공격기, 크루즈 미사일 50기로 탈레반의 군사시설을 파괴했습니다. 그리고 아프가니스탄 주변에 전투기 70대를 보유한 항공모함까지 띄워 탈레반 거점을 맹폭했죠. 사실 전투기를 띄울 수 있는 항공모함을 보유한 나라는 그리 많지 않습니다. 항공모함 한 대로 나라를 하나 없앨 수 있을 만큼 항공모함은 어마어마한 위력을 가지고 있습니다. 미국이 항공모함을 띄웠다는 것은 아프가니스탄을 없애버릴 수도 있다는 의지의 표현이기도 합니다. 여기에 21세기 신식 무기인 드론 미사일로 정밀 타격을 해 탈레반의 핵심 지역을 제거하고 최정예 특수부대원을 지상군으로 투입해 탈레반 사령부와 숙소 등 중요 시설을 장

악하며 탈레반 세력을 압박했습니다. 탈레반도 최강 미국에는 속수무책으로 당할 수밖에 없었죠.

탈레반 주요 시설에 대규모 공습을 감행한 미군은 탈레반을 무력화시키며 2개월 만인 12월 9일에 탈레반의 거점인 칸다하르를 점령하며 승리를 선언합니다. 그리고 반드시 치러야 할 중요한 의식을 시작하고 본격적으로 주둔하기 시작하죠. 9·11 테러 희생자를 위한 메시지가 담긴 성조기를 게양한 것입니다. 성조기는 9·11 테러 현장인 세계무역센터에 걸려 있던 것입니다. 처음에는 건물 더미에 깔려 숨진 경찰관들의 이름만 새겼습니다. 하지만 사고 현장을 지나가던 희생자의 유족과 친척들, 그리고 시민들이 이 성조기에 애도의 메시지를 쓰기 시작했습니다. 그렇게 완성된 성조기를 9·11 테러에 대한 보복 작전을 수행하기 위해 아프가니스탄에 파병한 미군들에게 전달한 것입니다. 미군은 소중히 간직해 온 성조기를 탈레반 거점지에 꽂으며 전쟁의 정당성을 입증하고 탈레반을 몰아낸 것을 기념했습니다.

아프가니스탄에서 탈레반을 몰아냈지만 미국이 풀어야 할 문제는 여전히 남아 있었습니다. 9·11 테러의 주범이자 최종 복수 대상자인 빈 라덴을 어떻게든 잡아야 했죠. 그런데 토라보라에서 빈 라덴과 알카에다를 소탕하기 위한 격전이 벌어지던 중 12월 16일 빈 라덴이 말을 타고 파키스탄 쪽으로 도망갔습니다. 미군 대신 투입된 아프가니스탄 현지 동맹군은 다음날 알카에다 소속원을 검거하고 전투를 승리로 이끌었으나, 빈 라덴은 잡지 못했습니다. 이후 미국은 지구 끝까지라도 쫓을 기세로 빈 라덴을 추적했지만 뜻을 이루지 못했습니다. 그렇게 9년이 지날 즈음 미국은 매우 중요한 첩보를 입수합니다. 빈 라덴 측근의 동선을 파악하던 중 파키스탄 수도 인근 아보타바드에서 빈 라덴의 은신처로 의심되는 곳을 발견한 것입니다.

주변 집들보다 8배 정도 큰 3층짜리 대저택 주변을 감시하던 미국 CIA는

오사마 빈 라덴의 은신처

몇 가지 수상한 점을 발견합니다. 집은 약 3m의 높은 벽으로 둘러싸여 있고, 내부로 들어가는 전화나 인터넷망은 연결되어 있지 않았습니다. 무엇보다도 절대 쓰레기를 내놓지 않는 것이 이상했습니다. 상당한 의심이 들었지만 건물을 도청해도 이곳이 빈 라덴의 은신처라고 확신할 수 있는 결정적 증거가 없었던 상황이었죠. 그때 CIA는 대저택이 빈 라덴의 은신처라는 중요한 단서를 발견했습니다. 빈 라덴은 세 명의 부인과 8명의 자녀, 4명의 손주와 함께 살았습니다. CIA는 4개월간 대저택을 감시하면서 건물 외부에 널어놓은 빨랫감의 양이 빈 라덴의 가족 구성원 수와 상당히 일치한다는 점을 파악합니다. 다만 이곳이 빈 라덴의 은신처라는 정황은 있지만 100% 확신할 수는 없었죠. 그럼에도 보고를 받은 버락 오바마Barack Obama 대통령은 빈 라덴 사살 작전을 허가합니다.

2011년 5월 1일 저녁, 비밀리에 '넵튠 스피어Neptune Spear 작전'이 시작되었습니다. '넵튠 스피어'는 바다의 신 포세이돈의 삼지창을 의미하는 것으로, 빈 라덴을 꼭 잡겠다는 미국의 의지를 담은 작전명입니다. 아프가니스탄의 잘랄라바드 미 공군기지에서 블랙호크 두 대가 떠올랐습니다. 최정예

미 해군 특수부대 데브그루DEVGRU는 은신처를 급습해 빈 라덴 경호원과 치열한 교전을 펼친 끝에 5월 2일 오전 1시 경 빈 라덴을 사살했습니다. 이 기습작전을 실시간으로 지켜본 오바마 대통령은 기자 회견을 통해 빈 라덴의 사망을 공식 발표합니다.

"오늘 밤 저는 미국민과 세계를 향해 미합중국이 알카에다의 수장 오사마 빈 라덴 사살 작전을 완료했다고 발표합니다. 총격전 끝에 특수부대가 오사마 빈 라덴을 사살했고 시신을 확보했습니다. 이제 우리는 말할 수 있습니다. 알카에다의 테러로 사랑하는 사람을 잃은 가족들에게 정의가 실현됐다고 말입니다."

9·11 테러 사건이 일어난 지 9년 만에 테러와의 전쟁을 끝낸 미국의 한마디는 "정의가 실현됐다"입니다. 길었던 아프가니스탄 전쟁의 모든 목표를 이룬 것이죠. 빈 라덴을 사살했다는 뉴스를 들은 미국 시민들은 백악관 앞과 9·11 테러 현장에 모여 성조기를 흔들고 폭죽을 터뜨리며 환호했습니다. 이와 달리 아프가니스탄 사람들 대다수는 빈 라덴의 죽음에 관심이 없었습니다. 애초부터 아프가니스탄 사람도 아닌 데다 그다지 중요한 인물이 아니었기 때문이죠.

9·11 테러의 주범 빈 라덴까지 사살하면서 아프가니스탄 땅에서 시작된 긴 전쟁은 드디어 끝이 보이는 듯했습니다. 하지만 미국은 그 후로도 무려 10년이나 아프가니스탄에 주둔하면서 탈레반과 전쟁을 계속해야 했습니다.

미국이 전쟁의 수렁에 빠진 이유

오사마 빈 라덴을 사살한 미국은 정의를 실현했다고 외쳤지만, 아프가니스탄에서 전쟁을 계속했습니다. 탈레반의 공격이 점점 더 심해졌기 때문이죠. 사실 전쟁 초반에 탈레반을 몰아낸 미군은 중요한 전쟁이 끝났다고 판단했습니다. 따라서 탈레반을 공격하는 것보다 아프가니스탄을 재정비하는 단계에 들어갔습니다. 2001년 말, 아프가니스탄은 UN의 중재 아래 임시 정부를 구성했고 2004년에는 총선을 거쳐 친미 정권을 출범시켰습니다. 미군은 도로와 병원, 각종 정부 시설을 지으며 재건에 집중했습니다. UN도 아프가니스탄에 수도시설을 다시 만들고 건설 인프라 구축을 시도했습니다. 이제 미국은 아프가니스탄에 안정이 찾아오면 철수할 수 있을 거라 생각했습니다. 하지만 뜻대로 되지 않았습니다. 탈레반 세력이 서서히 살아나기 시작했기 때문이죠.

탈레반 세력이 점점 살아난 아프가니스탄에서는 끔찍한 사건이 연이어 일어났습니다. 시장, 스포츠 경기장, 장례식장, 정부 청사 앞 등 사람들이 모여 있는 곳에서 탈레반의 자살 폭탄 테러가 발생한 것입니다. 테러범들은 오토바이나 차량으로 밀고 들어가 자신의 몸에 두른 폭탄을 터트렸습니다. 탈레반은 선전물에 폭탄을 장착하는 모습을 싣거나 자살 테러를 하면 천국에 간다고 부추기기도 했습니다. 무차별적인 폭탄 테러로 시민들의 피해는 점점 커졌습니다. 놀랍게도 자살 폭탄 테러범 중에서는 6세, 14세 소년도 있었습니다. 아이들 대다수는 탈레반의 협박에 못 이겨 테러범이 됐다고 합니다.

2006년 탈레반이 저지른 자살 테러는 전년도보다 7배가 넘는 123건으로 증가했고, 2008년에는 4천 명이 넘는 민간인이 목숨을 잃었습니다. 2007년부터는 미국과 아프가니스탄 연합군 기지, NATO군 기지를 직접 공격할 만큼 탈레반의 군사력이 살아났습니다. 여전히 기반이 취약했던 아프가니스탄 정권과 달리 탈레반은 빠르게 세력을 넓혀 나갔죠. 점점 강력해지는 탈레반의 공격에 아프가니스탄의 치안이 매우 불안정했기에 미국도 쉽게 떠날 수 없었습니다. 결국 오바마 대통령은 2009년에 3만여 명의 미군이 주둔하고 있는 아프가니스탄에 3만 명을 추가 파병합니다. 동시에 2011년 중반부터 철군을 개시하겠다는 방침으로 아프가니스탄에서 나갈 가능성을 열어두었습니다.

하지만 미국의 바람은 이루어지지 않았습니다. 비공식적으로는 2012년, 공식적으로는 2013년 탈레반이 카타르에 자신들의 대표부를 세우며 완전한 부활을 선포했기 때문입니다. 2014년에 오바마 대통령은 종전까지 선언하며 또다시 철군 계획을 밝혔지만, 이 역시 탈레반 때문에 취소되었습니다. 점점 강력해지는 탈레반의 반격에 미국이 철군하지 못하는 상황에 빠지고 만 것이죠.

탈레반이 세력을 키우는 데 가장 중요한 역할을 한 것은 돈입니다. 탈레반에는 마르지 않는 샘처럼 계속해서 흘러나오는 자금줄이 있었습니다. 양귀비입니다. 마약인 아편과 헤로인의 주원료인 양귀비는 오래전부터 아프가니스탄의 주요 농작물이었습니다. 아프가니스탄에서 생산한 양귀비가 전 세계 유통의 80%를 차지할 정도였죠. 특히 탈레반이 근거지로 삼은 지역은 양귀비 재배가 활발했는데 이를 악용한 것입니다. 탈레반은 양귀비를 재배하는 농민들에게 세금을 거뒀고, 마약 거래에 또다시 세금을 매기는 방법으로 엄청난 돈을 마련했습니다. BBC 보도에 따르면 탈레반이 2018년에만 양귀비 재배 수익으로 약 4,700억 원 정도를 벌어들인 것으로 추산됩니다. 미군은 탈레반으로 흘러 들어가는 검은돈을 끊어내기 위해 양귀비밭을 불태우고 밀, 건포도, 고급 향신료인 샤프란 등 대체작물 농사를 권했습니다. 그러나 양귀비만큼 수익성이 크지 않았습니다. 결국 아프가니스탄 정부는 양귀비 재배를 금지했지만 이미 나라 전반에 퍼져 있는 양귀비 농업을 막을 수는 없었죠.

탈레반에는 양귀비 외에도 또 하나의 자금줄인 파키스탄 정보부가 있었습니다. 파키스탄이 탈레반을 지원한 이유는 오직 하나, 국익에 도움이 되기 때문입니다. 파키스탄은 1947년 인도에서 독립한 이후 늘 전쟁의 위험을 안고 살았습니다. 그러니 반대 국경인 아프가니스탄과 파슈툰족, 즉 탈레반을 포섭한다면 인도와 파키스탄 접경 지역에서도 문제가 일어나지 않을 것으로 판단했습니다. 따라서 파키스탄의 안보를 위해 탈레반이 듀랜드 라인을 자유롭게 드나드는 것을 묵인하고 남몰래 지원했습니다. 9·11 테러를 주도한 빈 라덴을 숨겨주면서 미국과 전쟁을 치르는 탈레반에게 은신처를 제공한 것이죠.

이런 사정으로 아프가니스탄에 주둔하는 미군은 되살아난 탈레반을 완전히 소탕하지 못했고 철군도 할 수 없었습니다. 결국 2018년에 미군과 탈레반은 6개월 휴전 협상에 합의했고 2020년 2월 29일에는 카타르의 도하에서 탈레반과 평화협정까지 맺게 됩니다. 협정의 핵심은 미군이 아프가니스탄에서 14개월 이내에 완전히 철수하고, 탈레반은 알카에다와 같은 미국과 동맹국을 위협하는 어떠한 테러 단체도 지원해서는 안 된다는 것이었죠. 이는 당사자인 아프가니스탄 정부를 제외한 아쉬운 협정입니다. 결국 2021년 4월에 조 바이든Joe Biden 미국 대통령은 대대적으로 철군을 선언했습니다. 무려 10년이 넘는 기간 동안 지지부진했던 철군 계획이 이토록 빠르게 이루어진 이유는 무엇일까요?

가장 큰 이유는 더는 전쟁 예산을 감당할 수 없었기 때문입니다. 미국은 지난 20년간 전쟁 예산과 참전용사 관리 등 전쟁 비용으로 약 2조 달러, 우리 돈으로 2,300조 원이 넘는 금액을 썼습니다. 게다가 전사자도 2,400명이 넘었죠. 9·11 테러로 숨진 희생자만큼 아프가니스탄에 파병한 미군도 희생된 것입니다. 이런 이유로 전쟁에 대한 미국의 여론은 처음과 다르게 흘러가기 시작했습니다. 아프가니스탄 주둔 기간이 길어지면서 미국에 불리하고 효율성도 없으니 이제는 그만 철군해야 한다는 의견이 많았습니다. 그다음 이유는 아프가니스탄 전쟁이 '미국인조차 잊어버린 전쟁'이 되었기 때문입니다. 미국인 중에는 저 멀리 아프가니스탄에서 전쟁을 치르고 있다는 사실을 잊은 채 사는 사람이 더 많았습니다. 덕분에 미국 정부는 아프가니스탄 철수 결정을 좀 더 쉽게 내릴 수 있었죠.

또 다른 문제는 아프가니스탄 정부입니다. 미국과 세계 곳곳의 지원에도 탈레반 이후 선출한 두 번의 정부 모두 부정부패 논란에 휩싸였습니다. 미국이 아프가니스탄 재건에 투자한 돈은 무려 1,440억 달러였지만 전후 복구가 제대로 이루어지지 않았습니다. 해외 원조 자금조차 부정부패로 빼돌리면서 아프가니스탄 사람들의 삶도 그다지 달라지지 않았죠. 이 외에도 미군은 군 장비와 30만 명의 아프가니스탄 정부군에 850억 달러를 투자했지만 부정부패 때문에 눈에 띄는 효과를 보지 못했습니다. 아프가니스탄 정부는 유령 보안군을 만들어 국방비를 횡령하고, 기본적인 체조도 못 하는 병사들을 훈련하면서 군사비를 낭비했죠. 결국 미국은 모든 비난을 감수하고 밑 빠진 독에 물 붓기 같은 20년의 아프가니스탄 주둔을 끝내기로 합니다. 미국의 한 정부 관계자가 "아프가니스탄이 더는 안보에 위협이 되지 않는다"라고 말하기도 했는데, 이는 아프가니스탄이 미국의 주 관심사가 아니라는 뜻입니다.

이렇게 미국은 미국 역사상 가장 길었던 전쟁을 끝내고 철군을 선택합니다. 19세기 영국, 20세기 소련에 이어 21세기 미국까지 별다른 소득 없이 아프가니스탄 땅에 강대국의 무덤을 만든 것입니다. 탈레반은 미국의 철군 발표 4개월 만에 헤라트, 칸다하르 등 아프가니스탄의 주요 도시를 점령하며 미군이 모두 빠져나가기도 전에 아프가니스탄을 차지했습니다. 이후 2021년 8월 15일에 아프가니스탄 정부는 무력한 항복을 선언하며 붕괴했습니다. 탈레반은 카불의 대통령궁을 점령하며 사실상 승리를 선언합니다. 미국이 남긴 무기 역시 모두 탈레반이 차지했습니다. 탈레반이 아프가니스탄을 재탈환한 전쟁 결과를 두고 평가가 엇갈립니다. 빈 라덴을 사살하는 등 소기의 성과를 거뒀기에 미국에 무의미한 전쟁은 아니었습니다. 다만 철수라는 마무리 과정이 너무도 혼란스러웠다는 아쉬움이 큽니다.

그렇다면 탈레반이 장악한 아프가니스탄은 지금 어떤 모습일까요? 탈레반의 억압 속에 아프가니스탄은 다시 20년 전으로 빠르게 돌아가고 있습니다. 아프가니스탄의 TV 화면을 탈레반이 장악하면서 뉴스 내용은 철저히 검열을 거쳐야 하고, 중세 시대의 처형 방식인 채찍질까지 부활했죠. 탈레반은 여성이 남성과 말을 섞는 것 자체가 종교적으로 부도덕한 행위에 속한다면서 남성과 전화 통화를 한 여성에게 공개 채찍형 40대를 선고했습니다. 채찍질 후에는 감옥에 가두기까지 했죠. 사실 탈레반은 정권 장악 후 국제 사회를 향해 자신들이 달라졌다며 변화를 예고했습니다. 하지만 크게 달라진 것은 없습니다. 여전히 모든 게 예전 그대로입니다.

이렇게 탈레반이 장악한 아프가니스탄은 국가 시스템 자체가 무너지고 있습니다. 혼란스러운 상황에 두려움을 느낀 사람들은 사재기를 하고, 의료와 식량 등 국제 사회의 지원도 끊긴 상태입니다. 국가 경제가 마비돼 문을 닫는 회사가 넘쳐나고 식료품 가격이 치솟아 기본적인 의식주 해결도 어렵습니다. 최근 한 통계에 따르면 심각한 식량난으로 아프가니스탄 인구의 약 55%인 2,280만 명이 기아 위험에 처해있다고 합니다.

다시 시작한 21세기판 그레이트 게임

탈레반의 무정부 체제가 아프가니스탄을 장악하면서 이곳은 다시 깊은 혼돈에 빠졌습니다. 아프가니스탄을 둘러싼 주변국들은 아프가니스탄이 테러 단체들의 온상지가 될 것을 걱정하고 있습니다. 현재 아프가니스탄에 들어온 테러 단체는 알카에다와 IS의 아프가니스탄 지부 IS-K(이슬람국가 호라산), 그리고 탈레반 치하에서 수도 카불의 치안을 맡은 하카니 네트워크Haqqani Network입니다. 이들 중 특히 최근 가장 눈에 띄는 테러 단체는 IS의 아프가니스탄 지부 IS-K입니다. 이들은 서방 세력과 손잡은 탈레반까지 배신자로 취급합니다. 또한 탈레반은 현재 중국의 지원 때문에 중국의 눈치를 많이 보고 있습니다. 이를 두고 IS-K는 탈레반이 미국, 중국과 손잡고 이슬람의 대의를 저버렸다며 비판합니다. 과거에 탈레반이 했던 테러를 이제는 IS-K가 아프가니스탄 내에서 일으키면서 불꽃 튀는 유혈 투쟁이 벌어지고 있습니다. 테러 세력 간 격해지는 대립으로 피해를 보는 것은 결국 무고한 아프가니스탄 사람들입니다.

이러한 테러에도 아프가니스탄 주변 국가들은 강대국 미국이 빠져나간 아프가니스탄에서 주판알을 굴리며 각기 국익을 재는 중입니다. 가장 적극적인 나라는 역시 파키스탄입니다. 최근 미국과 연합군이 아프가니스탄에 남긴 무기가 탈레반을 거쳐 파키스탄으로 흘러 들어갔고, 파키스탄은 군부 장악력을 높이려고 움직입니다. 이란도 물자가 부족한 아프가니스탄에 유일하게 휘발유 수출을 재개하면서 달러 확보에 집중하는 모습입니다. 카타르와 터키는 아프가니스탄과 긴밀한 협력을 맺으면서 자신들의 지분을 높이려는 목적으로 탈레반에 접근 중입니다. 이 외에도 아프가니스탄의 안정이 자국의 이익과 직결되는 나라는 아프가니스탄 상황을 주시하며 국익 계산에 골몰하고 있습니다.

탈레반의 아프가니스탄 집권으로 비상이 걸린 나라는 의외로 중국입니다. 듀랜드 라인으로 중국과 아프가니스탄 사이에 생긴 길고 얇은 국경지대를 '와칸 회랑Wakhan Corridor'이라고 하는데 이곳은 중국 땅과 연결됩니다. 이 땅이 최근 여러 논란을 낳고 있는 신장 위구르 지역입니다. 신장 위구르 지역 주민인 위구르족은 이슬람을 믿는 민족입니다. 아프가니스탄 내친 위구르족 세력이 신장 위구르족 독립단체와 손을 잡는다면 반중 독립운동을 추진할 수 있는 상황입니다. 게다가 최근 미국은 중국으로부터 독립운동을 추진하는 단체를 테러 조직 명단에서 제외했습니다. 이 단체가 자유롭게 다니며 활동할 수 있는 기회가 생긴 것이죠.

그렇다면 아프가니스탄에서 물러난 미국은 어떨까요? 최근 미국이 가장 경계하는 나라 1순위가 중국이니만큼 미국은 파키스탄을 이용해 간접적으로 중국과 아프가니스탄의 상황을 계속 관찰하고자 합니다. 물론 파키스탄은 난색을 표명하고 있습니다. 이렇게 아프가니스탄을 둘러싼 주변국들의 움직임으로 21세기판 그레이트 게임은 다시 시작됐습니다.

아프가니스탄은 오랫동안 각 시대를 대표하는 강대국이 서로 힘을 겨루는 싸움터였습니다. 19세기에는 식민 지배를 둘러싼 그레이트 게임이, 20세기에는 냉전 체제를 둘러싼 이념 전쟁이, 21세기에는 대테러 전쟁부터 미-중 패권 싸움까지. 아프가니스탄을 거쳐 간 세계사는 지금까지 큰 변화를 맞이했습니다. 아프가니스탄이 이런 세계사의 흐름에서 전쟁의 포화를 겪어야 했던 이유는 지정학적으로 강대국들에 끼일 수밖에 없는 위치에 자리 잡고 있기 때문입니다. 이는 우리나라의 모습과 비슷합니다. 아프가니스탄이나 우리나라와 같은 지정학적 조건을 가진 나라는 주변국의 이해관계에 따라 흔들릴 수밖에 없는 운명이기 때문에 강한 국가를 목표로 자주국방을 강화하고, 국제정세를 잘 읽어가며 주변국과 동맹을 맺는 게 중요합니다.

　강대국의 이해관계로 전쟁터가 되었던 우리의 역사처럼 아프가니스탄 역시 강대국이 좌지우지했던 슬픈 역사를 가졌습니다. '강대국의 무덤'이라 불린 아프가니스탄에 얽힌 역사를 보면 우리도 그 슬픔과 아픔을 조금은 이해할 수 있지 않을까요? 이제 우리는 냉혹한 현실을 이기며 현명하게 살아가야 할 방법을 고민해야 합니다. 이와 더불어 세계사 속에서 다시 한번 우리의 역사와 삶을 성찰하면 좋겠습니다.

벌거벗은 유고 내전

20세기 최악의 인종 청소

김철민

● 1996년, 보스니아 헤르체고비나의 '스레브레니차'라는 마을 주변에서 집단 매장터가 발견됐습니다. 이곳에서는 한두 구가 아닌 무더기로 시체가 나왔습니다. 현장에서 발굴한 유해들은 그들이 목숨을 잃을 당시의 참혹한 상황을 그대로 보여주는 것 같았습니다. 대체 이들은 누구이며, 왜 이렇게 많은 사람이 한꺼번에 목숨을 잃은 채 땅에 묻혀야 했을까요? 지금부터 이들의 죽음과 관련한 역사를 이야기해보려 합니다.

수천 구의 시신과 유해는 모두 인종 청소의 희생자입니다. 인종 청소는 특정 지역에서 폭력이나 공포 수단을 동원해 자신과 다른 민족이나 종교 집단을 제거하는 것입니다. 한마디로 특정 인종을 그 지역에서 없애버리는 잔혹한 행동입니다. 대표적인 사례가 제2차 세계대전 때 나치의 유대인 대학살입니다. 당시 독일은 열등한 민족인 유대인을 없애야 한다는 명분으로 6백만여 명의 유대인을 학살했습니다. 이 사건을 계기로 UN 총회는 1948년에 '대량 학살 방지 및 처벌에 관한 UN 협약' 결의안을 채택하면서 인종 청소도 사라지는 듯했죠.

하지만 스레브레니차 마을에서 발굴된 시신은 불과 30여 년 전 유럽에서 인종 청소를 이유로 집단 학살당한 희생자들입니다. 유대인의 홀로코스트 이후에도 유럽에서 끔찍한 악몽이 재현된 것입니다. 여러 유해가 묻힌 집단 매장터는 스레브레니차 마을에만 90개가 넘습니다. 이후 25년간 이들 매장터에서 나온 시신과 유해는 모두 6,800구가 넘으며, 아직 발견하지 못한 유해도 2천 구 이상 될 것으로 추정합니다. 비공식적으로 보면 이 지역 희생자만 2만 5천~3만 명에 달한다고 알려져 있습니다. 그들은 어떤 이유로 인종 청소를 당해야만 했을까요?

이들에게 끔찍한 일이 일어난 원인은 과거 유고슬라비아 연방으로 묶인 공화국들이 연방을 탈퇴하는 과정에서 일어난 독립 전쟁인 '유고 내전'입니다. 최근에는 유고슬라비아 전쟁으로도 부르지만 이 책에서는 우리에게 조금 더 익숙한 유고 내전이라 하겠습니다. 이 전쟁 뒤에는 인종 청소와 집단 학살이라는 끔찍한 역사가 숨어 있습니다. 지금부터 세계 문명을 이끈 유럽에서 불과 30년 전에 일어난 인종 청소의 이면을 낱낱이 벌거벗겨 보겠습니다.

크로아티아에서 벌어진 끔찍한 인종 청소

유고 내전은 동유럽의 발칸반도 지역인 유고슬라비아 연방이라는 나라에서 일어난 전쟁입니다. 제2차 세계대전 이후 수립된 사회주의 국가인 유고슬라비아 연방은 6개 공화국(슬로베니아, 크로아티아, 보스니아-헤르체고비나, 세르비아, 몬테네그로, 마케도니아)과 2개 자치주(코소보, 보이보디나)로 이루어진 연방국입니다. 이 나라는 인종 청소와 내전으로 50년도 채우지 못하고 사라졌습니다. 한 나라에서 끔찍한 인종 청소가 일어난 이유를 알기 위해서는 이곳의 지리적 위치를 살펴봐야 합니다.

동유럽은 슬라브족의 나라라고 할 수 있습니다. 그중에서도 유고슬라비아 연방이 위치한 발칸반도 지역은 대부분 남슬라브족이라는 민족으로 구성돼 있습니다. 나라 이름도 남쪽(유고) 슬라브인들의 땅(슬라비아)이라는 뜻입니다. 하지만 유고슬라비아 연방의 남슬라브족은 자신들을 같은 민족이라고 생각하지 않았죠.

여기에는 두 가지 이유가 있습니다. 첫째, 주변 강대국에 의한 지배 역사 때문입니다. 19세기 말부터 20세기 초까지 발칸반도를 중심으로 서쪽에는 독일과 오스트리아-헝가리가, 북쪽에는 러시아가, 남쪽에는 오스만 제국이 발칸 지역을 나누어 지배했습니다. 즉 유럽과 러시아, 중동의 강대국이 만나는 중간 지점인 유고슬라비아 연방은 끊임없이 뺏고 뺏기는 영토 분쟁의 중심에서 강대국들의 지배를 받으면서 다양한 정치, 종교, 문화가 형성되었습니다. 같은 민족이라도 어떤 강대국의 영향력 아래 있었느냐에 따라 나뉘어 산 것입니다. 15세기~19세기까지 슬로베니아와 크로아티아 지역은 오스트리아 등 게르만 영향력 아래에서, 세르비아 등 나머지는 오스만 제국의 이슬람 영향력 아래 있었죠. 19세기 이후에는 남진하던 러시아의 목소리가 커지면서 같은 민족임에도 다른 문화권에 속하게 됐습니다.

둘째, 조각난 종교와 문화 퍼즐 때문입니다. 보스니아를 경계선으로 서쪽은 로마 교회에서 발원한 가톨릭 문화권(서방 교회)으로, 동쪽은 콘스탄티노플 교회에서 시작된 정교 문화권(동방정교)으로 나뉘었습니다. 여기에 보스니아는 이슬람 문화권이었죠. 가톨릭, 정교, 이슬람이라는 3개의 대표적인 세계 종교가 복잡하게 혼재되면서 한민족이지만 서로 다르다는 인식이 자연스럽게 형성된 것입니다.

정치, 문화, 종교 등 모든 것이 달랐던 이 지역이 하나로 뭉치게 된 계기는 제1차 세계대전이었습니다. 당시 발칸반도 지역은 오스트리아-헝가리 제국의 지배를 받는 크로아티아, 슬로베니아, 보스니아와 1882년 오스만 제국에서 독립한 세르비아로 나뉘었습니다. 그런데 제1차 세계대전 이후 크로아티아와 슬로베니아가 독립국으로 떨어져나온 것입니다. 발칸전쟁과 제1차 세계대전의 승전국이었던 세르비아는 영토를 넓혀 나가는 중이었습니다. 독립은 했으나 국가를 세우기에는 아직 힘이 부족했던 크로아티아와 슬로베니아는 이미 국가를 세운 세르비아를 주축으로 연합국을 건설하기로 합니다. 다만 나라 이름은 세 민족의 평등함을 상징하고, 각각의 민족과 종교를 존중해야 한다는 조건이 있었죠. 이 합의에 따라 1918년에 '세르비아-

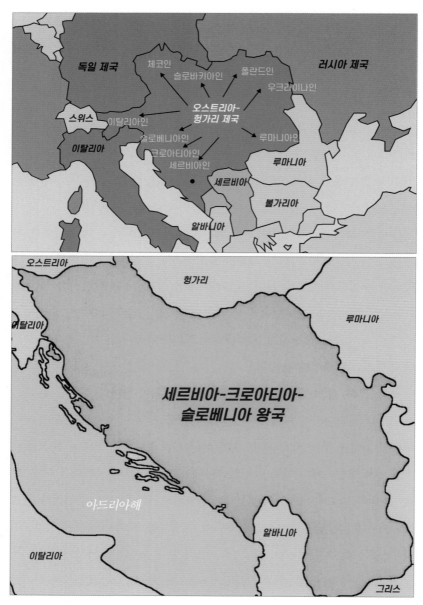

제1차 세계대전 전후 발칸반도

크로아티아-슬로베니아 왕국'이라는 새로운 나라를 선포합니다. 이는 남슬라브족의 첫 번째 통합 왕국이자 유고슬라비아 연방의 모태가 됩니다.

한 나라에서 살게 된 이들은 평화로운 공존을 꿈꿨습니다. 하지만 종교, 문화, 관습 등 무엇 하나 같은 것이 없었기에 왕국이 유지되는 내내 갈등이 끊이지 않았죠. 왕국을 세운 목적도 달라 지역별로 나뉜 민족을 하나의 행정 체제로 통일하는 것부터 어려웠습니다. 당장 독립이 어려운 크로아티아와 슬로베니아는 연방제의 평등한 나라를 바랐지만, 실질적인 주도권은 왕국 건설 당시부터 입김이 셌던 세르비아에 있었습니다. 전성기였던 중세 시대 왕국의 재건을 꿈꿨던 세르비아는 자신의 왕이 중심이 된 입헌군주제의 중앙집권체제를 강요했습니다. 추구하는 바가 달랐던 세 민족 사이에는 늘 미묘한 신경전이 벌어졌습니다.

혼란이 계속되자 1929년에는 '남슬라브족의 나라'라는 의미의 유고슬라비아 왕국으로 나라 이름을 바꿨습니다. 하지만 개칭의 진짜 목적은 통합이 아닌 세르비아 독재 왕정이었습니다. 세르비아 출신 국왕 알렉산다르 1세 Aleksandar I 는 외교 업무차 프랑스를 방문했습니다. 이때 세르비아 독재 왕정을 반대하는 크로아티아 우익 단체의 저격을 받았고 사망했습니다. 이후 유고슬라비아 왕국은 누구의 우위도 없이 위태로운 공존을 이어갔습니다. 민족 갈등이라는 시한폭탄을 안은 채 공존하던 왕국은 제2차 세계대전을 계기로 분열되기 시작했습니다. 1941년, 나치 독일, 이탈리아, 헝가리 등 강대국에 의해 잘게 쪼개지고 이들의 지배를 받아야 했죠. 이와 달리 크로아티아에는 나치 독일의 지원 아래 지금의 보스니아 지역까지 아울러 '크로아티아 독립국가'라는 허수아비 국가가 세워졌습니다.

나치를 등에 업은 크로아티아 독립국은 크로아티아인을 제외한 모든 민족을 탄압하기 시작했습니다. 세르비아인을 포함해 보스니아인, 유대인, 집

독일 점령지
헝가리 점령지
헝가리
이탈리아 점령지
헝가리 점령지
루마니아
크로아티아 독립국가
이탈리아령
세르비아
(독일령)
이탈리아
몬테네그로
(이탈리아령)
이탈리아 점령지
불가리아
알바니아
(이탈리아 보호령)
불가리아 점령지

1941년 독일 등에 의해 분할된 유고 왕국

시 등 여러 민족을 탄압했습니다. 특히 과거 유고슬라비아 왕국 시절 독재를 일삼았던 세르비아인이 앙갚음의 대상이 되었죠. 탄압은 곧 대량 학살인 '인종 청소'로 이어졌습니다. 크로아티아 독립국의 지도자 안테 파벨리치 Ante Pavelić는 인종 청소의 중심에 섰습니다. 그와 히틀러의 가장 큰 공통점은 극단적 민족주의자라는 점입니다. 독실한 가톨릭 신자였던 파벨리치는 크로아티아 독립국가를 가톨릭 신자와 크로아티아인으로만 채우고 싶어 했습니다. 앞서 세르비아는 정교회, 크로아티아는 가톨릭, 보스니아는 이슬람이라는 서로 다른 종교를 가졌다고 말했습니다. 파벨리치의 목표를 이루기 위해서는 이곳에 살던 다른 민족과 다른 종교인을 없애야 했죠. 이것이 그가 주장한 인정 청소의 개념입니다. 이때부터 본격적으로 인종 청소 작업이 시작됐습니다.

히틀러가 "유대인들을 세상 어디에도 발을 딛지 못하게 하겠다"라며 대량 학살을 일삼았다면, 파벨리치는 여기에 강제 개종 작업을 더했습니다. 다른 민족, 다른 종교인을 향한 그의 인종 청소 방식은 추방, 개종, 그리고

크로아티아 독립국의 인종 청소

학살이었습니다. 가톨릭 국가 건설이라는 미명하에 대규모 집단 학살을 자행한 것입니다. 극우 세력의 크로아티아인들은 성호를 그려보라고 한 뒤 가톨릭 성호가 아니면 죽였고, 강제 개종을 시킨다며 사람들을 모은 뒤 한꺼번에 죽이기도 했습니다. 개종을 거부하는 이들 중 일부는 죽이고 세르비아로 강제 추방했으며, 심지어는 가정집에 들어가 세르비아 가족 전체를 학살하기도 했습니다. 모두 종교 개종이라는 명목을 앞세운 인종 청소였습니다.

히틀러의 영향을 받은 파벨리치는 인종 청소를 위한 목적으로 학살 장소인 강제 수용소를 수십 개나 만들었습니다. 이곳에 갇힌 세르비아인, 유대인, 보스니아인, 집시 등은 식량과 물, 위생용품 등을 거의 제공받지 못했습니다. 사람들은 수용소에서 서서히 죽어가거나 강제로 처형당해야만 했습니다. 어린아이들은 부모와 떨어져 비위생적인 수용소에서 죽음을 맞기도 했죠. 다음은 당시 상황을 증언한 것입니다.

"그들은 노래를 부르도록 강요하며 헤어져야 하는 어머니를 위해 우는 아이들의 울음소리가 들리지 않도록 했습니다. 아이들은 울며 비명을 질렀고 어머니들은 아이들을 위해 울었습니다."

"한 아이는 머리를 대변에 대고 누워 있었고, 다른 아이는 오줌 속에 누워 있었습니다. 나는 그중 한 명에게 다가갔고 그녀는 미소 짓는 것처럼 나를 쳐다보았습니다. 그녀는 이미 죽어 있었습니다."

여러 수용소 중에서도 가장 악명 높은 곳은 '유고슬라비아의 아우슈비츠'라 불리는 야세노바츠 수용소입니다. 다른 민족들 사이에서는 "단테의 《신곡》 중 '지옥'과 비교할 수 있는 가장 끔찍한 곳"으로 소문났으며, 잔인한 탄압에 나치들조차 크로아티아인들을 향해 적당히 하라고 말렸을 정도였죠. 이곳에서만 4년 동안 최소 10만 명에서 최대 75만 명의 세르비아인과 그 외 민족들이 인종 청소라는 명목으로 집단 학살을 당했습니다. 수용소

강에 버려진 수용소 희생자

는 전염병이 돌 것을 우려해 희생자의 시신을 강에 던졌고 강물을 따라 크로아티아에서 세르비아의 수도 베오그라드까지 떠내려가면서 참상이 조금씩 알려지기 시작했습니다.

제2차 세계대전 중 유고슬라비아 지역에서 약 170만 명이 사망했으며, 그중 100만여 명이 인종 청소를 포함한 민족 간 살육으로 희생됐습니다. 1945년 5월 9일, 나치가 항복하면서 제2차 세계대전이 끝났고 인종 청소를 주도한 파벨리치는 도망쳤습니다. 오스트리아와 아르헨티나를 거쳐 스페인까지 간 그는 분노한 세르비아인에 의해 죽음을 맞이했습니다.

유고 연방의 탄생과 티토의 등장

　제2차 세계대전 이후 유고슬라비아 지역에는 요시프 브로즈 티토Josip Broz Tito가 새로운 지도자로 등장했습니다. 크로아티아인 아버지와 슬로베니아인 어머니 사이에서 태어난 티토는 제1차 세계대전 당시 러시아 제국의 포로가 되면서 사회주의에 눈을 뜬 인물입니다. 고국으로 돌아온 뒤에는 사회주의 세력을 모았고, 제2차 세계대전 때는 '파르티잔'이라는 게릴라 부대를 이끌며 나치에 끝까지 저항했죠. 나치가 전쟁에서 패망하자 유고슬라비아 왕국은 왕정 폐지를 선언하며 1946년에 티토를 중심으로 한 사회주의 국가 '유고슬라비아 연방'을 창설했습니다. 티토는 여러 민족으로 구성된 유고 연방 내의 민족주의 사상을 제거하기 위해 애썼습니다. 이를 위해 공화국 내 이주를 장려하고 다양한 혜택을 제공하는 '형제애와 일치 정책'도 시행했죠.

　티토는 각 민족의 문화, 역사, 종교를 고려해 연방을 6개의 공화국과 2개

유고슬라비아 연방 지도

의 자치주로 분리했습니다. 앞서 이야기한 유고슬라비아 연방의 모습은 이
때 만들어진 것입니다. 단일 국가를 꿈꾼 티토는 두 가지 정책을 내세웠습
니다. 첫 번째는 유고식 경제 발전입니다. 사회주의 국가임에도 자본주의
시스템을 일부 도입해서 정부는 최소한의 역할만 담당하고 노동자의 권익
을 높이는 정책으로 경제를 부흥시키려 했습니다. 자주관리제도라는 이 방
식을 토대로 사회주의 체제는 유지하면서 자본주의의 이윤 동기와 경쟁 원
리를 도입한 것입니다. 두 번째는 비동맹 외교입니다. 자본주의, 사회주의
모두와 동맹을 맺지 않고 중립을 지키고자 했습니다. 원래 사회주의자였던
티토는 유고 연방을 세운 이후부터 소련과 미국 진영 사이에서 독자적인 외
교 노선을 펼쳤습니다. 아슬아슬하게 두 나라 사이를 오가는 외교로 소련
의 간섭은 피하고 체제의 안정은 유지했죠.

　이런 정책 덕분에 유고슬라비아 연방은 사회주의 국가 중 유일하게 소련
의 도움 없이 독자적으로 공산화에 성공하며 발전을 거듭했습니다. 1947년
부터 1965년까지 세 차례에 걸친 경제개발 5개년 계획으로 초고속 경제 성
장까지 이뤘죠. 그래프를 보면 1976년경부터 유고 연방이 세계 평균 1인당
GDP를 뛰어넘기 시작한 것을 확인할 수 있습니다. 경제 발전은 1980년 초
까지 이어졌고 유고 연방은 동유럽권 사회주의 국가 중 부유한 나라로 급
부상했습니다. 연방 속 민족들 사이에서는 점차 유고슬라비아인이라는 인
식도 생겼습니다.

　하지만 유고슬라비아 연방의 평화는 그리 오래 가지 않았습니다. 강력한
지도자였던 티토가 1980년에 지병으로 사망한 것입니다. 국민들은 위대한
지도자를 잃었다는 슬픔과 동시에 또다시 전쟁이 일어날지도 모른다는 두
려움을 느꼈습니다. 그를 대체할 지도자가 없던 유고슬라비아 연방은 우선
각 공화국과 자치주 대표 8인으로 구성된 집단 지도 체제로 연방을 꾸려갔

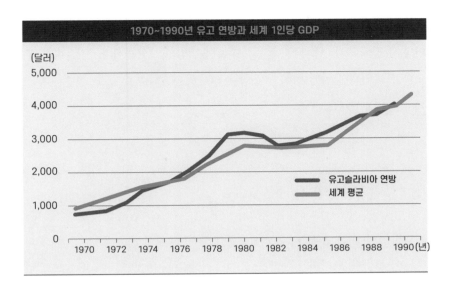

1970~1990년 유고 연방과 세계 1인당 GDP

(달러)

유고슬라비아 연방
세계 평균

습니다. 하지만 이들은 의견 충돌을 일으켰고 다시 민족 간 갈등이 새어 나
오기 시작했습니다.

　갈등의 발단이 된 것은 경제 문제였습니다. 1970년대부터 시작된 오일쇼
크 파동으로 외국채가 수출액을 초과하면서 경제적으로 흔들리기 시작한
것입니다. 티토의 사망 이후 실업률은 2배 이상인 13%대까지 올랐고 1980
년대 후반부터는 심각한 인플레이션으로 은행과 기업이 연달아 도산했습니
다. 1989년의 베를린 장벽 붕괴 후 상황은 더욱 심각해졌고 인플레이션이
일시적으로 2,700%까지 급상승하기도 했습니다. 1천 원짜리 빵이 순식간
에 2만 7천 원이 된 셈이죠. 여기에 연방 내 지역 간 경제 불균형 문제까지
터져 나왔습니다. 북부 지역의 슬로베니아와 크로아티아 공화국은 다른 지
역보다 먼저 산업 발전이 이뤄지면서 경제 수준이 높았습니다. 경제가 나빠
지자 연방은 상대적으로 가난한 세르비아 등 남부 지역 공화국을 지원했고
북부 지역은 일방적 지원에 불만을 품었습니다. 설상가상으로 동유럽 국가

들의 민주화 및 자본주의로의 전환과 함께 1991년에 소련이 붕괴하자 유고 연방 내에서도 각 공화국이 독립하려는 움직임을 보였습니다. 서로 다른 종교와 문화권에서 살던 민족을 통합해 하나임을 강조하던 유고 연방은 뿌리째 흔들리고 있었죠.

발칸의 도살자, 밀로셰비치

연방이 혼란한 틈을 타 제2차 세계대전 이후 잠잠했던 극단적 민족주의자들이 모습을 드러내기 시작했습니다. 이들은 다른 민족과의 대립으로 민족 간 결속을 선동했죠. 그중에서도 눈에 띈 인물은 세르비아인들의 우월성을 강조해 갈등을 부추긴 유고 연방 내 세르비아 공화국의 대통령 슬로보단 밀로셰비치Slobodan Milošević입니다. 세르비아가 주도하는 유고 연방을 목표로 한 그는 민족 감정을 자극해 세르비아인을 선동했습니다. 히틀러의 선동 방법 중 하나인 연설을 활용했죠.

> "1989년 올해 세르비아는 마침내 역사적인 업적을 이룬 것 같다.
> 옛 세르비아로 돌아가 우리의 것이 옳았다는 것을 축하하고 있다."

1989년에 당권을 장악한 밀로셰비치는 코소보 언덕에 사람들을 모아놓고 이 같은 연설을 하며 세르비아인의 민족주의 감정을 부추겼습니다. 민족적 영웅으로 떠오른 그가 이끌었던 '코소보 전쟁(1389) 600주년 기념 집회'는 세르비아 전역에서 60회나 열렸고, 약 350만 명이 참석하면서 세르비아인들은 잊었던 감정을 되살렸습니다. 그 감정은 크로아티아인 아버지와 슬로베니아인 어머니 사이에서 태어난 티토가 세르비아 민족의 이익을 빼앗고 자신들을 역사의 희생자로 만들었다는 것이었죠. 밀로셰비치가 추구하는 극단적 민족주의에 빠진 일부 세르비아인들은 점점 연방 내 다른 민족에게 불만을 품었습니다.

세르비아인이 주도하는 연방을 꿈꿨던 밀로셰비치는 1990년에 세르비아 중심 유고슬라비아 연방으로 재편을 추진했습니다. 당연히 다른 공화국들은 반발했죠. 특히 크로아티아 공화국은 연방 유지를 주장하는 세력을 축출하며 서서히 독립을 향한 열망을 드러냈습니다. 연방을 유지하려는 세르비아와 독립을 꿈꾸는 크로아티아 사이의 갈등은 1990년 5월 13일, 유고 프로축구 리그에서 끝내 폭발합니다.

최고의 라이벌 매치였던 크로아티아 국민 클럽과 세르비아 명문팀의 경기가 열리던 날, 양쪽의 관중이 충돌하며 유혈 사태가 일어난 것입니다. 관중들은 그라운드까지 난입했고 대기하던 경찰들은 진압에 나섰습니다. 당시 세르비아는 유고 연방에서 경찰력을 쥐고 있었습니다. 그런데 세르비아 경찰들은 폭동을 일으킨 세르비아인은 몰아내는 정도로만 진압하고 크로아티아인은 폭행하며 과잉 진압을 했습니다. 그 모습에 크로아티아인들은 크게 분노했습니다. 이 사건을 계기로 연방 사람들 사이에서는 더 이상 세르비아와 크로아티아는 하나의 나라에서 공존할 수 없다는 인식이 확산되었습니다.

밀로셰비치가 쏘아 올린 민족 갈등에 일부 공화국은 연방 탈퇴를 결정했습니다. 가장 먼저 탈퇴를 선언한 나라는 슬로베니아와 크로아티아입니다. 두 나라는 1991년 6월 25일에 함께 독립을 선언했습니다. 이를 들은 세르비아가 가만히 있을 리 없었죠. 당시 유고 연방군 장교의 약 70%는 세르비아인이었습니다. 한마디로 연방군은 세르비아군이나 마찬가지였죠. 며칠 뒤 탈퇴 무효를 밝힌 연방군이 슬로베니아를 침공했습니다. 유고 내전이 시작된 것입니다. 유고 연방군은 약 18만 명의 병력과 2천여 대의 탱크, 450여 대의 각종 전투기, 그리고 지대공미사일을 장착한 프랑스제 공격용 헬기 150여 대를 앞세웠습니다. 반면 슬로베니아는 급하게 지역 방위군을 소집해 3만 5천여 명의 국토방위군과 1만여 명의 경찰을 투입했죠. 누가 봐도 유고 연방군이 우세했지만 전쟁은 단 열흘 만에 슬로베니아의 승리로 끝났습니다.

이는 유고 연방군이 전쟁을 포기한 결과입니다. 세르비아 민족은 '세르비아인이 거주하는 땅은 우리들의 땅이다'라는 영토적, 인종적 민족주의가 매우 강한 편입니다. 당시 슬로베니아 공화국은 인구의 약 88%가 슬로베니아인이었고 세르비아인은 약 2.4%밖에 되지 않았습니다. 따라서 세르비아 공화국으로서는 자신들의 민족이 거의 없는 슬로베니아를 굳이 연방으로 묶어놓고 민족 감정을 건드릴 이유가 없었던 것이죠. 게다가 국제 사회의 여론도 좋지 않아 전쟁을 계속할 수 없었습니다. 결국 슬로베니아는 유고 연

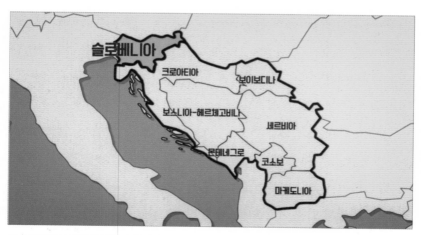

유고 연방에서 떨어져 나간 슬로베니아

방에서 가장 먼저 독립의 기회를 얻은 첫 나라가 됐습니다.

그렇다면 슬로베니아와 같은 날 독립을 선언한 크로아티아는 어땠을까요? 슬로베니아에서 철수하던 연방군은 병력을 이끌고 곧바로 크로아티아로 향했습니다. 그곳은 인구의 약 78%가 크로아티아인이었지만 나머지 12%인 약 60만 명이 세르비아인이었습니다. 게다가 크로아티아 내에서 경찰 같은 공무 부분의 주도권을 쥔 것도 세르비아인이었죠. 즉 크로아티아는 세르비아가 절대 놓쳐서는 안 될 곳이었습니다.

게다가 연방 탈퇴를 선언하기 전, 크로아티아 내부는 이미 민족 간 갈등이 고조된 상황이었습니다. 크로아티아 의회에서 세르비아인을 소수민족으로 규정하는 헌법이 통과하면서 경찰과 공무원이었던 세르비아인들을 강제 퇴직시키는 사태가 일어난 것입니다. 이후 세르비아인의 불참 속에 국민 투표가 강행됐고 무려 94%가 '독립'을 택했죠. 하지만 크로아티아에 살고 있던 세르비아인들은 독립을 두려워했습니다. 제2차 세계대전 당시 크로아티아 극우 정권이 저지른 대규모 인종 청소가 되풀이될지도 모른다는 역사의 공포를 체감한 것입니다. 결국 세르비아인이 주축이 된 유고 연방군의 크로아티아 침공으로 두 번째 유고 내전이 시작됐습니다.

강력한 지상 화력을 앞세운 유고 연방군은 가장 먼저 크로아티아 내 세르비아인 거주 지역을 확보해 이곳을 중심으로 군사 작전을 펼쳤습니다. 그 결과 크로아티아 땅의 3분의 1가량을 차지했고 그중에서도 다수의 세르비아인이 사는 지역에 자신들의 나라인 '크라이나 세르비아 공화국'을 세웠습니다. 이곳의 세르비아인들은 크로아티아가 독립할 거라면 자신들도 크로아티아 안에서 분리 독립을 시켜달라고 주장했습니다. 하지만 받아들여지지 않았고 유고 연방군의 지원을 받아 자신들이 만든 민병대와 함께 크로아티아와 싸우기 시작했죠.

세르비아 크라이나 공화국 위치

　유고 연방군과 크로아티아 내 세르비아 민병대는 곧 대대적인 군사 작전을 펼쳤습니다. 세르비아에서 크로아티아로 가는 길목에 있는 부코바르를 점령한 것입니다. 3만 6천여 명의 세르비아군은 3개월간 이곳을 공격했고, 아름다웠던 부코바르는 폐허로 변했습니다. 거리는 폭격으로 쑥대밭이 되었고 이 지역에 사는 2만여 명의 크로아티아인은 세르비아인들에게 땅을 내주고 강제로 도시를 떠났죠. 내전 마지막 날에는 세르비아 민병대가 병원에 있던 환자 260여 명을 농장 창고로 끌고 가 집단 폭행한 뒤 총살하는 최악의 사건이 벌어졌습니다. 인종 청소의 희생자는 청소년부터 노인, 임산부까지 다양했습니다.

　크로아티아는 왜 이렇게까지 밀리기만 했을까요? 당시 유고 연방군은 엄청난 기세로 크로아티아를 몰아붙였습니다. 부코바르를 점령해나가는 동시에 크로아티아의 수도 자그레브의 공공기관까지 폭격하며 압박했죠. 물론 크로아티아군도 열심히 저항했습니다. 하지만 연방군의 상대가 되지는 못했습니다. 크로아티아는 슬로베니아보다 상황이 더 열악했기 때문이죠.

크로아티아 민병대

사진 속 크로아티아군을 보면 알 수 있듯이 병력과 무기가 턱없이 부족했습니다. 군대라고 할 수 있는 방위군은 2만여 명밖에 되지 않았고, 탱크는 유고 연방군의 10% 수준인 200여 대뿐이었죠. 공군기는 116대에 해군 함정은 2척뿐이었습니다. 무기도 제2차 세계대전 당시 사용한 구식 소총밖에 없어서 연방군의 무기고를 탈취하거나 오스트리아, 헝가리로부터 무기를 들여와 부족한 무기를 채웠습니다. 이렇게 크로아티아군은 압도적 화력의 유고 연방군과 민병대에 맞서 힘겹게 버티며 전쟁을 계속해나갔습니다.

그러던 어느 날 전쟁의 판도를 뒤집는 사건이 일어납니다. 1991년 10월, 유고 연방군은 크로아티아의 도시 두브로브니크를 공중 폭격했습니다. 세르비아의 역사학자들은 두브로브니크가 옛 세르비아의 영토라고 주장했습니다. 따라서 이를 되찾아온다는 명분으로 공격한 것입니다. 먼저 수도와 전기, 방송 통신 기지국을 차례로 폭파하면서 도시를 마비시켰죠. 그런 다음 도시 전체를 포위하며 압박했고, 12월 대규모 공습에는 지상군까지 투입합니다. 중세의 아름다움을 간직했던 도시는 불길이 꺼지지 않았습니다. 12월에는 하루에만 2천 개 이상의 수류탄이 시가지에 떨어지면서 수많은 문화유산이 파괴되고 형체를 잃었습니다. 이때 7천 명이 넘는 크로아티아인이 집을 잃었고 주변 섬까지 침공당해 고가의 예술품도 빼앗겼습니다. 약 15억 유로(한화 1조 9천억 원)의 피해를 입었는데, 제2차 세계대전에서도 보지 못한 피해였습니다.

이때 이후로 크로아티아는 전열을 정비하고 서서히 반격을 시작했습니다. 먼저 크로아티아 지성인들과 지도자들은 세르비아 폭격을 세상에 알리며 두브로브니크를 보존하려 했습니다. 크로아티아 문인협회 회원들은 고립되어 있던 두브로브니크 시민들에게 식수와 의약품 같은 생활 물자를 제공하는 자선단체를 만들기도 합니다. 그런 다음 자비를 들여 29대의 배를 어렵게 모집해 위험을 무릅쓰고 구호물자를 전달하고 피난민 수송까지 했죠. 치열한 전쟁이 벌어지는 한복판에서 보란 듯이 자유를 향한 행동을 실천한 이들을 가리켜 라틴어로 '자유'를 뜻하는 '리베르타스 수송대'라고 불렀습니다. 일부 크로아티아 지도자들도 두브로브니크로 가서 수송대에 동참했습니다. 놀랍게도 이 같은 활동은 전세를 뒤집었습니다. 수많은 국제 언론이 구호 활동을 취재하면서 평화로웠던 도시와 세계문화유산을 파괴한 유고 연방군을 향해 질타를 퍼부은 것입니다.

이 문제를 주의 깊게 지켜본 유럽공동체인 EC(유럽연합 EU의 전신)도 1992년 1월 15일에 만장일치로 크로아티아의 독립을 승인했습니다. 전쟁은 끝났지만 아직 독립을 승인받지 못했었던 슬로베니아 역시 독립 승인을 받았죠. 이 무렵부터 서유럽의 군사 지원을 바탕으로 전열을 정비한 크로아티아 군대도 조금씩 반격을 시작합니다. 이제는 독립을 지키기 위한 전쟁을 치르는 것입니다. 크로아티아군은 크로아티아 내 세르비아인들이 세운 크

크로아티아, 마케도니아까지 떨어져 나간 유고 연방

라이나 세르비아 공화국에 진격했습니다. 이 과정에서 세르비아인을 향한
보복도 뒤따랐죠. 끝나지 않는 민족 간 참상에 UN은 1992년 2월 21일에 평
화유지군을 파병했습니다. 마침내 1995년에 크로아티아는 전쟁에 승리하
며 그토록 원하던 연방 탈퇴와 독립을 손에 넣었습니다. 크라이나 세르비
아 공화국 역시 전쟁 이후 크로아티아에 흡수됐습니다. 길었던 5년간의 전
쟁으로 약 2만 명의 사망자와 60만여 명의 난민이 발생했습니다.

　슬로베니아와 크로아티아가 떨어져 나간 유고 연방은 급격히 흔들리기
시작했습니다. 크로아티아 전쟁이 한창인 복잡한 틈을 타 마케도니아가 슬
그머니 독립을 선언했고, 병력을 분산할 수 없었던 세르비아가 어쩔 수 없
이 마케도니아의 독립을 승인한 것입니다. 이제 연방에 남은 나라는 보스
니아, 세르비아, 몬테네그로뿐이었죠. 세 나라 중 몬테네그로와 세르비아는
가까운 사이였습니다. 결국 홀로 남은 보스니아는 다른 나라가 연방에서
떨어져 나가는 것을 보며 고민 끝에 탈퇴를 선언합니다. 이 선언으로 기나
긴 유고 내전의 서막이 올랐습니다.

광기의 인종 청소, 보스니아 내전

1992년 3월, 보스니아가 연방 탈퇴를 선언하자 또다시 세르비아가 주축
이 된 유고 연방군의 공격이 시작됐습니다. 유고 연방군은 보스니아를 절
대 놓칠 수 없었습니다. 보스니아 인구 437만 명 중 약 31.2%가 정교도 세
르비아인이었기 때문입니다. 그렇다면 보스니아는 왜 수많은 세르비아인이
있음에도 연방 탈퇴를 결정했을까요? 슬로베니아와 크로아티아의 탈퇴를
목격한 보스니아는 탈퇴 선언 한 달 전에 연방 독립 의사를 묻는 국민 투표
를 진행했습니다. 그 결과 무려 99%가 독립에 찬성한 것입니다. 사실 이는
유고 연방 탈퇴를 원하지 않던 세르비아인들이 투표에 불참한 결과입니다.
하지만 보스니아는 투표 결과만으로 독립을 선언했습니다.

수많은 세르비아인이 살고 있으며, 오랫동안 자신들의 땅이라 여겨온 보
스니아의 독립을 허락할 수 없었던 세르비아군은 다시 한번 전쟁을 일으

사라예보 포위 지형도

컸습니다. 세 번째 유고 내전이 시작된 것이죠. 보스니아 내 세르비아인들은 전쟁이 일어나자 자신들의 민족과 가족을 지킨다는 이유로 다른 민족을 몰아내고 자치 국가인 '스르프스카 공화국'을 세웠습니다. 그리고 민병대를 결성해 유고 연방군과 힘을 합쳐 보스니아를 공격했죠. 첫 번째 공격은 1992년 4월 5일, 1만 3천여 명의 병력을 동원해 보스니아의 가장 큰 도시인 사라예보 주변을 포위한 것입니다. 지도 속 붉은색은 사라예보를 둘러싼 산악 지대입니다. 이곳을 유고 연방군이 포위한 것이죠. 시민들은 사방이 막힌 도시를 탈출할 수도 없었습니다.

이때 갇혀 있는 사라예보 시민들을 향해 무차별 공습이 시작됐습니다. 유고 연방군은 시민들이 많이 다니는 길목의 고지대나 고층 건물에 대포, 박격포, 저격총 등 온갖 무기로 무장한 저격수들을 배치했습니다. 그리고 거리를 걷는 시민들을 향해 총을 겨눴죠. 어디서 날아올지 모르는 총알에 사라예보 시민들의 일상은 무너졌습니다. UN은 크로아티아에 파견한 평화 유지군의 활동 범위를 보스니아로 확대해 사라예보 시민들을 보호하려 했

지만 사방에서 날아오는 총알을 다 막을 수는 없었습니다. 시민들은 총탄을 피하려 있는 힘껏 도로를 달렸고 스스로를 지킬 방법을 생각해냈습니다. '총을 든 사라예보의 여성'으로 유명한 사진 속 여성은 어디서 날아올지 모르는 공격에 맞서 이웃의 장례식을 지켜주고 있는 모습입니다. 그녀는 총을 들고 경계를 늦추지 않았다고 합니다.

직접 총까지 들면서 자신과 사라예보

총을 든 사라예보의 여성

사라예보 터널

를 지키려 했던 시민들의 노력은 번번이 수포로 돌아갔습니다. 축구 경기를 보는 중에 총탄이 날아오는가 하면 마르칼레라는 큰 시장도 두 차례의 포격을 받아 100명이 넘는 시민이 목숨을 잃었습니다. 예측할 수 없는 포위전은 무려 1,425일이나 계속되었고 희생된 시민만 1만 3천여 명에 이르렀습니다. 현대전 역사상 가장 긴 포위전에서 시민들은 부족한 물자를 얻기 위해 터널을 뚫어 다른 지역과 연결했습니다. 당시는 총을 쏘는 저격수들과 사라예보 주위를 포위한 군대 때문에 바깥을 자유롭게 다닐 수 없었습니다. 유일하게 안전한 곳은 UN 평화유지군이 점령한 사라예보 공항이었죠. 그래서 공항과 가까운 가정집에 터널을 뚫어 공항에 연결하고 물자를 공급

받은 것입니다. 물과 식량, 의료용품 등을 받기도 하고 위험할 시에는 탈출도 할 수 있었죠. 끊어진 통신망도 연결한 이곳은 '구원의 터널'이라고 불렸습니다.

이 시기 국제 사회도 세르비아가 주축이 된 연방군의 공격에 긴밀하게 대처했습니다. 내전이 시작되자 미국과 유럽공동체는 보스니아의 독립을 인정하며 본격적인 지원에 나섰죠. 그러자 연방군은 보스니아 남부와 서부에 미사일 공격으로 대응했습니다. 게다가 세르비아 대통령 밀로셰비치는 보스니아 내에 있는 세르비아 민병대의 민족주의를 자극해 세르비아인들이 살 땅을 추가로 확보하게 했습니다. 이는 곧 다른 민족을 내쫓거나 죽여서 영토를 확보하겠다는 의미입니다. 보스니아에서도 인종 청소가 시작된 것입니다.

자기 민족만 살 땅을 빼앗기 위한 세르비아의 인종 청소에는 단계가 있었습니다.

① 마을로 통하는 모든 도로를 차단한다.
② 마을 내 세르비아인만 피신시킨다.
③ 저항하지 않을 때까지 보스니아인과 크로아티아인을 포격한다.
④ 이들이 다른 지역으로 도망가지 않거나 숨으면 세르비아 민병대가 마을로 진입해 무자비하게 죽인다.

이게 끝은 아니었습니다. 세르비아 민병대는 나치가 유대인을 차별해 몰아낸 것처럼 다양한 방법으로 다른 민족들을 쫓아냈습니다. 온갖 수단으로 직장에서 해직시켰고, 길거리에서도 폭행을 일삼았죠. 다른 민족이 운영하는 사무실을 한밤중에 폭파하거나 집까지 공격했습니다. 여행을 금지하

오늘날 보스니아 행정 지도(1국가 2체제)와 대표적인 집단 학살 위치

고 전화국 외에는 전화를 사용할 수 없게 만들었습니다. 3인 이상이 모일 수도 없었죠. 이 같은 탄압에 보스니아인과 크로아티아인은 자신의 고향을 떠날 수밖에 없었습니다.

하지만 이러한 인종 청소는 전초전에 불과했습니다. 세르비아 민병대는 기어코 한꺼번에 빠르게 끝낼 방법을 찾아냅니다. 앞서 이야기한 집단 학살입니다. 실제로 '인종 청소'라는 이름으로 보스니아의 여러 지역에서 매일같이 집단 학살이 벌어졌습니다. 도보이 지역에서는 11회가 넘는 집단 학살이 발생했고, 포차 지역에서는 2년간에 걸쳐 지속적인 집단 학살이 이루어지면서 2,700여 명이 희생됐습니다. 보스니아인과 크로아티아인, 세르비아인이 골고루 섞여 이웃을 이루던 마을은 이웃의 집단 학살 위에 세워진 끔찍한 마을로 변해버렸죠. 이때도 수용소를 지어 보스니아인들을 가두곤 했는데, 그중 한 곳에서는 6평짜리 방에 45명을 모아 놓고 구타하거나 가로 12m, 세로 15m의 방에 500명에 가까운 사람을 몰아넣었다고 합니다. 이 외에도 배고픈 이들이 산업 폐기물로 오염된 강에서 물을 마셔 병으로 죽

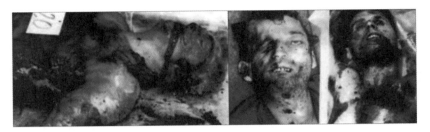
스레브레니차 집단 학살 희생자

거나 학살됐습니다.

이 외에도 20세기 최악의 인종 청소가 이뤄진 장소가 있습니다. 세르비아인들이 장악한 스르프스카 공화국 내의 산악 마을 '스레브레니차'입니다. 이 작은 도시의 주된 민족은 보스니아인과 크로아티아인이었습니다. 이곳은 유고 연방군에 포위된 채 모든 보급로가 차단됐고 이곳을 떠나지 못한 1만여 명의 주민들은 꼼짝없이 갇혀 대규모 집단 학살의 희생자가 됐습니다. 가장 앞에서 이야기한 집단 매장터가 이곳입니다. 당시 마을에서는 온갖 형태의 처형이 이루어졌고, 곳곳에서는 곧 죽을 사람들과 이미 죽은 사람들을 트럭과 버스로 바쁘게 실어 나르며 불도저로 암매장지를 만들기 바빴습니다. 다음은 유고 내전 전범들의 인종 청소 범행이 낱낱이 밝혀진 재판 기록문 일부입니다.

> ‣ 1995년 7월 13일 크라비카 창고
> 1,000명이 넘는 보스니아 남자들은 기관총, 수류탄 그리고 다른 무기에 의해 창고 안에서 죽었다.
> ‣ 1995년 7월 14일 페트로바쯔 근처 댐
> 이 지역 학교 출신의 보스니아계 무슬림 남성 1,000명 이상을 댐 밑에서 죽이고 다음 날 아침 굴착기와 중장비를 동원해 희생자들

을 물었다.

이는 극히 일부에 불과합니다. 이곳에서 인종 청소라는 이름으로 일삼은 집단 학살의 흔적은 사진으로도 남아 있습니다. 세르비아 민병대는 시신을 불도저로 밀어 심각하게 훼손하기도 했고 형체를 알아볼 수 없을 정도로 잔혹하게 살해한 시신을 전리품처럼 여기기도 했습니다. 신체 부위를 여러 개로 나눠 묻기까지 해 현재도 찾을 수 없는 시신이 많다고 합니다. 지금으로부터 30년도 채 되지 않은 사건입니다.

이 같은 인종 청소를 자행한 인물은 보스니아 내 세르비아인이 만든 스르프스카 공화국의 지도자 라도반 카라지치Radovan Karadžić와 이곳의 사령관 라트코 믈라디치Ratko Mladić입니다. 이들은 세르비아 대통령 밀로셰비치의 지원을 받아 보스니아에서 전쟁을 주도하고 정식 군대가 아닌 민병대를 활용해 다른 민족의 인종 청소를 지시했습니다. 이유는 오직 하나, 세르비아인의 영역을 더 넓히기 위해서였습니다.

인종 청소와 보스니아 내전의 결말

끝을 알 수 없는 인종 청소가 이어지던 이때 미국을 주축으로 하는 연합군 NATO가 보스니아 내전을 해결하기 위해 나섰습니다. NATO는 1949년 북대서양조약을 기초로 하는 집단방위기구로 냉전 시대에 구소련에 대항하기 위해 만든 것입니다. 초창기에는 미국을 중심으로 캐나다, 벨기에, 덴마크, 프랑스 등 12개국이 가입했고 현재는 30개국의 회원국을 보유한 거대한 유럽 안보 기구로 자리 잡았죠. 사실 NATO는 보스니아 내전 초창기

보스니아 민족 분포 1991년

VS

보스니아 민족 분포 1997년 이후

부터 들어와 있었으나 주요 임무는 해상과 공중 감시여서 적극적으로 개입하지 못했습니다. 그런데 스레브레니차 인종 청소 사건을 계기로 UN은 NATO에 상의 없이 공습할 수 있는 권한을 부여했습니다.

먼저 NATO의 주축인 미국은 보스니아를 공격하는 세르비아를 전방위로 압박했습니다. 세르비아의 전력을 약화시키기 위해 금수조치와 강력한 경제 제재를 가했죠. 그러면서 NATO군을 투입해 보스니아 내 유고 연방군과 세르비아 민병대를 제한적으로 공습했습니다. 1995년 8월, 유고 연방군의 물류 저장고와 포진지 등 전략적 시설을 공격해 병력을 무력화하자 유고 연방군도 보스니아에서 조금씩 후퇴하기 시작했습니다. 이 외에도 미국은 미디어를 이용해 세르비아의 악랄함을 알리며 전 세계적으로 고립시켰습니다. 이후 미국은 전쟁을 끝낼 마지막 카드로 협상을 제시했습니다. 미국 오하이오주 데이턴에 위치한 공군 기지에 모여 평화 협정을 맺은 것이죠. 데이턴 평화 협정의 주요 내용은 다음과 같습니다.

    1. 내전 종식
    2. 보스니아 독립과 1국가 2체제 수립
    3. 세르비아계에 대한 자치권 부여

20일 동안 양측을 한곳에 모아두고 협상을 추진한 미국은 다툼이 적은 보스니아인과 크로아티아인을 하나로 묶고 세르비아인과 구분했습니다. 다양한 민족이 섞여 있던 보스니아는 협정 이후 '보스니아-헤르체고비나 공화국'이 되었고 하나의 나라는 크게 두 구역으로 나뉘었습니다. 세르비아인 중심의 '스르프스카 공화국'과 보스니아인과 크로아티아인 중심의 '보스니아-헤르체고비나 연방'이라는 1국가 2체제가 자리 잡은 것입니다. '스르프스카 공화국'이 51%의 영토를, 보스니아-헤르체고비나 연방'이 49%의 영토를 차지했습니다. 세르비아로서는 과거 UN이 제시한 중재안보다 더 많은 영토를 갖게 된 셈이었죠.

숨어 있던 화약고, 코소보를 둘러싼 분쟁

보스니아의 독립 선언은 많은 것을 바꿔놓았습니다. 전쟁 초기에 이미 유고슬라비아 연방은 해체됐고 '유고슬라비아 연방공화국'이라는 이름의 '신유고 연방'이 세워졌죠. 세르비아를 중심으로 몬테네그로와 세르비아 내 두 개 자치주를 더한 신유고 연방 역시 보스니아 내전을 거치며 조금씩 분열되기 시작했습니다.

신유고 연방 지도

신유고 연방의 갈등은 두 개 자치주 중 하나인 코소보에서 발생했습니다. 코소보는 마케도니아, 세르비아, 몬테네그로와 맞닿은 지역으로 원래 세르비아인들이 살고 있었습니다. 하지만 14세기 이후 오스만 제국이 지배하면서 이슬람교로 개종한 알바니아인들이 대거 이주해와 땅을 차지하게 됐죠. 그때부터 두 민족은 끊임없이 부딪혔습니다. 사실 코소보는 두 민족 모두에게 중요한 곳입니다. 중세 세르비아 왕국의 발상지이자 초대 대교구가 있으며 이슬람을 믿는 알바니아인이 오래전부터 살았던 터전이기도 하죠. 때문에 두 민족 모두 코소보 땅을 양보할 수 없었습니다.

당시 세르비아 대통령이자 신유고 연방 대통령이었던 밀로셰비치는 코소보 지역을 완전한 세르비아인들의 땅으로 삼으려 했습니다. 1990년에는 코소보 의회를 강제로 해산하고 학교에는 세르비아 중심의 언어와 역사 교육을 도입했습니다. 게다가 코소보의 자치권까지 박탈했죠. 1997년에 코소보의 알바니아인들이 독립운동을 펼치며 반발하자 세르비아는 이들을 대량학살하거나 강제 이주시키면서 또다시 '인종 청소'를 벌였습니다. 그러던 중 1998년 2월에 알바니아인 무장단체가 코소보 지역을 순찰 중이던 세르비아 경찰들을 집단 사살하는 사건이 벌어졌고, 수면 아래 있던 민족 간 분쟁에 다시 불이 붙었습니다. 사건에 대한 보복이라는 명분으로 세르비아군은 코소보의 주요 거점을 점령했고 또 다른 내전이 시작됐습니다.

두 나라의 전쟁에 NATO가 관여하면서 내전은 예상 밖의 방향으로 흘러갔습니다. 미국은 유고 내전이 끝났음에도 세르비아를 예의주시하며 여전히 경제 제재를 가하고 있었습니다. 그러던 중 잠시 제재를 풀기도 했는데 세르비아가 코소보와 분쟁을 시작하자 즉시 경제 제재를 강화했죠. 그리고 NATO를 통해 세르비아에 협상안을 내밀었습니다. 세르비아는 협상안을 받아들이지 않고 1999년 3월에 미국은 NATO 연합군을 움직여 세르비아로 향했습니다.

　미국이 NATO를 앞세워 전쟁에 나선 데는 여러 이유가 있습니다. 첫째는 미국 대통령이었던 빌 클린턴Bill Clinton이 비서 모니카 르윈스키Monica Lewinsky와의 성추문으로 입지가 불안해지자 국제 문제로 시선을 돌리려 한 것입니다. 둘째는 NATO 창설 50주년을 맞아 NATO에 가입한 서유럽 국가 사이에 해체를 주장하는 움직임이 있었기 때문입니다. NATO를 통해 국제 관계에 개입할 명분을 얻고 국익에도 도움을 얻었던 미국으로서는 NATO를 지속해야 할 이유를 보여줘야 했습니다. 평화 수호라는 명분으로 미국의 이익을 위해 NATO를 활용한 셈이죠. 이때 NATO는 기존의 방어 전략에서 벗어나 국제 분쟁이 일어나는 곳에서 선제공격을 할 수 있도록 전략을 수정했습니다. 그리고 이 전략을 시험해 본 곳이 코소보 전쟁이었죠. 셋째는 비록 냉전 시대는 끝났지만 유럽 내 유일한 친러시아 국가였던 세르비아가 미국에는 그리 달갑지 않은 존재였다는 것입니다.

　이렇게 전쟁에 나선 NATO군은 빠르게 전쟁을 끝내기 위해 세르비아에서 가장 가까운 해안인 이탈리아반도에 사령부를 차리고 수많은 항공기를 집결했습니다. 그리고 미군의 루스벨트 항공모함과 프랑스의 포슈 항공모함을 전투기의 발진 기지로 활용했죠. NATO 연합군은 공격 첫날에만 400여 대의 항공기를 출격하고 무시무시한 신무기를 대량 투하해 세르비아를 공격했습니다.

NATO 연합군을 향한
세르비아 국민의 시위

　NATO의 공격 소식이 알려지자 세르비아인들은 공습을 예고한 곳으로 가 시위를 벌였습니다. 이들은 NATO 연합군의 폭격에 대항해 자신의 옷에 과녁을 붙이고 반대 시위를 시작했습니다. 이들 역시 전쟁으로 터전을 잃어버린 피해자였던 것이죠.

이러한 반발을 잘 알고 있었던 NATO는 민간인 피해를 최소한으로 줄이고 전쟁을 빠르게 끝내기 위해 정확하게 조준하는 신무기를 대거 선보였습니다. 최고 성능을 자랑하는 스텔스기를 배치하고 폭격기의 위치 추적 시스템(GPS)을 이용해 원하는 곳에 폭탄을 떨어뜨리는 신형 스마트 폭탄까지 실었습니다. 신무기의 위력은 세르비아군의 방공망을 무력화했습니다. 공습 초반이었던 3월 말부터 4월 중순 사이에 250회~300회가량 출격하던 항공기는 4월 말부터 6월 초까지 400회~600회까지 출격을 늘렸습니다. 동시에 방송국, 철도 같은 산업시설을 포함해 전 지역으로 폭격 범위를 확대했죠. 세르비아군은 코소보군을 향한 공세를 강화했지만, 78일간 무려 3만 5천 회 이상 출격한 NATO 연합군의 공습에 무너지고 말았습니다. 결국 러시아의 중재안을 받아들인 세르비아가 항복을 선언하면서 코소보 전쟁은 막을 내렸습니다.

전쟁을 끝낸 NATO 연합군은 한 가지 실수를 깨달았습니다. 전쟁으로 세르비아군의 전력이 붕괴되고 전투기 60%, 전차와 장갑차 30%~40%를 파괴했다는 판단과 달리 멀쩡한 상태의 세르비아군 장비가 기지로 복귀하는 모습을 목격한 것입니다. 알고 보니 세르비아군이 나무로 뼈대를 만든 가짜

가짜 모형 무기

모형의 전차와 전투기를 싼값에 사들여 스마트 폭탄을 속인 것입니다. 심지어는 표면을 알루미늄으로 코팅한 작은 장난감 모형을 놔두고 스마트 폭탄의 금속 탐지기에 포착되게 하거나 안에 히터를 넣어 열 감지에

반응하게끔 속이기도 했습니다. 이런 방식으로 NATO군의 공습으로부터 무기를 지켜낸 것입니다. 이런 방법에도 NATO 연합군의 막대한 물량 공습은 당해내지 못했고 코소보 전쟁은 끝났습니다.

코소보와 세르비아의 협상은 두 나라의 입장 차로 난항을 겪었습니다. 결국 최종 협상안은 코소보의 독립 문제를 3년 뒤에 논의하는 것과 코소보에 NATO군이 주둔하는 두 가지로 좁혀졌습니다. 이로 인해 코소보의 평화유지군에 행정권, 치안권, 자치권이 주어졌습니다. 이후로도 코소보에서는 민족 간의 갈등이 끊이지 않았고, 3년 후 코소보는 약속대로 독립을 인정해줄 것을 요구했습니다. 그러자 세르비아가 코소보 내 세르비아인이 거주하는 북부 지역을 할양할 것을 요구하면서 협상이 진척되기 시작했죠. 그런데 이때 신유고 연방에 속한 몬테네그로가 갑자기 독립을 요구한 것입니다. 세르비아는 연방 이름을 '세르비아-몬테네그로'로 바꾸며 달래려 했지만, 몬테네그로는 국민 투표를 통해 2006년에 끝내 독립했습니다. 이후 코소보 역시 2008년에 일방적으로 독립을 선언합니다. 그럼에도 세르비아는 코소보의 독립만큼은 절대 인정할 수 없다며 물러서지 않고 있습니다.

과거 유고 연방으로 묶였던 곳은 모두 다 떨어져 나가 독립 국가를 이루게 됐습니다. 하지만 코소보 독립의 정당성이라는 과제는 여전히 남아 있습니다. 코소보 독립은 국제 사회의 이해관계에 따라 인정과 불인정으로 나뉘며 지금까지도 갈등이 이어지고 있습니다.

그렇다면 아직도 끝나지 않은 민족 간 갈등을 일으킨 전범들은 어떻게 되었을까요? 그들은 전쟁 이후 서로를 UN 국제재판소에 기소했습니다. '구유고슬라비아 국제형사재판소(ICTY)'는 밀로세비치와 플라디치를 포함한 전범 161명을 대량 학살, 인권 유린, 전쟁 관례 혹은 법률 위반, 제네바 협약의 중대 위반으로 기소했습니다. 재판 결과는 유죄 90명, 무죄 19명, 기

소유예 37명입니다. 이들의 최후는 재판을 통해 전 세계에 낱낱이 공개됐습니다. 놀랍게도 그들은 전혀 반성하지 않는 모습이었습니다. 국제재판소에 선 세르비아 전 대통령 밀로셰비치는 자문 의원회를 선임할 권리가 있다는 말에 다음과 같이 대답했습니다.

> "저는 본 재판소가 강제적인 재판소라고 생각되며 UN 총회에서 임명되지 않는 한 이것은 불법입니다. 따라서 저는 불법 기관에 자문 위원회를 임명할 필요가 없습니다."

그는 재판을 받던 중 심장병으로 사망했습니다. 인종 청소를 자행한 스르프스카 공화국 사령관 블라디치는 UN 법정 최고형인 종신형을 받고 이렇게 항변하기도 했죠.

> "저는 다른 사람들이 한 것처럼 내 가족과 마을을 지키기 위해 한 것뿐입니다. 그것은 단지 우리의 애국적인 의무입니다. 제가 다른 강대국들처럼 베트남, 캄보디아 또는 포클랜드를 침략했습니까? 아니면 소말리아나 걸프전에 뛰어들었습니까? 저는 단지 내 고향을 지키기 위해 싸웠을 뿐입니다."

스르프스카 공화국 지도자 카라지치는 10년이 넘는 도피 생활 과정에서 대체의학 의사로 위장해 도망 다녔으나 끝내 UN 법정 최고형인 종신형을 선고받았습니다. 한 크로아티아군 전범은 징역 20년을 선고받자 이를 거부하며 그 자리에서 독극물을 마시고 자살했습니다.

전쟁은 끝났지만 전쟁에 대한 진실 규명과 처벌, 그리고 보상은 아직도 제대로 이뤄지지 않고 있습니다. 불행한 사실은 제대로 청산되지 않은 역사로 인해 인종 청소를 일삼은 인물들이 각 민족 사이에서는 '전쟁 영웅'으로 추앙받는 것입니다. 이들이 인종 청소라는 이름의 범죄를 반성하지 않는 한 민족 간의 갈등은 해결될 수 없습니다.

발칸반도 지역의 역사를 살펴보면 마치 '조각난 역사 퍼즐'을 보는 듯합니다. 자신에게 불리한 역사는 지우거나 축소하고, 반대로 자신이 고통 받거나 영광스러운 역사만을 기억하려 하기 때문이죠. 다시 일어나서는 안 되는 역사를 되풀이하지 않으려면 역사를 조각내어 배우지 말아야 합니다. 비록 지금은 고통스럽고 힘들더라도 객관적이고 분명한 역사 인식만이 과거의 아픈 역사를 재현하지 않을 수 있는 강력한 힘이 된다는 사실을 잊지 않기를 바랍니다.

벌거벗은 우크라이나 전쟁

러시아는 왜 우크라이나를 침공했나

류한수

● 전 세계의 관심을 블랙홀처럼 빨아들이는 사건이 2022년 2월 24일에 일어났습니다. 유럽의 강국 러시아가 이웃 나라 우크라이나를 침공한 것입니다. 러시아와 우크라이나 사이에 전쟁이 일어났다는 소식을 들은 전 세계 사람들은 충격에 빠졌습니다. 21세기를 뒤흔드는 이 대사건은 미국, 중국, 영국, 독일 등 수많은 나라까지 얽히면서 기존의 세계 질서를 바꿔놓고 있습니다.

세계 2위의 군사력을 자랑하는 러시아 군대는 2월 24일 새벽에 전차와 장갑차를 몰고 우크라이나 국경을 넘었습니다. 하늘은 온통 전투기와 헬리콥터로 뒤덮였고 러시아군의 동시다발적인 대규모 공습이 시작됐습니다. 어딘가에서 느닷없이 다가온 미사일이 모두를 죽음의 공포로 몰아넣었고, 삶의 터전은 송두리째 불탔습니다. 같은 날 우크라이나는 계엄령을 선포했고, 18~60세 남성은 나라를 지키기 위해 징집되었습니다. 전쟁을 일으킨 것은 러시아지만 전쟁을 반대하는 국민도 많습니다. 한 러시아 언론인은 뉴스 생방송 도중 기습 반전 시위를 했으며, 러시아를 비롯한 세계 곳곳에서 평화를 외치는 목소리도 커졌습니다.

하지만 전쟁은 여전히 계속되고 있습니다. 전쟁의 참혹함만 남은 우크라이나는 러시아가 침공한 지 한 달도 안 돼 민간인 사망자만 1,035명이 넘었고,[1] 400만 명이 넘는 사람들이 전쟁을 피해 다른 나라로 탈출했습니다. 무기가 정밀해지고 정교해지면서 한때는 전쟁에서 민간인 피해가 줄어들 것으로 예측했습니다. 그런데 현대전의 특징은 민간인 피해자가 많이 생긴다는 것입니다. 지금도 우크라이나 도시 곳곳에서 다연장 로켓포와 미사일 등의 무기를 앞세운 전투가 이어지는 만큼 민간인 사상자와 피란민은 계속 늘어나고 있습니다.

국제 사회는 전쟁을 일으킨 러시아에 비난의 화살을 쏘았습니다. 미국과 유럽연합은 러시아산 에너지 수입을 중단했고, 수백 개 글로벌 기업이 러시아에서 사업을 철수하며 보이콧을 선언했죠. 주요 물자의 수출입이 막힌 러시아에서는 물가 상승의 위기감으로 생필품 사재기가 일어났습니다. UN은 러시아 철군을 요구하는 결의안을 채택해 러시아의 우크라이나 침공을 규탄했습니다. 전 세계에 반러시아 정서가 확산하고 강력한 경제 제재를 받는데도 러시아가 전쟁을 이어나가는 이유는 무엇일까요? 그리고 러시아가 이 전쟁으로 얻는 것은 무엇일까요? 지금부터 러시아와 우크라이나, 두 나라에 얽힌 역사를 벌거벗겨 보겠습니다.

양보할 수 없는 지정학적 요충지

우크라이나는 국토 면적으로만 따지면 유럽에서 러시아 다음으로 큰 나라입니다. 우리나라의 6배쯤인 국토는 대부분 체르노좀chernozyom이라는 흑토가 깔린 기름진 땅입니다. 곡물 생산이 활발하고 철광석과 티타늄 등 지하자원도 풍부해 예로부터 많은 강대국이 탐내는 곳이었죠. 유럽, 러시아, 아시아, 중동과 만나는 곳인 우크라이나의 지정학적 위치는 이 같은 강점도 있지만 치명적인 단점도 있습니다. 〈뉴욕타임스〉는 우크라이나를 가리켜 '새로운 베를린 장벽'이라고 했는데, 20세기 냉전 시대를 상징하는 곳이 독일의 베를린 장벽이라면 지금 미국 중심의 서방 세력과 러시아가 또다시 충돌하는 곳이 우크라이나라는 것입니다. 한마디로 21세기 신냉전의 장인 셈이죠. 러시아로서는 요충지이자 서방 세력 사이에 놓인 완충지대인 우크라이나를 반드시 자신의 세력권에 두어야 했습니다. 러시아가 우크라이나를 놓칠 수 없는 또 하나의 이유는 경제 문제입니다. 러시아 GDP의 20%

는 에너지 분야에서 나옵니다. 대부분이 유럽에 수출하는 천연가스인데, 주요 가스관 대부분이 우크라이나를 지나 유럽 대륙으로 연결됩니다. 만약 우크라이나가 러시아의 세력권에서 벗어난다면 러시아 경제가 타격을 받을 수도 있죠.

이처럼 전쟁의 이면에는 복잡한 문제가 얽혀 있습니다. 그런데 이 전쟁을 바라보는 두 나라의 입장은 너무도 다릅니다. 전쟁 전후에 러시아 대통령 블라디미르 푸틴Vladimir Putin과 우크라이나 대통령 볼로디미르 젤렌스키Volodymyr Zelensky는 연설을 통해 상대국에 입장을 전했습니다. 다음은 2022년 2월 22일의 푸틴 연설 중 일부입니다.

"우크라이나는 우리에게 그저 이웃 나라가 아닙니다. 우크라이나는 우리나라 역사, 문화, 정신의 떼려야 뗄 수 없는 일부입니다. 우크라이나는 우리 동무, 친한 벗이지만 우리와는 핏줄과 가족으로 맺어진 겨레붙이이기도 합니다. (중략) 키이우에서 권력을 얻어서 움켜쥐고 있는 자들에게 우리는 교전 행위를 즉시 멈추라고 요구합니다. 그렇지 않는다면 앞으로 일어날지 모를 유혈 사태의 모든 책임은 전적으로 우크라이나 땅을 다스리는 정권의 양심에 있습니다."

이틀 뒤 러시아의 침공 직후 젤렌스키도 우크라이나의 입장을 전했습니다.

"우리는 국경을 2,000km 넘게 맞대고 있습니다. 오늘 그 주변에는 군인 20여만 명과 수많은 군대의 병력이 있습니다. 당신(러시아)

의 지도부는 그들에게 이동 명령을 승인했습니다. 다른 나라의 영토로 향하도록 말이죠. 여기는 우리 땅입니다! 이것은 우리 역사입니다! 여러분은 무엇을 위해서 싸우려고 하나요? 그리고 누구와 싸우려고 하나요? 여러분은 우크라이나가 러시아에 위협이 된다고 들어왔습니다. 이전에도, 지금도 사실이 아니었습니다. 앞으로도 그렇지 않을 겁니다."

러시아는 우크라이나가 러시아에 속했던 역사를 부정하고 러시아인이 거주하는 지역에서 적대 행위를 한다고 주장합니다. 반면 우크라이나는 자기 나라를 공격한 쪽은 명백히 러시아이며 우크라이나가 러시아를 위협한다는 주장은 사실이 아니라고 반박합니다.

그런데 푸틴은 연설에서 우크라이나와 러시아는 혈연 관계라고 말했습니다.

키이우 루스의 강역

두 나라의 관계를 알아보기 위해서는 9세기까지 거슬러 올라가야 합니다. 두 나라의 기원이 되는 '키이우 루스'라는 나라가 탄생했기 때문입니다. 키이우 루스는 오늘날의 키이우를 중심으로 동슬라브인 공후 세 명이 세웠다고 전해지는 동슬라브인 최초의 국가입니다. 나라의 기틀을 갖춘 뒤에는 혈연 관계를 바탕으로 나라를 통치했습니다. 비옥한 토지와 사통팔달 교통의 요지로 동로마 제국에서 선진 문물과 동방정교를 받아들여 강대국으로 자라났습니다. 이 나라가 오늘날 우크라이나, 러시아, 벨라루스의 기원입니다.

푸틴이 우크라이나를 혈연관계로 이루어진 친척이라고 말한 것은 두 나라의 뿌리가 키이우 루스라는 하나의 국가에 있기 때문입니다. 그런데 1236년에 칭기즈칸Chingiz Khan의 손자 바투Batu가 12만 명의 대군을 이끌고 유럽 원정에 나섰습니다. 몽골군의 맹렬한 공격을 받은 키이우 루스는 멸망했습니다. 이 과정에서 우크라이나와 러시아가 갈라졌고, 오늘날 모스크바 지역은 몽골의 속령이 되었습니다.

두 나라의 기원과 모진 인연의 시작

몽골 제국이 정복한 키이우 루스의 강역은 어떻게 되었을까요? 이곳에는 몽골의 지배 아래서 조금씩 힘을 기르며 기회를 엿보고 있던 나라가 있었습니다. 모스크바 지역을 중심으로 동슬라브인을 아우르는 '모스크바 공국'입니다. 이 작은 나라는 몽골 제국으로부터 자치권을 부여받아 성장했고 1480년 우그라 강 전투에서 몽골군에 승리를 거뒀습니다. 240년 만에 몽골의 지배에서 벗어난 뒤 본격적으로 영토를 확장해나갔고, 훗날 러시아가 되었습니다. 그렇다면 몽골 제국이 약해질 무렵 우크라이나는 어떠했을까요? 오늘날 우크라이나 지역은 주변의 여러 나라가 호시탐탐 노리는 땅이 되었습니다. 14세기에는 동유럽의 강자로 떠오른 리투아니아가 침입했고, 16세기에는 리투아니아와 함께 새로운 강자 폴란드에 강제로 병합되었습니다. 이때부터 우크라이나인은 폴란드인을 피해 점점 더 남쪽으로 숨어 들어갔습니다. 일부는 남쪽 변방에서 농민 전사가 됐는데, 이들은 코사크Cossack

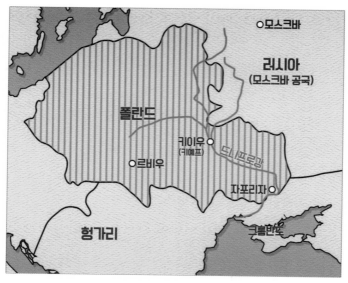

16세기에 우크라이나 지역까지 차지한 폴란드

라 불렸습니다.

　폴란드의 지배에서 벗어나고 싶었던 코사크는 1648년에 봉기 했습니다. 폴란드의 수도 바르샤바 턱밑까지 진군하며 승기를 잡은 코사크 세력은 폴란드에게서 광범위한 자치권을 보장받고 우크라이나의 동서를 가르는 드니프로강 주변에 정착했죠. 얼마 뒤 폴란드가 다시 역공에 나서자 코사크는 같은 동방정교를 믿는 이웃 나라에 도움을 요청했습니다. 모스크바 공국에서 루스 차르국으로 이름을 바꾼 러시아였죠. 이때 우크라이나의 코사크 세력은 러시아와 힘을 합쳐 가톨릭 국가인 폴란드에 맞서 싸우자는 '페레야슬라프 조약'을 맺었습니다. 1654년에 두 나라가 맺은 이 조약에 따라 러시아는 코사크와 함께 폴란드를 공격했습니다.

　우크라이나 코사크는 자기 땅을 빼앗기지 않으려고 러시아와 손잡았지만 그들의 땅은 둘로 갈라지고 말았습니다. 러시아가 약속을 깨고 전쟁을 멈

1667년 러시아와 폴란드의 우크라이나 분할

춘 뒤 폴란드와의 평화 협정을 맺어버린 것입니다. 그러면서 러시아는 우크라이나 땅을 폴란드와 나눠 가졌습니다. 우크라이나를 동서로 가르며 흐르는 드니프로 강을 기준으로 서부는 폴란드가, 동부는 당시 러시아가 차지했죠. 우크라이나의 수도 키이우 역시 이때 러시아의 영토로 편입됐습니다.

이 조약은 오늘날 우크라이나와 러시아 사이에서 쟁점이 되었습니다. 원본은 남아 있지 않지만 조약은 러시아군이 코사크에 군사 원조를 하고 코사크는 러시아 황제에게 충성을 맹세한다는 내용이었다고 전해집니다. 이를 두고 두 나라는 서로 다르게 해석합니다. 러시아는 이때 그 조약으로 우크라이나가 러시아에 합병되었다고 해석하는 반면 우크라이나는 단기적 군사 동맹이자 단순한 보호조약에 지나지 않는다고 보는 것이죠. 즉 페레야슬라프 조약을 러시아는 두 나라가 다시 함께 살아가게 된 출발점으로 보는데, 우크라이나는 러시아의 해석에 동의하지 않습니다.

결국 페레야슬라프 조약은 러시아의 해석대로 끝을 맺었습니다. 우크라이나의 코사크 세력은 반발했지만 두 나라에 무력으로 저항할 힘이 없었기에 받아들일 수밖에 없었죠. 이후 러시아 제국으로 이름을 바꾼 러시아가 18세기에는 우크라이나 남쪽 지역까지 차지했습니다. 이를 근거로 '우크라이나는 러시아의 일부'라고 주장되는 것입니다. 푸틴도 이 시기에는 우크라이나인들이 스스로를 러시아인이라고 불렀다며 러시아의 주장에 힘을 실었습니다.

이 사건은 오늘날까지 우크라이나에 영향을 미치고 있습니다. 폴란드와 러시아의 지배 아래 놓인 우크라이나에 서로 다른 문화권이 형성되었던 것입니다. 우크라이나 서부는 강한 친서방 성향을 보이며 대부분 우크라이나어를 사용합니다. 종교는 동방 가톨릭이 발달했죠. 하지만 러시아와 국경이 맞닿은 동부와 남부에는 친러시아 성향이며 러시아어를 사용하는 인구가 80%나 됩니다. 이 지역에는 정교회가 발달했습니다. 지난날처럼 지금까지도 우크라이나의 문화가 둘로 갈라져 있는 것입니다.

우크라이나 땅을 폴란드와 나눠 가진 러시아는 나머지 절반도 손에 넣고 싶어 했습니다. 그런 러시아에 기회가 찾아왔습니다. 우크라이나 절반을 차지한 동유럽의 강국 폴란드의 국력이 약해진 것입니다. 그 틈을 타 1772년에 러시아 제국, 오스트리아, 프로이센은 조약을 맺고 폴란드 땅을 셋으로 쪼개 나눠 가졌습니다. 세 나라는 이후 두 차례나 더 폴란드의 영토를 분할해 차지했습니다. 세 차례의 영토 분할 결과, 러시아 제국은 18세기 말에 키이우를 포함한 우크라이나 땅의 80%를 차지했습니다. 나머지 우크라이나 서쪽 끝 영토는 오스트리아의 지배를 받았죠. 이 무렵 러시아 제국은 크름반도까지 손에 넣으며 흑해로 나가는 통로를 확보했습니다.

페레야슬라프 조약 이후 200년이 넘도록 러시아 제국의 지배 아래 있던 우크라이나는 1917년에 뜻밖의 독립 기회를 맞이합니다. 그토록 견고해 보이던 러시아 제국이 2월에 혁명으로 무너진 것입니다. 그리고 10월 혁명으로 러시아에는 세계 최초의 사회주의 정부가 들어섰습니다. 이런 혼란을 틈타 우크라이나에서는 독립을

세 차례의 영토 분할로 러시아가 차지한 영토

향한 움직임이 거세졌고, 같은 해 11월에 우크라이나 민족주의 세력이 '우크라이나 국민 공화국' 창설을 선언했습니다. 우크라이나라는 이름도 이때 처음 등장했죠.

하지만 독립의 설렘은 너무나 짧았습니다. 러시아 제국이 몰락한 뒤 레닌Lenin의 사회주의 정부가 정권을 장악하면서 우크라이나의 독립을 두고 충돌이 일어난 것이죠. 러시아 사회주의 정부는 우크라이나 민족주의 세력이 주도하는 독립국가 창설을 반기지 않았습니다. 1918년 우크라이나 민족주의 세력은 다른 나라의 힘을 빌리기로 했습니다. 당시 유럽은 제1차 세계대전으로 혼란스러웠는데, 러시아와 적대 관계에 있는 독일과 오스트리아의 도움을 받아 우크라이나의 완전한 독립을 이루려 한 것입니다. 그 두 나라에게서 군사적 원조를 받는 대가로 우크라이나는 식량 100만 톤을 주기로 했습니다. 그런데 얼마 지나지 않아 독일과 오스트리아가 제1차 세계대전에서 지면서 독립 시도가 실패로 끝났습니다. 이런 우여곡절 끝에 우크라이나에는 사회주의 세력이 이끄는 '우크라이나 소비에트 사회주의 공화국'

이 세워졌습니다. 이 공화국은 1922년 말에 결성된 소비에트 연방, 즉 소련의 초창기 회원국이 되었습니다. 독립 국가를 세우려 했던 우크라이나 민족주의자들의 시도는 끝내 좌절했습니다.

러시아가 내세운 침공 이유, 우크라이나의 탈나치화

그 뒤 70년 동안 우크라이나와 러시아는 소비에트 연방 안에서 공존했습니다. 그랬던 러시아는 왜 21세기에 우크라이나를 침공한 것일까요? 러시아는 몇 가지 침공의 이유를 밝혔습니다. 그중 첫째는 '우크라이나의 탈나치화 요구'입니다. 이에 관해 푸틴은 다음과 같이 말했습니다.

"우크라이나 사회는 극단적인 민족주의에 직면했습니다. 이 민족주의는 급속히 공격적인 러시아 혐오증(루소포비아)과 네오나치즘의 형태를 띠었습니다."

우크라이나의 젤렌스키 대통령은 러시아의 침공 직후에 한 연설에서 이 문제에 관해 이렇게 말했습니다.

"여러분(러시아 국민)은 우리가 나치라고 들으셨겠죠. 하지만 나치즘에 800만 명의 생명이 뿌리 뽑힌 나라가 어떻게 나치라고 불리겠습니까?"

푸틴이 주장하는 우크라이나 네오나치즘의 정체는 무엇일까요? 러시아는 우크라이나의 극단적 민족주의자들이 우크라이나인에게 반러시아 감정을 부추긴다고 주장합니다. 그렇다면 러시아가 주장하는 반러시아 감정은 어떻게 생겨났을까요? 이 감정을 추적해가다 보면 오늘날까지 우크라이나인에게 트라우마로 남은 한 사건을 만나게 됩니다. 소련 시절이던 1932년에 벌어진 '홀로도모르Holodomor'입니다.

당시 산업국가로 발돋움하려고 애쓰던 소련은 많은 자금이 필요했습니다. 그래서 무리하게 소규모 농장을 강제로 통합한 '콜호스'라는 집단농장 체제를 도입했죠. 이때 반발이 가장 심했던 곳이 우크라이나였습니다. 소련 식량 생산량의 25% 이상을 차지하던 우크라이나에는 자급자족을 위한 가족 위주의 작은 농장이 아주 많았습니다. 그런데 소련이 농업집단화를 밀어붙인 것입니다. 집단농장에서 거둬들인 농산물을 수출해 얻은 수익을 공업에 집중적으로 투자해 산업화를 이루고자 한 것이죠. 우크라이나 농민들은 저항했지만 헛일이었죠.

하지만 무리한 정책 추진으로 생산성이 떨어졌고 자연재해까지 겹치면서 대기근이 우크라이나를 휩쓸었습니다. 먹을 것이 없자 농민은 쥐, 벌레, 나무껍질 등을 먹으며 굶은 배를 채웠고 심지어는 인육까지 먹었다는 이야기가 있을 만큼 사태가 심각했습니다. 키이우 역으로 들어오는 열차에 굶어 죽은 시체가 가득 실려 있었다는 목격담도 있습니다. 우크라이나 공식 집계에 따르면 350만 명이 굶어 죽었으며, 700만 명~1,000만 명이라는 추정도 있습니다. 이를 가리켜 굶주림holod을 통한 살해mor라는 의미의 홀로도모르라고 합니다. 이 사건이 소련의 의도였는지, 아니면 우연이 겹쳐진 사건인지는 정확히 밝혀지지 않았습니다. 자연재해와 정책 실패에 따른 불가피한 사건이라는 주장도 있지만, 우크라이나인을 다 없애버리려는 의도적 계획이었다고 의심하는 이들도 있습니다. 이 사건의 진실이 밝혀지려면 연구가 더 필요합니다.

거리에서 굶어 죽어가는 우크라이나 사람들

소련의 정책에 우크라이나인들의 불만이 치솟아가던 시기, 우크라이나에서 심상치 않은 움직임이 나타나기 시작합니다. 비밀리에 우크라이나의 독립을 추진하는 세력 중에서도 극단적 민족주의를 내세우는 세력이 급부상한 것입니다. '우크라이나 민족주의자단'이라는 이 세력은 소련 초부터 활동하며 제2차 세계대전을 기점으로 주요 세력으로 떠올랐습니다. 그들의 목표는 우크라이나 땅에 우크라이나인으로만 구성된 독립 국가를 세우는 것입니다. 하지만 소련의 탄탄한 지배에 대항하기에는 힘이 딸렸죠.

이런 상황에서 1941년에 나치 독일이 소련을 침공했습니다. 이들이 우크라이나에도 들어오자 우크라이나 민족주의자단은 소련으로부터 독립을 쟁취하려고 나치 독일의 군대와 함께 소련군을 공격했습니다. 그 대가로 나치의 손발 노릇을 하며 그들이 꺼리는 일을 대신 처리해주었습니다. 그 일은

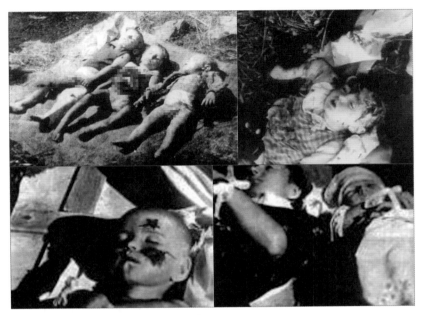

우크라이나 민족주의자단의 유대인 학살

우크라이나의 유대인을 학살하는 것이었죠.

　나치에 협력한 우크라이나 민족주의자단이 저지른 만행을 살펴보면 공통점이 있습니다. 희생자가 어리다는 사실입니다. 우크라이나 민족주의자단의 학살 대상이 영유아와 청소년이었기 때문입니다. 수많은 유대인 아이와 청소년이 이들의 손에 목숨을 잃었습니다. 극우 민족주의자단의 일부는 독립이라는 명분 아래 소수민족과 유대인을 무참히 학살했습니다. 우크라이나 민족주의자단의 잔혹한 행위를 기록한 책에는 무려 135가지의 고문 방법이 담겨 있다고 합니다. 두개골에 대못 박기, 톱으로 몸통 자르기, 칼날로 얼굴 살갗 자르기 등입니다. 당시 우크라이나에 거주하는 유대인의 80%, 서부의 볼린 지역에서는 유대인의 98%가 우크라이나의 독립이라는 명분 아래 몰살당했습니다.

앞서 푸틴이 말한 극단적 민족주의 세력은 바로 우크라이나 민족주의자단을 추종하는 세력을 뜻합니다. 2022년 3월에 푸틴은 러시아 안전보장회의 상임회의에서 한 인물을 언급하면서, 그를 추종하는 극단적 민족주의자들이 의도적으로 우크라이나에서 러시아 혐오를 불러일으킨다고 콕 집어 말했습니다. 우크라이나 민족주의자단의 지도자였던 스테판 반데라Stepan Bandera입니다. 그는 나치의 반공 정책에 동조하면서 반소련 투쟁을 지속했습니다. 동시에 순수한 우크라이나인의 단일 민족국가 수립을 위해서는 우크라이나인을 못살게 군 다른 민족을 모두 없애야 한다고 주장했죠. 제2차 세계대전 당시 그를 따르는 추종자들이 우크라이나에 사는 폴란드인도 10만 명 넘게 학살한 것으로 추정됩니다.

정말로 오늘날 우크라이나에 반데라의 추종 세력이 있을까요? 러시아의 침공 이유 중 하나로 알려진 우크라이나의 네오나치 세력 즉, 반데라 추종 세력이 정당을 만들어 나치식 인사를 하는 모습이 목격됐습니다. 하지만 이들은 주류 정당이 아니며 극히 일부에 지나지 않는다고 주장하는 사람들이 있는가 하면, 스테판 반데라 추종 세력이 우크라이나의 정치 격변을 이끌고 있다는 주장도 나옵니다. 실제로 이 정당이 2013년~2014년에 극렬 시위와 총격 사건을 유도해 유혈사태를 일으켰다는 이야기가 있습니다. 또한 미국의 존 매케인John McCain 상원의원이 우크라이나에 갔을 때 반데라 추종 정당과 근거리에서 긴밀하게 접촉하는 모습을 보이기도 했죠.

이는 러시아의 눈에 지난날 자신들을 괴롭힌 나치 부역자들이 우크라이나에서 득세하는 동시에 서방 세력과 연대하며 자신들을 배척하는 모습으로 비쳤습니다. 푸틴이 '나치'라는 강력한 단어를 사용한 것은 일종의 경고였던 셈이죠. 하지만 이 문제는 정확한 사실이 표면에 드러나지 않은 만큼 우크라이나는 러시아의 지나친 해석이라고 생각합니다. 이 역시 두 나라의 입장 차가 뚜렷한 쟁점이라고 할 수 있죠.

　제2차 세계대전에서 나치 독일이 졌고 소련은 우크라이나에서 나치를 몰아냈습니다. 하지만 우크라이나는 여전히 혼란스러웠습니다. 소련은 우크라이나의 민심을 바로잡고 달래줄 선물을 준비했는데, 이는 최근에 러시아와 우크라이나가 빚는 분쟁의 초점들 가운데 하나가 되었습니다.

러시아가 내세운 침공 이유, 크름반도와 돈바스

　러시아가 내세운 두 번째 침공 이유는 땅입니다. 그중에서도 러시아가 가장 먼저 언급한 '크름반도'는 절대 포기할 수 없는 땅이죠. 우크라이나의 최남단 흑해 연안에 위치한 크름반도는 18세기에 러시아 제국의 땅이 되었습니다. 하지만 몇몇 인물들로 인해 우크라이나의 땅이 되었습니다. 우크라이나 침공 직전 푸틴 대통령의 연설에도 그 인물이 등장합니다.

　　"그래서 저는 오늘날의 우크라이나를 전적으로 러시아가, 더 정확히는 볼셰비키 공산주의 러시아가 만들어냈다는 사실에서 출발하겠습니다. 이 과정은, 사실상, 1917년 혁명 직후에 시작되었습니다. 더구나 레닌과 그의 동료들은 러시아에 무척 안 좋은 방식으로, 즉 러시아 고유의 역사적 영토의 일부를 러시아에서 떼어내 분리하는 방식으로 그 과정을 수행했습니다. (중략) 그러고 나서 대조국전쟁(독소전쟁) 직전과 직후에 스탈린은 이전에는 폴란드, 루마니아, 헝가리에 속했던 일부 땅을 소련에 편입한 다음에 우크라이나에 넘겨주었습니다. (중략) 1954년에 흐루쇼프는 러시아에서 크

림반도를 떼어내서 우크라이나에 선사했습니다. 사실상, 소비에트
우크라이나는 이렇게 만들어졌던 것입니다."

　　푸틴의 주장은 우크라이나의 정체성은 소련에서 만들어졌으며 과거 소련
의 지도자였던 레닌, 스탈린Stalin, 흐루쇼프Khrushchev가 우크라이나의 영
토를 늘려줬다는 것입니다. 오늘날의 우크라이나는 그 땅 그대로 독립한
결과물이라는 것이죠. 그렇다면 과거 소련의 세 지도자는 왜 우크라이나에
영토를 보태주었을까요?

　　페레야슬라프 조약 이후 우크라이나 영토는 지도 속 노란색 영역이었습
니다. 그런데 소련 시절에 레닌이 오데사를 포함해 러시아 영토였던 우크라
이나 동남부 지역을 우크라이나에 양도했습니다. 지도 속 분홍색 영역입니
다. 스탈린도 르비우를 포함한 우크라이나 서부 지역을 보태주었죠. 이는
연두색 영역입니다. 마지막으로 흐루쇼프가 페레야슬라프 조약 300주년을
기념한다면서 지도 속 주황색 지역인 크름반도를 우크라이나에 넘겨주어서

레닌, 스탈린, 흐루쇼프가 우크라이나에 보태준 영토

오늘날의 우크라이나 영토가 완성됐다고 본 것입니다.

이들이 우크라이나에 영토를 넘겨준 이유는 단순합니다. 우크라이나가 소비에트 연방이라는 하나의 체제에 속했기 때문입니다. 소련의 관할 구역을 우크라이나에 넘겨도 문제가 되지 않을 것이라 본 것이죠. 하지만 1991년에 소련 연방이 해체되면서 소련을 구성한 15개 공화국은 독립했습니다. 우크라이나 역시 소련이 준 크름반도와 다른 영토를 가지고 독립을 맞이했죠.

러시아는 처음부터 크름반도를 돌려달라고 하지는 않았습니다. 시간이 흐르면서 군사적 요충지로서 크름반도의 중요성이 부각되었는데, 특히 남서부의 세바스토폴 항구는 소련 시절부터 흑해 함대의 핵심 군사 기지 역할을 했습니다. 군사 요충지로서 크름반도가 필요해진 러시아는 우크라이나와 우호·협력·동반자 조약을 통해 2024년까지 세바스토폴 항구에 러시아 해군 10만 명이 주둔할 수 있도록 협상했습니다. 이후 크름반도에는 러시아 해군을 비롯해 러시아인이 불어났고, 어느새 주민 200만 명 중 반 이상을 러시아계 사람이 차지했죠. 그런데 2014년에 러시아는 협상을 깨고 세바스토폴 해군 기지를 점령해 버렸습니다. 곧이어 크름반도에 무장 병력을 투입했고, 한 달도 지나지 않아 이곳은 러시아에 병합되었습니다.

크름반도 침공 당시 러시아는 국제 사회의 비난을 피하기 위해 군인들에게 계급장과 국기를 뗀 군복을 입혀 신분을 감췄습니다. 이들이 러시아군인지, 우크라이나군인지, 이름은 무엇인지 아무것도 알 수 없었죠. '리틀 그린맨'이라 불린 위장군 덕분에 조용히 크름반도에 진입한 러시아는 빠르게 그곳을 점령했고, 크름반도 의원들에게 독립 추진을 강행하는 투표를 유도했습니다. 투표 결과 78%의 찬성으로 크름반도는 독립 선언과 함께 자치 공화국을 건설했죠. 이후 러시아로의 편입을 결정하는 주민투표를 실시해 97%를 웃도는 동의를 받았습니다. 마지막으로 푸틴이 크름반도와 러시아

위장 군복을 입은 크름반도 내 러시아군

의 합병안에 서명하며 병합을 마무리했습니다.

뒤늦게 사태를 파악한 국제 사회는 러시아의 폭거라며 비난했습니다. 그럼에도 러시아는 2014년 3월 18일에 일방적으로 크름반도 합병을 선언했습니다. 푸틴 대통령은 크름반도를 방문해 군사훈련을 지켜보기도 했죠. 2022년 현재, 전쟁을 치르는 중에도 크름반도 병합 8주년이라는 명목 아래 대대적인 콘서트를 열었고, 무대에 오른 푸틴은 러시아 국민 앞에서 크름반도의 중요성을 또다시 강조했습니다.

"우리는 크름반도를 굴욕적인 상황에서 벗어나게 해야만 했습니다. 고통과 대량 학살로부터 사람들을 구하는 것입니다. 이것이 우리가 돈바스에서 군사작전을 개시한 주된 이유이자 목적입니다."

이는 크름반도에 거주하는 극단적 민족주의자가 러시아인에게 테러를 가

크름반도와 돈바스 지역

할 수 있다고 주장하는 동시에 이를 빌미로 침공을 정당화하는 것입니다. 하지만 크름반도에 대한 국제 여론은 러시아 편이 아닙니다. 우크라이나와 EU, 미국은 지금까지 러시아의 크름반도 합병을 인정하지 않고 있습니다.

크름반도가 러시아에 합병된 지 얼마 지나지 않아 러시아 국경 지대에 인접한 돈바스 지역이 우크라이나에 독립을 요구했습니다. 돈바스 지역은 러시아와 국경을 맞댄 인구 400만 명가량의 우크라이나 동부 지역입니다. 우크라이나 최대 광공업 지대 중 하나로 한때 우크라이나 GDP의 25%를 담당했던 곳이기도 하죠. 하지만 우크라이나로부터 독립을 요구하는 세력이 2014년에 시청과 정부청사를 점거한 뒤 민병대를 조직했습니다. 이들은 정부군과 대치해 지도 속 빗금 친 부분을 차지했습니다.

이번 분쟁의 빠질 수 없는 요인 중 하나인 돈바스 지역에 대한 두 나라의 입장은 어떠할까요? 먼저 푸틴의 연설을 통해 러시아의 입장을 확인해 보겠습니다.

"지금 사실상 돈바스의 마을들이 포격 받지 않고 지나는 날이 단 하루도 없습니다. 우크라이나 군대가 무인공격기, 중병기, 유도탄, 대포, 다연장로켓포를 끊임없이 사용하고 있습니다. 비무장 주민 살해, 봉쇄, 아녀자와 노인을 비롯한 민간인에 대한 학대가 멈추지 않습니다. (중략) 이 비극이 얼마나 계속될 수 있을까요? 이것을 얼마나 더 견딜 수 있을까요?"

다음은 우크라이나의 젤렌스키 대통령의 입장입니다.

"여러분은 제가 돈바스에 공격 명령을 내렸다고 들으셨겠지요. 사격하고 명분 없는 폭격을 하라고. 그런데 의문이 있습니다. 누구를 향해 사격하나요? 무엇을 위해 폭격을 합니까? 도네츠크? 제가 열 몇 번을 다녀온 곳은 어딥니까? 저는 그들의 눈과 얼굴을 봤습니다. 루한스크? 제 절친한 친구 어머니의 고향? 그의 아버지가 묻힌 곳? 제가 러시아어로 말하는 점을 명심하세요."

두 나라의 입장은 분쟁 시작부터 지금까지 완전히 상반됩니다. 푸틴 대통령은 우크라이나군이 돈바스 지역을 공격한다고 주장했지만, 젤렌스키 대통령은 공격 명령을 내린 적이 없다며 단호하게 말했습니다. 누구 말이 진실인지 알려면 먼저 이곳에 얽힌 역사를 살펴봐야 합니다.

돈바스 역시 러시아와 밀접한 관련이 있습니다. 먼저 레닌은 민족자결주의 원칙을 앞세워 소련에 속한 우크라이나의 자치권을 허용하고 당시 우크라이나 옆 동남쪽 일부를 우크라이나에 붙여주었습니다. 레닌 사후에도 그의 사상대로 토착화 정책을 시행해 1926년~1927년에 걸쳐 우크라이나 내 정부 직원과 공산당원 과반수를 우크라이나인으로 채우기도 했죠. 이처럼 소련의 첫 지도자였던 레닌은 우크라이나의 자율성을 키웠습니다.

하지만 레닌의 뒤를 이어 권력을 잡은 스탈린은 우크라이나의 자율성을 확 줄였습니다. 대신 우크라이나를 소련 산업의 핵심 지역으로 키우려고 했죠. 그래서 제1차 5개년 계획(1928년~1932년) 당시 세운 공장 1,400곳 중 400여 곳을 우크라이나에 지었습니다. 이밖에도 우크라이나 드니프로강에 유럽 최대 규모의 수력발전소를 건설했습니다. 우크라이나 동부를 소련 공업 지역으로 만들려 했던 스탈린의 계획에 따라 200만 명의 러시아인이 이곳으로 이주했습니다. 그 결과 동부 지역 중 돈바스 인구의 30%를 러시아계 주민이 차지했습니다. 러시아를 모국어로 생각하는 이들이 많다 보니 자연스럽게 친러시아 성향이 강해졌습니다. 지금도 이곳에서는 우크라이나어보다 러시아어를 더 많이 사용합니다.

활기찬 공업 도시였던 이곳은 우크라이나 독립 이후 쇠락했고 주민의 불만이 커지기 시작했습니다. 여기에 러시아가 돈바스 지역의 친러시아 세력에 러시아계라는 이유로 무기를 주고 경제 지원을 시작하자, 친러시아 세력이 러시아의 비호 아래 내전을 일으키며 독립을 요구한 것입니다. 이를 인정할 수 없는 우크라이나 정부는 군대를 투입했고, 친러시아 반군과 우크라이나 정부군으로 분리된 돈바스 지역에서는 내전이 8년째 벌어지고 있습니다. 이 과정에서 돈바스 지역을 지나던 말레이시아 여객기가 내전 중 발사한 미사일에 격추돼 탑승객 298명이 전원 사망하는 사건이 2014년 일어나기도 했죠. 국제공동조사단이 조사해보니, 그 여객기가 친러시아 반군 세력이 쏜 러시아제 미사일에 맞은 것으로 밝혀졌습니다. 하지만 친러시아 반군은 이를 부인하고 있습니다. 푸틴 대통령도 우크라이나 내전의 개입을 부인했습니다.

돈바스의 독립을 요구하는 친러시아 세력과 우크라이나 정부의 사이는 좀처럼 좁혀지지 않습니다. 독립 세력은 우크라이나군이 지속적 포탄 세례로 대량 학살을 자행하는 '징벌적 작전'을 펼친다고 주장합니다. 푸틴 대통령이 앞에서 언급한 '대량 학살'이 바로 이것입니다. 반면 우크라이나는 공격이 아니라 방어라는 상반된 입장을 보이고 있습니다. 돈바스도 크름반도처럼 끝내 러시아로 병합될까요? 아직은 알 수 없지만, 러시아가 크름반도를 병합했던 과정과 비슷한 구석이 매우 많습니다.

2014년, 두 나라는 협정을 시작했지만 끝내 결렬됐습니다. 이듬해에 독일, 프랑스, 러시아, 우크라이나 4개국 정상은 돈바스 지역의 군사 분쟁을 끝내고 자치권을 확대한다는 데 합의합니다. 하지만 자치권에 관한 구체적 조항을 두고 우크라이나 정부군과 독립을 요구하는 친러시아 세력 간 충돌이 계속되던 중 사건이 터졌습니다. 2019년에 러시아가 돈바스 지역의 러시아계 주민 80만 명에게 러시아 여권을 발급해준 것입니다. 그리고 친러시아 반군이 장악한 지역에서 러시아의 승인 아래 2022년 2월 21일, '도네츠크 인민공화국'과 '루한스크 인민공화국'이라는 두 자치국가가 탄생했습니다. 러시아가 우크라이나로부터 돈바스 지역을 분리하는 데 동의한 것이죠. 그리고 평화 유지를 내세운 러시아군이 이 지역으로 들어가 두 개의 자치국과 러시아 간 우호조약을 맺으며 병합의 움직임을 보이고 있습니다. 우크라이나는 크름반도도 모자라 돈바스 지역까지 잃을 수는 없다며 팽팽하게 맞서는 중입니다.

러시아가 내세운 침공 이유,
NATO와 EU 가입 금지

여기서 의문이 들 것입니다. 러시아는 왜 2014년부터 크름반도와 돈바스 지역에 무력 행사라는 초강수까지 두면서 이곳을 차지하려 할까요? 러시아가 밝힌 세 번째 침공 이유인 NATO와 EU 가입을 막기 위해서입니다. EU는 1993년 설립한 유럽의 정치 경제 공동체로, EU에 가입하면 회원국 간 협력으로 경제 안정을 누리고 평화 유지에도 도움받을 수 있죠. NATO는 제2차 세계대전 이후 당시 사회주의 국가였던 소련으로부터 서유럽의 안전을 확보한다며 설립한 군사 동맹입니다. 가입국 중 한 나라라도 공격받으면 연합군이 공동에 방어 나서는 형태라 안보 기반을 다질 수 있습니다.

러시아가 우크라이나의 NATO 가입에 유독 민감한 데에는 두 가지 이유가 있습니다. 하나는 NATO 침공을 두려워할 만한 러시아의 역사적 경험입니다. 19세기에는 나폴레옹이 쳐들어와 모스크바가 잿더미가 되었고, 20세기에는 히틀러가 쳐들어와서 상상을 초월하는 끔찍한 피해를 입었습니다. 당시 러시아를 비롯한 소련의 인명피해는 자그마치 3천만 명이었습니다. 러시아 지도자들에게 NATO는 나폴레옹 군대와 히틀러 군대처럼 러시아를 노리는 침략 세력으로 비춰질 뿐입니다. 또 하나는 NATO의 확장세입니다. 1989년에 베를린 장벽이 무너진 이후 미국은 소련과의 조약에서 더 이상 NATO가 동쪽으로 확장하지 않을 것을 약속했습니다. 하지만 이후에도 NATO는 계속 동진했고 푸틴은 이의를 제기해 왔습니다.

NATO는 소련 해체 이후 체코, 폴란드, 헝가리 등 소련의 영향력 아래 있었던 나라의 가입을 허용했습니다. 그리고 러시아 주변의 나라까지 가입국을 확장했죠. 유럽 대다수가 가입한 NATO 회원국과 러시아와 사이에는

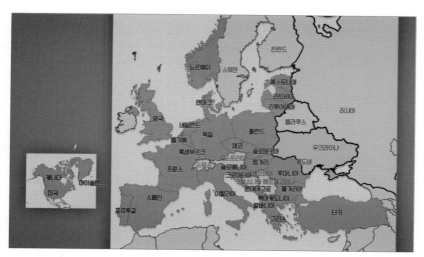

NATO의 확장

중립국인 몰도바와 러시아의 우방국인 벨라루스, 그리고 우크라이나만 남
았습니다. 지도 속 푸른색 지역이 현재의 NATO 가입국입니다. 우크라이나
까지 NATO에 가입하면 NATO 군대 주둔지와 모스크바 사이의 거리가 절
반으로 줄어듭니다. NATO의 중심인 미국이 동유럽으로 힘을 뻗치는 국제
전략에 러시아가 엄청난 위협을 느낀 것입니다.

2022년 2월에 푸틴 대통령은 이 상황을 언급하며 누군가에게 경고했습
니다.

"만약 우크라이나가 NATO에 가입한다면, 그리고 우크라이나와
NATO가 군사적 수단을 통해 크름반도를 되찾으려고 시도한다면
자동으로 유럽 국가들은 러시아와의 전쟁과 충돌에 휘말리게 될
겁니다. 물론 NATO의 잠재력은 러시아와 비교할 수 없습니다. 하

지만 러시아가 세계 최대 핵무기 보유국 중 하나인 것도 알 것입니다. 그리고 오늘날의 수많은 핵무기 보유국보다 더 우수한 것도 알 것입니다. 그리고 당신은 이 싸움에 말려들게 될 겁니다. NATO 동맹국들이 대응할 시간조차 없을 겁니다."

우크라이나가 NATO 가입을 통해 크름반도를 되찾으려고 한다면 NATO가 무서운 보복에 직면할 것이라 경고한 것입니다. 사실상 핵무기 사용을 염두에 둔 협박에 가까웠죠.

러시아가 우크라이나의 NATO 가입에 민감한 이유를 알려면 먼저 두 나라가 이 문제를 두고 날을 세우게 된 계기를 살펴보아야 합니다. 사건은 1991년, 소련에서 탈퇴한 우크라이나에서 시작됩니다. 독립 당시만 해도 우크라이나의 기대는 컸습니다. 국토가 유럽에서 두 번째로 크고 농사가 잘되는 토양을 가졌고 소련 시절에 군수산업이 발달해서 세계 5위의 군사력을 갖췄기 때문이죠. 심지어 소련에서 생산된 핵무기의 상당수가 우크라이나에 배치되어 있었기 때문에 독립하고 보니 얼떨결에 세계 핵무기 보유량 3위에 올랐습니다.

그런데 예상과 달리 독립 후 우크라이나는 어려움을 겪었습니다. 70년 동안 소련의 계획 경제 체제하에 있어서 독립적인 경제 활동의 경험이 없었던 것입니다. 경제 제도와 관리 체계를 갖추지 못한 채 독립한 결과, 1993년 한때는 인플레이션이 1만%에 달하기도 했습니다. 1,000원짜리 빵이 100만 원이 된 셈이죠. 1994년에는 GDP가 전년 대비 36%나 급락해서 경제 위기를 맞았습니다. 문제는 경제만이 아니었습니다. 경제를 일으켜야 할 정부가 부정부패를 일삼았습니다. 군수업체와 고위 공무원의 유착관계가 형성되면서 경제는 더욱 혼란에 빠졌습니다. 게다가 가스·석유·식료품 등

알짜배기 거대 국영기업들을 권력층에 기생하던 소수 경제인이 차지하면서 우크라이나는 유럽에서 가장 가난한 나라 중 하나로 전락해버리고 말았죠.

하지만 우크라이나에는 경제 문제를 해결할 강력한 카드가 하나 있었습니다. 전 세계의 경제적 지원과 안보까지 약속받을 수 있는 협상 카드는 바로 핵무기입니다. 우크라이나에는 소련 시절의 핵미사일 176개와 핵탄두 1,800여 기가 고스란히 남아 있었죠. 하지만 이를 관리할 능력과 경제적 여력이 없었던 탓에 핵무기를 팔아 재원을 마련하는 것이 오히려 경제적이었습니다. 우크라이나는 가장 비싼 값을 부르는 나라에 핵무기 판매를 시도했습니다. 이를 감지한 미국과 러시아는 다급하게 제동을 걸었죠. 결국 1994년에 우크라이나는 핵 폐기를 결정하고 헝가리 부다페스트에서 미국, 러시아, 영국, 우크라이나와 양해각서를 작성했습니다. 다음은 각서의 내용입니다.

> 우크라이나가 NPT(핵확산금지조약)에 가입하고 핵무기를 제거한다면
> 하나, 미국, 러시아, 영국은 우크라이나의 독립, 주권, 국경선을 존중한다.
> 둘, 미국, 러시아, 영국은 우크라이나에 무력 사용을 자제한다.
> 셋, 미국, 러시아, 영국은 우크라이나에 경제 위협을 자제한다.
> 넷, 미국, 러시아, 영국은 우크라이나가 핵 공격을 받으면 UN 안보리에서 논의 후 우크라이나를 지원한다.
> 다섯, 미국, 러시아, 영국은 우크라이나에 핵 공격을 하지 않는다.
> 여섯, 상황이 변하면 다시 협의한다.

러시아의 보리스 옐친Boris Yeltsin 대통령과 미국의 클린턴 대통령, 영국의 존 메이저John Major 총리는 각서에 서명하며 우크라이나의 핵무기 폐기를 주도했습니다. 우크라이나는 핵 폐기에 들어가는 비용의 전액 보상과 핵무기당 100만 달러를 받는 조건에 합의했습니다. 그리고 미국으로부터 2억 달러의 경제 지원을 약속받았죠. 하지만 러시아의 크름반도 병합으로 양해각서는 휴지 조각이 되었고, 이는 우크라이나가 NATO 가입을 서두르는 계기가 되었습니다.

친서방 세력 vs 친러시아 세력

독립 후 찾아온 경제 위기를 핵 폐기로 극복하려던 우크라이나에서 새로운 갈등이 생겨나기 시작합니다. 우크라이나가 러시아와 맺었던 페레야슬라프 조약 이후 우크라이나는 친서방 성향의 서부와 친러시아 성향의 동부로 나뉘었습니다. 이 문제는 정치 갈등으로 확산됐습니다. 특히 제2대 대통령 레오니트 쿠치마Leonid Kuchma는 동남부 지역을 기반으로 당선된 친러시아 성향의 지도자였습니다. 쿠치마 대통령이 재선에 성공한 뒤, 2000년 러시아에서는 푸틴이 대통령이 됩니다. 쿠치마 대통령은 강한 러시아를 건설하겠다는 푸틴의 손을 잡으며 밀접한 관계를 이뤄나갔습니다.

푸틴의 집권이 시작되고 우크라이나 내의 친서방 세력과 친러시아 세력의 갈등이 더욱 깊어졌습니다. 그러던 중 우크라이나의 친서방 세력, 즉 반러시아 세력이 힘을 얻는 사건이 벌어집니다. 쿠치마 대통령이 10억 달러라는 거액을 빼돌렸다는 사실이 폭로되면서 반대파인 친서방 세력의 거센 항의와 반대 시위가 열린 것입니다. 이 같은 상황에서 대통령 선거 출마

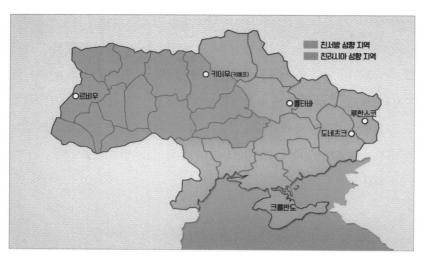

2014년 우크라이나 서부와 동부의 성향 차이

를 위한 두 명의 후보가 등장합니다. 친서방 성향의 빅토르 유셴코Viktor Yushchenko와 친러시아 성향의 빅토르 야누코비치Viktor Yanukovych입니다. 두 후보를 둘러싼 갈등은 2004년에 암살 시도라는 끔찍한 사건을 계기로 폭발합니다.

대선을 앞둔 어느 날, 친서방 성향의 대선 후보 유셴코는 당시 친러시아 세력이었던 우크라이나 정보기관 국장의 초청을 받았습니다. 그런데 초청 이튿날부터 두통에 시달리고 얼굴에 물집이 잡히기 시작했죠. 오랜 진료 끝에 그가 다이옥신 성분이 들어있는 맹독성 물질을 섭취했다는 사실을 밝혀냈습니다. 고엽제의 주성분인 다이옥신은 피부 변형과 장기 손상을 유발하며 목숨도 잃을 수 있는 치명적인 1급 발암 물질입니다. 이 사건의 배후를 둘러싸고 우크라이나에서는 논란이 한바탕 일었습니다.

이 와중에 친러시아 세력을 지지하는 우크라이나 동부에서 대선 투표 중 부정선거가 포착되었고 친서방 세력의 분노가 폭발했습니다. 중복 투표

암살 시도 전후의 유셴코

사례가 대규모로 나오면서 우크라이나에서는 친서방 세력을 지지하는 국민의 시위가 이어졌죠. '오렌지 혁명'이라 불리는 1개월의 시위로 대통령 선거 재투표를 했고 2005년에 유셴코가 당선됐습니다.

대통령이 된 유셴코는 우크라이나의 NATO 및 EU 가입을 추진했습니다. EU 가입 절차를 밟고 이라크에 우크라이나군을 파병하면서 NATO와 돈독한 관계를 맺으려 했죠. 하지만 유셴코는 임기 중에 EU와 NATO에 가입하지 못했습니다. 우크라이나 정치가 급격히 친서방 성향으로 기울자 러시아가 대대적인 경제적 압박을 가했기 때문입니다. 시작은 가스관이었습니다.

러시아는 1970년대에 파이프라인을 건설해 유럽으로 석유와 천연가스를 수출했습니다. 그중 6개의 가스관이 우크라이나를 통과했는데, 러시아가 수출하는 천연가스 양의 80%를 차지했죠. 소련 해체 후 러시아는 우크라이나에 가스관 통과료를 내고 유럽에 가스를 수출했는데, 과거 소련에 속했던 나라에 한해 싼값에 가스를 공급하며 안정적으로 가스관을 사용했습

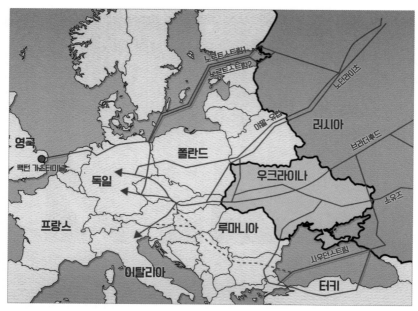
우크라이나를 통과하는 러시아 천연가스관

니다. 그런데 우크라이나가 서방으로 기울자 러시아는 천연가스 공급을 중
단해버렸습니다. 동시에 경제 사정이 좋지 않아 천연가스 수입 대금이 밀린
우크라이나에 이를 갚지 못하면 우크라이나를 통과하는 가스관의 지분을
판매하라며 압박했습니다. 우크라이나를 포함한 구소련 공화국의 천연가스
할인도 없앴습니다.

　우크라이나는 우선 밀린 대금을 갚기 위해 가스관 한 개의 지분을 러시
아 가스 회사에 양도했습니다. 이제부터는 가스를 비싸게 수입해야 하는
상황에 우크라이나도 맞불 작전으로 맞섰습니다. 우크라이나를 통과하는
러시아의 가스관 사용료를 유럽 수준으로 올리겠다고 발표한 것입니다. 그
러자 러시아는 또다시 우크라이나에 가스 공급을 중단했습니다. 두 나라의
극적 합의로 가스 공급이 다시 이루어졌지만, 우크라이나는 러시아에 대

한 가스 의존도가 높다는 현실을 깨달았습니다. 러시아도 우크라이나가 자신의 세력권에서 벗어나면 가스 수출에 지장이 생긴다는 사실을 확인했죠. 러시아는 우크라이나를 통과하는 가스관의 의존도를 줄이려고 우크라이나를 거치지 않고 바로 유럽으로 가는 가스관을 개통했습니다. 우크라이나가 러시아로부터 벗어나려 할 때마다 가스 공급 중단으로 우크라이나를 압박하려는 것이죠.

천연가스를 앞세운 러시아의 압박은 결국 성공했습니다. 2010년에 유셴코가 재선에 실패하고 친러시아 성향의 야누코비치가 대통령이 된 것입니다. 당시 전세계적 금융 위기가 있었지만, 러시아의 경제 압박으로 우크라이나의 경제는 휘청거렸고 민심은 돌아섰습니다. 야누코비치는 당선 이후 공공기관에서 러시아어를 사용하는 등 친러시아 정책을 펼쳤습니다. 푸틴 대통령 역시 야누코비치에 엄청난 경제 지원을 펼치며 우크라이나 경제의 안정을 뒷받침했죠.

이렇게 친서방 세력이 조금씩 힘을 잃어가던 2013년, 야누코비치 대통령이 놀라운 결정을 내립니다. EU 가입을 보류하는 법안을 가결한 것이죠. 그는 경제 부흥을 위해 EU에게서 14억 달러의 지원을 받을 수는 있지만 구조조정 등 경제 긴축정책을 동반하므로 우크라이나 경제에 제동이 걸린다고 이유를 설명했습니다. 이에 반해 러시아는 조건 없이 150억 달러를 지원해주고 천연가스 공급가 인하를 약속했기에 우크라이나의 이익에 따라 EU 가입 절차를 중단했다는 것입니다.

그러자 EU 가입을 기대했던 친서방 성향의 국민들이 대규모 시위에 나섰습니다. '유로마이단'이라는 이 시위는 100일이 넘도록 이어졌고 우크라이나 전역에서 100만 명 이상이 참여했습니다. 시위대는 "우리는 독립 국가에서 살고 있다!", "우리는 러시아가 아니다!"라며 목소리를 냈습니다. 하지만 평화 시위는 이를 진압하던 정부와의 무력 충돌로 번졌습니다. 이때 100명이 넘는 사람이 목숨을 잃었죠. 무장한 시위대는 키이우와 의회를 점거하며 "야누코비치 퇴진"을 외쳤고 반러시아 감정은 더욱 커졌습니다. 시위를 견디지 못한 야누코비치는 러시아로 도주했습니다. 야누코비치의 뒤를 이어 대통령에 당선된 친서방 성향의 페트로 포로셴코Petro Poroshenko도 친러시아 세력과 갈등을 빚었습니다.

반격하는 우크라이나와 젤렌스키

친러시아 성향 대통령의 EU 가입 절차 중단과 대규모 시위, 그리고 대통령 교체라는 사태를 맞이한 우크라이나 국민은 갈등을 잠재워줄 대통령을 꿈꾸기 시작했습니다. 이때 분쟁을 끝내겠다며 한 인물이 등장합니다. 젤렌스키입니다. 많은 사람이 알다시피 그는 배우이자 코미디언이었습니다. 국민의 지지를 받으며 정치인으로 변신한 젤렌스키는 정당의 이름도 자신이 출연한 드라마의 이름인 '국민의 종'으로 지었습니다. 이 드라마에서 젤렌스키는 재벌을 물리치고 개혁을 추진한 서민 대통령으로 나옵니다. 정치인의 부정부패가 심했던 탓에 우크라이나 국민은 부패한 대통령을 뽑지 말아야 한다는 인식이 강했죠. 덕분에 젤렌스키는 국민 배우로 등극했습니다.

드라마 방영 후 3년 만에 젤렌스키는 정치인으로의 변신을 꾀했습니다. '국민의 종'이라는 당을 창당하고 대선 출마를 선언했죠. 부정부패에 대한 무관용 원칙과 함께 정부 예산과 입찰, 조달 등 모든 정보를 대중에게 공개하겠다는 공약을 내세운 젤렌스키는 국민들로 하여금 투명한 정치를 기대하게 만들었습니다. 젤렌스키는 2019년 대통령 선거 결선 투표에서 상대 후

보보다 3배나 높은 70% 이상의 지지율로 대통령에 당선됐습니다. 다음은 그의 취임 연설입니다.

> "저는 평생 국민들에게 웃음을 주기 위해 최선을 다했습니다. 그것이 저의 사명이었습니다. 이제 저의 사명은 국민들이 눈물 흘리지 않도록 모든 것을 다하는 것입니다."

갈등 없는 나라를 꿈꾸는 국민의 바람을 이루겠다는 각오를 그대로 반영한 연설입니다. 젤렌스키를 단순한 코미디언으로 아는 사람이 많지만 그는 국립경제대학교에서 경제학과 법학을 공부한 엘리트입니다. 이전에는 그를 반대하던 우크라이나 국민도 이번 전쟁으로 그를 높이 평가합니다. 그에 반해 러시아는 젤렌스키가 코미디언 출신임을 강조하고 그의 무능함 때문에 전쟁이 일어났다고 폄하합니다. 이 같은 선전으로 러시아인은 그가 대통령 자격이 없다고 생각합니다.

젤렌스키를 향한 평가가 이렇게 갈리는 이유는 그가 우크라이나의 많은 국민이 염원하지만 러시아는 반발하는 EU 가입과 NATO 가입을 또다시 추진했기 때문입니다. 당시 돈바스 지역에서 내전이 계속되고 국경 지대에서는 러시아의 공격 소식이 들리는 상황이었죠. 젤렌스키는 서방 세계에 호소하며 EU 가입을 추진했지만 프랑스의 에마뉘엘 마크롱Emmanuel Macron 대통령은 "전쟁을 벌이고 있는 나라의 가입 절차를 진행할 수 있다고 생각하지 않는다"라는 말로 내전이 벌어진 우크라이나의 EU 가입을 부정적으로 바라봤습니다. 이후 젤렌스키는 2019년에 NATO 가입을 헌법에 명시하고, 2021년 6월에는 NATO와 합동 군사훈련까지 했습니다. 같은 해 12월에는 NATO 사무총장과 회담을 가졌습니다. 이때 그는 "우크라이나의 NATO

가입은 회원국이 다른 국가의 위협과 '레드 라인'에 굴복하지 않고 우크라이나 국민의 입장과 선택에 따라 결정되기를 희망한다"라고 밝혔죠. 그가 말하는 '다른 국가'는 물론 러시아입니다. 이쯤 되자 푸틴 대통령의 심기는 매우 불편해졌습니다. 그는 미국의 조 바이든Joe Biden 대통령에게 우크라이나의 NATO 가입 철회를 요청했지만, 바이든은 주권국가의 권리를 침해할 수 없다며 거절했죠.

결국 러시아는 우크라이나의 탈나치화, 크름반도의 병합과 돈바스 지역의 독립, NATO와 EU 가입 포기를 요구하며 우크라이나를 침공했습니다. 2022년 2월 24일 새벽에 우크라이나 동부, 북부, 남부 세 방향에서 침공한 러시아는 가장 먼저 체르노빌 원자력 발전소를 점령했습니다. 곧이어 유럽 최대 원자력 발전소인 자포리자 발전소마저 장악했죠. 원전부터 점령한 것은 우크라이나의 전력망 통제권을 확보하기 위해서입니다. 전기를 끊으면 통신, 수도, 방송 등 기반시설도 마비되므로 우크라이나에는 치명적이었죠. 또 다른 이유는 핵 공포를 유발해 우크라이나와 서방의 대응력을 깨뜨리려는 것입니다.

그다음에는 서부 도시로 공습을 확대하면서 수도 키이우의 외곽 지역에서 시가전을 계속했습니다. 이때 어린이를 포함한 1천여 명이 대피한 마리우폴 극장을 폭격한 가슴 아픈 사건도 일어났죠. 아름다운 항구도시였던 마리우폴 시는 90% 넘게 파괴되었습니다. 이후 러시아는 전략을 수정하며 혼란을 가중하고 있습니다. 대공세를 재개하기 위해 전력을 한곳으로 집중하는 한편, 한 도시만 포위하며 공격한 채 위기감을 고조시키기도 했습니다. 피란민이 몰린 열차역에도 미사일이 떨어지는 등 러시아의 공격은 2022년 7월인 지금도 계속되고 있습니다.

이번 전쟁은 SNS를 통해 실시간으로 전쟁 상황이 알려지고 있습니다. 미사일이 날아오거나 포격의 현장에서 영상을 찍어가며 전쟁의 참혹함을 공유하거나, 실시간 지도를 통해 해양과 항공 상황을 관찰하기도 합니다. 덕분에 전 세계가 마치 전쟁을 직접 겪는 듯한 공감대를 형성하고 있죠. 다만 이로 인해 가짜 뉴스가 퍼지면서 전쟁의 진위와 다르게 실시간으로 올라오는 정보에 쉽게 휩쓸리기도 합니다.

러시아의 공세에 우크라이나 국방부는 국가 총동원령을 내려 모든 시민으로 소집 대상을 확대했습니다. 전쟁 직후 5일간 2만 2천여 명의 남성이 우크라이나로 돌아왔고 여성의 자원입대도 이어졌습니다. 시민도 화염병을 만들고 총을 나눠가지며 전차를 저지하는 등 각자의 방식으로 전쟁을 치르고 있습니다. 이밖에도 도로 표지판에 러시아군을 향한 비난의 메시지를 쓰는 등 전방위로 압박하고 있죠.

러시아와 우크라이나의 전쟁은 두 나라만의 문제가 아닙니다. 미국과 유럽은 두 나라의 회담을 추진하며 휴전을 종용하는 등 국제 사회도 이 전쟁에 관심을 쏟고 있습니다. 특히 미국은 러시아 중앙은행, 국부펀드와의 거래를 차단하고 러시아산 에너지 수입을 중단하며 경제 제재를 시작했죠. 그리고 우크라이나에 대전차미사일과 스팅어 대공 미사일 등 군수물자 2억 달러를 포함한 총 10억 달러의 지원을 예고했습니다. 하지만 러시아도 각종 무기를 동원해 우크라이나를 압박하고 있습니다.

국제 사회 역시 침공을 감행한 러시아에 비난을 퍼붓고 있습니다. 특히 2022년 3월 1일에 열린 EU 특별회의에서는 향한 국제 사회의 분위기를 읽을 수 있었습니다. 전날 EU 가입 신청서에 서명한 젤렌스키 대통령은 화상 연설로 "세계가 우크라이나와 함께한다면 삶은 죽음을 이기고 빛은 어둠을 이길 것"이라 말했습니다. 회의에 참석한 사람들은 기립박수를 보냈습니다. 반면 같은 날 UN 군축회의에 화상 연결로 참석한 러시아 외무장관의 연설이 시작되자 회의장에 있던 각국 외교관들이 집단 퇴장하며 러시아에 항의했습니다.

지금까지 두 나라의 오랜 갈등이 어떻게 전쟁으로 이어졌는지 살펴봤습니다. 러시아는 여러 근거를 들어가며 우크라이나를 침공한 이유를 설명했지만 전쟁의 당위성이라는 것은 존재하지 않습니다. 나라 사이의 갈등은 아무리 어려워도 대화와 협상을 통해 풀어야 하기에 전쟁으로 해결하려는 선택을 한 푸틴은 비난받아 마땅합니다. 이 전쟁의 결과에 따라 국제 사회의 질서도 바뀔 것이기에 우리는 이 전쟁을 주시해야 합니다. 늘 그랬듯이 역사를 살펴봄으로써 해결의 실마리를 찾는 슬기가 절실한 때입니다.

주석 ——

백년전쟁

1) 〈Scène De La Vie De Jeanne D'Arc〉, Lionel-Noël Royer, 1913.
2) 《백년전쟁 1337~1453》, 데즈먼드 수어드, 미지북스, 2018.
3) 《백년전쟁 1337~1453》, 데즈먼드 수어드, 미지북스, 2018.
4) https://parisdenfants.com/visiter-avec-des-enfants/invalides-chevaliers/
5) 《문명이야기 5-1: 르네상스》, 윌 듀런트 저, 민음사, 2011년.
6) https://www.youtube.com/watch?v=cL9DxUqeEJQ (Battle of Poitiers 1356 - Hundred Years' War DOCUMENTARY)
7) 동아일보, 〈유관순의 첫 스승 사애리시 선교사… '잔다르크의 기상' 일깨워줘〉, 2019.02.24.

아편전쟁

1) 〈The reception of the diplomatique and his suite, at the Court of Pekin〉, James Gillray, 1792

메이지유신

1) 〈The Illustrated London News〉, The United States Expedition to Japan, 1853.05.07.
2) 《아틀라스 일본사》, 일본사학회, 사계절, 2011.

이스라엘-팔레스타인 분쟁

1) 〈한국농정〉, 이스라엘 공습으로 만신창이 된 가자 지구, 2021.07.04.
2) 유대인은 서쪽 벽이라고 부릅니다. 그런데 유대인이 서쪽 벽에서 기도하는 소리가 마치 우는 소리처럼 들린다고 해서 통곡의 벽이라는 별칭이 붙었습니다.
3) 그림 속 글씨: 드레퓌스를 교수대로! 프랑스 만세!
4) 《Der Judenstaat: Versuch einer modernen Lösung der Judenfrage》, Theodor Herzl, Monographie, 1896.
5) 〈크리스천라이프 & 에듀라이프〉, 1917년 11월 2일, 영국의 밸푸어 외무장관이 "유대인의 나라

를 팔레스타인에 만들겠다"는 밸푸어 선언 발표, 2021.11.02.

6) 공식 명칭은 소아시아협정(The Asia Minor Agreement).

7) 《전설의 금융 가문 로스차일드 2》, 니얼 퍼거슨, 21세기북스, 2013.

소말리아 내전

1) 〈해적의 흔적(Pirate Trails)〉, 세계은행·UN 마약범죄사무소·인터폴 공동 조사, 2013.

아프가니스탄 전쟁

1) 세계은행 2020년 통계에 따르면 아프가니스탄의 인구는 3,893만 명으로 중앙아시아에서 가장 많습니다.

2) 할끄는 민중이라는 뜻으로, 당시 아프가니스탄 사회주의자들은 급진적인 할끄파와 온건한 파르참(Parcham)파로 나뉘었습니다. 할끄와 파르참은 모두 사회주의자들의 기관지 이름에서 나온 말입니다.

3) 모자헤드는 단수, 모자헤딘은 복수입니다.

4) 베트남전 실패의 치욕을 만회하고 '소련판 베트남전'을 만들기 위해 미국 카터 대통령은 소련 침공 6개월 전인 1979년 7월 3일 아프가니스탄 내 무자히드를 비밀리에 지원하는 명령서에 서명했습니다. 당시 백악관 안보보좌관 브레진스키(Zbigniew Brzezinski)는 서명 당일 "미국이 무자히드를 지원하기 때문에 소련이 아프가니스탄에 군사적으로 개입할 것"이라고 쓴 메모를 카터 대통령에게 전합니다. 미국이 소련의 아프가니스탄 침공의 덫을 놓았다는 말입니다. 브레진스키는 소련군이 아프가니스탄 국경을 넘는 순간 카터 대통령에게 "이제 소련판 베트남 전쟁을 선사할 기회가 생겼다"고도 썼습니다. 10년을 아프가니스탄에서 허비하고 쇠진한 채 소련이 붕괴하였으니 냉전 시대 최고의 목적을 이룬 미국이 후회할 이유는 없을 것입니다. 그러나 이란의 이슬람 혁명 수출을 막으려던 미국이 소련을 무너뜨리기 위해 이슬람 극단주의의 대명사 알카에다와 탈레반을 아프가니스탄에서 키웠고, 이들을 제거하기 위해 소련의 10년보다 두 배나 더 긴 20년을 아프가니스탄에서 허비하였으니, 미국이 친 덫에 소련이 아니라 미국 스스로가 걸렸다고 해도 지나친 말은 아닌 셈입니다.

5) 아프가니스탄에서 소련을 몰아내기 위해 파키스탄은 소련의 아프가니스탄 침공 직후 사우디아라비아로 특사를 보내 모자헤딘을 지원하기로 의견을 나눴습니다. 사우디아라비아는 현금 미화 200만 달러(100달러 지폐 2만 장)를 가방에 넣어 파키스탄에 전달했습니다. 미국 역시 사우디아라비아와 함께 모자헤딘 지원에 나섰는데, 소련이 아프가니스탄에서 철군할 때까지 사우디아라비아와 미국은 소련의 정보망에 걸리지 않도록 지원금을 현금으로 파키스탄 정보국(ISI)에 전달하였

고, 정보국은 지원금을 대소련 항쟁 무슬림전사 모집과 양성에 투입했습니다.

6) 여성의 정숙함을 중시하여, 여성이 착용하는 이슬람의 복식으로 밖을 볼 수 있도록 눈가에 모기 장처럼 망을 쳐서 볼 수 있게 하고 그 외 전신을 가리는 옷을 말합니다. 머리만 가리는 것은 히잡 (hijab), 가슴까지 내려오는 것은 차도르(chador), 눈을 내놓고 입과 코와 머리를 가리는 것은 니캅 (niqab)이라고 합니다.

7) 2001년 9월 11일 오전 8시 46분에 테러범 5명이 탄 아메리칸항공 11편이 북쪽 타워 93~99층 사이에, 9시 3분에 테러범 5명이 탄 유나이티드항공 175편이 남쪽 타워 77~85층 사이에, 9시 37분에는 역시 테러범 5명이 탄 아메리칸항공 77편이 국방부 건물에 각각 충돌했습니다. 9시 59분에 남쪽 타워가 붕괴하였고, 10시 2분에는 테러범 4명이 탄 유나이티드항공 93편이 펜실 바니아주 생크스빌에 추락했습니다. 10시 28분에는 북쪽 타워가 붕괴했습니다. 테러범은 모두 19명인데 이들 국적은 사우디아라비아 15명, 아랍에미리트 2명, 레바논과 이집트가 각각 1명입니다.

8) 공격 표적이 어디였는지는 정확히 밝혀지지 않았습니다.

9) 오사마 빈 라덴에서 오사마는 이름이고 빈 라덴은 성의 역할을 합니다. 오사마는 아랍어로 사자라는 뜻입니다. 빈 라덴은 라덴의 아들이라는 뜻입니다. 그러나 라덴은 오사마의 아버지가 아닙니다. 고조부의 이름이 라덴입니다. 오사마의 아버지는 무함마드인데 아버지가 빈 라덴이라는 성을 써서 오사마 빈 라덴이 되었습니다.

10) 1990년 이라크 사담 후세인은 쿠웨이트를 점령하고, 사우디아라비아까지 노렸습니다. 이에 미국은 이라크를 쿠웨이트에서 몰아내고자 다국적군을 결성하여 1991년 이라크와 전쟁을 벌였는데, 이것이 바로 제1차 걸프전입니다.

11) 당시 정보국장 투르키 알파이살 왕자는 오사마 빈 라덴의 모자헤딘이 아프가니스탄에서 이렇다 할 전과를 올리지 못했다고 평가했습니다.(《The Afghanistan File》, Prince Turki al-Faisal al-Saud, Arabian Publishing Ltd, 2021.)

우크라이나 전쟁

1) UN 인권고등판무관실 조사(2월 24일~3월 23일)

참고문헌 ——

소말리아 내전

1) 《해적국가: 소말리아 어부들은 어떻게 해적이 되었나》, 피터 아이흐스테드, 미지북스, 2011.

2) 《The Pirates of Somalia: Inside Their Hidden World》, Jay Bahadur, Random House, 2011.

3) 〈Piracy in Somalia: Addressing the Root Causes〉 Vol. 35, No. 3., Ruchita Beri, trategic Analysis, 2011.

4) 《The Civil War in Somalia: Its Genesis and Dynamics》, Maria Bongartz, Nordiska Afrikainstitutet, 1991.

5) 《Black Hawk Down: A Story of Modern War》, Mark Bowden, Penguin Books, 2000.

6) 〈Practice, Pirates and Coast Guards: the grand narrative of Somali piracy〉 Vol. 34, No. 10., Christian Bueger, hird World Quarterly, 2013.

7) 《The Suicidal State in Somalia: The Rise and Fall of the Siad Barre Regime, 1969-1991》, Mohamed Haji Ingiriis, University Press of America, 2016.

8) 〈Governance without Government in Somalia: Spoilers, State Building, and the Politics of Coping〉 Vol. 31, No. 3., Ken Menkhaus, International Security, 2006/2007.

9) 〈State Failure, State-Building, and Prospects for a "Functional Failed State" in Somalia〉 Vol. 656., Ken Menkhaus, The Annals of the American Academy of Political and Social Science, 2014.

10) 《Somalia at the Crossroads: Challenges and Perspectives in Reconstituting a Failed State》, Abdulahi A. Osman, Issaka K. Souare, Adonis & Abbey Publishers Ltd, 2007.

벌거벗은 세계사 - 전쟁편

초판 1쇄 발행 2022년 7월 28일
초판 13쇄 발행 2024년 12월 10일

지은이 tvN 〈벌거벗은 세계사〉 제작팀
　　　　김봉중, 김철민, 류한수, 박삼헌, 박현도, 윤영휘, 임승휘, 황규득
펴낸이 안병현 김상훈
본부장 이승은 **총괄** 박동옥 **편집장** 임세미
책임편집 정혜림 **마케팅** 신대섭 배태욱 김수연 김하은 **제작** 조화연

펴낸곳 주식회사 교보문고
등록 제406-2008-000090호(2008년 12월 5일)
주소 경기도 파주시 문발로 249
전화 대표전화 1544-1900 **주문** 02)3156-3665 **팩스** 0502)987-5725

ISBN 979-11-5909-816-1 (03900)
책값은 표지에 있습니다.